四川省会计学一流专业建设精品教材



# Management Accounting Theory and Practice

# 管理会计理论与实务

主　编　谢合明　刘　毅
副主编　王　翊　饶　芳

西南财经大学出版社
Southwestern University of Finance & Economics Press
中国·成都

**图书在版编目(CIP)数据**

管理会计理论与实务/谢合明,刘毅主编.—成都:西南财经大学出版社,
2020.10(2023.1 重印)
ISBN 978-7-5504-4405-8

Ⅰ.①管… Ⅱ.①谢…②刘… Ⅲ.①管理会计 Ⅳ.①F234.3

中国版本图书馆 CIP 数据核字(2020)第 087067 号

## 管理会计理论与实务

GUANLIKUAIJI LILUN YU SHIWU

主　编:谢合明　刘毅
副主编:王　翊　饶芳

策划编辑:李邓超
责任编辑:雷静
封面设计:张姗姗
责任印制:朱曼丽

| | |
|---|---|
| 出版发行 | 西南财经大学出版社(四川省成都市光华村街 55 号) |
| 网　　址 | http://cbs.swufe.edu.cn |
| 电子邮件 | bookcj@swufe.edu.cn |
| 邮政编码 | 610074 |
| 电　　话 | 028-87353785 |
| 照　　排 | 四川胜翔数码印务设计有限公司 |
| 印　　刷 | 郫县犀浦印刷厂 |
| 成品尺寸 | 185mm×260mm |
| 印　　张 | 21 |
| 字　　数 | 495 千字 |
| 版　　次 | 2020 年 10 月第 1 版 |
| 印　　次 | 2023 年 1 月第 2 次印刷 |
| 印　　数 | 2001— 3000 册 |
| 书　　号 | ISBN 978-7-5504-4405-8 |
| 定　　价 | 49.80 元 |

# ▶▶ 前言

管理会计是管理学和会计学的交叉学科，是现代会计信息系统的两大子系统之一，它主要通过一系列的理论和技术，为企业内部管理者提供预测、决策、规划、控制和评价等方面的财务与非财务信息。随着经济的发展，管理会计的内涵还在不断地延伸拓展，涌现出了大量有待继续深入研究的前沿问题。

2014 年 10 月颁布的《财政部关于全面推进管理会计体系建设的指导意见》提出：①借鉴国外管理会计发展经验；②“4+1”发展模式；③十年发展目标。其中“4+1”模式是指四个任务与一个措施，即推进管理会计理论体系建设，推进管理会计指引体系建设，推进管理会计人才队伍建设，推进面向管理会计的信息系统建设和咨询服务市场的措施。十年发展目标包括：①建立与我国社会主义市场经济体制相适应的管理会计体系；②争取 3~5 年内，在全国培养出一批管理会计人才；③力争通过 5~10 年的努力，中国特色的管理会计理论体系基本形成，管理会计指引体系基本建成，管理会计人才队伍建设显著加强，管理会计信息化水平显著提高，管理会计咨询服务市场显著繁荣；④使我国管理会计接近或达到世界先进水平。可见，管理会计人才的培养已成为时代的必然。

管理会计作为一门社会迫切需要和国家积极推进的学科，我们在教材的编写过程中，试图在充分传承传统管理会计理论和技术的基础上，结合时代发展，对管理会计新的发展方向做出一些有益的探究。比如，在管理会计信息系统和管理会计前沿方面进行了一些有益的探索，对传统管理会计内容及结构进行了科学合理地整合等。另外，为了增强对学生素质和能力的培养，方便学生更好地理解和掌握所学知识要点，每章开始都介绍了本章的学习目标、学习重点、学习难点，并对本章进行小结；每章章末都附有练习题及案例分析等。

全书共分为 11 章。参加本教材编写的人员有：谢合明、曾丽媛、张璇（第 1 章、第 2 章），牟绍波、曾丽媛、张璇（第 3 章、第 4 章），刘毅（第 5 章、第 11 章），饶芳（第 6 章），陈怡我（第 7 章、第 8 章），王翊（第 9 章），梁玉国（第 10 章）。本教材由西华大学谢合明、刘毅任主编，王翊、饶芳任副主编，牟绍波任主审。全书的总纂工作由谢合明、刘毅和饶芳负责。

本教材是在管理会计发展的新时期下出版的，可满足高等院校会计类及非会计类专业等相关经济管理专业教学的需要，同时，也可以作为经济管理人员学习管理会计知识的专业书籍。

在本教材的编写过程中，我们参阅和引用了国内外管理会计学科的相关论著、资料及案例等，同时也得到了金蝶精一信息科技服务有限公司傅仕伟博士的大力支持，在此，我们一并表示最诚挚的谢意！

由于管理会计学科还在不断发展，加上编者水平有限，书中难免有疏漏之处，敬请读者批评指正！





**编者**

2020 年 5 月于成都

# ▸▸ 目录

# 第 1 章 管理会计概述

【学习目标】通过本章的学习，学生要了解管理会计的产生与发展过程；理解管理会计的目标及内容；熟练掌握管理会计与财务会计的关系；企业如何导入管理会计系统；管理会计体系建设的内容。

【学习重点】管理会计的目标及内容；管理会计与财务会计的关系；管理会计体系建设的内容。

【学习难点】理解管理会计的本质；管理会计与财务会计的关系。

## 1.1 管理会计的产生与发展

### 1.1.1 管理会计的产生

18 世纪产业革命后期，大量机器设备的使用，带来了会计核算中折旧的计算和间接费用的分摊问题，使着重处理内部经济事项的成本会计与着重处理外部经济交易的财务会计相分离。这时的成本控制还只集中于企业的直接生产费用上面，对间接制造费用的关注极少。

管理会计的雏形应该出现在 19 世纪末 20 世纪初。在这一时期，管理会计逐渐在成本会计的基础上发展演变，形成一门不同于成本会计的、新的学科并发展至今。管理会计的作用已远远超出了成本会计具有的作用，在日益激烈的市场竞争中，成为当代企业在经营管理过程中不可或缺的一部分。

随着社会经济环境、企业管理科学水平的不断发展，管理会计至今经历了以下三个时期：

（1）执行管理会计形成阶段（20 世纪初—20 世纪 50 年代）。

20 世纪初，随着生产专业化及社会化程度的急剧提升，企业强烈地意识到，要想在竞争中立于不败之地，必须加强企业内部管理，提高生产效率，以降低成本费用，获取最大利润，泰勒的科学管理理论由此应运而生。1911 年，被西方誉为“科学管理之父”的泰勒在《财会月刊》上提出了著名的“科学管理原理”，从而开创了企业管理的一个新纪元。“泰勒制”的核心是通过动作与时间研究，制定额定的工作量和工作标准，并用来考核和评价工作成绩。其宗旨是研究如何提高生产效率和工作效率，并认为对于完成每项工作来说，总存在一个最佳路径，即“标准”，他还认为，人是“经济人”，应该采取经济的方式进行激励。列宁曾对泰勒的科学管理理论做出过精辟的论述：它分析劳动中的机械动作，省去多余的笨拙的动作，制定最适当的工作方法，实行最完善的计算和监督管理方法等。

以泰勒为主要代表的古典管理理论特别是科学管理理论的出现促使现代会计分化为财务会计和管理会计。会计业务中增加了“标准人工成本”“成本差异”，出现了标准人工成本法。后来，一位美国管理学家，科学管理的倡导者、人际关系理论的先驱者——甘特，把标准人工成本法引申到材料和制造费用的成本管理中，形成了“标准人工成本”“标准材料成本”和“标准制造费用”的标准成本体系。1919 年，美国成本会计师协会的成立，加快了标准成本的推广，并将它纳入会计系统，成为标准成本会计。

与此同时，预算控制和差异分析等方法也相继出现。1921 年，美国《预算与会计法案》颁布，推动了管理会计引入“预算控制”的进程。1922 年，美国著名会计学家奎因坦斯在其《管理会计：财务管理入门》一书中首次提出“管理会计”的概念。1922 年，美国管理会计的创始人麦金西出版了美国第一部系统论述预算控制的著作《预算控制论》，全面介绍预算控制的理论。

20 世纪三四十年代，由于受到经济危机及第二次世界大战的双重影响，企业经营环境恶化，资金筹措困难，迫使企业内部挖潜。会计学者们又提出了成本性态分析、本量利分析和变动成本法等管理会计的基础理论和方法。

综上，我们可以认为，20 世纪 20 年代开始，以泰勒的科学管理学说为基础，以标准成本和预算管理为主要支柱的管理会计雏形已基本形成。从此，会计从历史成本的事后计算，向预定成本的事前规划和事中控制过渡。但该阶段只注重提高内部生产效率和控制成本，没考虑企业经营战略和方向的确定，因而只是一种执行性管理会计。

（2）决策管理会计形成阶段（20 世纪 50 年代—20 世纪 80 年代初）。

1952 年，英国伦敦举行的会计师国际代表大会正式通过了“管理会计”这一专门术语。原来传统的那一部分会计工作被称为财务会计，会计学被划分为财务会计和管理会计两大领域。

二战后，社会生产力迅速提高，企业间的竞争日趋白热化，要求企业在建立科学合理的内部管理体系的同时，能对外部环境具有高度灵活的反应和适应能力。在这一背景下，现代管理科学代替了泰勒的科学管理学说。

从 20 世纪 60 年代末开始，受统计决策理论和不确定条件下的经济学研究成果的影响，西方管理会计学者开始对以泰勒为代表的新古典经济学为基础的管理会计进行反思，并逐步放松了管理会计原有的设定，将不确定因素和信息成本概念引入管理会计，进而开始将信息统计学、代理人学说和行为科学等引入管理会计的研究，使管理会计的研究领域进一步拓宽。

在现代管理科学的指导下，管理会计一方面丰富和发展了早期形成的一些技术方法，如标准成本系统、预算控制系统、财务报表分析；另一方面，引入行为科学，发展了企业分层管理和责任会计，探讨了企业内部各类责任中心与企业整体目标达到一致性问题。引入运筹学等方法，用线性规划、经济批量、回归分析等定量技术进行事前预测、决策、控制及执行后的考核，形成了以规划、决策为重点的管理会计体系。

1969 年，全美会计师协会（NAA）成立了专门研究管理会计问题的高级委员会——管理会计实务委员会（1985 年更名为执业管理会计师协会），陆续颁布了一系列指导管理会计实务的公告，以“促进管理会计师的职业化和提高会计学的教学水平”。这些公告涉及管理会计的目标、术语、概念、惯例与方法、会计活动管理等诸多方面的内容。1972 年，美国全国会计师联合会又成立了独立的管理会计师协会，同年，美国管理会计师协会主持、举办了全美第一届职业管理会计师考试；几乎与此同时，英国也安排了类似的考试。从此，西方国家出现了有别于注册会计师（CPA）的执业管理会计师（CMA）职业。

（3）战略管理会计形成阶段（20 世纪 80 年代初至今）。

1981 年，美国著名管理学家西蒙首次提出了“战略管理会计”，之后，很多学者不断丰富和完善战略管理会计的内涵，形成了以价值链分析、战略定位分析（如 SWOT 分析、五力模型分析、波士顿矩阵、产品寿命周期、适时生产系统等）、战略成本管理、以战略为导向的全面预算管理、智力资本管理和战略性绩效评价等内容为主体的战略管理会计体系。

随着管理会计领域不断引入新理论与新方法，如交易成本理论、信息经济学和不确定性理论等，加上新技术大量应用于企业管理，管理会计朝着精密的数量化技术等方向发展。例如，经济批量模型、流程分析图、战略成本管理等理论与方法体系纷纷建立，极大地推动了管理会计在企业中的有效应用。

随着经济全球化和知识经济的发展，世界各国的经济联系和依赖程度日益增强，企业之间分工协作日趋频繁，准确把握市场定位、客户需求等尤为重要。管理会计学者对新的企业经营环境下管理会计发展进行了探索，质量成本管理、作业成本法、价值链分析及战略成本管理等创新的管理会计方法层出不穷，初步形成了一套新的成本管理控制体系。为此，管理会计以强调价值创造为核心，发展了一系列新的决策工具和管理工具。一些国家也尝试将管理会计引入公共部门管理之中，并随着新公共管理运动的兴起在全世界范围内推广。

### 1.1.2 管理会计的发展

管理会计学科发展历程的回顾与总结如下：

（1）国外学者对管理会计发展历程的表述。

国外学者对管理会计发展历程有许多不同的看法和观点，比较有代表性的是美国学者罗伯特·卡普兰教授和日本学者西村明教授的观点。

美国学者罗伯特·卡普兰教授在 1989 年出版的《高级管理会计》一书中，将管理会计的发展历程分为以下五个阶段：

①起源和产生阶段。这一阶段是指 19 世纪以前，在这一阶段随着工业革命的兴起，企业生产力的发展和提高，企业管理者对企业成本管理的要求进一步提高，该阶

段管理会计的产生主要是为了满足特定公司的多层次企业管理的需要。

②科学管理阶段。在这一阶段随着现代经济的进一步发展，部分行业的管理者开发了服务于企业管理的关于计算产品成本的方法，建立起了一系列的标准成本管理制度。

③综合管理控制阶段。在这一阶段，成本管理与财务记录结合并统一于复式记账，出现了投资报酬率等新的核算指标，这是对管理会计的开创。

④发展停滞阶段。这一阶段是指1925—1985年这60年，受第二次世界大战和经济危机等原因的影响，该阶段关于管理会计的理论虽已发展形成，但是这些理论的发展在当时都停滞不前。

⑤管理会计理论发展的新阶段。此后，罗伯特·卡普兰教授将管理会计发展历程进一步推进，在原先对管理会计的划分基础上，根据20世纪80年代以后的发展和管理会计发展情况，将这一阶段划分为管理会计理论发展的新阶段。

日本的西村明教授则将管理会计划分为另外五个阶段：

①进化阶段。这一阶段主要的发展是会计所提供的财务数据与管理的结合，管理会计初具雏形。

②传统管理会计阶段。该阶段主要是将现代的科学管理方法应用于管理会计，在此阶段，管理会计的理论进一步发展。

③计量与信息的管理会计阶段。这一阶段主要着眼于以经济学理论知识为核算基础的最佳收益管理，管理会计逐渐与传统的成本会计相区分进而独立发展并成为一门新的学科。

④综合的管理会计阶段。在这一阶段，会计和管理高度融合，在企业生产等方面出现了作业成本法等新的成本管理方法。

⑤价值创造会计阶段。随着社会经济的发展及会计和管理研究的深入，在这一阶段，如何培育企业核心竞争能力成了管理会计新的关注重点。这一阶段主要出现包括平衡计分卡、企业供应链等新的管理会计理论。

（2）我国学者对管理会计发展历程的表述。

随着对管理会计研究的逐渐深入，我国许多专家学者也相继提出了各种不同的阶段划分，比较有代表性的是余绪缨和李天民教授的阶段划分。

余绪缨教授认为，管理会计可以分为两个阶段。第一阶段是执行性管理会计阶段，第二阶段是决策型管理会计阶段。在执行性管理会计阶段，管理会计的主要目的是提高生产效率；而决策型管理会计阶段运用管理会计的目的在于如何提高企业的经济效益，此时研究和关注的重点是企业的经营和发展。2002年后，余绪缨教授又提出了管理会计的三阶段论，把管理会计分为成本会计阶段、现代管理会计阶段及后现代管理会计阶段三个阶段。

李天民教授将管理会计分为如下发展阶段：①萌芽时期（20世纪20年代至30年代）。这一时期为满足财务报表的需求，寻找准确核算成本的方法，标准成本体系、全面预算管理和差异分析是这一时期的主要方法。②管理会计的形成时期（20世纪40年代至50年代）。变动成本法、预测决策分析标志着以提高效率和效益为目标的现代管理会计正式形成。③管理会计的发展时期（20世纪60年代至80年代中期）。系统管理理论、权变管理理论的影响使管理会计不断成熟，各种会计核算方法日臻完善。④管理会计的变革时期（20 世纪 80 年代中期以后）。变革时期涌现许多新的核算方法和核算手段，其中最为引人注目的是作业成本法和（JIT）体系。

我国还有许多学者认为，管理会计的发展可以有以下几种划分：

第一，管理会计的发展可以划分为标准成本会计阶段（19 世纪初期到 20 世纪 40 年代）、决策性管理会计阶段（20 世纪四五十年代到 20 世纪 80 年代）、战略性管理会计阶段（20 世纪 80 年代以后）。

第二，管理会计的发展可以划分为萌芽与形成阶段（20 世纪初至 50 年代）、现代管理会计阶段（20 世纪 50 年代至 70 年代）、现代管理会计的变革阶段（20 世纪 70 年代以后）。

第三，管理会计的发展可以划分为产生阶段、科学管理阶段、综合型企业的管理控制阶段、停滞阶段、管理会计的新发展阶段。

综上所述，通过对国内外学者关于管理会计起源与发展的不同研究与分析，我们可以看到关于管理会计的起源与发展的研究成果还是比较丰富的，形成了比较多的不同观点和看法。本教材在借鉴国内外不同学者众多理论的基础上，将管理会计的发展主要分为以下四个阶段：

（1）管理会计的产生阶段（起源阶段）。

这一阶段主要是从第一次工业革命到 20 世纪初。在这一阶段，关于管理会计的相关理论初见雏形，但管理会计远还没有单独成为一个学科，仅以成本控制的形式出现，并开始逐步地运用到企业生产经营中，并且产生了一些效果，为推动企业的发展起到了一定的作用。

（2）管理会计的执行阶段（以成本控制为特征的管理会计阶段）。

这一阶段是从 20 世纪初至 20 世纪 50 年代。这一阶段主要是以泰勒的科学管理学说为理论基础而形成的初步的会计信息系统，对企业的运行进行日常管理，主要目的在于降低企业的生产成本，提升企业的生产效率。此阶段的管理会计主要表现为对企业成本的控制。在这一阶段，管理会计在核算和监督方面将事前核算引进到会计体系中来，通过事前核算、事中控制与事后分析相结合，加强了对企业的监督与管理，可以看作是会计发展史上的一个重要里程碑。

（3）管理会计决策阶段（以预测和决策为特征的管理会计阶段）。

20 世纪 50 年代起至 20 世纪 70 年代末 80 年代初，为管理会计决策性阶段。管理会计决策阶段在管理会计执行阶段的基础上，关注重点不再局限于企业的成本控制，而是更侧重于如何运用管理会计的方法提高企业经济效益。在这个阶段，管理会计适应现代经济管理的要求，不仅发展完善了规划控制会计的理论与实践，而且，还逐步充实了以管理科学学派为依据的预测决策会计和以行为科学学派为指导思想的责任会计等内容。

（4）管理会计综合阶段（以环境为特征的战略管理会计阶段）。

这一阶段是指 20 世纪 80 年代以后。管理会计在这一阶段开始与其他学科相互交叉渗透，形成如战略管理会计、环境管理会计等新的分支，并且管理会计也与时俱进，适应时代的特点不断进步，与其他领域融合，如与信息经济学、行为科学的融合与发展，促进管理会计向更深更广的领域拓展。尤其是近几年来，战略管理会计和环境管理会计成为管理会计发展的新领域，风险控制和战略决策成为管理会计研究的重点，管理会计由成本计算、标准成本制度、预算控制发展到以重视环境适应性为特征的战略管理会计阶段。



## 1.1.3 管理会计在我国的发展



### 1.1.3.1 管理会计理论在我国的发展

从20世纪70年代末80年代初开始，我国会计学界以极大的热情，对西方管理会计进行了大量的引进工作。20世纪80年代初期和中期，我国会计学界对西方管理会计在我国的应用进行了广泛而热烈的讨论，大量论文散见于各报纸杂志，与国外会计学界有关管理会计问题的交流也广泛地开展。我国管理会计大致经历了宣传介绍、吸收消化、改革创新和全面推进四个阶段。

根据相关文献，我国在全面推进与发展管理会计方面的进程回顾如下：

2013年，财政部提出，要大力发展管理会计，向管理要效益，向内部挖潜要效益，促进管理红利尽快释放。

2014年2月20日，在中国总会计师协会第五次全国会员代表大会上，财政部负责人指出，如果说打造中国经济“升级版”的关键在于推动经济转型，那么，打造中国会计工作“升级版”的重点就在于大力培育和发展管理会计。

2014年10月27日，《财政部关于全面推进管理会计体系建设的指导意见》发布，明确了管理会计体系建设的指导思想和基本原则，提出了管理会计体系建设的总目标，并围绕目标部署了相应的任务、具体措施和工作要求。其内容主要包括：①全面推进管理会计体系建设的重要性和紧迫性；②指导思想、基本原则和主要目标；③主要任务和措施；④工作要求。其中，主要任务包括：一是推进管理会计理论体系建设；二是推进管理会计指引体系建设；三是推进管理会计人才队伍建设；四是推进面向管理会计的信息系统建设；五是推进管理会计的咨询服务市场建设，即管理会计体系建设的“4+1”体系。

2016年6月22日，为促进企业和行政事业单位加强管理会计工作，提升内部管理水平，促进经济转型升级，财政部制定出台了《管理会计基本指引》。该指引在管理会计指引体系中起统领作用，是制定应用指引和建设案例库的基础。《管理会计基本指引》总结提炼了管理会计四要素：①管理会计应用环境，它是单位应用管理会计的基础，包括单位的内外部环境。②管理会计活动，它是单位管理会计工作的具体开展，单位将管理会计活动嵌入规划、决策、控制、评价等环节，形成完整的管理会计闭环。③管理会计工具方法。它是单位实现管理会计目标的具体手段，是单位应用管理会计时所采用的战略地图、滚动预算管理、作业成本管理、本量利分析、平衡计分卡等模型、技术、流程的统称。④管理会计信息与报告，管理会计信息是单位开展管理会计活动过程中所使用和生成的财务信息和非财务信息，是管理会计报告的基本元素。管理会计报告是管理会计活动成果的重要表现形式，旨在为报告使用者提供满足管理需要的信息，是管理会计活动开展情况和效果的具体呈现。

2016年10月8日，财政部印发了《会计改革与发展“十三五”规划纲要》（简称《规划纲要》），明确提出进一步推进管理会计的广泛应用：加强管理会计指引体系建设，推进管理会计广泛应用，提升会计工作管理效能。《规划纲要》中明确提出了我国“十三五”时期会计改革与发展面临的形势、总体要求、主要任务及组织保障。其中，具体包括：①加强会计法制建设；②加快推进政府及非营利组织会计改革；③健全企业会计准则体系；④推进管理会计广泛应用；⑤完善内部控制规范体系；⑥加强会计信息化建设；⑦大力发展会计服务市场；⑧实施会计人才战略；⑨繁荣会计理论研究。

#### 1.1.3.2 管理会计实践在我国的发展

在我国，管理会计相关理论虽然引入较晚，但在我国实践中早已有之，不乏成功案例。例如，20世纪50年代的以成本为核心的内部责任会计，包括班组核算、经济活动分析和资金成本归口分级管理等；20世纪70年代末到80年代末的以企业内部经济责任制为基础的责任会计体系；20世纪90年代后的成本性态分析、盈亏临界点与本量利依存关系、经营决策、经济效益的分析评价等；河北邯郸钢铁公司实行的“模拟市场，成本否决”，宝钢集团推行的标准成本制度。这些都属于管理会计的实践范畴。

如今，包括全面预算管理、平衡计分卡、作业成本法、标准成本法等方法在内的管理会计工具方法陆续在我国企业中得以运用。有些企业还专门设置了管理会计机构或岗位，例如，国家开发银行、中国电信、北汽福田、三一重工等，并取得了较好成效。同时，管理会计在行政事业单位的成本核算与控制、预算编制、执行、决算分析和绩效评价等工作中也得到了很好的应用。

从上述我国管理会计发展的制度路径来看，随着我国全面深化改革的推进，会计改革与发展工作的强化，我国管理会计理论与实践的研究正迎来最好的历史发展机遇期。

## 1.2 管理会计的基本概念框架

管理会计的基本概念框架是指管理会计的定义、目标、原则、职能、对象、活动、内容、应用环境、工具方法等相关概念的有机组合，是构建管理会计学的基础。

必须看到，人们的研究能力有限，探索理论的角度不同及管理会计实践本身的不断发展变化，导致我们对管理会计基本概念框架结构的理解出现偏差，甚至形成截然相反的观点。因此，我们不可能要求形成统一的结论。

### 1.2.1 管理会计的定义

管理会计的定义呈现百花齐放、百家争鸣的状态，给管理会计下一个什么样的定义，对管理会计理论体系内容的确定至关重要，因为定义是对一种事物或一门学科的内涵与外延的科学概括和总结。

### 1.2.1.1 国外会计学者及机构对管理会计的定义

在国外，会计学者及机构对管理会计的定义也是莫衷一是、众说纷纭。

1958 年，美国会计学会管理会计委员会认为：管理会计就是运用适当的技术和概念，处理企业历史的和计划的经济及信息，有助于管理人员制订合理的、能够实现经营目标的计划，以及为达到各项目标所进行的决策。管理会计包含进行有效计划的制订、替代方案的选择、对业绩的评价及控制等所必需的各种方法和概念。另外，管理会计研究还包括经营管理者根据特殊调查取得的信息及日常工作中与决策有关的会计信息的收集、综合、分析和报告的方法。

1982 年，英国成本与管理会计师协会修订后的管理会计定义，把管理会计的范围进一步扩大到除审计以外的会计的各个组成部分，如图 1.1 所示。

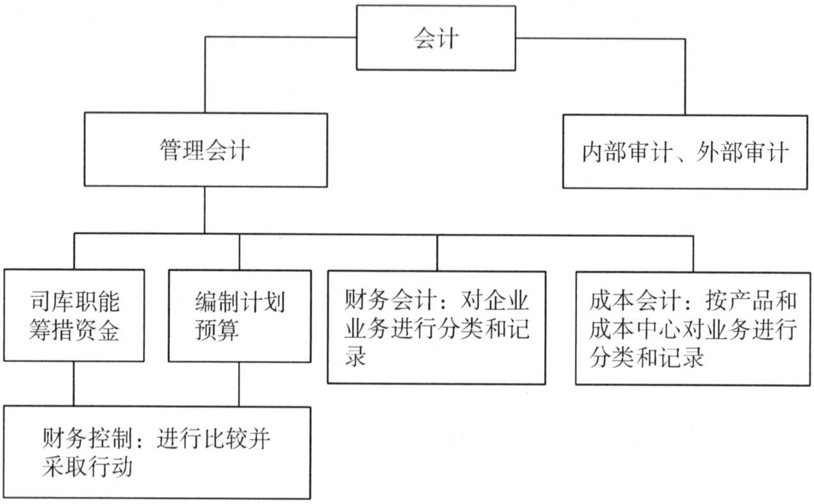


**图 1.1 英国管理会计的范围**

按照英国成本与管理会计师协会的解释，管理会计是为管理者提供所需信息的那一部分会计工作，使管理者得以制定方针政策；对各项业务活动进行计划和控制；保护财产的安全；向企业外部人员反映财务状况；向职工反映财务状况；对各个行动的备选方案做出决策。

1986 年，美国全美会计师协会管理会计实务委员会对管理会计所下的定义为："管理会计是向管理当局提供用于企业内部计划、评价、控制，以及确保企业资源的合理使用和经济管理责任的履行所需财务信息的确认、计量、归集、分析、编报、解释和传递的过程。管理会计还包括编制以供诸如股东、债权人、规则制定机构及税务当局等非管理集团使用的财务报表。"这是一个大管理会计（广义管理会计）概念，实际上包括了财务会计。

1997 年，由美国著名管理会计学家罗伯特·卡普兰教授等四人合著的《管理会计（第 2 版）》为管理会计下的定义为："管理会计是一个为组织的员工和各级管理者提供财务和非财务信息的过程。这个过程受组织内部所有人员对信息需求的驱动，并能引导他们做出各种经营和投资决策。"该定义有如下几点创新：①该定义扩展了管理会计服务单位的外延。以前的定义主要讲管理会计服务于企业，这个定义讲到管理会计服务于组织，包括各类企业、事业单位，政府机关、学校、医院等非盈利性的社会福利组织，这样就大大地扩展了管理会计的服务外延。②该定义也扩展了管理会计的具体服务对象。原来我们讲管理会计信息的使用者，主要是企业内部的管理人员，而且是中上层的管理者。这里所说的现代管理会计的服务对象就不仅仅是企业的中上层管理者，而是各级各部门的管理人员，甚至是企业的每一位员工。③该定义扩展了现代管理会计对信息的收集和处理范围。过去的管理会计局限于用货币单位计量的财务信息，但该定义把管理会计对信息的收集和处理扩展到非财务信息，这是对管理会计概念的发展和创新，也是合乎管理实践要求的，是管理会计概念的与时俱进。

广义管理会计的核心内容是：①管理会计以企业为主体开展其管理活动；②管理会计既为企业管理者的管理目标服务，同时也为股东、债权人、政府部门、税务当局等非管理机构服务；③管理会计作为一个信息系统，它所提供的财务信息包括解释实际和计划所必需的货币性和非货币性信息；④从内容上看，管理会计既包括财务会计，又包括成本会计和财务管理。

1997 年，美国管理会计师协会对其的定义为："管理会计是提供价值增值，为企业规划设计、计量和管理财务与非财务信息系统的持续改进过程，通过此过程指导管理行为、激励行为、支持和创造达到组织战略、战术和经营目标所必需的文化价值。"该定义有如下几个方面的创新：①对现代管理会计的目标有了更深刻的认识；②该定义也考虑了非财务信息；③该定义提出了"持续改进"的概念，这应该是管理会计定义上的一个重大创新。

2008 年，美国管理会计师协会又批准了新定义：管理会计是一种深度参与管理决策、制订计划与绩效管理系统、提供财务报告与控制方面的专业知识，以及帮助管理者制定并实施组织战略的职业。在这里，从广义管理会计角度，管理会计首次被定义为一门独立的职业，同时也拓展了其实施主体的范围：不仅包括企业，还包括行政事业单位等。这是对管理会计定义的重大突破与创新，是对管理会计学科重要性的充分肯定，也是对管理会计在组织实践中所起作用的正确评估与评价，无疑极大地推进管理会计向更高、更深层次发展。

#### 1.2.1.2 国内会计学者及机构对管理会计的定义

在国内，会计学者及机构对管理会计的定义也存在不同的观点。

1984 年，我国学者李天民教授在其出版的《管理会计学》一书中认为："管理会计主要是通过一系列专门方法，利用财务会计提供的资料及其他有关资料进行整理、计算、对比和分析，使企业各级管理人员能据以对日常发生的一切经济活动进行规划与控制，并帮助企业领导做出各种决策的一套信息处理系统。"李天民教授的定义强调了：①现代管理会计包括利用和分析财务信息与其他资料；②现代管理会计要为各级管理人员服务；③现代管理会计是一套信息处理系统。

2004 年，余绪缨教授在其出版的《管理会计》一书中认为，管理会计由基础性管理会计（成本会计、标准成本系统），现代管理会计（成本性态分析与变动成本计算、本—量—利分析、短期经营决策、长期投资决策、预算控制、责任会计与企业业绩的财务评价、质量成本会计、资本成本会计），以及现代管理会计的新发展（作业成本计算与作业管理、目标成本管理、价值工程、生命周期成本管理、战略管理会计、平衡计分卡、环境管理会计、国际管理会计、智力资本管理会计）组成，它是将管理与会计融为一体，为企业的领导者和管理人员提供管理信息的会计。

2014 年，我国财政部在《财政部关于全面推进管理会计体系建设的指导意见》中，给管理会计下的定义是："管理会计是财务会计的一个重要分支，主要服务于单位及组织内部管理需要，是通过利用相关的财务与非财务信息，把财务与业务活动有机地融合在一起，在单位规划、决策、控制和评价等方面发挥重要作用的一种管理活动。"

综上所述，本教材认为：管理会计应是以组织价值最大化为目标，有机融合相关学科的成果并借助于管理会计工具方法，以"大智移云物区"等技术为主要手段，为组织的信息使用者提供最有效的财务与非财务信息的一项管理活动或一门独立的信息职业。

### 1.2.2 管理会计的对象与目标

#### 1.2.2.1 管理会计的对象

围绕什么是管理会计的对象问题，国内学术界进行了广泛而深刻的研究，基本形成以下几种观点：

（1）现金流量论。

现金流量论认为，现代管理会计的对象应是现金流量。由于现金流入和流出在数量和时间上存在差别，因此，在考虑时间价值的前提下，在现金流动这个动态过程中，我们可以把现金流量在数量上进行比较，从而将企业生产经营中的资金、成本、利润结合起来进行研究和分析，具有更强的综合性，为企业改善生产经营、提高经济效益提供重要的、综合性的信息。也就是说，通过现金流动，我们可以把企业生产经营活动的主要方面和主要过程全面系统地反映出来。

（2）资金运动论。

资金运动论认为，资金运动作为价值运动的具体表现形式，其可以更加全面、科学地描述管理会计的对象。企业的生产经营活动实质上是价值和使用价值不断增值的过程，而货币是价值量的表现形式，故在商品经济社会，必须同时运用实物的形式和商品的价值形式，即货币形式来确保生产经营活动的每个环节都顺利开展。在货币转化为资金的同时，资金运动便成了价值运动的表现形式。因此，资金运动作为管理会计的对象显得更为合理。

（3）价值增值论。

价值增值论认为，管理会计的对象是价值增值。在商品经济社会，企业的生产经营活动主要包括两个过程：一是使用价值的生产和交换过程，二是价值形成和价值增值过程。管理会计通过对生产经营活动中的价值形成和价值增值过程进行分析和处理，从而优化使用价值的生产和交换过程，并针对有关信息提供决策支持，以实现价值增值最大化。因此，价值增值是管理会计的对象。

（4）价值差量论。

在现代管理会计中，各种价值差量经过一系列的加工、处理和转换，在一定程度上可以综合反映企业的盈利水平。可以说，价值差量是企业利润的具体表现形式，它具有很强的综合性。因此，管理会计的对象应该是价值差量。

（5）价值运动论。

价值运动论认为，管理会计的对象并不超出作为会计学整体对象的范围，管理会计仍然是以价值运动为对象的。而管理会计与财务会计的区别在于它们各自提供信息的对象、性质和方法不同，在于它们研究问题的侧重不同。因此，价值运动应作为管理会计的对象。

（6）管理成本论。

管理成本论认为，成本管理作为管理会计的核心内容，使得成本—效益分析法贯穿于管理会计工作的始终，因此，对企业各项活动的过程和结果进行成本—效益分析将成为管理会计工作的重中之重。而如果把经营管理层面的成本分析叫作管理成本，那么管理会计的对象便是管理成本。同时，管理成本的内容可分为决策成本、控制成本和责任成本。

众所周知，管理会计的对象，应该具有如下特征：①管理会计的对象应该反映管理会计的本质，即能回答管理会计“是什么”和“干什么”的问题；②管理会计的对象应该具有客观性，管理会计对象应不受任何主观因素的影响，独立于管理会计行为之外，不依管理会计行为而存在；③管理会计的对象应具有概括性，管理会计的对象应是管理会计作用客体所涉及范围的抽象、概括和总结，而不是其具体内容的简单罗列或归集；④管理会计的对象所涉及的范围能根据其服务对象的需要而灵活变动。

由管理会计的特征可以看出，管理会计的对象不仅涉及了财务会计的对象——资金运动，而且管理会计对象涉及的资金运动更多是以面向未来的、以风险为导向的资金运动，并结合了许多与计划、决策、控制和考核有关的非资金运动，而这种非资金运动并不是一种价值运动，而是一种管理活动，管理活动反映的是一种生产关系。因此，本教材更赞成管理会计的对象应是资金运动及其所体现的经济关系的说法。

#### 1.2.2.2 管理会计的目标

管理会计目标作为“纽带和桥梁”，能够帮助我们很好地联系会计理论和会计实践，有利于管理会计系统与其所处客观环境的顺利沟通，更有利于管理会计理论与管理会计实践的良性互动。管理会计目标主要有以下几种说法。

美国会计学会下设的管理会计学科委员会认为，管理会计的基本目标是，向企业管理人员提供经营决策所需要的会计信息，具体包括：①为企业管理者制订计划和做出决策提供信息，并作为管理队伍的成员参与制订决策与计划过程；②协助管理者指导和控制经营活动；③激励管理者和其他员工为实现企业的目标而努力；④计量和评价企业的业务活动，以及部门、管理者和其他员工的业绩；⑤评价企业的竞争力，该目标更像管理会计的职能。

有的学者认为，管理会计的最终目标应设定在满足社会需求的基础上，提高企业的经济效益。为了最终目标，管理会计应实现两个分目标：①为管理和决策提供管理会计信息，这种信息既包括财务信息也包括非财务信息；②参与企业的经营管理。

2016 年，国家财政部发布的《管理会计基本指引》中明确提出了，管理会计的目标是通过运用管理会计工具方法，参与单位规划、决策、控制、评价活动并为之提供有用信息，推动单位实现战略规划。

本教材认为，管理会计目标应该分为基本目标（也叫最终目标）和具体目标。基本目标是提高单位经济效益和社会效益，实现组织价值最大化。具体目标是为信息使用者提供有用的管理会计信息。

### 1.2.3 管理会计的职能与内容

#### 1.2.3.1 管理会计的职能

职能是指人、事物、机构所应有的作用。从人的职能角度讲，职能是指一定职位的人完成其职务的能力；从事物的角度来讲，职能一般等同于事物的功能；从机构的角度来讲，职能一般包括机构所承担的职权、作用等内容。管理会计的职能不是一成不变的，它的发展变化既取决于会计所处环境的变化，也取决于人们的思想水平。管理会计的职能是指管理会计本身客观存在的内在功能。管理会计的职能学说主要有以下几种：

（1）一职能学说，即为管理某些方面提供信息。

（2）二职能学说，即计划与控制。

（3）三职能学说，即数据的选择和记录、数据分析、编制各项报表。

（4）四职能学说，即计划、组织、控制和评价。

（5）五职能学说，即预测、决策、规划、控制、评价。

（6）六职能学说，即分析比较、预测前景、寻求方案、参与决策、控制生产、监督活动。

目前，我们比较认同管理会计的五职能学说。

（1）预测经济前景。

管理会计发挥预测经济前景的职能，就是按照企业未来的总目标和经营方针，充分考虑经济规律的作用和经济条件的约束，选择合理的量化模型，有目的地计划和推测企业未来销售、利润、成本及资金的变动趋势和水平，为企业经营决策提供预测信息。

（2）参与经济决策。

管理会计参与经济决策的职能主要体现在：根据企业决策目标，收集、整理有关资料，选择科学合理的方法，计算决策方案的评价指标，并做出正确的财务评价，最终筛选出满意的行动方案。

（3）规划经营目标。

管理会计的规划经营目标职能是通过编制各种计划和预算实现的。它要求在最终决策方案的基础上，将事先确定的有关经济目标分解落实到相关预算中去，从而合理有效地组织协调供应、生产、销售及人、财、物之间的关系，并为控制和责任考核创造条件。

（4）控制经济过程。

控制经济过程是管理会计的又一重要职能。该职能要求企业将经济过程的事前控制与事中控制结合起来，即事前确定科学可行的各种标准，并根据执行过程中的实际情况与计划之间产生的差异，按照差异分析法进行分析，以便及时采取措施予以调整、改进等，确保经济活动的正常进行。

（5）考核评价经营业绩。

管理会计履行考核评价经营业绩的职能，是通过建立责任会计制度来实现的。在各部门各单位及每个人都明确各自责任的前提下，逐级考核责任指标的执行情况，找出成绩与不足，从而为正确地实施奖惩及进一步改进工作提供必要的依据。

#### 1.2.3.2　管理会计的主要内容

管理会计的主要内容应该与其职能相匹配，通常情况下，管理会计的主要内容有：①战略管理会计；②运营管理会计；③成本管理会计；④预测与决策管理会计；⑤风险管理会计；⑥智力资本管理会计；⑦质量成本管理会计；⑧预算管理会计；⑨绩效管理会计；⑩责任管理会计；⑪管理会计报告；⑫管理会计信息化建设等。详细内容见图 1.2。

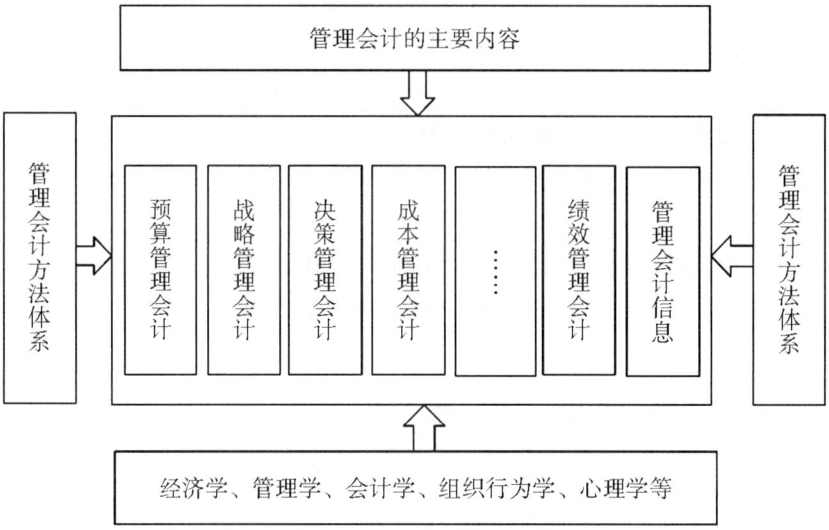


图 1.2　管理会计的主要内容

### 1.2.4　管理会计活动及原则

#### 1.2.4.1　管理会计活动

管理会计活动是指单位利用管理会计信息，运用管理会计工具方法，在规划、决策、控制、评价等方面进行的服务于单位管理需要的相关活动。

单位在开展管理会计活动时，应着重把握好以下几点：

（1）做好相关信息支持，参与战略规划拟定，从支持其定位、目标设定、实施方案选择等方面，为单位合理制定战略规划提供支撑。

（2）融合财务和业务等活动，及时充分提供和利用相关信息，支持单位各层级根据战略规划做出决策。

（3）设定定量、定性标准，完善分析、沟通、协调、反馈等控制机制，支持和引导单位持续高质、高效地实施单位战略规划。

（4）合理设计评价体系，基于管理会计信息等，评价单位战略规划实施情况，并以此为基础进行考核，完善激励机制；同时，对管理会计活动进行评估和完善，以持续改进管理会计应用。

#### 1.2.4.2 应用管理会计的原则

管理会计原则是指为了实现管理会计的目标所制定的规范或规则。它是管理会计实践的经验总结和管理会计理论的科学概括，既是管理会计理论体系的重要组成部分，又是指导管理会计实务的规范。

按照《管理会计基本指引》的要求，单位在应用管理会计时应遵循下列四项原则：

（1）战略导向原则。管理会计的应用应以战略规划为导向，以持续创造价值为核心，促进单位可持续发展。

（2）融合性原则。管理会计应嵌入单位相关领域、层次、环节，以业务流程为基础，利用管理会计工具方法，将财务和业务等有机融合。

（3）适应性原则。管理会计的应用应与单位应用环境和自身特征相适应。单位自身特征包括单位性质、规模、发展阶段、管理模式、治理水平等。

（4）成本效益原则。管理会计的应用应权衡实施成本和预期效益，合理、有效地推进管理会计应用。

特别注意：单位在应用管理会计时，应包括应用环境、管理会计活动、工具方法、信息与报告四要素，其应用主体视管理决策主体确定，可以是单位整体，也可以是单位内部的责任中心。

### 1.2.5 管理会计应用环境与工具方法

#### 1.2.5.1 管理会计应用环境

单位在应用管理会计时，应充分了解和分析其应用环境。管理会计应用环境，是单位应用管理会计的基础，包括内部环境和外部环境。

（1）管理会计的内部环境。

内部环境主要包括与管理会计建设和实施相关的价值创造模式、组织架构、管理模式、资源保障、信息系统等因素。

在应用管理会计进行内部环境分析时，我们应重点注意以下几点：

①准确分析和把握价值创造模式，推动财务与业务等的有机融合。

②根据组织架构特点，建立健全能够满足管理会计活动所需的，由财务、业务等相关人员组成的管理会计组织体系。有条件的单位可以设置管理会计机构，组织开展管理会计工作。

③根据管理模式确定责任主体，明确各层级及各层级内的部门、岗位之间的管理会计责任权限，制定管理会计实施方案，以落实管理会计责任。

④从人力、财力、物力等方面做好资源保障工作，加强资源整合，提高资源利用效率，确保管理会计工作顺利开展。

⑤注重管理会计理念、知识培训，加强管理会计人才培养。

⑥将管理会计信息化需求纳入信息系统规划，通过信息系统整合、改造或新建等途径，及时、高效地提供和管理相关信息，推进管理会计实施。

（2）管理会计的外部环境。

外部环境主要包括国内外经济、市场、法律、行业等因素。外部环境又分为宏观外部环境和行业环境。宏观外部环境通常是指政治、法律、经济、社会文化和科学技术这四大环境因素。行业环境通常包括供应商定价能力、购买者的讨价还价能力、潜在进入者的威胁、替代品的威胁、同行业竞争者的力量五大环境因素。

#### 1.2.5.2 管理会计工具方法

（1）管理会计工具方法的含义。

管理会计工具方法是实现管理会计目标的具体手段。管理会计工具方法是企业应用管理会计时所采用的战略地图、滚动预算管理、作业成本管理、本量利分析、平衡计分卡等模型、技术、流程的统称。管理会计工具方法具有开放性，随着实践发展不断丰富完善。

（2）管理会计工具方法的应用领域。

管理会计工具方法主要应用于以下领域：战略管理、预算管理、成本管理、运营管理、投融资管理、绩效管理、风险管理等。

①战略管理领域应用的管理会计工具方法包括但不限于战略地图、价值链管理等。

②预算管理领域应用的管理会计工具方法包括但不限于全面预算管理、滚动预算管理、作业预算管理、零基预算管理、弹性预算管理等。

③成本管理领域应用的管理会计工具方法包括但不限于目标成本管理、标准成本管理、变动成本管理、作业成本管理、生命周期成本管理等。

④运营管理领域应用的管理会计工具方法包括但不限于本量利分析、敏感性分析、边际分析、标杆管理等。

⑤投融资管理领域应用的管理会计工具方法包括但不限于贴现现金流法、项目管理、资本成本分析等。

⑥绩效管理领域应用的管理会计工具方法包括但不限于关键指标法、经济增加值、平衡计分卡等。

⑦风险管理领域应用的管理会计工具方法包括但不限于单位风险管理框架、风险矩阵模型等。

单位应用管理会计，应结合自身实际情况，根据管理特点和实践需要选择适用的管理会计工具方法，并加强管理会计工具方法的系统化、集成化应用。不同的工具方法适用于不同的管理活动，单位应根据实际情况选择适合自身的工具方法。如果企业是追寻规模经济效益，应重视成本管理活动，优选成本管理方法；如果企业规模小，并且投资风险较高，则应重视预算管理、投融资管理及风险管理等，进行资本成本分析。





## 1.3 管理会计与财务会计的关系

我们知道，目前，企业会计信息系统存在着两大子系统：管理会计信息系统和财务会计信息系统。管理会计信息系统主要是面向内部信息使用者提供财务与非财务信息，我们称之为内部会计，而财务会计信息系统主要是为企业外部信息使用者提供财务信息，我们称之为外部会计。下面，我们具体来谈谈管理会计与财务会计的联系和区别。

### 1.3.1 管理会计与财务会计的联系

（1）两者同属于现代会计系统。

管理会计和财务会计源于同一母体，管理会计是从传统会计中孕育、发展和分离出来的，两者同属于现代会计系统。

（2）两者基本信息同源。

管理会计所使用的信息尽管广泛多样，但基本信息都来源于财务会计，有的甚至直接使用财务会计信息，有的则是对财务会计信息的调整和延伸。当然，管理会计的部分信息也会列入对外公开发表的范围，如现金流量表，最初只是管理会计中长期投资决策使用的一种内部报表，后来陆续被我国及其他一些国家列为财务会计对外报告的内容。

（3）两者最终目标相同。

两者都是以企业经济活动及其价值表现为研究对象，都必须服从现代企业会计的总体要求，共同为实现企业管理目标服务，实现价值的最大增值。

（4）两者服务对象交叉。

前面已经讲过，管理会计可称为“对内报告会计”，财务会计可称为“对外报告会计”，这只是说明两者服务对象的侧重点不同，但并不意味着在这个问题上两者完全割裂或对立。在许多情况下，管理会计的信息可以为外部利益相关者所使用，财务会计的信息也为企业内部利益相关者所使用。

### 1.3.2 管理会计与财务会计的区别

（1）两者的工作主体（范围）的层次不同。

财务会计的工作主体是整个企业，即主要以整个企业为核算对象，全面、系统、连续地核算和监督企业发生的全部经济业务，提供集中概括的财务信息，用来反映整个企业的财务状况和经营成果。

管理会计的工作主体可以是多层次的，它既可以把整个企业（如投资中心、利润中心）作为工作主体，也可以把企业内部的局部区域或个别部门甚至某一管理环节（如成本中心、费用中心）作为其工作的主体。

（2）两者的服务对象不同。

管理会计主要向企业内部各管理层级提供所需的管理信息，强化单位内部经营管理，提高企业经济效益，属于“对内报告会计”；而财务会计主要侧重于对外部利益相关者提供财务信息，属于“对外报告会计”。

（3）两者的工作职能不同。

管理会计的工作重点是“创造价值”，其职能是解析过去、控制现在和规划未来，规划未来是摆在首位的，解析过去只是为了更好地控制现在和规划未来。因此，管理会计实质上属于“活账”的“经营型会计”。

财务会计的工作重点是“记录价值”，通过确认、计量、记录和报告来核算和监督过去已经发生的经济业务。因此，财务会计实质上属于“呆账”的“报账型会计”。

（4）两者的工作依据（工作约束）不同。

财务会计必须严格遵守会计法律法规及相关的规章制度，必须严格执行固定的会计核算循环程序，灵活性很小；而管理会计不受上述法律法规和制度约束，其处理方法可以根据企业管理的实际情况和需要确定，工作程序不规定，可以自行设计工作流程，具有很大的灵活性。

（5）报告期间不同。

管理会计不受会计期间要求的限制，可以按年、月、周、天、小时等编制管理会计报告；而财务会计则受会计期间的限制，必须严格按照规定的会计期间，如月、季、半年、年编制财务报告。

（6）计算方法不同。

管理会计的首要职能是规划未来，而未来经济活动是复杂多变的，因此，管理会计在对未来的经济活动进行预测、决策时，就需要用到大量的现代数学方法和计算技术；而财务会计则采用一般的简单的数学方法（如加、减、乘、除）基本上就能满足会计核算的需要。

（7）信息精确程度不同。

由于管理会计的工作重点是面向未来，而未来影响经济活动的不确定因素较多，因此，这就决定了管理会计所提供的信息不可能绝对精确；财务会计反映已经发生或已经完成的经济活动，因此，其提供的财务信息力求精确，计算必须准确，数字必须平衡。

（8）计量尺度不同。

管理会计虽然大量使用货币量度，但也经常使用非货币量度，如实物量度、劳动量度、时间量度、比率量度等；而财务会计必须以货币计量，可以辅之以实物量度，没有货币计量就没有财务会计。

（9）报告责任不同。

管理会计提供的信息主要用于内部管理决策，编制人员不对所编制的管理会计报告承担法律责任；而财务会计提供的财务信息主要用于外部利益相关者，它是按照法律法规及相应的规章制度进行编制的，财务报告信息提供人员必须对财务报告的真实性、合法性承担法律责任。

# 1.4 企业导入管理会计系统

## 1.4.1 企业概念与特征

所谓企业，是指依法设立的，从事生产经营或服务活动的，在经济上实行独立核算、自负盈亏，具有独立或相对独立的法律人格的经济组织。

企业的基本特征可概括如下：

（1）企业是依法设立的。企业必须具备法律规定的设立条件，依照法律所规定的设立程序依法设立。

（2）企业从事的是以盈利为目的生产经营或服务的经济活动。对一般企业而言，其生产经营或服务的根本目的是盈利，实现企业利润，但是，也有个别的政策性和公益性企业不单纯为了经济效益，更重要的是为了实现社会效益。

（3）具有独立或相对独立的法律人格。独立或者相对独立的法律人格，是指企业的法律地位。企业依据其不同的企业形式具有不同的法律地位。需要说明的是，企业并非都具有法人资格。企业可以分为法人企业和非法人企业，两类企业都享有法律赋予的主体资格，开展经营活动，不同的是法人企业享有独立的法律人格，而非法人企业的法律地位是相对独立的法律人格。

公司企业具有法人资格，因此，享有独立的法律人格，公司的财产与投资者的财产区分开来，公司以其全部财产对外承担债务责任，公司企业享有独立支配企业财产的权利。合伙企业和独资企业不具有法人资格，企业财产与投资人的财产没有明显的区别，企业的债务由合伙人或个人投资者承担连带责任和无限责任。

（4）企业是一个经济实体或经济组织。所谓经济实体，是指企业拥有自己的名称、经营场所，有独立或相对独立支配的财产，有相应的组织机构组成的一种组织形态。

企业是从事经济活动的经济实体，具有一定的组织形式。企业需要汇集人和物，如技术、资金、设备、劳动力、管理等生产要素形成一定的经济实体，开展经营活动或服务。这种生产经营活动或服务不是一次性的或瞬间的，而是长久的、连续的。

## 1.4.2 企业导入管理会计系统

管理会计在企业的早期导入主要起始于理论界学者们对管理会计的传播，同时被民营企业自发运用；导入后期则是通过政策引导的形式在企业中推广国外管理会计的经验与做法等。

（1）管理会计导入与改革开放同步开始与发展。

从企业实践看，导入初期的管理会计具有一定的自发性与本土化特征。比如，民营企业通过市场化机制自发地将管理会计引入企业，表现为强烈的经济利益驱动。国有企业应用管理会计则以树立标杆的形式，通过本土化改造确立内部化标准或制度规范等进行推广，它关注的是企业整体利益和长效机制。企业管理会计的导入应该包括引进、吸收、消化、提高与创新等。我国企业导入管理会计采用的是渐进式策略，即企业应根据自身的特点和应用环境，选择性地应用管理会计理念和工具方法，并非一定要按部就班地套用某种模式，或者整体地采用管理会计的某种或几种工具。这样做的积极意义在于：①能够吸引更多的企业关注管理会计工具的应用，而不会对管理会计的工具方法望而生畏。②能够加强企业应用管理会计工具方法的信心。实践表明，管理会计的导入是企业自发且理性的选择，只要对企业有好处，有利于企业的经营决策，自然就有生命力和生存的土壤；反之，如果是盲目跟风或被动应付，则不能给企业带来利益，那么这种工具终将消亡。

（2）管理会计导入的路径选择。

理解企业导入管理会计的情境特征，不仅要从需求出发，还要结合供给视角加以研究。从需求视角看，管理会计的发展是因为企业所处的竞争环境在不断变化，造成了企业组织结构与战略的改变，从而对导入管理会计有了新的驱动。从供给视角看，管理会计导入主要涉及其能否得到来自企业实践方面符合成本效益的信息支持，导入的实践基础，如制度、文化及技术等是否存在。对此，企业导入管理会计具有两种情境选择：一是从企业需求视角来看管理会计工具方法的引进与传播，它体现的是企业市场需求的自发性；二是从企业供给视角的角度来看本土管理会计的经验与成果的总结与提炼，它在很大程度上体现的是政府导向性。从需求侧视角考察，管理会计控制系统中的传统盈利管理工具正面临挑战，例如，基于资产的价值增值模式已发生改变，企业管理重点由过去关注规模向注重质量转变；并且，在“互联网+”、大数据、人工智能、物联网、区块链、云计算等的技术冲击下，企业的盈利模式也由过去单纯依靠业务部门，转向“业财融合”；会计核算由内部银行转向结算中心，进一步转向财务共享中心模式。

不可否认，不同性质的企业在市场竞争中存在一定的差异性，其管理会计的导入也面临市场自主选择与政府引导的具体情境。从理论上讲，管理会计导入体现了市场化条件下企业管理结构优化的自发要求，是一种非自然的形成过程。但是，管理会计的“全面推进”离不开政府的制度规范与政策引导。换言之，政府引导与企业自主选择之间是一个动态的博弈过程。

（3）管理会计导入必须系统设计。

管理会计系统的建设与设计必须能够直接涉及“决策未来、监控过程、考评结果”，即能涵盖管理的全过程（事前、事中与事后，或 PDCA 管控循环）。就像全面预算管理，决不能仅停留在预算编制方面，而应该涵盖预算目标、预算编制、预算实施监控与预算考评分析等所有环节。再比如平衡计分卡或 KPI 考核指标，不能仅停留在指标的选择与考评得分上，而应该包括战略目标、四个维度指标选择与权重、目标设定、行动方案、资源配置预算、过程分析、业绩结果评估等。

（4）导入管理会计系统必须能够支撑与推进企业战略的实施和提升企业价值。

首先，强调企业拟推进的管理会计系统必须具备战略管理功能，在系统中的目标设定必须对接企业战略目标；其次，战略决定了企业的发展思路与方针的差异，所以，不同企业和同一企业在不同时间段，其管理会计系统的目标与重点都不一样；最后，其战略性体现在管理会计系统必须能够评估战略的适当性及其实施的有效性、可行性与风险程度。

(5) 必须因地制宜地选择导入管理会计工具。

现行理论已经提供了越来越多的管理会计工具，如预算、KPI、EVA、价值链管理等。有人归纳，现有可供企业选择使用的管理控制工具不少于50种，这表明我国企业面临管理会计工具的选择性困局。

(6) 应关注管理会计系统与企业文化、内部组织流程的匹配。

管理会计系统实施不能成为企业内部的“空中楼阁”，不能孤立运作。事实上，无论借助于哪种管理会计工具，管理会计系统的导入都是必要的，也能引导企业内部形成管理会计的特有文化，比如“用数据说话”、业绩导向、权责利的匹配、强调沟通、战略牵引、目标分解落地、精细化分析等。





## 1.5 全面推进管理会计体系建设

### 1.5.1 管理会计体系建设的背景

构建管理会计体系，首先必须确定该体系的逻辑起点。所谓体系是指若干有关事物相互联系而构成的一个整体。管理会计的理论和方法体系是由多种理论范畴，按一定的逻辑关系有机结合而形成的一个多层次、浑然一体的理论与方法体系。构建管理会计理论与方法体系，必须从逻辑起点开始，循序渐进地进行。管理会计的逻辑起点有三种选择：一是本质论，即从管理会计的本质开始，在明确了管理会计是什么的基础上，才能确立管理会计的其他理论问题；二是对象论，即首先应明确管理会计的研究对象是什么，只有明确了对象，才能使管理会计与其他学科区别开来，进而研究其他理论问题；三是目标论，即研究管理会计理论与方法体系必须先明确管理会计的目标，管理会计的目标决定了管理会计理论与方法体系中的其他要素。

从逻辑的观点来看，我们应选择管理会计的目标为逻辑起点。这是因为，目标的含义是指人们从事某项活动要达到的结果。无目标的活动只能是盲目的、无价值的活动。任何一门学科的产生及其理论与方法体系的构建总是有其明确的动机和理由的。如果没有明确的目标，自然也就没有必要去构建和发展这一学科。

可见，管理会计的目标是构建管理会计理论与方法体系的逻辑起点，是管理会计理论与方法体系的最高层次。它是确立管理会计的本质、职能和对象等其他理论要素的基础。

### 1.5.2 全面推进管理会计体系建设的意义及内容

#### 1.5.2.1 全面推进管理会计体系建设的意义

(1) 全面推进管理会计体系建设，是推动经济转型升级的迫切需要。

当前，世界经济进入增速减缓、结构转型、竞争加剧的时期，只有加快经济发展方式转变，充分挖掘管理潜力，才能实现社会经济的可持续发展。在会计领域贯彻落实全面深化改革要求，非常重要的一项内容就是要大力加强管理会计工作，通过强化管理会计应用，推动企事业单位建立和完善现代企事业制度，实现管理升级，增强核心竞争力和价值创造力，进而促进经济转型升级；推动更加科学、全面地衡量企业绩效，加快形成企业自主经营、公平竞争的市场环境，充分发挥市场在资源配置中的决定性作用。

（2）全面推进管理会计体系建设，是建立现代财政制度、推进国家治理体系和治理能力现代化的内在要求。

财政是国家治理的基础和重要支柱，管理会计是加强财政管理的一项基础性工作。要发挥好大国财政职能作用，国际先进的管理能力和宏观调控水平必不可少。管理会计重在利用有关信息参与决策、规划未来、控制和评价经济活动，其理念和方法对财政管理具有较大的借鉴意义。运用管理会计，有助于关注和重视政府管理中不同环节、不同岗位之间的相互衔接，促进规则制定，加强流程控制，提高政府管理效能；有助于推进行政事业单位加强预算绩效管理、决算分析和评价工作，推动建立与实现现代化相适应的现代财政制度，进而推进国家治理体系和治理能力现代化。

（3）全面推进管理会计体系建设，是会计改革与发展的重要方向。

改革开放以来，特别是市场经济体制建立以来，我国会计工作取得了显著成绩，如会计准则、内控规范、会计信息化等标准体系基本建成；会计人才队伍建设取得显著成效；注册会计师行业蓬勃发展；具有中国特色的财务会计理论体系初步形成，有力地支持了经济社会的发展。但是，一个时期以来，我们的会计标准建设，以及会计学术研究和会计实务，考虑外部投资者、社会公众和外部审计较多，而服务内部管理决策不够，管理会计发展相对滞后，为单位发展提供规划、决策、控制和评价等方面的作用未得到充分有效发挥。全面推进管理会计体系建设，是顺应会计科学发展的必然选择，是实现中国特色会计体系的自我超越和自我完善的必要举措，是推动中国会计工作转型升级的重点所在。

#### 1.5.2.2 管理会计体系建设的内容

按照2016年发布的《财政部关于全面推进管理会计体系建设的指导意见》精神，管理会计体系建设的内容如下：

（1）推进管理会计理论体系建设。

推动加强管理会计基本理论、概念框架和工具方法研究，形成中国特色的管理会计理论体系。一是整合科研院校、单位等优势资源，推动形成管理会计产学研联盟，协同创新，支持管理会计的理论研究和成果转化。二是加大科研投入，鼓励科研院校、国家会计学院等建立管理会计研究基地，在系统整合理论研究资源、总结提炼实践做法经验、研究开发管理会计课程和案例、宣传推广管理会计理论和先进做法等方面，发挥综合示范作用。三是推动改进现行会计科研成果评价方法，切实加强管理会计理论和实务研究。四是充分发挥有关会计团体在管理会计理论研究中的具体组织、推动作用，及时宣传管理会计理论研究成果，提升我国管理会计理论研究的国际影响力。

（2）推进管理会计指引体系建设。

形成以管理会计基本指引为统领，以管理会计应用指引为具体指导，以管理会计案例示范为补充的管理会计指引体系。一是在课题研究的基础上，组织制定管理会计指引体系，推动其有效应用。二是建立管理会计专家咨询机制，为管理会计指引体系的建设和应用等提供咨询。三是鼓励单位通过与科研院校合作等方式，及时总结、梳理管理会计实践经验，组织建立管理会计案例库，为管理会计的推广应用提供示范。

(3) 推进管理会计人才队伍建设。

推动建立管理会计人才能力框架，完善现行会计人才评价体系。一是将管理会计知识纳入会计人员和注册会计师继续教育、企事业单位总会计师素质提升工程和会计领军（后备）人才培养工程。二是推动改革会计专业技术资格考试和注册会计师考试内容，适当增加管理会计专业知识的比重。三是鼓励高等院校加强管理会计课程体系和师资队伍建设，加强管理会计专业方向建设和管理会计高端人才培养，与单位合作建立管理会计人才实践培训基地，不断优化管理会计人才培养模式。四是探索管理会计人才培养的其他途径。五是推动管理会计国际交流与合作。

(4) 推进面向管理会计的信息系统建设。

指导单位建立面向管理会计的信息系统，以信息化手段为支撑，实现会计与业务活动的有机融合，推动管理会计功能的有效发挥。一是鼓励单位将管理会计信息化需求纳入信息化规划，从源头上防止出现“信息孤岛”，做好组织和人力保障，通过新建或整合、改造现有系统等方式，推动管理会计在本单位的有效应用。二是单位充分利用专业化分工和信息技术优势，建立财务共享服务中心，加快会计职能从重核算到重管理决策的转变，促进管理会计工作的有效开展。三是鼓励会计软件公司和有关中介服务机构拓展管理会计信息化服务领域。

### 1.5.3 如何理解“4+1”的管理会计体系

《财政部关于全面推进管理会计体系建设的指导意见》科学创新了一个“4+1”，即由理论、指引、人才、信息化加会计服务市场的管理会计有机系统。该系统各部分既相互独立，又彼此关联；既自成一体，又彼此促进。

(1) 理论建设为基础。

构建与时俱进、具有中国特色的现代管理会计理论体系，解决目前对管理会计认识不一、缺乏公认的定义和框架等问题。管理会计的理论建设，不仅要引进国际先进理论和经验，更要结合中国管理会计实践发展，超越单纯“就管理会计论管理会计”的局限，融合多重主题、多重背景、多重理论，开展跨学科的管理会计研究，构建与时俱进的现代管理会计理论体系。同时，强化管理会计理论创新和机制完善，鼓励建立管理会计研究基地，发挥综合示范作用，积极推动形成管理会计产学研联盟，促进管理会计实践深化与理论体系的完善与创新，充分发挥理论与实践的互动作用。

(2) 指引建设为保障。

与时俱进地拓展和开发管理会计工具方法，为管理会计的实务应用提供指导示范。管理会计指引体系计划包括基本指引、应用指引和案例库，重点介绍管理会计的工具方法，说明各种工具方法应用的环境、具体操作、各自的优缺点，以及预测达到的效果等，并从现行实务和指引体系建设中提炼具体案例，为单位提供有力的抓手，确保管理会计工具方法在企业中的应用效果，达到提升单位价值创造力的目标。

(3) 人才培养为关键。

国以才立、政以才治、业以才兴。当前，我国正处于进一步发展的重要战略机遇期，时代呼唤人才，发展渴求人才，进步依托人才。会计人才是国家人才体系的重要组成部分。管理会计人才队伍作为管理会计体系中发挥主观能动性的核心，是体现“坚持人才带动，整体推进”原则的重点。我们要以提高单位持续价值创造能力为导向，以提升管理会计人员实务能力为重点，推动研究发布管理会计人才能力框架；积极探索和优化管理会计人才的多种培养模式；加强管理会计人才培养的国际交流与合作，培养更多符合市场和企业需求的高端管理会计人才，为管理会计在我国的深入应用打下坚实的人才基础，为我国管理会计发展建立人才储备。

（4）信息化建设为支撑。

管理会计信息系统以坚实的大数据为基础，通过充分利用信息技术优势，结合管理需要、经营业务和会计要求，灵活运用管理会计工具方法，加快会计职能从重核算向重管理决策的转变，使得全面预算管理、资金集中管理、成本控制、绩效评价等能够更加高效、顺畅地运行和开展，是管理会计应用和发展的有效支撑，有助于充分实现会计和业务的有机融合，最终实现创造更高单位价值的目标。

（5）咨询服务是外部支持。

开展管理会计咨询服务，是保证其他四大系统顺利实施推进的外部支持，为单位提供更为科学、规范的管理会计实务解决方案。管理会计咨询服务是现代会计服务市场体系的重要组成部分，是促进管理会计理论发展的重要参与者，是管理会计指引体系的重要实践者，是管理会计人才长袖善舞的重要平台。管理会计咨询公司、注册会计师行业、会计软件公司等会计服务机构通过加强自身建设和管理会计研发投入力度，拓展会计服务领域，提升会计服务层次，以满足市场对管理会计咨询服务的需要，同时，营造良好的管理会计咨询服务市场环境。

## 【本章小结】

管理会计自 19 世纪工业革命形成并逐渐发展，历时几个世纪，已经成为一门集管理与会计于一体的新兴学科，极大拓展了会计学的传统职能范围和发展领域。管理会计作为一门独立的学科，有成熟的理论框架，包括对象、目标、职能、相关概念和工具方法等。随着管理会计理论与实践的发展，一方面企业为适应经营管理的需要导入管理会计系统，另一方面会计行业也在全面推进包含理论体系、指引体系、会计人才队伍和信息系统的管理会计体系建设，并配以咨询服务，逐步打造“4+1”的管理会计有机系统。

## 【思考与练习题】

## 【思考与练习题答案】

# 第2章 成本管理

【学习目的】通过本章的学习，学生要了解成本管理的基本框架；了解本量利分析法的作用；了解作业成本法产生的原因；熟练掌握成本分类及成本性态分析的常用方法；掌握变动成本法与完全成本法的概念及区别；理解和掌握本量利分析的常用概念、基本假设和基本原理；熟练掌握本量利分析的常用分析方法和分析内容；理解和掌握作业成本法中的常用概念，把握作业成本计算法的主要步骤，在此基础上，进一步熟练掌握作业成本法的应用等。

【学习重点】成本分类及成本性态分析的常用方法；变动成本法与完全成本法当期损益差额的变动规律；本量利分析的基本假设和基本原理；本量利分析中的常用概念及分析方法；作业成本法的主要步骤及应用。

【学习难点】管理会计中常用的成本概念；成本性态分析的常用方法；变动成本法与完全成本法当期损益差额的变动规律；本量利分析中常用的分析方法；作业成本法的主要步骤及应用。

## 2.1 成本管理的基本框架

### 2.1.1 成本管理的定义及原则

#### 2.1.1.1 成本管理的定义

成本管理是企业管理的重要组成部分，是企业生产经营过程中各项成本核算、成本分析、成本决策和成本控制等一系列科学管理行为的总称。成本管理是由成本规划、成本计算、成本控制和业绩评价四项内容组成。

#### 2.1.1.2 成本管理的原则

各单位在进行成本管理时，一般应遵循以下原则：

（1）融合性原则。成本管理应以企业业务模式为基础，将成本管理嵌入业务的各领域、各层次、各环节，实现成本管理责任到人、控制到位、考核严格、目标落实的目的。

（2）适应性原则。成本管理应与企业生产经营特点和目标相适应，尤其要与企业发展战略或竞争战略相适应。

（3）成本效益原则。成本管理应用相关工具方法时，应权衡其为企业带来的收益和企业要付出的成本，避免获得的收益小于其投入的成本。

（4）重要性原则。成本管理应重点关注对成本具有重大影响的项目，对不具有重要影响的项目可以适当简化处理。

### 2.1.2 成本管理的内容

成本管理包括成本预测、成本决策、成本计划、成本控制、成本核算、成本分析和成本考核等内容，具体介绍如下：

（1）成本预测，即以现有条件为前提，在历史成本资料的基础上，根据未来可能发生的变化，利用科学的方法，对未来的成本水平及其发展趋势进行描述和判断的成本管理活动。

（2）成本决策，即在成本预测及有关成本资料的基础上，综合经济效益、质量、效率和规模等指标，运用定性和定量的方法对各个成本方案进行分析并选择最优方案的成本管理活动。

（3）成本计划，即以营运计划和有关成本数据、资料为基础，根据成本决策所确定的目标，通过一定的程序，运用一定的方法，针对计划期内企业的生产耗费和成本水平进行的具有约束力的成本筹划管理活动。

（4）成本控制，即成本管理者根据预定的目标，对成本发生和形成过程及影响成本的各种因素条件施加主动的影响或干预，把实际成本控制在预期目标内的成本管理活动。

（5）成本核算，即根据成本核算对象，按照国家统一的会计制度和企业管理要求，对营运过程中实际发生的各种耗费按照规定的成本项目进行归集、分配和结转，获得不同成本核算对象的总成本和单位成本，向有关使用者提供成本信息的成本管理活动。

（6）成本分析，即利用成本核算提供的成本信息及其他有关资料，分析成本水平与构成的变动情况，查明影响成本变动的各种因素和产生的原因，并采取有效措施控制成本的成本管理活动。

（7）成本考核，即对成本计划及其有关指标实际完成情况进行定期总结和评价，并根据考核结果和责任制的落实情况，进行相应奖励和惩罚，以监督和促进企业加强成本管理责任制，提高成本管理水平的成本管理活动。

### 2.1.3 成本管理的应用环境及程序

#### 2.1.3.1 成本管理的应用环境

企业应建立健全成本管理的制度体系，一般包括费用审批制度、定额管理制度、责任成本制度等。首先，应建立健全成本资料的相关原始记录，加强和完善成本数据的收集、记录、传递、汇总和整理工作，确保成本基础信息记录真实、完整。其次，应加强存货的计量验收管理，建立存货的计量、验收、领退及清查制度。最后，应充分利用现代信息技术，规范成本管理流程，提高成本管理效率。

#### 2.1.3.2 成本管理工具方法及应用程序

（1）成本管理的基本工具方法。

企业成本管理的基本工具方法是指成本管理领域应用的管理会计工具方法，一般包括目标成本法、标准成本法、变动成本法、完全成本法、量本利分析法、作业成本法等。企业应结合自身的成本管理目标和实际情况，在保证产品功能和质量的前提下，选择适合企业成本管理的工具方法或综合应用不同成本管理工具方法，以便更好地实现成本管理的目标。本章后续内容将重点介绍变动成本法、完全成本法、作业成本法及量本利分析法。

综合应用不同的成本管理工具方法时，应以各成本管理工具方法具体目标的兼容性、资源的共享性、适用对象的差异性、方法的协调性和互补性为前提，通过综合运用成本管理的工具方法实现最大效益。

（2）成本管理工具方法的应用程序。

应用成本管理工具方法，一般应按照事前管理、事中管理、事后管理的程序进行。

①事前成本管理阶段，主要是对未来的成本水平及其发展趋势所进行的预测与规划，一般包括成本预测、成本决策和成本计划等。

②事中成本管理阶段，主要是对运营过程中发生的成本进行监督和控制，并根据实际情况对成本预算进行必要的修正，即成本控制步骤。

③事后成本管理阶段，主要是在成本发生之后进行的核算、分析和考核，一般包括成本核算、成本分析和成本考核等步骤。

## 2.2 成本性态分析

### 2.2.1 成本及其分类

#### 2.2.1.1 管理会计中的成本概念

在管理会计领域中，出于决策的需要，许多新的成本概念应运而生。从管理会计的角度来看，成本是指企业在生产经营过程中对象化的、以货币表现的、为达到一定目的而应当或可能发生的各种经济资源的价值牺牲或代价。

这个定义特别重视成本形成的原因和成本发生的必要性，但对成本发生的时态没有给出严格的规定。因为，在管理会计范畴中，成本的时态可以是过去时、现在时或将来时，这与财务会计强调的历史成本概念有很大的差异。

#### 2.2.1.2 管理会计中的成本分类

管理会计中的成本可以按经济用途和成本性态进行分类。

（1）按经济用途分类。

成本按其经济用途可分为生产成本、产品成本和期间成本。

生产成本也称产品成本或制造成本，是指为制造（生产）产品或提供劳务而发生的支出，即生产经营成本。

产品成本可根据其具体的经济用途分为直接人工、直接材料和其他制造费用三类。

期间成本也称期间费用或非制造成本，通常可分为销售成本、管理成本和财务成本。其共同特点是成本支出可以使企业整体受益，但难以描述这项支出与特定产品之间的关系。

将成本按经济用途分类，是财务会计按完全成本法进行成本核算的基础，也是正确计算企业损益、满足对外报告的需要。但这种分类不能完全适应企业决策分析和成本控制的需要。

（2）按成本性态分类。

成本性态也称成本习性，是指成本总额的变动与业务量之间的依存关系。这种依存关系是成本的固有性质，因此称为“习性”。这里的业务量在具体应用中，不仅限于实物量，也可以是比率等。

成本习性分析是管理会计诸多分析方法得以运用的前提，是管理会计学科的重要基础之一。

成本按其成本性态可分为固定成本、变动成本和混合成本。

①固定成本。它是指在相关范围内，成本总额不随业务量的变动而发生变化的成本。这里所说的相关范围，是指把不会改变固定成本、变动成本性态的期间和业务量的特定变动范围称为广义的相关范围，把业务量因素的特定变动范围称为狭义的相关范围。一般地，管理会计中所特指的相关范围是指在一定的期间和一定业务量范围内两部分内容。

固定成本总额虽不受业务量变动的影响，但若站在单位业务量所负担固定成本的角度来考察，单位产品所负担的固定成本与产量成反比关系，即产量的增加会导致单位产品负担的固定成本的下降，反之亦然。

【例 2-1】某企业生产一种产品，其专用生产设备的月折旧额为 10 000 元，该设备最大加工能力为 4 000 件/月。当该设备分别生产 1 000 件、2 000 件、3 000 件和 4 000 件产品时，单位产品所负担的固定成本如表 2.1 所示。

**表 2.1　单位产品固定成本表**

| 产量/件 | 总成本/元 | 单位产品固定成本/元 |
|---|---|---|
| 1 000 | 10 000 | 10 |
| 2 000 | 10 000 | 5 |
| 3 000 | 10 000 | 3.33 |
| 4 000 | 10 000 | 2.5 |

从上例中可以看出，单位产品所负担的固定成本与产量成反比关系，即产量的增加会导致单位产品负担的固定成本下降，反之亦然。我们若以 F 表示固定成本，$x$ 表示业务量，$y$ 表示单位业务量所负担的固定成本，则上述关系（即固定成本的性态）可以通过 $y = F/x$ 这样一个简单的数学模型来表达。

按照【例 2-1】的相关数据，绘制固定成本和单位固定成本的性态模型如图 2.1 和图 2.2 所示。

**图 2.1　固定成本的性态模型**

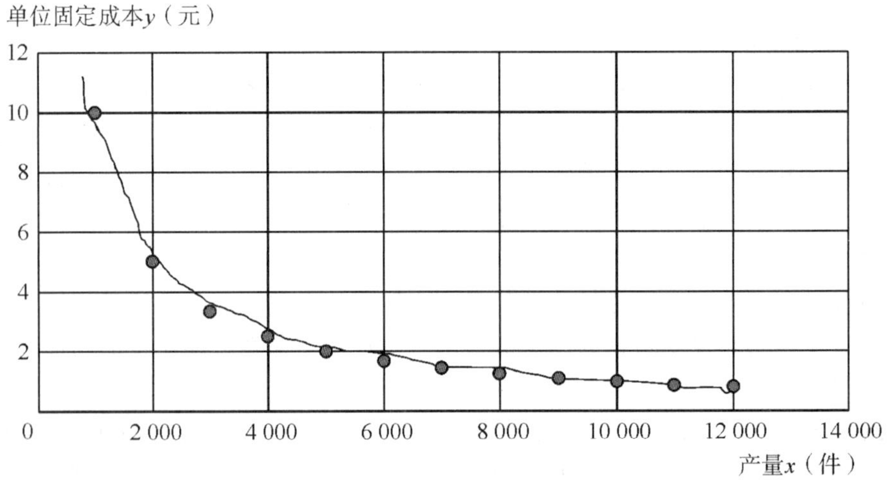


**图 2.2　单位固定成本的性态模型**

固定成本通常又细分为酌量性固定成本和约束性固定成本。

酌量性固定成本也称为选择性固定成本或者任意性固定成本，是指管理当局的决策可以改变其支出数额的固定成本，例如，广告费、职工教育培训费、技术开发费等。这些成本的基本特征是其绝对额的大小直接取决于企业管理当局根据企业的经营状况而做出的判断。

约束性固定成本是指管理当局的决策无法改变其支出数额的固定成本，例如，厂房及机器设备按直线法计提的折旧费、照明费、行政管理人员的工资等。约束性固定成本是企业维持正常生产经营活动所必须负担的最低固定成本，其支出的大小只取决于企业生产经营的规模与质量，因而具有很大的约束性，企业管理当局的当前决策不能改变其数额。

②变动成本。它是指在相关范围内，成本总额随着业务量的变动而成正比例变动的成本。如直接材料费、产品包装费、按件计酬的工人工资、推销佣金及按加工量计算的固定资产折旧费等，均属于变动成本。

【例 2-2】假定【例 2-1】中单位产品的直接材料成本为 20 元。当产量分别为 1 000件、2 000 件、3 000 件和 4 000 件时，材料的总成本和单位产品的材料成本如表 2.2 所示。

**表 2.2　单位产品材料变动成本表**

| 产量/件 | 材料总成本/元 | 单位产品材料成本/元 |
| --- | --- | --- |
| 1 000 | 20 000 | 20 |
| 2 000 | 40 000 | 20 |
| 3 000 | 60 000 | 20 |
| 4 000 | 80 000 | 20 |

若以 $v$ 表示变动成本总额、$x$ 表示业务量、$b$ 表示单位变动成本，则变动成本的性态可以通过 $v=bx$ 这样一个数学模型来表达。按照【例 2-2】中的相关数据，绘制变动成本和单位变动成本的性态模型如图 2.3 所示。

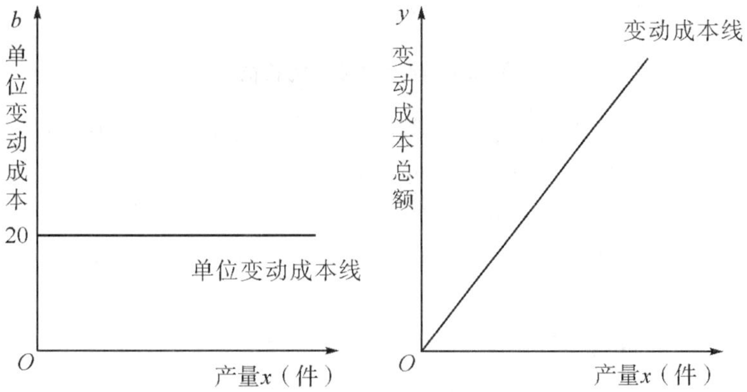


**图 2.3　单位变动成本和变动成本的性态模型**

与固定成本形成鲜明对照的是，变动成本的总量随业务量的变化呈正比例变动关系，而单位业务量中的变动成本则是一个定量。

变动成本也可以分为酌量性变动成本和约束性变动成本。

酌量性变动成本是指企业管理当局的决策可以改变其支出数额的变动成本。如按产量计酬的工人薪金、按销售收入的一定比例计算的销售佣金等。

约束性变动成本是指企业管理当局的决策无法改变其支出数额的变动成本。这类成本通常表现为企业所生产产品的直接物耗成本，以直接材料成本最为典型。

对特定产品而言，酌量性变动成本和约束性变动成本的单位成本是确定的，其成本总量均随着产品产量（销量）的变动呈正比例变动。

与固定成本一样，变动成本也存在相关范围。也就是说，变动成本总额与业务量之间的这种正比例变动关系只是在一定业务范围内才能实现，超出这一业务范围，两者之间就不再存在这种正比例变动关系。

③混合成本。它是指那些既包含了固定成本又包含了变动成本的两种不同性质的成本，根据其发生的具体情况，通常可以分为：半变动成本、半固定成本和延伸变动成本。

半变动成本。其特征是通常有个基数部分，不随业务量的变化而变化，体现固定成本性态；但在基数部分以上，则随业务量的变化而成比例地变化，又呈现出变动成本性态，如企业的公用事业费中的电费、水费、电话费等均属半变动成本。（半变动成本的特征见图 2.4）

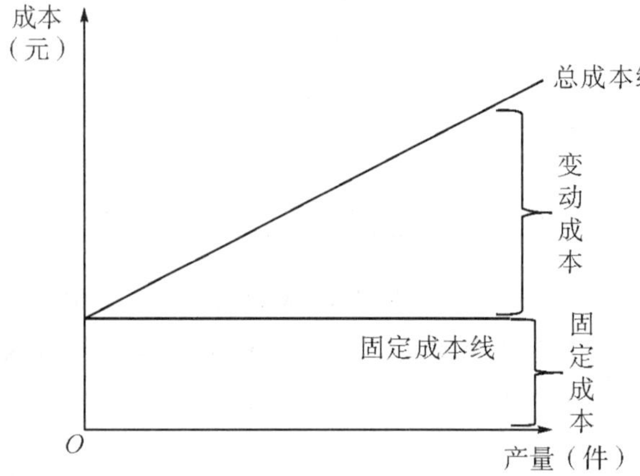


**图 2.4　半变动成本的特征**

半固定成本也称阶梯式变动成本。其特征是在一定业务量范围内发生额的数量是不变的，体现固定成本性态；但当业务量的增长达到一定限额时，其发生额会突然跃升到一个新的水平；然后在业务量增长的一定限度内（一个新的相关范围内），其发生额的数量又保持不变，直到另一个新的跃升为止。阶梯式变动成本的特征如图 2.5 所示。

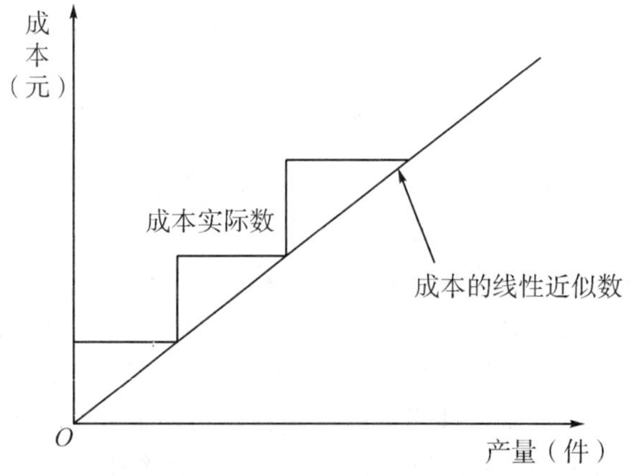


**图 2.5　阶梯式变动成本的特征**

延伸变动成本的特征是在业务量的某一临界点以下表现为固定成本，超过这一临界点则表现为变动成本，例如，当企业实行计时工资制时，其支付给职工的正常工作时间内的工资总额是固定不变的；当职工的工作时间超过了正常水平，企业须按规定支付加班工资，并且加班工资的多少与加班时间的长短存在着某种比例关系。延伸变动成本的特征如图 2.6 所示。

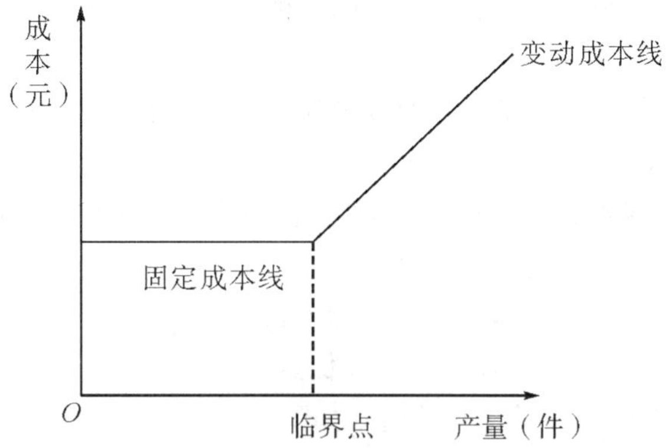


**图 2.6 延伸变动成本的特征**

④相关范围的意义。固定成本和变动成本相关范围的存在，使得各项成本的性态具有相对性、暂时性和可转化性的特点，因此不能对成本性态做绝对的理解。

成本性态的相对性是指在同一时期内，同一成本项目在不同企业之间可能具有不同的性态，因此，不能盲目照搬照抄别人已有的成本性态分析结论。

成本性态的暂时性是指就同一企业而言，同一成本项目在不同时期可能有不同的性态，因此，企业必须根据变化情况，经常进行成本性态分析，不能机械地把过去的分析结论看成是一成不变的。

成本性态的可转化性是指在同一时空条件下，某些成本项目可以在固定成本和变动成本之间实现相互转化，如空运公司支付的空运租金，在长期包租飞机时便是固定成本，而临时租用货位时则是变动成本。了解这一特性有助于灵活分析成本性态。

### 2.2.2 成本性态分析的方法

成本性态分析的方法是指完成成本性态分析任务必须采取的技术手段。在管理会计实践中，固定成本与变动成本只是经济生活中诸多成本性态的两种极端类型，多数成本是以混合成本的形式存在的，需要将其进一步分解为固定成本和变动成本两部分。常用的成本性态分析方法主要包括历史成本法、账户分析法和技术测定法。

#### 2.2.2.1 历史成本法

历史成本法就是根据以往若干时期（若干月或若干年）的数据所表现出来的实际成本与业务量之间的依存关系，运用一定的数学方法对其进行数据处理，从而确定固定成本（$a$）和单位变动成本（$b$），以此来描述成本性态的一种定量分析方法。

历史成本法包括高低点法、散布图法和一元直线回归法三种具体应用形式。

（1）高低点法。

高低点法又称为两点法。它是指通过观察一定相关范围内的各期业务量与相关成本所构成的所有坐标点或者绘成的数据表，从中找出高低点坐标或高低点值，以最高业务量（高点）的混合成本与最低业务量（低点）的混合成本的差数，除以最高与最低业务量的差数，以确定业务量的成本变量（单位业务量的变动成本额），进而确定混合成本中的变动成本部分和固定成本部分的一种成本性态分析方法。

高低点法的具体步骤如下：

①确定高低点坐标。假设最高点业务量为 $x_1$，对应的成本为 $y_1$；最低点业务量为 $x_2$，对应的成本为 $y_2$。

②计算单位变动成本 $b$ 的值。根据高低点坐标值计算单位变动成本 $b$。其 $b$ 值的计算公式如下：

$$b = \frac{y_1 - y_2}{x_1 - x_2} = \frac{\text{高低点成本之差}}{\text{高低点业务量之差}} \tag{2.1}$$

③计算固定成本 $a$ 值。$a$ 值的计算公式如下：

$$a = y_1 - b x_1$$

$$\text{或：} a = y_2 - b x_2 \tag{2.2}$$

④建立成本性态模型。将上述 $a$ 和 $b$ 的值代入下述公式：

$$y = a + bx \tag{2.3}$$

【例 2-3】假定甲企业 20 × 8 年 12 个月的产量和电费支出的有关数据如表 2.3 所示，利用高低点法求该企业电费与产量之间的线性模型。

**表 2.3　甲企业 20×8 年 12 个月的产量和电费数据表**

| 月份 | 产量/件 | 电费/元 |
|---|---|---|
| 1 | 800 | 2 000 |
| 2 | 600 | 1 700 |
| 3 | 900 | 2 250 |
| 4 | 1 000 | 2 550 |
| 5 | 800 | 2 150 |
| 6 | 1 100 | 2 950 |
| 7 | 1 000 | 2 460 |
| 8 | 1 000 | 2 520 |
| 9 | 900 | 2 320 |
| 10 | 700 | 1 950 |
| 11 | 1 100 | 2 650 |
| 12 | 1 200 | 2 900 |

解：甲企业去年产量最高在 12 月份，为 1 200 件，相应电费为 2 900 元；产量最低在 2 月份，为 600 件，相应电费为 1 700 元，按高低点法的公式计算如下：

$$b=\frac{2\ 900-1\ 700}{1\ 200-600}=2（元/件）$$

$$a=1\ 700-2\times 600=500(元)$$

$$或:a=2\ 900-2\times 1\ 200=500(元)$$

以上计算表明，甲企业电费成本中，固定成本为500元；单位变动成本为2元/件，其数学模型如下：

$$y=500+2x$$

值得注意的是：选择高低点坐标应该按照自变量（业务量）的高低为标准，而不是按因变量（成本）的高低来选择。因此，本例中6月份的成本最高，为2 950元，但不能以该期数据作为最高点坐标。

高低点法的优点在于简便易行，便于理解。其缺点在于它只选择了众多数据中的两组数据作为计算依据，使得建立起来的成本性态模型很可能不具有代表性，导致较大的计算误差。这种方法只适用于成本变化趋势比较稳定的企业。

（2）散布图法。

散布图法又叫布点图法或目测画线法，它是指将若干期业务量和成本的历史数据标注在坐标图上，通过目测画一条尽可能接近所有坐标点的直线，并据此来推算固定成本（或混合成本中的固定部分）$a$ 和单位变动成本（或混合成本中变动部分的单位额）$b$ 的一种成本性态分析方法。其基本原理与高低点法一样，也认为混合成本的性态可以被近似地描述为一条 $y=a+bx$ 的直线，区别在于 $a$ 和 $b$ 是通过坐标图而非通过方程式计算得到的。

散布图法的具体步骤如下：

①标出散布点。在坐标图中，以横轴代表业务量 $x$，以纵轴代表混合成本 $y$，将各期业务量与相应的成本的历史数据作为点的坐标标注在平面直角坐标图上。

②画线。通过目测，在各成本点之间画出一条反映成本变动平均趋势的直线（理论上这条直线距各成本点之间的离差平方和最小），使其尽可能通过或接近所有坐标点。

③读出 $a$ 的值。上面所画出来的那条直线与纵轴的交点就是固定成本总额，即 $a$ 的值。

④求出 $b$ 值。在所画的直线上任取一点（$x_1$，$y_1$），按照下面公式计算 $b$ 的值：

$$b=\frac{y_1-a}{x_1} \tag{2.4}$$

⑤建立成本性态模型。将 $a$ 和 $b$ 的值代入下列公式得出成本性态模型：

$$y=a+bx \tag{2.5}$$

【例2-4】仍以【例2-3】的数据，要求用散布图法对电费成本进行成本性态分析。

解：将表2.3中12个月的月产量及对应月的电费成本的坐标分别标在平面直角坐标图上，形成散布点图，如图2.7所示。

在图2.7中所画直线截距 $a$ 的值为500，任取直线所经过的一点，测出其坐标为（600，1 700），则有：

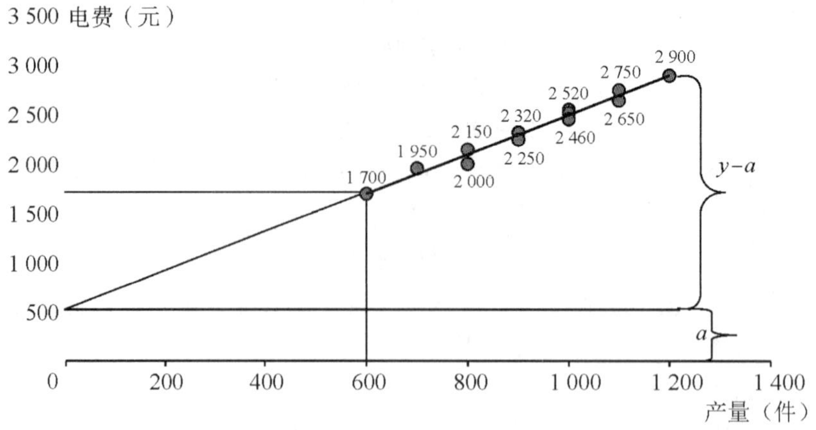


**图 2.7　散布图法**

$$b = \frac{1\,700 - 500}{600} = 2$$

据此建立的总成本性态模型为：

$$y = 500 + 2x$$

（3）一元直线回归法。

散布图法是通过目测的结果来勾画混合成本性态的，可能可以勾画出多条反映成本性态的直线来，而且很难判断哪一条直线描述得更为准确。

一元直线回归法又称最小二乘法或最小平方法，是指利用微分极值原理对若干期全部业务量与成本的历史数据进行处理，并据此计算出混合成本中的固定成本 $a$ 和单位变动成本 $b$ 的一种成本性态分析方法。

一元直线回归法的具体步骤如下：

①列表求值。根据历史成本和业务量数据列表，求出 $n$、$\sum x$、$\sum y$、$\sum xy$、$\sum x^2$、$\sum y^2$ 的值（见表 2.6）。

②计算相关系数 $r$，并判断 $y$ 和 $x$ 之间是否存在必然的联系。相关系数 $r$ 是用于解释两组数据自变量 $x$ 和因变量 $y$ 之间关联程度的数学指标。

$r$ 的取值范围为 0 到±1。当 $r=-1$ 时，说明 $x$ 与 $y$ 之间完全负相关；当 $r=0$ 时，说明 $x$ 与 $y$ 之间不存在关联，为零相关，即 $y \neq a+bx$；当 $r=1$ 时，说明 $x$ 与 $y$ 之间完全正相关，即 $y=a+bx$。因此，一元直线回归法要求业务量 $x$ 和成本 $y$ 之间基本上保持线性关系，否则研究就没有意义。

$r$ 值的绝对值介于 0~1。通常来说，$r$ 越接近 1，表示 $x$ 与 $y$ 两个量之间的相关程度就越强，反之，$r$ 越接近于 0，$x$ 与 $y$ 两个量之间的相关程度就越弱，$|r|$ 的取值与相关程度见表 2.4。

**表 2.4　$|r|$ 的取值与相关程度**

| $\|r\|$ 的取值 | $\|r\|$ 的意义 |
| --- | --- |
| 0.00~0.19 | 极低相关 |

表2.4(续)

| $\|r\|$的取值 | $\|r\|$的意义 |
|---|---|
| 0.20~0.39 | 低度相关 |
| 0.40~0.69 | 中度相关 |
| 0.70~0.89 | 高度相关 |
| 0.90~1.00 | 极高相关 |

相关系数 $r$ 的计算公式如下：

$$r=\frac{n\sum xy-\sum x\sum y}{\sqrt{[n\sum x^2-(\sum x)^2][n\sum y^2-(\sum y)^2]}} \tag{2.6}$$

③计算回归系数 $a$ 和 $b$ 的值。$a$ 和 $b$ 的计算公式如下（推导过程省略）：

$$a=\frac{\sum y-b\sum x}{n} \tag{2.7}$$

$$a=\frac{\sum x^2\sum y-\sum x\sum xy}{n\sum x^2-(\sum x)^2} \tag{2.8}$$

$$b=\frac{n\sum xy-\sum x\sum y}{n\sum x^2-(\sum x)^2} \tag{2.9}$$

④建立成本性态模型。将上述 $a$ 和 $b$ 的值代入一元直线回归模型：

$$y=a+bx \tag{2.10}$$

【例2-5】20×9年，A企业甲产品每月产量及成本数据见表2.5，用一元直线回归法进行成本性态分析。

**表2.5　A企业甲产品20×9年的产量与成本数据表**

| 月份 | 产量/件 | 总成本/元 |
|---|---|---|
| 1 | 110 | 62 000 |
| 2 | 100 | 62 500 |
| 3 | 200 | 75 000 |
| 4 | 300 | 85 000 |
| 5 | 400 | 120 000 |
| 6 | 500 | 114 370 |
| 7 | 600 | 135 000 |
| 8 | 850 | 140 000 |
| 9 | 700 | 136 000 |
| 10 | 1 200 | 200 000 |
| 11 | 1 100 | 200 200 |
| 12 | 1 000 | 179 000 |

解：根据表 2.5 的资料加工整理，得出有关数据见表 2.6。

**表 2.6　A 企业甲产品一元直线回归计算表**

| 月份/ $n$ | 产量（$x$）/件 | 电费（$y$）/元 | $xy$ | $x^2$ | $y^2$ |
|---|---|---|---|---|---|
| 1 | 110 | 62 000 | 6 820 000 | 12 100 | 3 844 000 000 |
| 2 | 100 | 62 500 | 6 250 000 | 10 000 | 3 906 250 000 |
| 3 | 200 | 75 000 | 15 000 000 | 40 000 | 5 625 000 000 |
| 4 | 300 | 85 000 | 25 500 000 | 90 000 | 7 225 000 000 |
| 5 | 400 | 120 000 | 48 000 000 | 160 000 | 14 400 000 000 |
| 6 | 500 | 114 370 | 57 185 000 | 250 000 | 13 080 496 900 |
| 7 | 600 | 135 000 | 81 000 000 | 360 000 | 18 225 000 000 |
| 8 | 850 | 140 000 | 119 000 000 | 722 500 | 19 600 000 000 |
| 9 | 700 | 136 000 | 95 200 000 | 490 000 | 18 496 000 000 |
| 10 | 1 200 | 200 000 | 240 000 000 | 1 440 000 | 40 000 000 000 |
| 11 | 1 100 | 200 200 | 220 220 000 | 1 210 000 | 40 080 040 000 |
| 12 | 1 000 | 179 000 | 179 000 000 | 1 000 000 | 32 041 000 000 |
| 合计 | $\sum x =$ 7 060 | $\sum y =$ 1 509 070 | $\sum xy =$ 1 093 175 000 | $\sum x^2 =$ = 5 784 600 | $\sum y^2 =$ 216 522 786 900 |

根据前述公式计算相关系数 $r$：

$$r = \frac{12 \times 1\ 093\ 175\ 000 - 7\ 060 \times 1\ 509\ 070}{\sqrt{[12 \times 5\ 784\ 600 - 7\ 060^2] \times [12 \times 216\ 522\ 786\ 900 - 1\ 509\ 070^2]}}$$

$$\approx 0.983\ 1 \to 1$$

因此，$x$ 与 $y$ 基本正相关。根据上述公式计算 $a$ 和 $b$ 的值如下：

$$b = \frac{12 \times 1\ 093\ 175\ 000 - 7\ 060 \times 1\ 509\ 070}{12 \times 5\ 784\ 600 - 7\ 060^2} = 125.9\text{（元/件）}$$

$$a = \frac{1\ 509\ 070 - 125.9 \times 7\ 060}{12} = 51\ 684.67\text{（元）}$$

A 企业甲产品成本性态模型为：$y = 51\ 684.67 + 125.9x$

一元直线回归法利用了微分极值原理，因此，计算结果比前两种方法更为准确，但手工计算工作量较大，比较麻烦。如果利用计算机，这种方法将得到广泛应用。更简单的方法是，在 Excel 电子表格中，先根据产量和成本系列数据，自动生成坐标点（与散布图法相同），在添加趋势线的选项中，只选择显示公式和 $R^2$，不设置截距 $a$ 值，即可读出 $a$、$b$ 和 $r$ 的值。其中，相关系数可按公式 $r = \sqrt{R^2}$ 求得。

#### 2.2.2.2　账户分析法

账户分析法是根据各个成本、费用账户（包括明细账户）的内容，直接判断其与业务量之间的依存关系，从而确定其成本性态的一种成本分解方法。

账户分析法的基本做法是根据各有关成本账户的具体内容，判断其特征是更接近于固定成本，还是更接近于变动成本，进而直接将其确定为固定成本或变动成本。

“管理费用”的账内大部分项目发生额的大小在正常产量范围内与产量变动没有关系，至少没有明显关系，那么就将管理费用全部视为固定成本；“制造费用”账中的车间管理部门办公费、按折旧年限计算的设备折旧费等虽与产量的关系较“管理费用”密切一些，但基本特征仍属“固定”，所以也应视为固定成本；“制造费用”账内的燃料动力费、维修费等，虽然不似直接材料费那样与产量成正比例变动关系，但其发生额的大小与产量变动的关系很明显，因而可以将其视为变动成本。

#### 2.2.2.3 技术测定法

技术测定法又称工程技术法或工程分析法。它是运用工业工程的研究方法来研究影响各有关成本项目数额大小的每个因素，并在此基础上直接估算出固定成本和单位变动成本的一种成本分解方法。

其基本步骤：①确定研究的成本项目；②对导致成本形成的生产过程进行观察和分析；③确定生产过程的最佳操作方法；④以最佳操作方法为标准方法，测定标准方法下成本项目的每一项构成内容，并按成本性态将其分别确定为固定成本或变动成本。

【例 2-6】假设某粉末冶金车间对精密金属零件采取一次模压成型、电磁炉烧结的方式加工。如果以电费作为成本研究对象，经观察，电费成本开支与电磁炉的预热和烧结两个过程的操作有关。按照最佳的操作方法，电磁炉从开始预热至达到可烧结的温度需耗电 1 500 千瓦小时，烧结每千克零件耗电 500 千瓦小时。每一工作日加工一班，每班电磁炉预热一次，全月共 22 个工作日。电费价格为 0.7 元/千瓦小时。试用技术测定法确定该成本性态模型。

解：设每月电费总成本为 $y$，每月固定电费成本为 $a$，单位电费成本为 $b$，$x$ 为烧结零件重量，则有：

$$a = 22 \times 1\,500 \times 0.7 = 23\,100 \text{（元）}$$

$$b = 500 \times 0.7 = 350 \text{（元/千克）}$$

该车间电费总成本分解的数学模型为：

$$y = 23\,100 + 350x$$

## 2.3 成本计算

### 2.3.1 变动成本法与完全成本法

#### 2.3.1.1 变动成本法与完全成本法的含义

（1）变动成本法的概念及特点。

变动成本法是指产品成本的计算，只包括产品生产过程中所消耗的直接材料、直接人工和制造费用中的变动性部分，不包括制造费用中的固定性部分。制造费用中的固定性部分被视为期间成本而从相应期间的收入中全部扣除。其特点是：

①以成本性态分析为基础计算产品成本。变动成本法将产品的制造成本按成本性态划分为变动制造费用和固定制造费用两部分，认为只有变动制造费用才构成产品成本，而固定制造费用应作为期间成本处理。

②强调不同的制造成本在补偿方式上存在着差异性。变动成本法认为产品的成本应该在其销售的收入中获得补偿，而固定制造费用由于只与企业的经营有关，与经营的状况无关，所以应该在其发生的同期收入中获得补偿，与特定产品的销售行为无关。

③强调销售环节对企业利润的贡献。由于变动成本法将固定制造费用列作期间成本，所以在一定产量条件下，损益对销量的变化更为敏感，这在客观上有刺激销售的作用。产品销售收入与变动成本的差量为边际贡献，以边际贡献减去期间成本就是利润。不难看出，变动成本法强调的是变动成本对企业利润的影响。

（2）完全成本法的概念及特点。

完全成本法是指产品成本在计算时，不仅包括产品生产过程中所消耗的直接材料、直接人工，还包括全部的制造费用（变动性的制造费用和固定性的制造费用）。其特点是：

①符合公认会计准则的要求。完全成本法强调持续经营假设下经营的“均衡性”，认为会计分期既然是对持续经营的人为分割，这种分割取决于企业内部和外部多种因素。因此，固定制造费用转销的时间选择并不十分重要。

②强调成本补偿上的一致性。完全成本法认为，只要是与产品生产有关的耗费，均应从产品销售收入中得到补偿，固定制造费用也不例外。因为从成本补偿的角度讲，用于直接材料的成本与用于固定制造费用的支出并无区别。

③强调生产环节对企业利润的贡献。由于完全成本法下固定制造费用也被归集于产品而随产品流动，因此，本期已销产品和期末未销产品在成本负担上是完全一致的。在达到一定销售量的条件下，产量大则利润高，所以，客观上完全成本法有刺激生产的作用，强调固定制造费用对企业利润的影响。

#### 2.3.1.2 变动成本法与完全成本法的区别

变动成本法与完全成本法的区别主要表现在以下几点：

（1）产品成本的构成内容不同。

完全成本法将所有成本分为制造成本（直接材料、直接人工和制造费用）和非制造成本两大类，将制造成本完全计入产品成本，将非制造成本作为期间成本，全额计入当期损益。

变动成本法则是先将制造成本按成本性态划分为变动制造费用和固定制造费用两类，再将变动制造费用计入产品成本，而将固定制造费用与非制造成本一起列为期间成本。

由于变动成本法将固定制造费用处理为期间成本，所以其单位产品成本较完全成本法下的单位产品成本更低。当然，变动成本法下的期间成本较完全成本法下的就更高了。

产品成本构成内容上的区别，是变动成本法与完全成本法的主要区别，其他方面的区别均由此产生。

【例 2-7】假设某企业 5 月初没有在产品和产成品存货。当月生产甲产品共 50 件，销售 40 件，月末结存 10 件。该种产品的制造成本资料和企业的非制造成本资料如表 2.7 所示。

**表 2.7　甲产品 5 月份产品总成本和单位产品成本数据表**

| 成本项目 | 单位产品成本/元/件 | 产品总成本/元 |
|---|---|---|
| 直接材料 | 200 | 10 000 |
| 直接人工 | 60 | 3 000 |
| 变动制造费用 | 20 | 1 000 |
| 固定制造费用 | — | 2 000 |
| 管理费用 | — | 4 000 |
| 销售费用 | — | 3 000 |
| 合计 | — | 23 000 |

对于【例 2-7】，如果采用变动成本法，则单位产品成本为 280 元（200+60+20）；如果采用完全成本法，则单位产品成本为 320 元（200+60+20+2 000÷50）。

由于变动成本法将固定制造费用处理为期间成本，所以单位产品成本较完全成本法下的要低。当然，变动成本法下的期间成本较之完全成本法下的就高了。变动成本法下的期间成本为 9 000 元（2 000+4 000+3 000），完全成本法下的则为 7 000 元（4 000+3 000）。

（2）存货成本的构成内容不同。

由于变动成本法与完全成本法下的产品成本构成内容的不同，产成品和在产品存货的成本构成内容也就不同。

采用变动成本法，无论是库存产成品、在产品还是已销产品，其成本均只包括制造成本中的变动部分，期末存货计价也只是这一部分；而采用完全成本法，无论是库存产成品、在产品还是已销产品，其成本中均包括了一定份额的固定制造费用，期末存货计价当然也包括了这一份额。显然，变动成本法下的期末存货计价必然小于完全成本法下的期末存货计价。

（3）各期损益不同。

如前所述，变动成本法下的产品成本只包括变动制造成本，而将固定制造成本当作期间成本，也就是说对固定制造成本的补偿由当期销售的产品承担；而完全成本法下的产品成本既包括变动制造成本，又包括固定制造成本，完全成本法下对固定制造成本的补偿是由当期生产的产品承担，期末未销售的产品与当期已销售的产品承担着相同的份额。

固定制造成本在上述处理上的分歧对两种成本计算方法下的损益计算有影响，影响的程度取决于产量和销量的平衡程度，并且表现为相向关系，即产销越平衡，两种成本计算方法所计算的损益相差就越小，反之则越大。只有当本期产销平衡时，损益计算上的差异才会消失。

【例 2-8】仍以表 2.7 的数据和所设条件为资料，再假设每件产品售价为 500 元，销售费用中有变动性费用为每销售一件 20 元。要求：分别采用变动成本法和完全成本法，计算出该企业甲产品 5 月份当期税前利润。

解：分别采用变动成本法和完全成本法，计算出该企业甲产品 5 月份当期税前利润如表 2.8 所示。

表 2.8　不同成本计算方法损益比较　　单位：元

| 损益计算过程 | 变动成本法 | 完全成本法 |
| --- | --- | --- |
| 销售收入 | 20 000 | 20 000 |
| 销售成本 | | |
| 其中：期初存货成本 | 0 | 0 |
| 当期产品成本 | 14 000（50 × 280） | 16 000（50 × 320） |
| 期末存货成本 | 2 800（10 × 280） | 3 200（10 × 320） |
| 销售成本 | 11 200（40 × 280） | 12 800（40 × 320） |
| 边际贡献（生产阶段） | 8 800 | 7 200 |
| 管理费用 | | 4 000 |
| 销售费用 | 800（40 × 20） | 3 000 |
| 边际贡献（全部） | 8 000 | |
| 固定成本 | | |
| 其中：固定制造费用 | 2 000 | |
| 固定管理和销售费用 | 6 200 | |
| 小计 | 8 200 | |
| 税前利润 | -200 | 200 |

从表 2.8 可以看出，不同成本计算法所计算出的税前利润不同。采用变动成本法时为-200 元（亏损），采用完全成本法时则为 200 元（盈利），相差 400 元。这 400 元正是完全成本法所确认的应由期末存货成本负担的固定制造费用部分（2 000÷50×10），而在变动成本法下，这 400 元全部作为期间成本进入了当期损益。

为了较全面地说明变动成本法与完全成本法对损益计算的影响，我们再举两种情况进行分析。

①连续各期产量相同而销量不同。

【例 2-9】假设某企业从事单一产品生产，连续 3 年的产量均为 600 件，而 3 年的销售量分别为 600 件、500 件和 700 件，单位产品售价为 150 元，管理费用与销售费用年度总额为 20 000 元，并且全部为固定成本。与产品成本计算有关的数据：单位产品变动成本（直接材料、直接人工和变动制造费用）为 80 元，固定制造费用为 12 000 元（完全成本法下每件产品分摊 20 元，即 12 000÷600）。根据以上资料，分别采用变动成本法和完全成本法，所计算出的结果如表 2.9 所示。

表 2.9　产量相同而销量不同情况下损益的计算　　单位：元

| 年份损益计算过程 | 第 1 年 | 第 2 年 | 第 3 年 | 合计 |
| --- | --- | --- | --- | --- |
| 变动成本法 | | | | |
| 销售收入 | 90 000 | 75 000 | 105 000 | 270 000 |
| 销售成本 | 48 000 | 40 000 | 56 000 | 144 000 |
| 边际贡献 | 42 000 | 35 000 | 49 000 | 126 000 |
| 固定成本 | 32 000 | 32 000 | 32 000 | 96 000 |
| 固定制造费用 | 12 000 | 12 000 | 12 000 | 36 000 |
| 管理和销售费用 | 20 000 | 20 000 | 20 000 | 60 000 |
| 税前利润 | 10 000 | 3 000 | 17 000 | 30 000 |
| 完全成本法 | | | | |
| 销售收入 | 90 000 | 75 000 | 105 000 | 270 000 |
| 销售成本 | 60 000 | 50 000 | 70 000 | 180 000 |
| 期初存货成本 | 0 | 0 | 10 000 | |
| 当期产品成本 | 60 000 | 60 000 | 60 000 | 180 000 |
| 可供销售产品成本 | 60 000 | 60 000 | 70 000 | |
| 期末存货成本 | 0 | 10 000 | 0 | |
| 销售利润 | 30 000 | 25 000 | 35 000 | 90 000 |
| 管理和销售费用 | 20 000 | 20 000 | 20 000 | 60 000 |
| 税前利润 | 10 000 | 5 000 | 15 000 | 30 000 |

②连续各期销量相同而产量不同。

【例 2-10】仍假设某企业从事单一产品生产，连续 3 年的销量均为 600 件，而 3 年的产量分别为 600 件、700 件和 500 件。其他条件与前例相同。在变动成本法下，单位产品成本仍为 80 元。但在完全成本法下，由于各期产量变了，所以单位产品所负担的固定制造费用的份额也就变了。具体来说，第 1 年的单位产品成本为 100 元（80+12 000÷600）；第 2 年的单位产品成本为 97.15 元（80+12 000÷700）；第 3 年的单位产品成本则为 104 元（80+12 000÷500）。根据以上资料，当分别采用变动成本法和完全成本法时，所计算出的税前利润如表 2.10 所示。

表 2.10　产量不同而销量相同情况下损益的计算　　单位：元

| 年份损益计算过程 | 第 1 年 | 第 2 年 | 第 3 年 | 合计 |
| --- | --- | --- | --- | --- |
| 变动成本法 | | | | |
| 销售收入 | 90 000 | 90 000 | 90 000 | 270 000 |
| 销售成本 | 48 000 | 48 000 | 48 000 | 144 000 |
| 边际贡献 | 42 000 | 42 000 | 42 000 | 126 000 |

表2.10(续)

| 年份损益计算过程 | 第1年 | 第2年 | 第3年 | 合计 |
|---|---|---|---|---|
| 固定成本 | 32 000 | 32 000 | 32 000 | 96 000 |
| 固定制造费用 | 12 000 | 12 000 | 12 000 | 36 000 |
| 管理和销售费用 | 20 000 | 20 000 | 20 000 | 60 000 |
| 税前利润 | 10 000 | 10 000 | 10 000 | 30 000 |
| 完全成本法 | | | | |
| 销售收入 | 90 000 | 90 000 | 90 000 | 270 000 |
| 销售成本 | 60 000 | 58 285 | 61 715 | 180 000 |
| 期初存货成本 | 0 | 0 | 9 715 | |
| 当期产品成本 | 60 000 | 68 000 | 52 000 | 180 000 |
| 可供销售产品成本 | 60 000 | 58 285 | 61 715 | |
| 期末存货成本 | 0 | 9 715 | 0 | |
| 销售利润 | 30 000 | 31 715 | 28 285 | 90 000 |
| 管理和销售费用 | 20 000 | 20 000 | 20 000 | 60 000 |
| 税前利润 | 10 000 | 11 715 | 8 285 | 30 000 |

变动成本法与完全成本法对各期损益计算的影响，依照产量与销量之间的相互关系，可以归纳为以下三种情况：

第一种情况：当产量等于销量时，两种成本法计算的损益完全相同。表2.9与表2.10中的第1年就属于这种情况。在这种情况下，固定制造费用是作为固定成本还是作为产品成本，对损益计算来说并不重要，重要的是它已全额列为收入的减项而进入了损益。

第二种情况：当产量大于销量时，按变动成本法计算的损益小于按完全成本法所计算的损益。这是因为固定制造费用在变动成本法下被如数列作了当年的成本；而在完全成本法下，相应份额的固定制造费用被列作了当年的资产（期末存货成本的一部分）。表2.9与表2.10中的第2年就属于这种情况。

第三种情况：当产量小于销量时，按变动成本法计算的损益大于按完全成本法所计算的损益。

#### 2.3.1.3 两种成本计算方法的评价

（1）变动成本法的优缺点。

变动成本法的优点主要体现在：

①变动成本法可以提供有用的成本信息，便于进行企业的成本分析与控制，有利于企业的短期经营决策的抉择。

②变动成本法更符合会计的配比原则，便于企业对各部门的业绩进行评价。

③变动成本法能够揭示企业利润和业务量之间的关系，有利于促使企业重视销售

工作，防止盲目生产。

④变动成本法可以简化成本计算工作，也可以避免固定制造费用分摊中的主观臆断性。

当然，变动成本法也有一定的局限性，主要体现在：

①按变动成本法计算的产品成本不符合传统的成本观念，不符合相关税法的有关要求。

②按成本性态将成本划分为固定成本与变动成本本身的局限性，即这种划分在很大程度上是假设的结果。

③变动成本法不适用于企业的长期决策，因为变动成本法中的相关范围假设为一段较长的时间，其不可能不会发生改变。

④变动成本法不能编制对外报表。

（2）完全成本法的优缺点。

完全成本法的优缺点是相对于变动成本法而言的，亦如变动成本法的优缺点是相对于完全成本法而言。比如，变动成本法下的产品成本不符合传统的成本概念，自然完全成本法下的产品成本符合传统的成本概念。但变动成本法与完全成本法之间也并非是一种简单的“此是彼非”或“此非彼是”的关系。例如，变动成本法使人们更加重视销售环节，当然是优点，而完全成本法使人们重视生产环节（有刺激生产的作用），也不一定就是缺点，至少不一定总是缺点（当产品供不应求时，生产就是第一位的）。此外，变动成本法与完全成本法还有共同的局限性：决策是面向未来的，而无论是完全成本法还是变动成本法，都是面向过去的，都是对过去经济活动的反映，所以，除非它们能协助决策，否则，它们所提供的成本信息的价值就都仅限于“提供”本身。在评价变动成本法与完全成本法的优劣时，有一个问题应该引起足够的认识，那就是社会经济的发展必然导致资本有机构成费用的提高，固定制造费用当然也会提高，相对而言，直接成本特别是直接人工成本在制造成本中所占的比重会越来越小，变动成本法下的成本信息于决策的作用恐怕就要另当别论了。

通过上述分析，我们可以知道完全成本法的优点主要表现在：

①能够完整地计算产品成本和存货价值，有利于企业产品的定价及长期决策。

②便于直接编制对外会计报表，满足企业外部利益相关者的需要，它是企业对外提供财务会计报表的主要依据。

③能够激励企业提高产品产量。

相应地，完全成本法的局限性主要体现在：

①该方法计算出来的单位产品成本会掩盖企业生产部门节约与浪费的真实情况。

②该方法计算出来的分期损益，其结果令人费解。

③该方法不能为企业提供变动成本和固定成本的资料，不利于企业进行预测与决策分析，也不利于企业对经济活动进行规划与控制。

④该方法不利于简化成本核算，产品成本带有一定的主观性。

## 2.3.2 作业成本法

### 2.3.2.1 作业成本法概述

（1）作业成本法的产生。

20 世纪 70 年代以来，随着社会化大生产和劳动生产率的迅速提高，竞争日趋激烈。买方市场逐步形成，从而要求企业提供更加多样化和更具个性的产品和服务。市场需求的这种变化，对传统生产组织形式提出了挑战。企业不得不放弃传统组织形式下的习惯做法，采用能对顾客多样化、日新月异的需求迅速做出反应的弹性制造系统（FMS）。在这种制造系统中，生产程序经常根据顾客的需要进行调整，一般按订单适时组织生产。这样，一方面，企业应以品种多、质量优、功能强的优势去争取尽可能多的产品订单，以增加产品销售收入；另一方面，企业应采用 JIT 的生产方式，降低成本，增加利润。相对于传统的生产方式而言，此时，成本管理工作的重点在于分析、区分作业类型并衡量各种作业所耗资源的价值。

为满足上述管理的需要，使得企业成本会计的目标呈现多元化——既要满足企业作为主体对外报告的需要，又要满足作为主体的企业不同管理者对内管理的需要，成本会计的对象也从最初在形态上耗费过多的各种资源，到作业、作业中心、制造中心乃至最后的产品。显然，传统成本计算方法很难满足如此多层次管理的计算需要。这直接引发作业成本法的产生。

作业成本法（Activity-Based Costing），是一种通过对所有作业活动进行动态追踪，计量作业和成本对象的成本费用，评价作业业绩和资源利用情况的成本计算和管理方法。它以作业为中心，根据作业对资源耗费的情况将资源的成本分配到作业中，然后根据产品和服务所耗用的作业量，最终将成本分配到产品与服务中。对作业成本的研究最早可追溯到 20 世纪四十年代，最早提出的概念是“作业会计”，由美国会计学者埃里克·科勒提出，他在 1941 年发表了一系列文章，阐述了在制造企业中划分作业进行成本核算的必要性和可行性。

随着人们对成本计量方法研究的深入和社会经济的进一步发展，罗宾·库珀和罗伯特·卡普兰的一系列研究确定了计算作业成本的具体方法，对作业成本法的发展做出了杰出贡献。他们发表的相关论文奠定了作业成本法在实际应用中的理论基础，确定了今后企业成本会计新的指导方向，是研究作业成本法必须参考的重要文献。

作业成本法的各项概念界定，从要素层面上形成了作业成本法的理论体系。对资源、作业、作业中心、作业链、成本动因等相关概念详细的定义和深刻的理解，是深化作业成本研究和拓展作业成本法的应用领域的基础，只有理论精确且成熟，才能真正体会作业成本法的思想精髓，更好地应用其思路和方法解决各个领域中成本核算的实际问题。

总的来说，作业成本法核算主要流程为：确定各项资源、划分作业、建立作业中心、确定成本动因、分配资源到作业中心、分配作业到产品等几个主要步骤。其中最大的重点和难点就是确定成本动因，成本动因根据其自身的性质和针对的对象不同，可以分为资源动因和作业动因，只有准确地分析提炼出成本动因，作业成本法才能真正地体现出其自身在成本核算领域的优越性。

（2）作业成本法的相关概念。

①作业成本法。它是指以作业消耗资源、产出消耗作业为原则，按照资源动因将资源费用追溯或分配到各项作业中，计算出作业成本，然后再根据作业动因，将作业成本追溯或分配至各成本对象中，最终完成成本计算的成本管理方法。作业成本法的核心概念主要有资源费用、作业、成本对象、成本动因、作业中心等。

②资源费用。它是指在作业过程中所使用和消耗的各种经济要素。一般是指单位为了完成某项或多项作业所投入的人力、物力、财力的总和。典型的资源费用包括员工的薪酬（含社会保障费）、固定资产折旧费、办公费、维修费、印刷费、水电费、材料费等。

③作业。它是指企业中特定组织（成本中心、部门或产品线）重复执行的任务或活动，它是作业成本计算系统中最小的成本归集单元。

作业贯穿产品生产经营的全过程，从产品设计、原料采购、生产加工，直至产品的发运销售。在这一过程中，每个环节、每道工序都可以视为一项作业。例如，签订材料采购合同、将材料运达仓库、对材料进行质量检验、办理入库手续、登记材料明细账等。同时，由若干个相互关联的具体作业组成的作业集合，被称为作业中心或作业成本库。

④成本对象。它是指单位追溯或分配资源费用、计算成本的对象物。

⑤成本动因。它是指诱导成本发生的原因，也是指引起成本增加或减少的原因，是成本对象与其直接关联的作业和最终关联的资源之间的中介。在进行作业活动中会消耗资源，资源的消耗最终导致成本的变化。在确定成本动因时，可以直接查找出成本变化的原因，找出作业—资源—成本三者之间的联系，有助于合理地控制成本和进行有效的成本管理。成本动因分析是作业成本法核算的核心和难点。

在作业成本法下，根据成本动因的性质，成本动因可分为资源动因和作业动因两类：

第一类，资源动因。它是用来计算引起某一项作业所消耗资源的数量发生变化的原因。它是将各项资源费用归集到不同作业的依据，是将作业消耗的相关资源成本分配给一个特定成本库的成本动因，反映了资源与作业之间相互关联的关系。

第二类，作业动因。它是计算某一个成本对象所耗费的作业量变化的原因，它是将不同作业中归集的成本费用分配到成本对象中的依据，把第一步归集到作业成本库中的资源费用进一步分配到各成本对象中去，是作业成本法实施最关键的因素。它反映了产品所耗费的作业量的情况，通过作业动因能够找到作业与成本之间的关系。作业动因可以确定各作业对产出的贡献程度，确定哪些作业是多余的，哪些作业是必须要做的，从而发现作业的增值性。对作业动因的动因分析能够评价作业的增值性，是作业成本法下成本控制的重点。

⑥作业中心。它是许许多多性质和类别相同的作业的集合。因为多项作业的性质相同，同类作业消耗的成本及消耗的资源也会相同，其成本变化的原因也相同，因此，其作业动因也因其具有相同性质而相同。

（3）作业成本法的优缺点。

作业成本法的主要优点：一是能够提供更加准确的各维度的成本信息，有助于企业提高产品定价、作业与流程改进、客户服务等决策的准确性；二是改善和强化成本控制，促进绩效管理制度的改进和完善；三是推进作业基础预算，提高作业、流程、作业链（或价值链）管理的能力。

作业成本法的主要缺点：部分作业的识别、划分、合并与认定，成本动因的选择及成本动因计量方法的选择等均存在较大的主观性，操作较为复杂，开发和维护费用较高。

总之，作业成本法是将间接成本和辅助费用更准确地分配到产品和服务中的一种成本计算方法。

依据作业成本法的概念，企业的全部经营活动是由一系列相互关联的作业组成的，企业每进行一项作业都要耗用一定的资源；与此同时，产品（包括提供的服务）被一系列的作业生产出来。产品成本是全部作业所消耗资源的总和，产品是消耗全部作业的成果。在计算产品成本时，首先按经营活动中发生的各项作业来归集成本，计算出作业成本，然后再按各项作业成本与成本对象（产品、服务或顾客）之间的因果关系，将作业成本分配到成本对象中，最终完成成本计算过程。

#### 2.3.2.2 作业成本计算

作业成本法的基本指导思想是：作业消耗资源，产品（服务或顾客）消耗作业。根据这一指导思想，我们可以总结出作业成本法的主要步骤或应用程序。

（1）作业成本法的主要步骤或应用程序。

①资源识别及资源费用的确认与计量。它是指识别由企业拥有或控制的所有资源，遵循国家统一的会计制度，合理选择会计政策，确认和计量企业的全部资源，编制资源费用清单，为资源费用的追溯或分配奠定基础。

资源费用清单一般应分部门列示当期发生的所有资源费用，其内容要素一般包括发生部门、费用性质、所属类别、受益对象等。

资源识别及资源费用的确认与计量应由企业的财务部门负责，在其他部门的协助配合下完成。该阶段的工作主要是将作业执行中耗费的资源分配到作业中，计算作业成本。

②成本对象选择。在作业成本法下，企业应将当期的所有资源费用，遵循因果关系和受益原则，根据资源动因和作业动因，分项目经由作业追溯或分配至相关的成本对象中，确定成本对象的成本。企业应根据国家统一的会计制度，并考虑预算控制、成本管理、运营管理、业绩评价及经济决策等方面的要求确定成本对象。该阶段的工作主要是根据步骤①计算的作业成本分配到各有关成本对象中。

根据步骤①和②，绘制作业成本法的作业成本分配如图 2.8 所示：

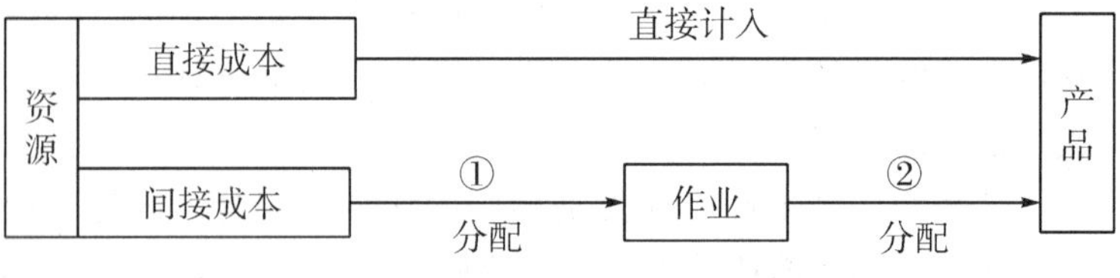


**图 2.8　作业成本分配图**

注：图中①是资源动因追溯，②是作业动因追溯。

传统的成本计算方法中的成本分配也分两步进行，但是中间的成本中心是按部门建立的。第一步除了把直接成本追溯到产品成本中之外，还要把不同性质的各种间接费用按部门归集在一起；第二步是以产量为基础，将间接费用分配到各种产品中。在传统成本计算方法下，间接成本的分配路径是资源→部门→产品。

在作业成本法下，成本分配除了把直接成本追溯到产品中以外，还要将各项间接费用分配到各有关作业中，并把作业看成是按产品生产需求重新组合的资源；然后按照作业消耗与产品之间不同的因果关系，将作业成本分配到产品中。因此，作业成本法下间接成本的分配路径是资源→作业→产品。

③作业认定。建立作业成本系统从作业认定开始，即确认每一项作业完成的工作及执行该作业耗用的资源成本。作业的认定需要对每项消耗资源的作业进行定义，识别每项作业在生产活动中的作用，与其他作业的区别，以及每项作业与耗用资源的联系。

作业认定有两种形式：一种是根据企业总的生产流程，自上而下进行分解；另一种是通过与员工和经理进行交谈，自下而上地确定他们所做的工作，并逐一认定各项作业。在实务中，自上而下和自下而上这两种方式往往需要结合起来运用。表 2. 11 是一个以变速箱制造企业为背景的作业清单示例。

**表 2. 11　某企业作业清单**

| 序号 | 作业名称 | 作业说明 |
|---|---|---|
| 1 | 材料订购 | 包括选择供应商、签订合同、明确供应方式等 |
| 2 | 材料检验 | 对每批购入的材料进行质量、数量检验 |
| 3 | 生产准备 | 每批产品投产前，进行设备、调整等准备工作 |
| 4 | 发放材料 | 每批产品投产前，将生产所需材料发往各生产车间 |
| 5 | 材料切割 | 将管材、圆钢切割成适于机加工的毛坯工件 |
| 6 | 车床加工 | 使用车床加工零件（轴和连杆） |
| 7 | 铣床加工 | 使用铣床加工零件（齿轮） |
| 8 | 刨床加工 | 使用刨床加工零件（变速箱外壳） |
| 9 | 产品组装 | 人工装配变速箱 |
| 10 | 产品质量检验 | 人工检验产品质量 |
| 11 | 车间管理 | 组织和管理车间生产、提供维持生产的条件 |

④作业中心设计或作业成本库的设计与归集。作业中心设计是指企业将认定的所有作业按照一定的标准进行分类，形成不同的作业中心，作为资源费用追溯或分配对象的过程。作业认定后，接下来的工作是设计作业成本库。作业成本库包括如表 2. 12 所示的四类。

表 2.12　作业中心（成本库）的分类

| 作业中心（成本库） | 含义 | 特点 | 举例 |
| --- | --- | --- | --- |
| 产量级作业中心（成本库） | 为个别产品或服务实施的作业 | 它是直接成本，可以追溯到每个单位产品上，作业数量与产品数量成正比例关系 | 直接材料、直接人工成本、机器成本和直接能源消耗 |
| 批次级作业中心（成本库） | 同时服务于每批产品或许多产品的作业 | 它们的成本取决于批次，而不是每批中单位产品的数量 | 生产前的机器调试、成批产品转移至下一工序的运输、成批采购和检验等 |
| 品种（客户）级作业中心（成本库） | 服务于某种型号或特定客户的作业 | 它仅仅因为某个特定的产品线或特定客户的存在而发生 | 产品设计、工艺规程制定、工艺改造、产品更新、客户技术支持、咨询活动、独特包装等 |
| 生产维持级作业中心（成本库） | 为提供生产产品（服务）的基本能力或服务于整个工厂的作业 | 它是为了维持生产能力而进行的作业，不依赖产品的数量、批次和种类 | 企业广告、保安、维修、行政管理、保险、财产税等 |

无法追溯到单位产品，并且和产品批次、产品品种无明显关系的成本，都属于生产维持级成本。这些成本首先被分配到不同产品品种中，然后再分配到成本对象中（如某订单），最后分配给单位产品。这种分配顺序不是唯一选择，也可以直接依据直接人工或机器工时分配给成本对象。这是一种不准确的成本分摊。不同层级的作业成本如图 2.9 所示。

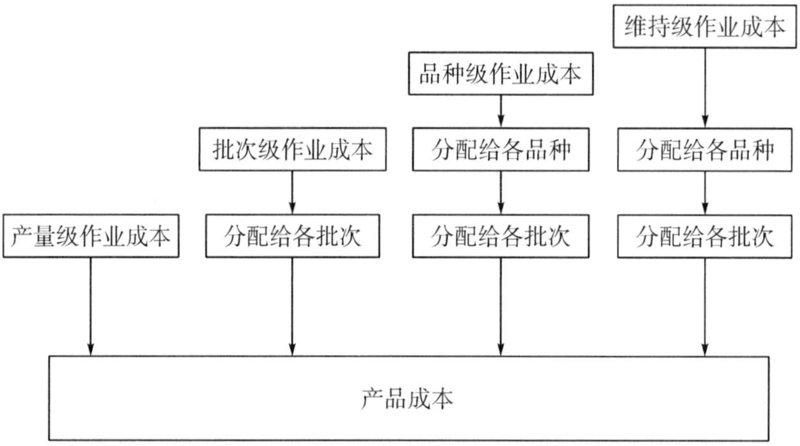


图 2.9　不同层级的作业成本

⑤将各作业成本库价值分配至最终产品成本。在成本分配过程中，资源成本借助资源成本动因分配到各项作业中，于是将每个作业库的各作业资源要素价值相加就形成了作业成本库价值。

组织业在确定了作业成本之后，根据作业成本动因计算单位作业成本，再根据作业量计算成本对象应负担的作业成本。

$$单位作业成本=本期作业成本库总成本÷作业量 \tag{2.11}$$

作业量的计量单位，即作业成本动因有三类：业务动因、持续动因和强度动因。

业务动因的描述如表 2.13 所示。

表 2.13　业务动因的描述

| 种类 | 主要内容 | 特点 |
| --- | --- | --- |
| 业务动因 | 通常以执行的次数作为作业动因，并假定执行每次作业的成本（包括每次耗用的时间和单位时间耗用的资源）相等 | 精确度最差，但其执行成本最低 |

其计算公式如下：

$$分配率=归集期内作业总成本÷归集期内总作业次数 \tag{2.12}$$

$$某产品应分配的作业成本=分配率×该产品耗用的作业次数 \tag{2.13}$$

持续动因的描述下表 2.14 所示。

表 2.14　持续动因的描述

| 种类 | 主要内容 | 特点 |
| --- | --- | --- |
| 持续动因 | 指执行一项作业所需的时间标准，在不同产品所需作业量差异较大的情况下，不宜采用业务动因作为分配成本的基础，而应改用持续动因作为分配的基础，其假定执行作业的单位时间耗用的资源相等 | 精确度和成本居中 |

计算公式如下：

$$分配率=归集期内作业总成本÷归集期内总作业时间 \tag{2.14}$$

$$某产品应分配的作业成本=分配率×该产品耗用的作业时间 \tag{2.15}$$

强度动因的描述如下表 2.15 所示。

表 2.15　持续动因的描述

| 种类 | 主要内容 | 特点 |
| --- | --- | --- |
| 强度动因 | 是在某些特殊情况下，将作业执行中实际耗用的全部资源单独归集，直接计入某一特定的产品。强度动因一般适用于某一特殊订单或某种新产品试制等，用产品订单或工作单记录每次执行作业时耗用的所有资源 | 精确度最高，但其执行成本最昂贵 |

如同传统成本计算法一样，作业成本分配时可以采用实际分配率或者预算分配率。采用预算分配率时，发生的成本差异可以直接结转本期营业成本，也可以计算作业成本差异率并据以分配给有关产品。

$$实际作业成本分配率=当期实际发生的作业成本÷各产品耗用的作业量合计 \tag{2.16}$$

$$某产品耗用的作业成本=\Sigma（该产品耗用的作业量×实际作业成本分配率） \tag{2.17}$$

$$某产品当期发生总成本=当期投入该产品的直接成本+该产品当期耗用的各项作业成本 \tag{2.18}$$

（2）作业成本法的计算实例。

【例 2-11】A 公司的主要业务是生产服装服饰，该公司的服装生产车间生产 3 种款式的夹克衫和 2 种款式的休闲西服。夹克衫和西服分别由两个独立的生产线进行加工，每个生产线有自己的技术部门。5 款服装均按批组织生产，每批 100 件。该公司本月每种款式的产量和直接成本如表 2.16 所示，本月制造费用发生额如表 2.17 所示。采用传统的完全成本法时，制造费用按直接人工成本为分配标准进行分配，如表 2.18 所示。采用作业成本法时，批次级作业成本库按生产批次比例分配、夹克产品线作业成本库按夹克线的生产批次分配、西服产品线作业成本库按西服生产批次进行分配、生产维持成本库分配基础选择直接人工成本，据此分配给每批产品。要求：分别按完全成本法和作业成本法计算成本。

**表 2.16　产量与直接人工和直接材料资料**

| 产品品种 | 夹克 | | | 西服 | | 合计 |
|---|---|---|---|---|---|---|
| 型号 | 夹克 1 | 夹克 2 | 夹克 3 | 西服 1 | 西服 2 | |
| 本月批次 | 8 | 10 | 6 | 4 | 2 | 30 |
| 每批产量/件 | 100 | 100 | 100 | 100 | 100 | |
| 产量/件 | 800 | 1 000 | 600 | 400 | 200 | 3 000 |
| 每批直接人工成本/元 | 3 300 | 3 400 | 3 500 | 4 400 | 4 200 | |
| 直接人工总成本/元 | 26 400 | 34 000 | 21 000 | 17 600 | 8 400 | 107 400 |
| 每批直接材料成本/元 | 6 200 | 6 300 | 6 400 | 7 000 | 8 000 | |
| 直接材料总成本/元 | 49 600 | 63 000 | 38 400 | 28 000 | 16 000 | 195 000 |

**表 2.17　制造费用发生额**　　单位：元

| 项目 | 金额 |
|---|---|
| 生产设备、检验和供应成本（批次级成本） | 84 000 |
| 夹克产品线成本（品种级作业成本） | 54 000 |
| 西服产品线成本（品种级作业成本） | 66 000 |
| 其他成本（生产维持级成本） | 10 800 |
| 制造费用合计 | 214 800 |

①按传统完全成本法计算成本。

解：制造费用分配率＝制造费用÷直接人工成本

＝214 800÷107 400

＝200%

编制完全成本法汇总成本计算单如表 2.18 所示。

表 2.18　完全成本法汇总成本计算单　　单位：元

| 产品型号 | 夹克 1 | 夹克 2 | 夹克 3 | 西服 1 | 西服 2 | 合计 |
|---|---|---|---|---|---|---|
| 直接人工 | 26 400 | 34 000 | 21 000 | 17 600 | 8 400 | 107 400 |
| 直接材料 | 49 600 | 63 000 | 38 400 | 28 000 | 16 000 | 195 000 |
| 制造费用分配率 | 200% | 200% | 200% | 200% | 200% | 200% |
| 制造费用 | 52 800 | 68 000 | 42 000 | 35 200 | 16 800 | 214 800 |
| 总成本 | 128 800 | 165 000 | 101 400 | 80 800 | 41 200 | 517 200 |
| 每批成本 | 16 100 | 16 500 | 16 900 | 20 200 | 20 600 | |
| 每件成本 | 161 | 165 | 169 | 202 | 206 | |

②按作业成本法计算成本。

解：作业成本分配的第一步是计算作业成本动因的单位成本，作为作业成本的分配率。编制作业成本分配率如表 2.19 所示。

表 2.19　作业成本分配率

| 作业 | 成本/元 | 批次（批数） | 直接人工/元 | 分配率 |
|---|---|---|---|---|
| 批次级作业成本 | 84 000 | 30 | | 2 800（元/批） |
| 夹克产品线成本 | 54 000 | 24 | | 2 250（元/批） |
| 西服产品线成本 | 66 000 | 6 | | 11 000（元/批） |
| 生产维持级成本 | 10 800 | | 107 400 | 10.06% |

作业成本分配的第二步是根据单位作业成本和作业量，将作业成本分配到产品中，编制汇总成本计算单如表 2.20 所示。

表 2.20　汇总成本计算单　　单位：元

| 型号 | 夹克 1 | 夹克 2 | 夹克 3 | 西服 1 | 西服 2 | 合计 |
|---|---|---|---|---|---|---|
| 本月批次 | 8 | 10 | 6 | 4 | 2 | |
| 直接人工 | 26 400 | 34 000 | 21 000 | 17 600 | 8 400 | 107 400 |
| 直接材料 | 49 600 | 63 000 | 38 400 | 28 000 | 16 000 | 195 000 |
| 制造费用 | | | | | | |
| 分配率（元/批） | 2 800 | 2 800 | 2 800 | 2 800 | 2 800 | |
| 批次相关总成本 | 22 400 | 28 000 | 16 800 | 11 200 | 5 600 | 84 000 |
| 产品相关成本： | | | | | | |
| 分配率（元/批） | 2 250 | 2 250 | 2 250 | 11 000 | 11 000 | |
| 产品相关总成本 | 18 000 | 22 500 | 13 500 | 44 000 | 22 000 | 120 000 |
| 生产维持成本 | | | | | | |

表2.20(续)

| 型号 | 夹克1 | 夹克2 | 夹克3 | 西服1 | 西服2 | 合计 |
|---|---|---|---|---|---|---|
| 分配率（元/每元直接人工成本） | 10.06% | 10.06% | 10.06% | 10.06% | 10.06% | |
| 生产维持成本 | 2 655 | 3 419 | 2 112 | 1 770 | 845 | 10 800 |
| 间接费用合计 | 43 055 | 53 919 | 32 412 | 56 970 | 28 445 | 214 800 |
| 总成本 | 119 055 | 150 919 | 91 812 | 102 570 | 52 845 | 517 200 |
| 本月批次 | 8 | 10 | 6 | 4 | 2 | |
| 每批成本 | 14 882 | 15 092 | 15 302 | 25 642 | 26 422 | |
| 单件成本（作业成本法） | 148.82 | 150.92 | 153.02 | 256.42 | 264.22 | |
| 单件成本（完全成本法） | 161.00 | 165.00 | 169.00 | 202.00 | 206.00 | |
| 差异（作业成本-完全成本） | -12.18 | -14.08 | -15.98 | 54.42 | 58.22 | |
| 差异率（差异/完全成本） | -7.57% | -8.53% | -9.46% | 26.94% | 28.26% | |





通过比较完全成本法和作业成本法的计算结果，我们可以看出：

①完全成本法扭曲了产品成本，即高估了简单产品夹克衫的成本，低估了复杂产品西服的成本。

②作业成本法和完全成本法都是对全部生产成本进行分配，不区分固定成本和变动成本，这与变动成本法不同。从长远来看，所有成本都是变动成本，都应当分配给产品。

③完全成本法以直接人工作为间接费用的唯一分配率，夸大了高产量产品的单位成本。

#### 2.3.2.3 作业成本法的优缺点和适用条件

（1）作业成本法的优点。

①可以获得更准确的产品和产品线成本。作业成本法的主要优点是减少了传统成本信息对决策的误导。一方面作业成本法增加了追溯个别产品的成本比例，减少了成本分配扭曲产品成本的情况发生；另一方面采用多种成本动因作为间接成本的分配基础，使得分配基础与被分配成本的相关性得到明确。

②有助于改进成本控制。作业成本法提供了了解产品作业过程的途径，使管理人员知道成本是如何发生的。成本动因的确定，使他们将注意力集中于成本动因的耗用上，而不仅仅只关心产量和直接人工。从成本动因上改进成本控制，包括改进产品设计和生产流程等，可以消除非增值作业，并且提高增值作业的效率，有助于持续降低成本和不断消除浪费。

③为战略管理提供信息支持。战略管理需要相应的信息支持，例如，价值链分析是指企业用于评估客户价值感知重要性的一个战略分析工具。它包括确定当前成本和绩效标准，并评估整个供应链中哪些环节可以增加客户价值、减少成本费用的一整套工具和程序。由于产品价值是由一系列作业创造的，企业的价值链也就是其作业链。

价值链分析需要识别供应作业、生产作业和分销作业，并且识别每项作业的成本驱动因素，以及各项作业之间的关系。作业成本法与价值链分析概念一致，可以为其提供信息支持。

（2）作业成本法的缺点。

①开发和维护费用较高。作业成本法的成本动因多于完全成本法，成本动因的数量越大，开发和维护费用越高。即使有了计算机和数据库技术，采用传统的作业成本法仍然是一件成本很高的事情。如果将作业成本法仅仅作为一项会计创举，不能通过作业成本数据的使用改善决策和作业管理，提高公司的竞争力，则很可能得不偿失。

②作业成本法不符合对外财务报告的需要。采用作业成本法的企业，为了使对外财务报表符合会计准则的要求，需要重新调整成本数据。这种调整与变动成本法的调整相比，不仅工作量大，而且技术难度大，还有可能出现数据混乱。

③确定成本动因比较困难。间接成本并非都与特定的成本动因相关联。有时找不到与成本相关的驱动因素，或者设想的若干驱动因素与成本的相关程度都很低，或者取得驱动因素数据的成本很高。此时，就会出现人为的主观分配，扭曲产品成本数据的客观性。

④不利于管理控制。完全成本法按部门建立成本中心，为实施责任会计和业绩评价提供了方便。作业成本系统的成本库与企业的组织结构不一致，不利于提供管理控制的信息，因此许多管理人员和会计人员持反对态度。作业成本法倾向于以牺牲管理控制信息为代价，换取经营决策信息的改善，减少了会计数据对管理控制的有用性。

（3）作业成本法的适用条件。

采用作业成本法的企业一般应具备以下条件：

①从成本结构看，这些公司的制造费用在产品成本中占有较大比重。他们若使用单一的分配率，对真实、客观的成本信息的扭曲会比较严重。

②从产品品种看，这些公司的产品多样性程度高，包括产品品种的多样性，产品制造或服务复杂程度的多样性，原材料的多样性和产品组装的多样性。产品的多样性是引起传统成本系统在计算产品成本时发生信息扭曲的原因之一。

③从外部环境看，这些公司面临的竞争激烈。传统的成本计算方法是在竞争较弱、产品多样性较低的背景下设计的。当竞争变得激烈，产品的多样性增加时，传统成本计算方法的缺点被放大了，实施作业成本法变得有利。

④从企业规模看，这些企业的规模比较大。由于大企业拥有更为强大的信息沟通渠道和完善的信息管理基础设施，并且对信息的需求更为强烈，所以它们比小规模的公司对作业成本法更感兴趣。

总之，在生产自动化程度较高、直接人工比较少、企业的作业流程比较清晰、企业相关业务数据完备且可获得、企业信息化基础工作较好、易产生成本扭曲且准确的成本信息具有较大价值时，这样的企业适宜采用作业成本法。企业可以根据自身经营管理的特点和条件，利用现代信息技术，采用作业成本法对不能直接归属于成本核算对象的成本进行归集和分配，通过作业成本法对产品的盈利能力、客户的获利能力、企业经营中的增值作业和非增值作业等进行分析，发挥更强大的管理作用。

# 2.4 本量利分析法

## 2.4.1 本量利分析概述

### 2.4.1.1 本量利分析的目标

本量利分析（CVP 分析），全称是成本-业务量-利润分析（Cost-Volume-Profit Analysis），又叫盈亏临界点分析或保本点分析（Break-even Point Analysis）。这种分析方法主要是通过对产品价格、单位变动成本、固定成本总额、业务量及销售产品的品种构成与取得利润之间相互关系的分析来寻求增加利润、提高经济效益的途径。本量利分析应用范围十分广泛，其分析目标归纳起来大致有以下几个方面：

（1）用来测定企业的产销量达到多大或者产销额达到多少时才能保本，即做到不盈不亏。

（2）用来测定产销量达到多大或产销额达到多少时，企业才能实现利润规划中的目标利润或者确保完成企业的利润计划。

（3）用来测定企业的固定成本总额发生变化，给成本和利润带来的影响。

（4）用来测定产品的单位成本发生变化，给成本和利润带来的影响。

（5）用来测定产品的单位售价发生变化，给销售量、销售额和利润带来的影响。

（6）用来测定产品的品种构成发生变化，给企业利润的数额和水平带来的影响。

（7）用来帮助企业正确地做出产品定价、销售策略、利用生产能力、安排产品品种等一系列经营决策，使企业获得更好的经济效益。

### 2.4.1.2 本量利分析的基本假设

现实经济生活中的成本、业务量、利润之间的关系非常复杂，但经过适当的假定后，它们之间的关系就变得简单和清晰起来。以下介绍几种常用的假定类型和相应的本量利关系分析方法。

（1）基于变动成本法的常用假定。

直接成本在制造成本中占比较大的产品和企业，适合使用变动成本法来进行本量利分析，经常用到五种假设：

①假定所有成本都可划分为固定成本和变动成本两部分。

②假定销售价格与物价不变，销售收入与产销量、成本与产销量之间呈线性关系，但固定成本与业务量无关。

③假定产销平衡。产销平衡是指本期生产的产品全部实现销售或者前后期间期末存货数量和种类保持不变。

④品种结构稳定。品种结构稳定是指在一定时期内不同产品之间的数量比例关系是稳定的。

⑤假定产销量变动是影响成本的最基本因素。

在上述五种假设的条件下，本量利分析的基本数学模型为：

利润 = 收入 - 成本 = 收入 - (变动成本 + 固定成本)

= 销售数量 × 单价 - 销售数量 × 单位变动成本 - 固定成本

= 销售数量 × (单价 - 单位变动成本) - 固定成本 (2.19)

该模型是基本的损益方程式，明确表达了本、量、利之间的数量关系，可以经过形式上的各种变换，通过已知变量预测未知变量。

以上五条假设极大地简化了分析过程，但也因此削弱了该模型应有的科学性和实用性。在实际的经营和管理过程中，上述假设只在一定的时间内或特定的业务量范围内成立，并不适用于所有的情况。为了与经济条件相适应，人们又提出了非线性本量利分析模型和概率本量利分析模型。

在非线性本量利分析模型中，销售收入、成本总额与业务量之间呈非线性关系，具体数量关系如何则应根据实际问题确定。在实际运用时，可根据企业历史数据资料及市场调研资料，借助于计算机工具进行模拟运算以确定收入与成本关系的函数。而在概率本量利分析模型中，销售单价、单位变动成本和固定成本总额并不是固定不变的量，而是随业务量经常变动的量。在实际应用时，需要对有关变量的变动概率进行具体分析，确定每种变量发生的概率和此概率下各变量的条件价值，通过计算期望价值来为变量赋值，进而进行本量利分析，使分析结果更能接近客观实际。

（2）基于作业成本法的常用假定。

对于那些间接成本在制造成本中占比较大的产品和企业，适合使用作业成本法进行本量利分析。其经常使用下列假设：

①相关范围及线性假设。假定在一定范围内某种产品的销售单价保持不变，销售收入是销量的线性函数；还假定企业成本与产量和作业量都呈线性关系，其中短期变动成本与产品产量成正比例变动关系，长期变动成本与产品消耗作业量成正比例变动关系，固定成本与产量及作业量无关并始终保持不变。该假设意味着单位短期变动成本和单位长期变动成本都是固定不变的常量。

②固定成本可分性假设。假设固定成本可以根据与作业量是否存在线性关系而划分为长期变动成本（存在线性关系）和固定成本（不存在线性关系）。

③产销平衡假设。即本期生产的产品全部实现销售或者前后期间期末存货数量和种类保持不变。

④静态模型假设。模型所需数据和函数都来源于所研究的计划期间，一般选择一年为计划期间。由于一年以内的决策分析不考虑货币的时间价值，因此，一般将该模型视为静态模型。

假设用 $I$ 表示企业利润，那么，以作业成本为基础的本量利模型如下：

$$I = \sum_{i=1}^{n} [(p_i - b_i) \times x_i] - \sum_{i=1}^{n} \sum_{j=1}^{m} (d_j \times y_{ij}) - a \tag{2.20}$$

式中，$p_i$ 为 $i$ 产品的单价，$b_i$ 为 $i$ 产品的单位短期变动成本，$x_i$ 为 $i$ 产品的产量，$d_j$ 为 $j$ 作业的单位长期变动成本，$y_{ij}$ 为 $i$ 产品消耗 $j$ 作业的作业量，$a$ 为固定成本，$n$ 为产品品种数，$m$ 为经营过程作业数。

与基于变动成本法的常用假设类似，作业成本法的上述常用假定也只是在一定的业务量范围内成立，为了更符合实际情况，也需要利用非线性和概率本量利模型进行分析和决策，这里不再赘述。

#### 2.4.1.3 本量利分析的基本数学模型





在本量利分析中涉及固定成本、单位变动成本、销售量、销售单价和利润。这五个变量之间存在的关系如下：

$$I = S - V - F$$
$$= P_iX - V_iX - F \quad (2.21)$$

式中，$I$ 为利润，$S$ 为销售收入，$P_i$ 为销售单价，$X$ 为销售量，$V$ 为变动成本，$V_i$ 为单位变动成本，$F$ 为固定成本。

一般情况下，在规划期间计算净利润时，通常将销售单价 $P_i$、单位变动成本 $V_i$ 和固定成本 $F$ 视为稳定常量，只有销售量 $X$ 和利润 $I$ 两个自由变量。

#### 2.4.1.4 本量利分析中的常用指标

（1）边际贡献。

①边际贡献。边际贡献（marginal contribution）又称贡献毛益，它是销售收入弥补变动成本后的余额。其公式表示如下：

$$\text{边际贡献} = \text{销售收入} - \text{变动成本} \quad (2.22)$$

用字符表示的公式为：$M = S - V$

$$I = M - F$$

或：$M = I + F$

式中，$M$ 表示边际贡献额。

②单位边际贡献。单位边际贡献（per-unit marginal contribution）是指销售单价弥补单位变动成本后的余额，也就是指每销售一件产品所带来的利润的增加。其公式为：

$$\text{单位边际贡献} = \text{销售单价} - \text{单位变动成本} \quad (2.23)$$

用字符表示为：$M_i = P_i - V_i$

式中，$M_i$ 表示单位边际贡献。

③边际贡献率。边际贡献率（marginal contribution ratio）是指边际贡献在销售收入中所占的百分比，它反映产品的贡献能力。其计算公式如下：

$$\text{边际贡献率} = \frac{\text{边际贡献}}{\text{销售收入}} \times 100\% = \frac{\text{单位边际贡献}}{\text{销售单价}} \times 100\% \quad (2.24)$$

用字符表示为：$MR = \frac{M}{S} \times 100\% = \frac{M_i}{P_i} \times 100\%$

式中，MR 为边际贡献率。

当企业产销多种产品时，我们可以用加权平均边际贡献率来反映边际贡献水平。其计算公式如下：

$$\text{加权平均边际贡献率} = \frac{\sum \text{各产品边际贡献}}{\sum \text{各产品销售收入}} \times 100\%$$

或：加权平均边际贡献率 = $\sum$(各产品边际贡献率 × 各产品的销售比重)

(2.25)

【例 2-12】某企业只生产一种产品，单价为 6 元，单位变动成本为 3 元，销售量为 600 件，固定成本为 900 元。要求：计算该产品的边际贡献总额、单位边际贡献、边际贡献率以及产品利润。

解：根据公式得：

边际贡献总额 $M = S - V = 6 \times 600 - 3 \times 600 = 1\ 800$（元）

单位边际贡献 $M_i = P_i - V_i = 6 - 3 = 3$（元）

$$边际贡献率\ MR = \frac{M}{S} \times 100\% = \frac{1\ 800}{6 \times 600} = 50\%$$

利润 $= M - F = 1\ 800 - 900 = 900$（元）

【例 2-13】某企业生产甲、乙两种产品，甲产品的销售单价为 20 元，单位变动成本为 10 元，本月销售量为 600 件；乙产品销售单价为 25 元，单位变动成本为 20 元，本月销售量为 1 000 件。试计算企业产品的加权平均边际贡献率。

解：根据公式得：

$$加权平均边际贡献率 = \frac{\sum 各产品边际贡献}{\sum 各产品销售收入} \times 100\%$$

$$= \frac{(20 - 10) \times 600 + (25 - 20) \times 1\ 000}{20 \times 600 + 25 \times 1\ 000} \times 100\% = 29.73\%$$

$$也可以这样计算：甲产品的边际贡献率 = \frac{V_i}{P_i} \times 100\% = \frac{10}{20} \times 100\% = 50\%$$

$$甲产品的销售比重 = \frac{20 \times 600}{20 \times 600 + 25 \times 1\ 000} \times 100\% = 32.43\%$$

同理，乙产品的边际贡献率为 20%，乙产品的销售比重为 67.57%

加权平均边际贡献率 = 50% × 32.43% + 20% × 67.57% = 29.73%

（2）变动成本率。

变动成本率（variable cost ratio）是指变动成本在销售收入中所占的百分比，其计算公式如下：

$$变动成本率 = \frac{变动成本}{销售收入} \times 100\% = \frac{V}{S} \times 100\%$$

$$变动成本率 = \frac{单位变动成本}{销售单价} \times 100\% = \frac{V_i}{P_i} \times 100\% \qquad (2.26)$$

【例 2-14】沿用【例 2-13】的资料计算变动成本率。

解：根据公式计算得：

$$甲产品的变动成本率 = \frac{10}{20} \times 100\% = 50\%$$

$$乙产品的变动成本率 = \frac{20}{25} \times 100\% = 80\%$$

从【例 2-13】和【例 2-14】的计算结果我们可以看出，产品的变动成本率和边际贡献率存在着密切关系，即两者之和等于 100%，这一结论具有普遍性。

$$变动成本率 + 边际贡献率 = \frac{单位变动成本}{销售单价} \times 100\% + \frac{单位边际贡献}{销售单价} \times 100\%$$

$$= 1 \quad (2.27)$$

（3）盈亏平衡点

盈亏平衡点（break-even point）也称保本点、盈亏临界点等，指企业利润为零时的销售水平（销售额或销售量）。

当企业销售水平低于盈亏平衡点时，企业处于亏损状态，随着销售水平的提高，企业亏损逐渐得到弥补，达到盈亏平衡点；当销售水平高于盈亏平衡点时，企业处于盈利状态。由此可见，确定企业经营的盈亏平衡点是十分重要的。

根据盈亏平衡点的定义可知：

$$盈亏平衡点销售量 = \frac{固定成本}{销售单价 - 单位变动成本} = \frac{F}{P_i - V_i} \quad (2.28)$$

$$盈亏平衡点销售额 = 盈亏平衡点销售量 \times 销售单价 = \frac{F \times P_i}{P_i - V_i} \quad (2.29)$$

与盈亏平衡点相联系的另外一个指标是盈亏平衡点作业率。其计算公式如下：

$$盈亏平衡点作业率 = \frac{盈亏平衡点销售量}{实际或预计销售量} \times 100\% \quad (2.30)$$

$$盈亏平衡点作业率 + 安全边际率 = 1 \quad (2.31)$$

（4）安全边际与安全边际率

①安全边际。安全边际（margin of safety）是指在一定期间企业实际或预期的销售水平与盈亏平衡点销售水平之间的差值。它是反映企业生产经营安全性的重要指标，是表示企业销售水平超出企业盈亏平衡点的程度。

安全边际有两种表示方式，一种是以实物单位表示，称为安全边际量；另一种是以货币金额表示，称为安全边际额。它们的计算公式如下：

$$安全边际量 = 实际或预期的销售量 - 盈亏平衡点销售量 \quad (2.32)$$

$$安全边际额 = 实际或预期的销售额 - 盈亏平衡点销售额 \quad (2.33)$$

②安全边际率。安全边际率（margin of safety ratio）是指安全边际与实际或预期销售水平的比值。其计算公式如下：

$$安全边际率 = \frac{安全边际}{实际销售额(或预期销售额)} \times 100\% \quad (2.34)$$

安全边际率同样可以衡量企业生产经营的安全性。安全边际率越大，企业生产经营的安全程度越高，经营风险就越低。企业生产经营安全性的检验标准如表 2.21 所示。

**表 2.21　企业生产经营安全性检验标准**

| 安全边际率 | 40%以上 | 30%~40%（含 40%） | 20%~30%（含 30%） | 10%~20%（含 20%） | 10%以下 |
|---|---|---|---|---|---|
| 安全等级 | 很安全 | 安全 | 较安全 | 值得注意 | 危险 |

利润是由安全边际提供的，只有超过盈亏平衡点的销售收入才能为企业创造利润，因此，我们有以下公式：

$$销售利润率 = 安全边际率 \times 边际贡献率 \tag{2.35}$$

## 2.4.2 线性本量利分析

### 2.4.2.1 单一品种情况下的线性本量利分析方法

（1）公式法。

【例2-15】假设某企业生产和销售单一产品。产品的售价为60元，单位变动成本为40元，全年固定成本为600 000元。计算盈亏平衡点的销售量和销售额。

解：由前面公式计算盈亏平衡点的销售量和销售额如下：

$$盈亏平衡点的销售量=\frac{600\ 000}{60-40}=30\ 000（件）$$

盈亏平衡点的销售额=30 000×60=1 800 000（元）

（2）边际贡献法。

边际贡献法是指在本量利分析中，利用边际贡献指标与业务量、利润之间的关系计算盈亏平衡点的一种方法。其计算公式如下：

$$盈亏平衡点的销售量 = \frac{固定成本}{单位边际贡献} = \frac{F}{M_i} \tag{2.36}$$

$$盈亏平衡点的销售额 = \frac{固定成本}{边际贡献率} = \frac{F}{MR} \tag{2.37}$$

【例2-16】某企业只生产A产品，单价为100元，单位变动成本为60元，企业全年的固定成本总额为300 000元，本年销售量为1 500件。试用边际贡献法计算盈亏平衡点的销售量和销售额。

解：根据公式计算得：

单位边际贡献=100-60=40（元/件）

边际贡献率=（40 ÷ 100） =40%

则：盈亏平衡点销售量=300 000÷40=7 500（件）

盈亏平衡点销售额=300 000÷40%=750 000（元）

（3）图示法。

盈亏平衡点也可以用本量利分析图来表示。本量利分析图是指在平面直角坐标系上反映项目（产品）在不同业务量水平条件下的盈亏状况的图形，也称盈亏平衡图。本量利关系图按照数据的特征和目的不同，通常分为传统式、边际贡献式和利量式三种，其中，传统式本量利图在管理会计中运用得最为广泛，并且能反映最基本的本量利关系。

①传统式。下面仅介绍传统式本量利图的绘制方法，其余略。其图形分别如图2.10、图2.11、图2.12所示。

第一步，在直角坐标系中，以横轴表示业务量，以纵轴表示成本或业务收入。

第二步，在纵轴上找出固定成本数值，即以（0，固定成本数值）为起点，绘制一条与横轴平行的固定成本线。

第三步，以（0，固定成本数值）为起点，以单位变动成本为斜率，绘制总成本线。

第四步，以坐标原点（0，0）为起点，以单价为斜率，绘制业务收入线。

第五步，总成本线和业务收入线的交点就是盈亏平衡点业务量。





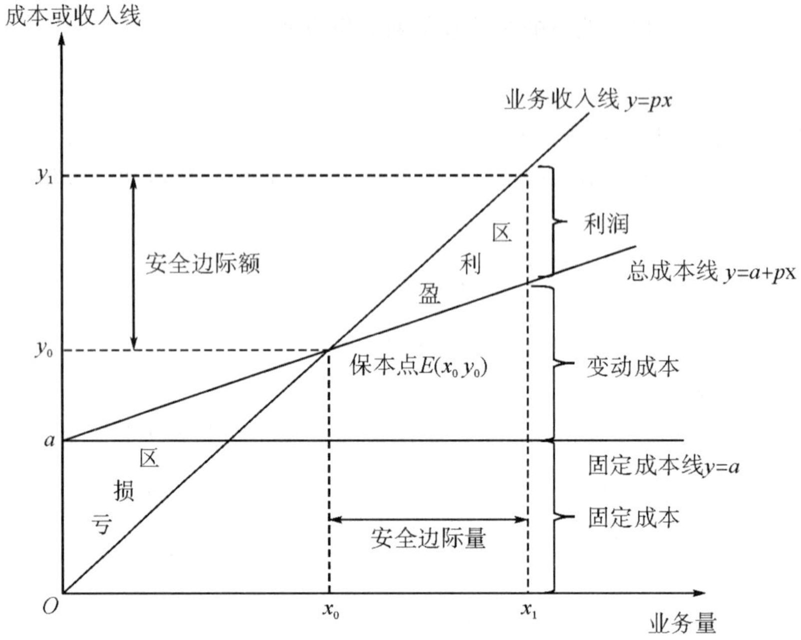


**图 2.10　传统式本量利关系图**

②边际贡献式。边际贡献式本量利关系图如图 2.11 所示。

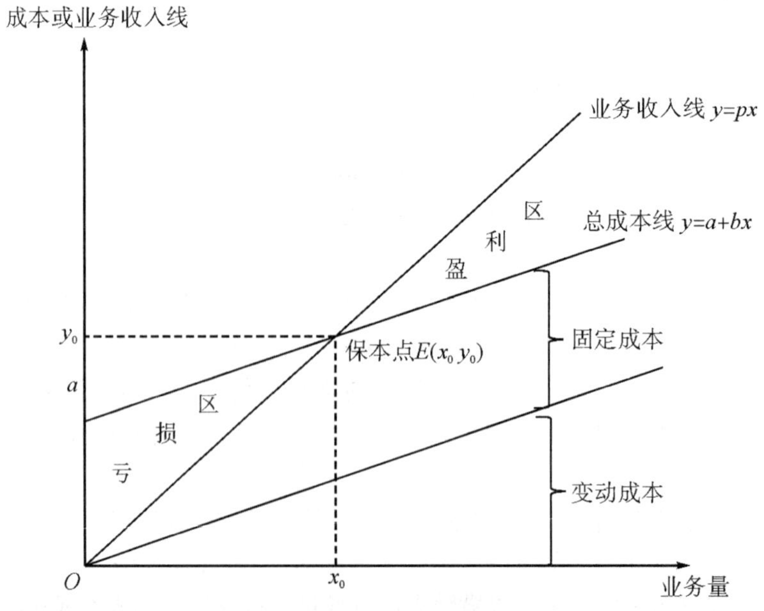


**图 2.11　边际贡献式本量利关系图**

③利量式。利量式本量利关系图详如图 2.12 所示。

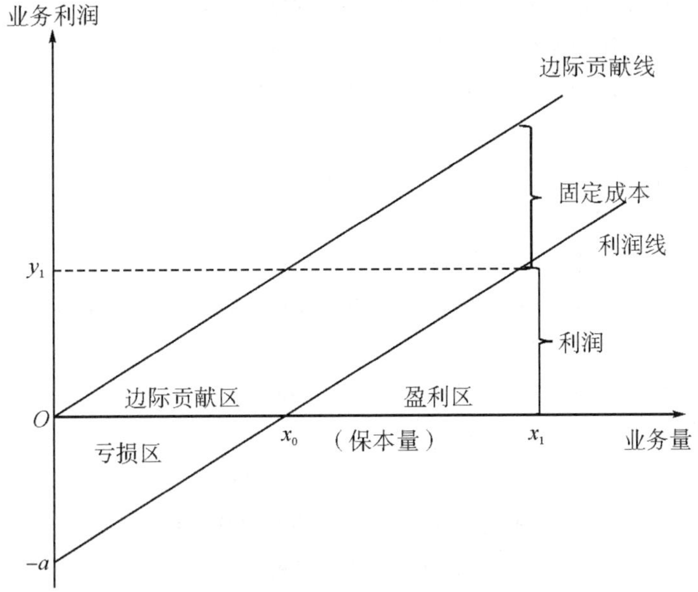


**图 2.12　利量式本量利关系图**

### 2.4.2.2　多品种情况下的线性本量利分析

在现实生活中，许多企业均生产不止一种产品。企业在产销多种产品的情况下，可以考虑采用综合边际贡献率法、联合单位法及分算法等方法。

（1）综合边际贡献率法。

综合边际贡献率法是假设在产品结构不变的情况下，通过计算多品种的综合边际贡献率，进而确定盈亏平衡点销售额和每种产品的盈亏平衡点的一种方法。具体步骤如下：

①计算综合边际贡献率。综合边际贡献率的计算公式如下：

$$综合边际贡献率=\sum(各种产品的边际贡献率\times 该种产品的销售额比重) \tag{2.38}$$

②计算企业盈亏平衡点的销售额。其计算公式如下：

$$企业盈亏平衡点的销售额=\frac{企业固定成本总额}{综合边际贡献率} \tag{2.39}$$

③计算各种产品的盈亏平衡点销售额。其计算公式如下：

$$某产品盈亏平衡点销售额=企业盈亏平衡点销售额\times 该产品销售额比重 \tag{2.40}$$

【例 2-17】某企业销售甲、乙、丙三种产品，全年预计固定成本总额为 210 000 元，预计销售量分别为 8 000 件、5 000 件和 10 000 件，预计销售单价分别为 25 元、80 元和 40 元，单位变动成本分别为 15 元、50 元和 28 元，计算该企业的盈亏平衡点销售额是多少？

解：①计算综合边际贡献率

$$全部销售总额=\sum 各产品销售单价\times 各产品销售量=1\ 000\ 000（元）$$

每种产品的销售额比重：

甲产品的销售额比重＝8 000 × 25 ÷ 1 000 000＝20%

乙产品的销售额比重＝5 000×80÷1 000 000＝40%

丙产品的销售额比重＝10 000×40÷1 000 000＝40%

②计算企业综合边际贡献率。

甲产品的边际贡献率＝（25−15）÷25＝40%

乙产品的边际贡献率＝（80−50）÷80＝37.5%

丙产品的边际贡献率＝（40−28）÷40＝30%

企业综合边际贡献率＝40%×20%＋37.5%×40%＋30%×40%＝35%

③计算企业盈亏平衡点的销售额。

企业盈亏平衡点的销售额＝210 000÷35%＝600 000（元）

④计算各产品的销售额和销售量。

甲产品盈亏平衡点销售额＝600 000×20%＝120 000（元）

乙产品盈亏平衡点销售额＝600 000×40%＝240 000（元）

丙产品盈亏平衡点销售额＝600 000×40%＝240 000（元）

甲产品盈亏平衡点销售量＝120 000÷25＝4 800（件）

乙产品盈亏平衡点销售量＝240 000÷80＝3 000（台）

丙产品盈亏平衡点销售量＝240 000÷40＝6 000（件）

（2）联合单位法。

联合单位法是指企业各种产品之间客观存在相对稳定的产销比例关系，把这一相对稳定的比例关系组合看成一个联合单位，在此基础上确定每一联合单位的单价和单位变动成本，从而进行多品种条件下盈亏平衡点分析的一种方法。

假如企业生产甲、乙、丙三种产品，其销量比为 1∶2∶3，则一个联合单位就相当于由 1 个甲产品、2 个乙产品和 3 个丙产品联合组成。以这种销量比可以计算出 1 个联合单位的联合单价和联合单位变动成本，从而可以按照单一品种下的本量利分析法计算出联合保本量。

【例 2−18】已知：甲企业组织三种产品的生产经营，20×8 年，甲企业预计发生固定成本 300 000 元，各种产品销售计划详见表 2.22。

**表 2.22　20×8 年甲企业产品销售计划**　　单位：元

| 产品品种 | 销售单价 | 单位变动成本 | 销售量 | 销售收入 |
|---|---|---|---|---|
| A 产品/件 | 10 | 8.5 | 100 000 | 1 000 000 |
| B 产品/台 | 20 | 16 | 25 000 | 500 000 |
| C 产品/套 | 50 | 25 | 10 000 | 500 000 |

试用联合单位法计算各产品的保本量和保本额。

解：依题意：

各产品的销量比为：A∶B∶C＝10∶2.5∶1

联合单价＝10×10＋20×2.5＋50×1＝200（元/联合单位）

联合单位变动成本 = 8.5×10+16×2.5+25×1 = 150（元/联合单位）

联合保本量 = $\frac{300\ 000}{200-150}$ = 6 000（元/联合单位）

计算各产品保本量：

A 产品保本量 = 6 000×10 = 60 000（件）

B 产品保本量 = 6 000×2.5 = 15 000（台）

C 产品保本量 = 6 000×1 = 6 000（套）

计算各产品保本额：

A 产品保本额 = 60 000×10 = 600 000（元）

B 产品保本额 = 15 000×20 = 300 000（元）

C 产品保本额 = 6 000×50 = 300 000（元）

（3）分算法。

分算法是指在一定条件下，企业可以将全部固定成本按照一定标准在各产品之间进行分配，然后再对每一产品进行盈亏平衡点分析的一种方法。全部固定成本中的专属成本直接划归某种产品负担，而共同成本则要按照一定的标准，如产品重量、体积、长度、工时、销售额等，分配给各产品。这种方法要求企业能够客观地分配固定成本，如果不能做到这点，则计算出来的结果会出现误差。

【例 2-18】以【例 2-19】中的资料，假设固定成本按照边际贡献的比重进行分配。要求：使用分算法进行盈亏平衡点分析。

解：依题意得：

A 产品边际贡献 =（10-8.5）×100 000 = 150 000（元）

B 产品边际贡献 =（20-16）×25 000 = 100 000（元）

C 产品边际贡献 =（50-25）×10 000 = 250 000（元）

边际贡献总额 = 150 000+100 000+250 000 = 500 000（元）

固定成本分配率 = 300 000÷500 000 = 0.6

分配给 A 产品的固定成本 = 150 000×0.6 = 90 000（元）

分配给 B 产品的固定成本 = 100 000×0.6 = 60 000（元）

分配给 C 产品的固定成本 = 250 000×0.6 = 150 000（元）

A 产品的保本量 = 90 000÷（10-8.5）= 60 000（件）

A 产品的保本额 = 10×60 000 = 600 000（元）

同理，B 产品和 C 产品的保本量分别为 15 000 台和 6 000 套，他们的保本额均为 300 000 元。

多品种情况下的线性本量利分析除上述介绍的三种主要方法外，还有品种法、顺序法（含列表法和图示法）等，在此就不一一介绍了。

### 2.4.3 本量利分析的扩展

#### 2.4.3.1 非线性本量利分析

传统管理会计假设企业的成本与业务量之间存在着一种线性关系，这种假设有时会偏离实际的成本状况。现代研究表明，业务量与成本之间的关系并不一定是线性的，有可能是一种非对称性的，即存在成本粘性。所谓成本粘性是指成本（费用）随业务量变化时出现的不对称性，表现为成本在业务量增加时的变化率大于在业务量减少时的变化率。

前面介绍的本量利分析模型是一种理想的线性分析模型，由于现实经济的复杂性，在许多情况下，成本、业务量和利润之间并非呈现出严格的线性关系，这时用非线性本量利分析模型更符合客观实际。

（1）成本线与收入线的确定方法。

确定成本线和收入线是进行本量利分析的关键环节。线性本量利分析直接将这两条线确定为线性形状，而事实上，在许多情况下并非如此，这时就需要运用一些特定的方法模拟现实的成本线和收入线。常用方法就是根据散布点图来观察成本、业务量、收入之间的关系。下面举例说明。

【例 2-20】某企业生产 A 产品，根据实验数据，其成本与产量的相关数据资料如表 2.23所示。

**表 2.23　A 产品产量与成本数据资料表**

| 产量/件 | 1 | 50 | 100 | 200 | 300 | 400 | 500 | 600 | 700 | 800 | 900 | 1 000 |
|---|---|---|---|---|---|---|---|---|---|---|---|---|
| 总成本/元 | 30 020 | 31 038 | 32 150 | 34 600 | 37 350 | 40 400 | 43 750 | 47 400 | 51 350 | 55 600 | 60 150 | 65 000 |

要求：根据表 2.23，绘制 A 产品成本与产量的散布图并估计出该线的相关参数值。

解：根据题目资料，绘制成本-产量的散布图如图 2.13 所示。

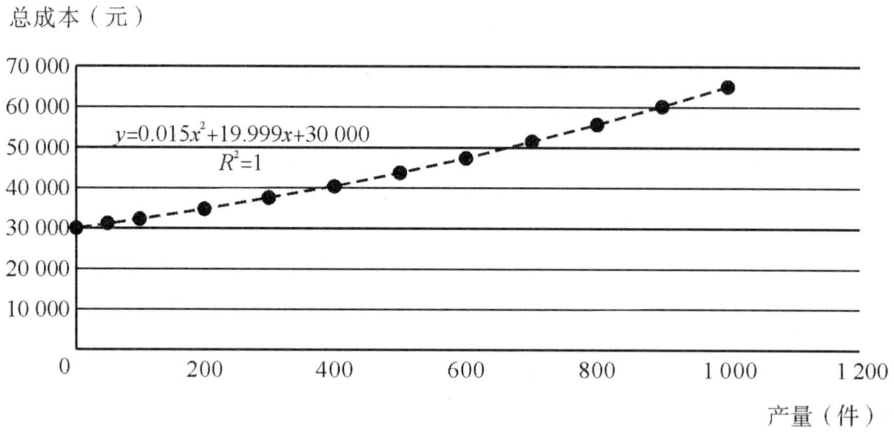


**图 2.13　A 产品的成本-产量散布图**

建模步骤：

①在数据区输入原始数据。

②绘制散点图，根据散点图可以初步判断该数据更加符合二次抛物线形状。

③在散点图上添加趋势线并显示公式和 $R^2$ 检验值。方法是将鼠标移至散点图的数据点上，点鼠标右键，选择添加趋势线，选择趋势线格式为多项式，顺序为 2，确定后

就在散点图上绘制了一条二次抛物线的趋势线。

④选择显示公式，显示 $R^2$ 值，则有 $y=0.015x^2+19.999x+30\ 000$，$R^2=1$

⑤上述公式的经济含义是：这类混合成本的固定成本部分为 30 000 元，初始单位变动成本为 19.999，单位变动成本随着产量的变化呈递增趋势。

（2）非线性本量利分析方法。

由于成本线和收入线都可能是非线性的，因此，在进行盈亏平衡点分析时要运用边际分析法和微分法。

【例 2-21】假设某企业产销平衡，销售收入线为 $TR=100x$，销售成本线为 $TC=30\ 000+20x+0.015x^2$，计算盈亏平衡点和最佳销售量。

解：①计算盈亏平衡点。

令 TR=TC，得 $x_1=4\ 927$（件），$x_2=406$（件）。可见，A 产品有两个盈亏平衡点，即 4 927 件和 406 件。

②计算最大利润和最佳销售量。

利润 $I=TR-TC=-0.015x^2+80x-30\ 000$

令 $\frac{\partial I}{\partial x}=0$，得 $x=2\ 667$（件），最大利润 I=76 667（元）

### 2.4.3.2 随机本量利分析

由于现实经济的复杂性和多变性，单位变动成本、固定成本、销售单价等都不可能预先确定下来，而是随机发生的，这时就需要采用随机本量利分析方法来解决此类问题。

（1）随机条件下的盈亏平衡分析。

在随机条件下，计算盈亏平衡点需要运用数学模型，下面举例说明。

【例 2-22】某企业计划生产一种新产品 A，根据市场调查和技术测定，预计产品未来的相关资料如表 2.24 所示。

**表 2.24 A 产品相关资料**

| 项目 | 单价 | | 单位变动成本 | | | 固定成本 | | 预计销售量 | |
|---|---|---|---|---|---|---|---|---|---|
| 估计值/元 | 22 | 20 | 10 | 12 | 14 | 4 200 | 4 600 | 3 000 | 4 000 |
| 概率 | 0.8 | 0.2 | 0.6 | 0.3 | 0.1 | 0.4 | 0.6 | 0.6 | 0.4 |

要求：对该产品的盈亏平衡点进行分析。

解：计算过程如下：

①计算不同情况下的盈亏平衡点。

②计算不同情况下的联合概率。

③计算盈亏平衡点的数学期望值。

将上述计算过程汇总，如表 2.25 所示。

表 2.25 随机条件下的盈亏平衡点的计算表

| 单价/元 | 概率 | 单位变动成本/元 | 概率 | 固定成本/元 | 概率 | 盈亏平衡点/元 | 联合概率 | 盈亏平衡点期望值/元 |
|---|---|---|---|---|---|---|---|---|
| 22 | 0.8 | 10 | 0.6 | 4 200 | 0.4 | 350 | 0.192 | 67.2 |
| | | | | 4 600 | 0.6 | 383.33 | 0.288 | 110.4 |
| | | 12 | 0.3 | 4 200 | 0.4 | 420 | 0.096 | 40.32 |
| | | | | 4 600 | 0.6 | 460 | 0.144 | 66.24 |
| | | 14 | 0.1 | 4 200 | 0.4 | 525 | 0.032 | 16.8 |
| | | | | 4 600 | 0.6 | 575 | 0.048 | 27.6 |
| 20 | 0.2 | 10 | 0.6 | 4 200 | 0.4 | 420 | 0.048 | 20.16 |
| | | | | 4 600 | 0.6 | 460 | 0.072 | 33.12 |
| | | 12 | 0.3 | 4 200 | 0.4 | 525 | 0.024 | 12.6 |
| | | | | 4 600 | 0.6 | 575 | 0.036 | 20.7 |
| | | 14 | 0.1 | 4 200 | 0.4 | 700 | 0.008 | 5.6 |
| | | | | 4 600 | 0.6 | 766.67 | 0.012 | 9.2 |
| 合计（盈亏平衡点期望值） | | | | | | | | 429.94 |

从表 2.25 可知，盈亏平衡点销售量为 430 件。

（2）随机条件下的利润分析。

【例 2-23】仍以【例 2-22】的资料，计算预计销售量下的目标利润为多少？

采用上述方法，计算过程如下：

①计算不同情况下的利润。

②计算不同情况下的联合概率。

③计算利润的数学期望值。

计算表从略，预计销售量下的目标利润为 31 600 元。

### 2.4.4 实现目标利润分析

（1）实现税前目标利润的模型。

$$税前目标利润=目标销售量\times（单价-单位变动成本）-固定成本 \quad (2.41)$$

$$实现税前目标利润的销售量=\frac{税前目标利润+固定成本}{单位售价-单位变动成本}=\frac{税前目标利润+固定成本}{单位边际贡献} \quad (2.42)$$

$$实现税前目标利润的销售额=\frac{税前目标利润+固定成本}{边际贡献率} \quad (2.43)$$

【例 2-24】假设某企业生产甲产品，产品售价为 50 元，单位变动成本为 25 元，固定成本总额为 400 000 元，企业税前目标利润为 50 000 元。要求：计算该产品实现目标利润的销售水平。

解：依题意，根据上述公式计算得：

实现税前目标利润的销售量=（50 000+400 000）÷（50−25）= 18 000（件）

实现税前目标利润的销售额=（50 000+400 000）÷50% = 900 000（元）

（2）实现税后目标利润的模型。

前面所讲的目标利润是企业所得税前的利润，所得税费用对于有利润的企业来说是一项必须支出的费用，因此，在进行目标利润分析与预测时，应该考虑对该项费用进行扣除。

$$实现税后目标利润的销售量=\frac{\dfrac{税后目标利润}{1-所得税率}+固定成本}{单位边际贡献} \tag{2.44}$$

$$实现税后目标利润的销售额=\frac{\dfrac{税后目标利润}{1-所得税率}+固定成本}{边际贡献率} \tag{2.45}$$

【例 2−25】假定【例 2−24】的其他条件不变，税后目标利润为 37 500 元，所得税税率为 25%。要求：计算该产品实现税后目标利润的销售水平。

解：依题意，根据上述公式计算得：

实现税后目标利润的销售量=［（37 500÷（1−25%）+400 000）］÷（50−25）= 18 000（件）

实现税后目标利润的销售额=［（37 500÷（1−25%）+400 000）］÷50% = 900 000（元）

（3）相关因素变动对实现目标利润的影响。

对相关因素变动对实现目标利润的影响，我们需掌握单因素变动对实现目标利润的影响及多因素同时变动对实现目标利润的影响。即单价变动、单位变动成本变动、固定成本变动、销售量变动、所得税税率变动对企业实现目标利润的影响。同时需要考虑上述因素同时变动时对企业实现目标利润的影响。企业应该结合自身情况，从对实现目标利润影响较大的因素开始，按由大到小的顺序进行反复地权衡和测算。

## 2.4.5 敏感性分析

### 2.4.5.1 敏感性分析概述

（1）敏感性分析的含义及目的。

敏感性分析是指对影响目标实现的因素变化进行量化分析，以确定各因素变化对实现目标的影响及其敏感程度。若某因素的小幅度变动就会引起利润较大幅度变动，属于敏感性因素；反之，则为非敏感性因素。

敏感性分析的目的是：

①找出影响目标实现值变动的敏感性因素，分析敏感性因素变动的原因，并为下一步的管理决策提供依据。

②研究不确定性因素变动引起目标值变动的范围，分析判断企业风险承担能力。

③比较多方案的敏感性大小，以便在目标值相似的情况下，选出风险较低的投融

资方案。

敏感性分析具有广泛的适用性，有助于识别、控制和防范短期运营决策、长期投资决策等的相关风险，在运营计划的制定、调整及运营监控分析等程序中，通常会用到敏感性分析，敏感性分析也常用于长期投资决策。

（2）敏感性分析的分类。

根据不确定因素每次变动数目的多少，敏感性分析可以分为单因素敏感性分析和多因素敏感性分析。

①单因素敏感性分析。它是指每次只变动一个因素而其他因素保持不变时所做的敏感性分析。敏感系数反映的是某一因素值变动对目标值变动的影响程度，有关公式如下：

某因素敏感系数=目标值变动百分比÷因素值变动百分比 （2.46）

在目标利润规划中，目标值为目标利润，变动因素为业务量、单价、单位变动成本和固定成本。敏感系数的绝对值越大，该因素越敏感。

②多因素敏感性分析。它是指假定其他因素不变时，分析两种或两种以上不确定性因素同时变化对目标的影响程度所做的敏感性分析。

（3）敏感性分析的主要优缺点。

其优点是方法简单易行，分析结果易于理解，能为企业的规划、控制和决策提供参考；其主要缺点是对决策模型和预测数据具有依赖性，决策模型的可靠程度和数据的合理性，会影响敏感性分析的可靠性。

#### 2.4.5.2 盈亏平衡点的敏感性分析

（1）盈亏平衡点敏感性分析的含义。

它是指在现有或预计销售量的基础上测算影响盈亏平衡点的各因素单独达到什么水平时仍能满足企业不亏损的一种敏感性分析方法。该方法的实质是在销售水平和其他因素不变的情况下，分别计算保本单价、保本单位变动成本和保本固定成本，从而确定各因素的变动范围，以便企业采取相应的应对措施。

（2）盈亏平衡点敏感性分析的具体假定。

①销售量为常数的假定。

②企业正常盈利的假定。

③因素单独变动的假定。

（3）盈亏平衡点敏感性分析的计算公式。

保本销售单价= 现有单位变动成本 + 现有固定成本 ÷ 现有销售量 （2.47）

保本单位变动成本= 现有销售单价 − 现有固定成本 ÷ 现有销售量 （2.48）

保本固定成本=（现有销售单价 − 现有单位变动成本）× 现有销售量 （2.49）

【例 2-26】假设某企业只经营一种产品，20×7 年实际销售量为 10 000 件，单位售价为 100 元，单位变动成本为 70 元，固定成本为 200 000 元，实现利润 100 000 元。要求：假定 20×8 年各种条件均不发生变化，计算 20×8 年的保本量并进行敏感性分析。

解：依题意，根据公式计算得：

20×8 年产品保本量=200 000÷（100−70）≈6 667（件）

20×8 年产品保本销售单价＝70+200 000÷10 000＝90（元/件）

20×8 年产品保本单位变动成本＝100－200 000÷10 000＝80（元/件）

20×8 年产品保本固定成本＝（100－70）×10 000＝300 000（元）

只要 20×8 年单位售价不低于 90 元/件，或者单位变动成本不超过 80 元/件，或者固定成本不超过 300 000 元，该企业就不会亏损。

#### 2.4.5.3 利润的敏感性分析

（1）影响利润的各因素临界值的确定。

利润敏感性分析是指制约利润的有关因素发生变化，对利润所产生影响的一种定量分析方法。它有利于进行利润预测分析，尤其是对目标利润进行预测分析具有积极的指导意义。

盈亏临界值是指影响利润的各因素（如销售单价、单位变动成本、固定成本和销售量）单独发生变化时，不会使企业产品发生亏损的最大或最小允许值。

根据本量利基本等式：

$$利润 = 销售收入 - 变动成本 - 固定成本 \quad (2.50)$$

即：$I = S - V - F = P_iX - V_iX - F$　当 $I = 0$ 时，便可求得产品的盈亏临界值。

①销售单价的最小允许值 $P_i \geq V_i + F \div X$

②单位变动成本的最大允许值 $V_i \leq P_i - F \div X$

③销售量的最小允许值 $X \geq F \div (P_i - V_i)$

④固定成本的最大允许值 $F \leq P_iX - V_iX = (P_i - V_i)\ X$

【例 2-27】假设某企业只生产一种产品，销售单价为 30 元，单位变动成本为 20 元，固定成本总额为 20 000 元，若计划销售量为 5 000 件，要求计算各因素的盈亏临界值。

①销售单价的最小允许值。

销售单价的最小允许值＝20+20 000÷5 000＝24（元/件）

即产品销售单价不能低于 24 元，或价格下降幅度不能高于 20%（6÷30），否则，就会发生亏损。

②单位变动成本的最大允许值。

单位变动成本的最大允许值＝30－20 000÷5 000＝26（元/件）

即当单位变动成本由 20 元上升到 26 元时，企业由盈利转为盈亏平衡。若单位变动成本超过 26 元，或者成本上升幅度超过 30%（6÷20），企业将发生亏损。

③销售量的最小允许值。

销售量的最小允许值＝20 000÷（30－20）＝2 000（件）

即企业产品的销售规模下限是 2 000 件，再低则会发生亏损。或者说，实际销售量只要达到计划年度预计销售量的 40%（2 000÷5 000），企业就可以达到盈亏平衡。

④固定成本的最大允许值。

固定成本的最大允许值＝（30－20）×5 000＝50 000（元）

即固定成本的最大允许值为 50 000 元，超过此限额，企业就会亏损。此时，固定成本的上升幅度为 150%（30 000÷20 000）。

（2）敏感性系数的计算。

企业产品销售量、销售单价、单位变动成本、固定成本等这些因素的变化都会引起利润发生变化，但是，各因素变化引起利润发生变化的程度不一样，有的因素影响较大，而有的因素影响较小，也就是说各因素的敏感程度不一样。敏感系数就是用来衡量利润对各因素变化的敏感程度，敏感系数为正数，表明它与利润同向增减；敏感系数为负数，表明它与利润反向增减。其计算公式如下：

$$敏感系数=利润变动百分比\div因素变动百分比 \quad (2.51)$$

【例 2-28】假设【例 2-27】中的销售单价、单位变动成本、固定成本和销售量均分别增长 10%。要求：计算各因素的敏感性系数并排序。

解：计算目标利润如下：

目标利润 $I=5\,000\times(30-20)-20\,000=30\,000$（元）

①销售单价的敏感性系数。单价提高 10%，则有：

销售单价 $P_i=30\times(1+10\%)=33$（元）

利润 $I=5\,000\times(33-20)-20\,000=45\,000$（元）

利润变化百分比＝$(45\,000-30\,000)\div30\,000\times100\%=50\%$

销售单价的敏感系数＝$50\%\div10\%=5$

②单位变动成本的敏感性系数。单位变动成本增长 10%，则有：

单位变动成本 $V_i=20\times(1+10\%)=22$（元）

利润 $I=5\,000\times(30-22)-20\,000=20\,000$（元）

利润变化百分比＝$(20\,000-30\,000)\div30\,000\times100\%=-33.33\%$

单位变动成本的敏感系数＝$-33.33\%\div10\%=-3.33$

③固定成本的敏感系数。固定成本增长 10%，则有：

固定成本 $F=20\,000\times(1+10\%)=22\,000$（元）

利润 $I=5\,000\times(30-20)-22\,000=28\,000$（元）

利润变化百分比＝$(28\,000-30\,000)\div30\,000\times100\%=-6.67\%$

固定成本的敏感系数＝$-6.67\%\div10\%=-0.67$

④销售量的敏感性系数。销售量增长 10%，则有：

销售量 $X_i=5\,000\times(1+10\%)=5\,500$（件）

利润 $I=5\,500\times(30-20)-20\,000=35\,000$（元）

利润变化百分比＝$(35\,000-30\,000)\div30\,000\times100\%=16.67\%$

销售量的敏感系数＝$16.67\%\div10\%=1.67$

将上述四个因素的敏感性系数按照其绝对值大小排列，排列顺序依次为：销售单价（5）>单位变动成本（3.33）>销售量（1.67）>固定成本（0.67），即影响程度最大的是销售单价，其次是单位变动成本，再次是销售量，最后才是固定成本。值得注意的是：该排列顺序仅对所举的例子而言，并不适用于所有情况。

## 【本章小结】

本章介绍了成本管理的基本框架，成本性态分析和本量利分析法。成本管理是指企业生产经营过程中各项成本核算、成本分析、成本决策和成本控制等一系列科学管理行为的总称。其内容包括成本预测、成本决策、成本计划、成本控制、成本核算、成本分析和成本考核等。

从管理会计的角度来看，成本是指企业在生产经营过程中对象化的，以货币表现的，为达到一定目的而应当或可能发生的各种经济资源的价值牺牲或代价。成本可以按成本性态、经济用途等方式进行分类。

成本性态分析的方法是指完成成本性态分析任务必须采取的技术手段。常用的成本性态分析的方法主要包括技术测定法、账户分析法和历史成本法。

管理会计中的成本计算方法根据对固定制造费用的处理方法不同，分为完全成本法和变动成本法。完全成本法和变动成本法计算的利润有差额，其根本原因是两种方法对固定制造费用的处理不同。作业成本法是指以作业消耗资源，产出消耗作业为原则进行成本计算的成本管理方法。

本章最后一部分阐述了本量利分析的基本概念、模型和常用指标；介绍了线性本量利分析，非线性本量利分析和随机本量利分析的方法，并且对实现目标利润分析和敏感性分析的概念和方法进行了介绍。

## 【思考与练习题】

## 【思考与练习题答案】

# 第3章 短期运营预测

【学习目标】通过本章的学习，学生要了解短期运营预测的基本原则和程序；掌握销售预测的定性预测和定量预测方法；熟悉成本预测中两种不同情况的预测步骤和方法；掌握利润预测中的相关比率法和因素分析法；了解资金需要总量预测和流动资金需要量预测。

【学习重点】销售预测方法；成本预测方法；利润预测方法。

【学习难点】销售预测方法；成本预测方法；利润预测方法。

## 3.1 短期运营预测概述

预测是指用科学的方法来预计、推断事物的发展趋势，即根据过去和现在预计未来、由已知推断未知的过程。

短期运营预测是指根据现有的经济条件和掌握的历史资料及客观事物的内在联系，对生产经营活动的未来发展趋势及其状况所进行的预计和推算。

### 3.1.1 短期运营预测的意义

#### 3.1.1.1 短期运营预测是运营决策的基础和依据

在社会主义市场经济条件下，企业的生存发展与市场息息相关，经营成败的关键是决策，而决策的基础是预测。企业的短期运营预测就是要在销售预测的基础上，通过对成本、利润和资金需要量的预测等，为企业的短期运营决策提供基础和依据。

#### 3.1.1.2 短期运营预测有利于提高企业的竞争能力

企业依靠科学的经营预测，可以充分了解竞争的形势和竞争对手的情况，通过采取合理的策略，在竞争中获得主动权，从而提高竞争力。

#### 3.1.1.3 短期运营预测是企业进行科学管理的基础

现代企业在管理中大量采用全面预算、目标成本管理、绩效考评等科学管理手段，这些手段都必须建立在短期运营预测的基础之上，科学的短期运营预测为科学管理提供了依据。

### 3.1.2 短期运营预测的基本原则

#### 3.1.2.1 延续性原则

延续性原则是指过去和现在的某种发展规律将会延续下去，并假设决定过去和现在发展的条件同样适用于未来。短期运营预测根据这一原则，就可以把未来作为过去和现在的延伸进行推测。

#### 3.1.2.2 相关性原则

相关性原则是指企业经营活动过程中一些经济变量之间存在相互依存、相互制约的关系。短期运营预测根据这一原则，就可以利用这些经济变量之间存在的相互依存、相互制约的关系来推测经济活动发展的规律。

#### 3.1.2.3 统计规律性原则

统计规律性原则是指企业在经营活动过程中对某个经济变量多次观测的结果会出现具有某种统计规律的情况。短期运营预测根据这一原则，就可以利用概率分析及数理统计的方法进行推测。

#### 3.1.2.4 实事求是原则

实事求是原则要求我们依据真实可靠的数据信息进行预测，收集数据信息时，要根据实事求是的原则从实际出发，既要收集有利条件下的信息，也要收集不利因素的信息。

#### 3.1.2.5 成本效率原则

成本效率原则是指预测活动本身花费的成本不应该超出其未来预计带来的收益。

### 3.1.3 短期运营预测的基本程序

#### 3.1.3.1 明确预测目标，收集和整理相关资料

企业在进行预测时，首先要明确预测目标，即通过预测要了解哪些指标，数额变化趋势如何，在此基础上收集与此预测目标相关的详尽资料，并对这些资料进行整理，用以满足选择预测方法的需要。

#### 3.1.3.2 建立预测模型，选定预测方法，进行预测分析

在明确预测目标和收集大量详尽资料的基础上，企业可依据目标建立预测的数学

模型、选定科学、合理、适当的方法对已有的资料进行再加工、计算和科学分析，并利用管理人员所积累的经验进行判断、比较、鉴别，以此对预测目标进行科学预测，得出预测结果。

#### 3.1.3.3 检查验证预测结果，分析预测误差

预测活动结束后，可根据实际情况对前期预测结果进行验证，比较分析预测误差，修正预测值，从而调整计划，指导实际经营活动。



#### 3.1.3.4 出具预测报告，公布预测结果



预测结果产生以后，应将修正过的预测值以预测报告的形式向企业管理当局和有关管理人员公布，供企业的利益相关者使用。

## 3.2 销售预测

### 3.2.1 销售预测的意义

销售预测是指以过去的历史资料为基础，运用一定的方法，预测未来一定期间有关产品的销售数量、销售状态及其变化趋势。销售预测是短期运营预测中的重要内容。销售预测活动的开展情况对企业生产经营活动的开展、经济效益的取得、科学决策的实施都有很重要的作用，具体表现在以下几个方面：

#### 3.2.1.1 销售预测是企业整个生产运营活动的初始环节

销售预测的目的之一是了解有关产品在市场的销售情况及其变化趋势。企业通过销售预测，可以使企业的管理人员心中有数，在充分了解市场的情况下合理组织企业生产经营活动，做到以销定产、产销均衡，避免产销脱节，为企业生产运营活动的正常开展打下基础。

#### 3.2.1.2 销售预测是其他短期运营预测的前提

销售预测与利润预测、成本预测、资金需要量预测共同组成企业短期运营预测，它们的具体内容虽各不相同，但利润预测、成本预测、资金需要量预测都必须以销售预测为前提，做好销售预测，就为正常开展利润预测、成本预测和资金需要量预测打下基础。

#### 3.2.1.3 销售预测与其他短期运营预测共同为运营决策提供依据

销售预测与其他短期运营预测共同为决策项目提供必要的数据，使企业决策层充分掌握决策所需资料，为正确制定企业经营决策提供依据。

### 3.2.2 销售的定性预测

销售的定性预测又称非数量分析法，它主要是依靠预测人员丰富的实践经验和知

识及主观的分析判断能力，在考虑政治经济形势、市场变化、经济政策、消费者倾向等各项因素对经营影响的前提下，对事物的性质和发展趋势进行预测和推测的分析方法。销售的定性预测有以下几种。

#### 3.2.2.1 判断分析法

判断分析法是指销售人员根据直觉判断进行预估，然后由销售经理加以综合分析，从而得出企业总体的销售预测的一种方法。销售人员由于接近和了解市场，熟悉自己所负责区域的情况，因此用这种方法得出的预测数据比较接近实际情况；另外，企业采用这种方法，有利于给销售人员合理地分配任务，以调动其积极性，激励他们努力完成各自的销售任务。但是，由于受各种因素的影响，销售人员的预测也会出现偏差，因此对销售人员的预测往往需要进行修正。

【例 3-1】甲公司要预测某型号手机在某省明年第一季度的销售量，调查了三个营销人员对该型号手机的销售量做出的估计，如表 3.1 所示：

**表 3.1 甲公司某型号手机销售量估计情况**

| 营销人员 | 估计销售量/万部 | | 概率/% |
|---|---|---|---|
| A | 最高 | 900 | 20 |
| | 最可能 | 700 | 50 |
| | 最低 | 600 | 30 |
| B | 最高 | 1 000 | 30 |
| | 最可能 | 900 | 60 |
| | 最低 | 800 | 10 |
| C | 最高 | 700 | 20 |
| | 最可能 | 600 | 60 |
| | 最低 | 500 | 20 |

分析：A 的期望值：900×20%+700×50%+600×30%=710（万部）

B 的期望值：1 000×30%+900×60%+800×10%=920（万部）

C 的期望值：700×20%+600×60%+500×20%=600（万部）

综合预测销售量=（710+920+600）÷3=743（万部）

#### 3.2.2.2 调查分析法

调查分析法是指企业通过对有代表性顾客的消费意向的调查，了解市场需求的变化趋势，从而进行销售预测的一种方法。公司的销售取决于顾客的购买情况，顾客的消费意向是销售预测中最有价值的信息。企业如果通过调查，就可以了解到顾客明年的购买量，顾客的财务状况和经营成果，顾客的爱好、习惯和购买力的变化，顾客购买本公司产品占其总需要量的比重和选择供应商的标准，这对销售预测会很有帮助。

企业在调查时应当注意：首先，选择的调查对象要具有普遍性和代表性，调查对象应该能反映市场中不同阶层或行业的需求及购买需要；其次，调查的方法必须简便易行，使调查对象乐于接受调查；最后，对调查所取得的数据与资料要进行科学的分析，特别要注意去伪存真、去粗取精。只有这样，所获得的资料才具有真实性、代表性，才能作为预测的依据。

凡是顾客数量有限，调查费用不高，每个顾客意向明确又不会轻易改变的，均可以采用调查分析法进行预测。

【例 3-2】甲公司是一家电冰箱生产企业，根据调查资料可测算出市场潜能和该公司的销售量，如表 3.2 所示：





**表 3.2　甲公司电冰箱销售潜能调查情况**

| 家庭组别（按年收入划分）/元 ① | 家庭户数 ② | 每户年均购买额/元 ③ | 市场潜量/元 ④=③×② | 本企业最高市场占有率/% ⑤ | 本企业销售潜能/元 ⑥=④×⑤ |
|---|---|---|---|---|---|
| 100 000 以下 | 80 000 | 100 | 8 000 000 | 30% | 2 400 000 |
| 100 000~199 999 | 10 000 | 200 | 2 000 000 | 20% | 400 000 |
| 200 000~299 999 | 5 000 | 300 | 1 500 000 | 20% | 300 000 |
| 300 000 以上 | 1 000 | 400 | 400 000 | 10% | 40 000 |
| 合计 | 96 000 | | 11 900 000 | | 3 140 000 |

#### 3.2.2.3　产品寿命周期判断法

产品寿命周期判断法，是利用产品销售量在不同寿命周期阶段上的变化趋势进行销售预测的一种定性分析方法，是对其他预测分析方法的补充。

产品寿命周期一般包括萌芽期、成长期、成熟期和衰退期。在产品寿命周期的不同阶段，销售量的发展趋势是不同的。判断产品所处的寿命周期阶段，通常采用计算销售增长率的办法。一般来讲，萌芽期增长率不稳定，成长期增长率最快，成熟期增长率稳定，衰退期增长率小于零。了解产品寿命周期各阶段销售量的特点，还可以指导预测方法的正确使用。

### 3.2.3　销售的定量预测

销售的定量预测又称数量分析法，它主要是应用数学的方法，对与销售有关的各种经济信息进行科学的加工处理，建立相应的数学模型，充分揭示各有关变量之间的规律性联系并作出相应的预测结论，具体方法有以下几种。

#### 3.2.3.1　趋势预测分析法

趋势预测分析法就是根据本企业历史上的按时间顺序排列的销售数据，采用一定的数学方法进行加工处理，借以预测销售发展趋势的一种方法。它实质上就是应用事物发展的连续性原理，即把未来视为历史的延伸，以及数理统计的方法来预测销售发展的趋势。常见的趋势预测分析法有算术平均法、加权平均法和指数平滑法。

（1）算术平均法。

算术平均法是以过去若干历史时期的实际销售量（额）进行算术平均计算，以算术平均值作为预测期销售值的一种预测方法。其计算公式如下：

$$Y = \frac{\sum_{i=1}^{n} X_i}{n} \tag{3.1}$$

式中，$Y$ 为销售量（额）预测数；$X_i$ 为第 $i$ 个观察值，$n$ 为观察值的个数。

（2）加权平均法。

加权平均法是以过去若干历史时期的销售量（额）按其对预测期影响程度的大小分别进行加权，并以加权平均数作为预测期销售值的一种预测方法。运用加权平均法的关键在于根据各个观察值与预测值不同的相关程度分别规定适当的权数：通常，近期的观察值的权数规定得大一些，远期的观察值的权数规定得小一些。其计算公式如下：

$$Y = \frac{\sum_{i=1}^{n} X_i W_i}{\sum_{i=1}^{n} W_i} \tag{3.2}$$

式中，$Y$ 为销售量（额）预测数，$X_i$ 为第 $i$ 个观察值，$W_i$ 为第 $i$ 个观察值的权数，$n$ 为观察值的个数。

【例 3-3】甲水泥厂连续 6 年的销售情况如表 3.3 所示：

**表 3.3　甲水泥厂水泥销售情况**

| 年份 | 20×4 | 20×5 | 20×6 | 20×7 | 20×8 | 20×9 |
|---|---|---|---|---|---|---|
| 水泥销售量/万吨 | 140 | 120 | 170 | 190 | 230 | 235 |

要求：①用算术平均法预测该水泥厂 20×0 年水泥的销售量。

②假设各年的权数依次是 0.1、0.1、0.1、0.15、0.25、0.3，用加权平均法预测该水泥厂 2×10 年水泥的销售量。

分析：①2×10 年销售量预测数 =（140+120+170+190+230+235）/6 = 180.83（万吨）

②2×10 年销售量预测数 =（140×0.14+120×0.1+170×0.1+190×0.15+230×0.25+235×0.3）÷1 = 199.5（万吨）

③指数平滑法。

指数平滑法是以平滑系数（加权因子）对过去若干历史时期的销售量（额）进行加权计算，以计算出预测期销售值的一种预测方法。其计算公式如下：

$$\begin{aligned} F_t &= F_{t-1} + \alpha(A_{t-1} - F_{t-1}) \\ &= \alpha A_{t-1} + (1 - \alpha) F_{t-1} \end{aligned} \tag{3.3}$$

式中：$F_t$ 为销售量（额）预测数，$F_{t-1}$ 为上一期销售量（额）预测数，$A_{t-1}$ 为上一期销售量（额）实际数，α 为平滑系数（0<α<1）。

设立平滑系数（一般取值为 0.3～0.7）的基本目的在于考虑远近各期实际值对预测值的影响程度不同，可以排除在实际销售额中所含偶然因素的影响。平滑系数越大，近期实际值对预测值的影响越大；反之，平滑系数越小，近期实际值对预测值的影响越小。

【例 3-4】已知，甲企业生产一种产品，20×9 年 1—12 月的销售资料如表 3.4 所示：



**表 3.4　甲企业产品销售情况**

| 月份 | 1 | 2 | 3 | 4 | 5 | 6 | 7 | 8 | 9 | 10 | 11 | 12 |
|---|---|---|---|---|---|---|---|---|---|---|---|---|
| 销量/吨 | 10 | 12 | 13 | 11 | 14 | 16 | 17 | 15 | 12 | 16 | 18 | 19 |

注：假设 2×10 年 12 月份销售量预测数为 16 吨，平滑指数为 0.3。



分析：2×10 年 1 月的销售量预测数=0.3×19+（1-0.3）×16=16.9（吨）

### 3.2.3.2　因果预测分析法

因果预测分析法就是根据销售量（额）与其他有关指标之间的相互依存、相互制约的规律性联系，建立相应的数学模型并进行预测的一种方法。它的实质就是利用事物发展的因果关系来推测事物发展的趋势。常见的因果预测分析法有一元回归法、多元回归法和非线性回归法。

（1）一元回归法。

一元回归法是以过去若干历史时期的销售量（额）资料，在直角坐标系中作图，能大致形成一条直线（直线可用 $y = a + bx$ 表达），借助这条直线求出预测期销售值的一种方法。其计算公式如下：

$$\begin{cases} a = \dfrac{\sum y - b\sum x}{n} \\ b = \dfrac{n\sum xy - \sum x \sum y}{n\sum x^2 - (\sum x)^2} \end{cases} \tag{3.4}$$

式中：$y$ 为销售量（额）预测数；$x$ 为自变量；$n$ 为观察值的个数。

【例 3-5】甲公司专门生产电视机显示屏，而决定电视机显示屏销量的主要因素是电视机的销量，假设近 5 年全国电视机的实际销售量和甲公司电视机显示屏的销售量如表 3.5 所示。试预测下一年全国电视机销售量估计为 180 万台时，甲公司电视机显示屏的销售量。

**表 3.5　全国电视机的实际销售量和甲公司电视机显示屏的销售量**

| 年份 | 20×5 | 20×6 | 20×7 | 20×8 | 20×9 |
|---|---|---|---|---|---|
| 电视机销售量（万台） | 100 | 120 | 140 | 150 | 165 |
| 电视机显示屏销售量（万台） | 20 | 25 | 30 | 36 | 40 |

分析：在 $y = a + bx$ 公式中，设 $y$ 为电视机显示屏销售量，$x$ 为电视机销售量，$a$ 为原来拥有电视机对电视机显示屏的年需要量，$b$ 为每销售 1 万台电视机对电视机显示屏的需要量。

**表 3.6 全国电视机的实际销售量和甲公司电视机显示屏的销售量**

| 年份 | 电视机销售量（$x$）/万台 | 电视机显示屏销售量（$y$）/万台 | $xy$ | $x^2$ |
|---|---|---|---|---|
| 20×5 | 100 | 20 | 2 000 | 10 000 |
| 20×6 | 120 | 25 | 3 000 | 14 400 |
| 20×7 | 140 | 30 | 4 200 | 19 600 |
| 20×8 | 150 | 36 | 5 400 | 22 500 |
| 20×9 | 165 | 40 | 6 600 | 27 225 |
| $n=5$ | $\sum x=675$ | $\sum y=151$ | $\sum xy=21\ 200$ | $\sum x^2=93\ 725$ |

$$b=\frac{n\sum xy-\sum x\sum y}{n\sum x^2-\left(\sum x\right)^2}=\frac{5\times 21\ 200-675\times 151}{5\times 93\ 725-675\times 675}=0.313$$

$$a=\frac{\sum y-b\sum x}{n}=\frac{151-0.313\times 675}{5}=-12.06$$

$y=a+bx=-12.06+0.313\times180=44.28$（万台）

（2）多元回归法。

一元回归法假定预测期销售值的影响因素只有一个，即构建只有一个自变量的回归方程，但在实际的生产经营过程中，影响经济变动的因素是多种多样的，在这种情况下，必须考虑多个自变量，构建多元回归方程来计算预测期销售值。其计算公式如下：

$$y=a+b_1x_1+b_2x_2+b_3x_3+\cdots+b_nx_n \tag{3.5}$$

式中，$y$ 为销售量（额）预测数；$x_i$ 为各个自变量；$b_i$ 为每个 $x_i$ 变动一个单位时，$y$ 的变动值；$n$ 为观察值的个数。

（3）非线性回归法。

非线性回归法也称曲线趋势法，是以过去若干历史时期的销售量（额）资料为依据，在直角坐标系中作图，能形成一条曲线（曲线方程为 $y=a+bx+cx^2$），借助于这条曲线求出预测期销售值的一种方法。其计算公式如下：

$$\begin{cases}\sum y=na+b\sum x+c\sum x^2\\ \sum xy=a\sum x+b\sum x^2+c\sum x^3\\ \sum x^2y=a\sum x^2+b\sum x^3+c\sum x^4\end{cases} \tag{3.6}$$

式中，$y$ 为销售量（额）预测数，$x$ 为自变量，$n$ 为观察值的个数。

#### 3.2.3.3 季节预测分析法

季节预测分析法就是根据产品销售季节性变动的特点，在考虑产品受季节变动影响的情况下通过季节加量或季节指数，对上述各种方法进行调整和修正后得到预测结果的一种方法。通常，农产品的季节性变动高于工业品，消费品高于生产资料，非耐用消费品高于耐用消费品。季节性变动对产品销售的影响方式有以下两种：

（1）观察值的季节波动与趋势值不成比例，公式如下：

$$Y_t = T_t + S_t \tag{3.7}$$

式中，$Y$ 为销售量（额）预测数，$T$ 为趋势值，$S$ 为季节加量或季节指数，$t$ 为时间。$T$ 与 $S$ 在不同时间取值不同。

（2）观察值的季节波动与趋势值成比例，公式如下：

$$Y_t = T_t S_t \tag{3.8}$$

式中，$Y$ 为销售量（额）预测数，$T$ 为趋势值，$S$ 为季节加量或季节指数，$t$ 为时间。$T$ 是一种长期趋势。

这里所说的季节可以是季度、月份、周、日等。S 以一定的周期循环取值。例如，Y 代表某企业每个月某产品的销售量，则周期为 12；如果代表每季度的销售量，则周期为 4。

#### 3.2.3.4　购买力指数法

购买力指数法是企业按照国家统计部门发表的各地区的购买力指数，将本企业产品的销售潜量分配给各地区市场的一种销售预测的方法。购买力指数是各地区市场上消费者对某类商品的购买力占整个市场上购买力的百分比。

影响商品购买力的因素主要有人口和个人收入等。因此，在预测各地区购买力指数时，应根据这些因素对购买力影响的大小，分别为每个因素设定相应的权数或比重，建立数学预测模型。其预测模型如下：

$$B_i = a_i y_i + b_i r_i + c_i p_i \tag{3.9}$$

式中，$B_i$ 为 $i$ 地区购买力占全国总购买力的百分比，$y_i$ 为 i 地区可支配的个人收入占全国可支配个人收入的百分比，$r_i$ 为 i 地区零售额占全国零售额的百分比，$p_i$ 为 i 地区人口占全国人口的百分比，$a_i$、$b_i$、$c_i$ 为上述三个因素相应的权数。

【例 3-6】甲公司拟将该公司电视机显示屏的销售潜能 5 000 000 元分配给 A、B、C、D 四个地区，假设 $a_i$、$b_i$、$c_i$ 三个权数分别为 0.2、0.3、0.5，依据表 3.7 的数据，计算甲公司在四个地区的购买力指数和销售潜能。

**表 3.7　A、B、C、D 四个地区指标情况**

| 地区 | 个人有效收入/万元 | 零售额/万元 | 人口数/万人 |
|---|---|---|---|
| A | 52 000 | 20 000 | 26 |
| B | 156 800 | 104 000 | 84 |
| C | 95 000 | 54 000 | 57 |
| D | 68 200 | 42 000 | 33 |
| 合计 | 372 000 | 220 000 | 200 |

分析：A 地区购买力指数=0.2×26/200+0.3×20 000/220 000+0.5×52 000/372 000=0.123

B 地区购买力指数=0.2×84/200+0.3×104 000/220 000+0.5×156 800/372 000=0.437

C 地区购买力指数=0. 2×57/200+0. 3×54 000/220 000+0. 5×95 000/372 000=0. 258

D 地区购买力指数=0. 2×33/200+0. 3×42 000/220 000+0. 5×68 200/372 000=0. 182

由此计算出四个地区的销售潜能分别为：615 000 万元、2 185 000 万元、1 290 000 万元、910 000 万元。

由于经济生活的复杂性，并非所有影响因素都可以进行定量分析，某些因素（例如，政治经济形势的变动、消费倾向、市场前景、宏观环境的变化等）只有定性的特征；再者，定量分析本身也存在局限性，任何数学方法都不能概括所有复杂的经济变化情况。如果不结合预测期间的政治、经济、市场及政策方面的变化情况，必然会导致预测结果脱离客观实际。所以，我们必须根据具体情况，把定量分析与定性分析结合起来使用，这样才能得到更准确的结论。

# 3.3 成本预测

## 3.3.1 成本预测的意义

成本预测是指运用一定的科学方法，对未来成本水平及其变化趋势做出科学的估计。通过成本预测，掌握未来的成本水平及其变动趋势，有助于减少决策的盲目性，使经营管理者易于选择最优方案，做出正确决策。

成本预测在成本管理中具有重要的地位和作用。成本预测是对企业在一定时期生产经营过程中所发生的各种耗费的事前管理，它是成本管理的基础环节，为成本事中管理和成本事后评价与分析提供依据、制定目标，使企业管理者运用成本变动趋势及一定时期的业务量，科学合理地确定企业未来的成本水平，依据所确定的成本目标，实施有效的成本控制，在保证产品质量的前提下，降低材料消耗，提高劳动生产率，充分利用企业现有生产能力，扩大产销数量，降低成本总额，提高经济效益，提高产品乃至企业的竞争能力。成本预测还有助于编制经营预算，制定标准成本，为经营决策提供成本信息。

## 3.3.2 可比产品成本预测

可比产品是指以往年度正常生产过的产品，其过去的成本资料比较齐全和稳定。可比产品成本预测的步骤如下：

### 3.3.2.1 确定初选目标成本

目标成本是指企业为实现经营目标所应达到的成本水平，也是企业未来期间成本管理所应达到的目标。确定可比产品的初选目标成本主要有两种方法。

（1）选择某一先进的成本水平作为初选目标成本。

它可以根据本企业上年实际平均单位成本和上级下达的成本降低率来计算，可以是国内外同种产品的先进成本，本企业历史上先进水平的实际成本；也可以是按本企业平均先进的消耗定额制定的定额成本或计划成本。

（2）根据企业预测期的目标利润来测算目标成本。

首先确定目标利润，然后从销售收入中减去目标利润和应纳税金，余额就是确定的初选目标成本。用公式表示如下：

目标成本=按市场可接受价格计算的销售收入-企业预算的目标利润-应纳税金 (3.10)

#### 3.3.2.2 成本初步预测

成本初步预测是指在当前生产条件下，不采取任何新的降低成本的措施来确定预测期可比产品能否达到初选目标成本要求的一种预测。成本初步预测通常可采用以下两种方法：

（1）按上一年预计平均单位成本测算预测期可比产品成本。

由于成本计划通常是在上一年第4季度编制的，所以上一年预计平均单位成本可按下列公式进行预计：

上一年预计平均单位成本=（上一年1—3季度实际平均单位成本×上一年1—3季度实际产量+上一年第4季度预计单位成本×上一年第4季度预计产量）÷（上一年1—3季度实际产量+上一年第4季度预计产量） (3.11)

预测期可比产品总成本= $\sum$（各年可比产品上一年预计平均单位成本 × 预测期各种可比产品预计产量） (3.12)

（2）根据前3年可比产品成本资料测算预测期可比产品成本。

根据前3年可比产品成本资料测算预测期可比产品成本的具体方法有简单平均法和加权平均法。在采用这两种方法时，首先，对过去3年的成本资料进行必要的整理，剔除成本中的那些偶然费用，特别是数额较大的，如自然灾害和意外事故造成的停工损失等；其次，对涉及产品设计、工艺改变耗用的价格有重大变化的情况也要进行调整；最后，根据实际资料，将前3年可比产品成本划分为变动成本和固定成本两部分，对于混合成本也要采用一定的方法将其分解为变动成本和固定成本，以便进行预测。

①简单平均法简单平均法适用于前3年销售和成本基本稳定的产品成本预测。其计算公式如下：

$$\text{预测期可比产品总成本}=\frac{\text{前3年单位变动成本之和}}{3}\times\text{计划年度生产销售量}+\frac{\text{前3年固定成本总额之和}}{3} \quad (3.13)$$

②加权平均法。在前3年销售和成本变动较大的情况下，为了反映接近预测年份的成本变动对预测值的影响，对最接近预测年份的成本资料，在计算平均数时须加大其比重，权数可确定为3，预测期前2年的权数为2，预测期前3年的权数为1。其计算公式如下：

预测期可比产品总成本=（前1年单位变动成本×3+前2年单位变动成本×2+前3年单位变动成本×1）÷6×计划年度生产销售量+（前1年固定成本总额×3+前2年固定成本总额×2+前3年固定成本总额×1）÷6 (3.14)

【例3-7】甲公司近3年来生产销售某产品的固定成本总额和单位变动成本资料如

表 3.8 所示。公司预计今年的销售量为 100 000 件，利用简单平均法和加权平均法预测第 4 年的成本总额。

表 3.8　甲公司销售某产品的成本资料

| 年份 | 单位变动成本/元/件 | 固定成本总额/元 |
| --- | --- | --- |
| 20×7 年 | 22 | 46 000 |
| 20×8 年 | 20 | 45 000 |
| 20×9 年 | 18 | 53 000 |

分析：简单平均法：

$$2\times10\text{ 年可比产品总成本}=\frac{22+20+18}{3}\times100\ 000+\frac{46\ 000+45\ 000+53\ 000}{3}$$

$$=2\ 048\ 000\text{（元）}$$

加权平均法：

$$2\times10\text{ 年可比产品总成本}=\frac{22\times1+20\times2+18\times3}{6}\times100\ 000+\frac{46\ 000\times1+45\ 000\times2+53\ 000\times3}{6}$$

$$\approx1\ 982\ 500\text{（元）}$$

#### 3.3.2.3　提出各种成本降低方案

成本降低方案的提出主要可以从改进产品设计，改善生产经营管理，控制管理费用三个方面着手。

（1）改进产品设计，开展价值分析，努力减少对原材料、燃料和人力等的消耗。

（2）改善生产经营管理，合理组织生产。

（3）严格控制费用开支，努力降低管理费用。

#### 3.3.2.4　正式确定目标成本

企业的成本降低措施和方案确定后，企业应进一步测算各项措施对产品成本的影响程度，据以修订初选目标成本，正确确定企业预测期的目标成本。

在测算各项措施对产品成本的影响程度时，应抓住影响成本的重点因素进行测算，一般可以从减少原材料消耗，提高劳动生产率，合理利用设备，节约管理费用，减少废品损失等方面进行测算。

（1）测算原材料费用对成本的影响。

原材料费用是构成产品成本的主要项目之一，在产品成本中一般占有较大的比重。在保证产品质量的前提下，合理、节约地使用原材料，降低原材料费用，是不断降低产品成本的主要途径。影响原材料费用的变动因素有材料消耗定额和材料价格。材料消耗定额降低，会使产品单位成本中的材料费用相应地降低，两者的降低幅度是一致的。例如，材料消耗定额降低 1%，材料费用也会相应降低 1%。但是，由于材料费用只是产品成本的一个组成部分，因此，材料费用的降低率并不等于产品成本的降低率。

材料消耗定额降低形成的节约对其的影响，其计算公式如下：

材料消耗定额降低影响的成本降低率＝材料费用占成本的百分率×材料消耗定额降低的百分率 (3.15)

如果在材料消耗定额发生变动的同时，价格也发生变动，则材料价格变动对成本的影响，其计算公式如下：

材料价格变动影响的成本降低率＝材料费用占成本的百分率×（1－材料消耗定额降低的百分率）×材料价格降低的百分率 (3.16)

以上两个公式可合并计算如下：

材料消耗定额和价格同时降低影响的成本的降低率＝材料费用占成本的百分率×［1－（1－材料消耗定额降低的百分率）×（1－材料价格降低的百分率）］ (3.17)

在一些工业企业里，提高原材料利用率是节约材料费用的重要途径。在产品重量不变的情况下，原材料利用率的提高就会相应减少原材料的消耗，因此，也可以单独测算提高原材料利用率对产品成本的影响程度。其计算公式如下：

$$\text{原材料利用率提高影响的成本降低率}=\left(1-\frac{\text{上一年的原材料利用率}}{\text{计划年度的原材料利用率}}\right)\times\text{材料费用占成本的百分率} \tag{3.18}$$

（2）测算工资费用对成本的影响。

①测算在生产工人人数和工资不变的情况下，由于劳动生产率提高而形成的节约。劳动生产率提高，说明单位时间内的产量增加，在其他因素不变的条件下，单位产品所分担的工资费用减少。因此，在只有劳动生产率一个因素变动时，它对成本的影响可按下列公式计算：

$$\text{劳动生产率提高影响的成本降低率}=\text{生产工人工资占成本的百分率}\times\left(1-\frac{1}{1+\text{劳动生产率提高的百分率}}\right) \tag{3.19}$$

②测算由于劳动生产率提高超过平均工资增长率而形成的节约对成本的影响。劳动生产率的变动，同单位产品中工资费用的变动成反比例的关系；而平均工资的增长，同单位产品中工资费用的增长成正比例关系。所以，当劳动生产率的增长速度超过平均工资的增长速度时，就能节约产品成本中的工资费用。其计算公式为：

$$\text{劳动生产率和平均工资相互作用影响的成本降低率}=\text{生产工人工资占成本的百分率}\times\left(1-\frac{1+\text{平均工资增长的百分率}}{1+\text{劳动生产率增长的百分率}}\right) \tag{3.20}$$

③测算生产增长超过管理费用增加而形成的节约。在企业的制造费用、管理费用中，有一部分费用属于固定费用，如管理人员工资、办公费、差旅费、折旧费用等，这些费用一般不随产量的增加而变动；另一部分费用属于变动费用，如消耗性材料、运输费等，这些费用则随产量增长而有所增加，但只要采取适当的节约措施，其增长速度一般会小于生产增长速度。所以，企业生产的增长会使单位产品中应分摊的管理费用减少，从而使产品单位成本降低。其计算公式为：

$$\text{生产增长超过管理费用增加影响成本降低率}=\text{管理费用占成本的百分率}\times\left(1-\frac{1+\text{管理费用增加的百分率}}{1+\text{生产增长的百分率}}\right) \tag{3.21}$$

④测算废品率降低而形成的节约。

生产中产生废品，意味着人力、物力和财力的浪费，合格产品的成本也会随之提高。而降低废品率可以减少废品损失，从而降低产品成本。其计算公式为：

$$废品损失减少影响的成本降低率=废品损失占成本的百分率\times废品损失减少的百分率 \quad (3.22)$$

上述各因素影响成本降低率乘以按上年预计（或实际）平均单位成本计算的预测期可比产品总成本，即可求各因素变动影响成本的降低额，汇总之后即为预测期可比产品总降低额；也可以综合上述计算结果，先求得预测期可比产品成本总降低率，再乘以按上年预计（或实际）平均单位成本计算的预测期可比产品总成本，计算出预测期可比产品总降低额。

【例 3-8】甲公司预测期的目标成本初步测算可比产品成本降低率为 7%，国家下达的降低任务为 6%。经过充分论证，确定预测期影响成本的主要因素如表 3.9 所示。

**表 3.9　甲公司预测期影响成本的主要因素**

| | |
|---|---|
| 可比产品生产增长 | 25% |
| 原材料消耗定额降低 | 10% |
| 原材料价格平均上涨 | 8% |
| 劳动生产率提高 | 20% |
| 生产工人工资增加 | 4% |
| 管理费用增加 | 4% |
| 废品损失减少 | 10% |

甲公司按上年预计平均单位成本计算的预测期可比产品总成本为 772 800 元，可比产品各成本项目的比重如表 3.10 所示。

**表 3.10　甲公司可比产品各成本项目的比重**

| | |
|---|---|
| 原材料 | 70% |
| 生产工人工资 | 15% |
| 管理费用 | 10% |
| 废品损失 | 5% |
| 总计废品损失 | 100% |

根据上述资料可以分项计算可比产品成本降低率和降低额。

①由于原材料消耗定额下降及平均价格上升而形成的节约：

$$成本降低率=70\%\times[1-(1-10\%)\times(1+8\%)]=1.96\%$$

$$成本降低额=772\ 800\times1.96=15\ 147（元）$$

②由于劳动生产率提高超过平均工资工资增长形成的节约：

$$成本降低率=15\%\times\left(1-\frac{1+4\%}{1+20\%}\right)=2\%$$

成本降低额 = 772 800×2% = 15 456（元）

③由于生产增长超过管理费用增加而形成的节约。

$$成本降低率 = 10\% \times \left(1 - \frac{1 + 4\%}{1 + 25\%}\right) = 1.68\%$$

成本降低额 = 772 800×1.68% = 12 983（元）

④由于废品损失减少而形成的节约。

成本降低率 = 5%×10% = 0.5%

成本降低额 = 772 800×0.5% = 3 864（元）





综合以上计算结果，预测期可比产品成本总降低率为6.14%，总降低额为47 450元，接近初步预测的目标成本降低率7%，并可以实现上级下达的可比产品成本降低任务6%，因此可以把6.14%的可比产品成本总降低率作为正式的目标，并据以编制成本计划。

### 3.3.3 不可比产品成本预测

不可比产品是指企业以前年度没有正式生产过的产品，其成本水平无法与过去进行比较。

在新技术高速发展、产品更新换代加快的情况下，不可比产品的比重不断上升。因此，为了全面控制企业费用支出，加强成本管理，除了对可比产品成本进行预测外，还有必要对不可比产品成本进行预测，预测常用的方法有以下三种。

#### 3.3.3.1 技术测定法

技术测定法是在充分挖掘生产潜力的基础上，根据产品设计结构、生产技术条件和工艺方法，对影响人力、物力消耗的各项因素进行技术测试和分析计算，从而确定产品成本的一种方法。该方法比较科学，但工作量较大，对品种少、技术资料比较齐全的产品可以采用。

#### 3.3.3.2 产值成本法

产值成本法是按工业总产值的一定比例确定产品成本的一种方法。产品的生产过程同时也是生产的耗费过程。在这一过程中，产品成本体现生产过程中的资金耗费，而产值则以货币形式反映生产过程中的成果。产品成本与产品产值之间客观存在着一定的比例关系，比例越大说明消耗越大，成本越高；比例越小说明消耗越小，成本越低。企业进行预测时，就可以参照同类企业相似产品的实际产值成本率加以分析确定。其计算公式如下：

$$某种不可比产品的预测单位成本 = \frac{某产品的总产值 \times 预计产值成本率}{预计产品产量} \qquad (3.23)$$

该方法虽然不太准确，但工作量小，简便易行。

#### 3.3.3.3 目标成本法

目标成本法是根据产品的价格构成来指定产品目标成本的一种方法。产品价格包括产品成本、销售税金和利润三个部分。在企业实行目标管理的过程中，先确定单位产品价格和单位利润目标，然后就可以按下列公式计算单位产品的目标成本：

$$单位产品目标成本=预测单位售价-单位产品销售税金-单位产品目标利润 \quad (3.24)$$

$$或单位产品目标成本=预测单位售价\times（1-税率）-\frac{目标利润总额}{预测产量} \quad (3.25)$$

# 3.4 利润预测

## 3.4.1 利润预测的意义

利润是反映企业在一定会计期间的经营成果，是营业收入减去与之相配比的费用之后的余额。利润预测是指企业在营业收入预测的基础上，通过对销售商品或服务成本、营业费用以及其他对利润发生影响的因素进行分析与研究，进而对企业在未来某一时期内可以实现的利润预期数进行预计和测算。

在市场经济条件下，现代企业既要自主经营、自负盈亏，又要自我发展。企业只有不断改善经营、加强管理、增加利润、提高获利能力，才能有充足可靠的财力资源，保证企业独立经营和持续发展；否则，经营混乱、长期亏损，不仅无力发展，还会在激烈的竞争中被淘汰。因此，开展企业利润的预测，对企业经营管理者制定经营发展决策，投资者衡量投资效益和制定投资决策都具有重要意义。

## 3.4.2 利润预测的方法

公司的利润包括营业利润、投资净收益、营业外收支净额三部分，所以利润的预测也包括营业利润的预测、投资净收益的预测和营业外收支净额的预测。在利润总额中，通常营业利润占的比重最大，是利润预测的重点，其余两部分可以用较为简便的方法进行预测。

利润预测的方法主要有本量利分析法、相关比率法和因素分析法三种，本量利分析法在前一章已有所讲解，下面我们着重分析后两种方法。

### 3.4.2.1 相关比率法

相关比率法是根据利润与有关指标之间的内在关系，对计划期间的利润进行预测的一种方法。常用的相关比率主要有销售收入利润率和资金利润率等。

（1）销售收入利润率。

销售收入利润率用以反映企业销售收入与利润之间的关系。销售收入增加，实现的利润总额也会增加，当降低成本、费用时，企业的销售收入利润率也会增加。我们以企业基期或者同行业平均先进水平的销售收入利润率，确定企业下年度的目标利润。其计算公式如下：

$$目标利润=下年度预计销售收入\times销售收入利润率 \quad (3.26)$$

【例 3-9】甲企业使用销售收入利润率和产值利润率进行利润预测，若预计计划期的总产值为 500 万元，可实现销售收入为总产值的 80%，已知销售收入利润率为 10%，计算计划期产品销售利润额。

分析：目标利润=500×80%×10%=40（万元）

（2）资金利润率。

资金利润率是利润总额占资本金（注册资本）总额的百分比，是反映投资者投入企业资本金的获利能力的指标。我们以企业上年度的实际资金占用量，结合下年度的预定投资和资金利润率，确定企业下年度的目标利润。其计算公式如下：

$$目标利润=预计资金平均占用额\times资金利润率 \tag{3.27}$$



【例 3-10】甲公司上年度实际占用的资金总额为 120 万元，为扩大有关产品的产销规模，下半年将购置有关机器设备，其价值为 50 万元，另需追加流动资金 8 万元，预定资金利润率为 16%。计算企业下年度的目标利润。

分析：目标利润=（120+50+8）×16%=28.48（万元）

根据上述预测可见，用相关比率法进行利润预测，方法简单，但关键在于预测所依据的相关利润率指标必须稳定可靠，否则将造成较大误差。

### 3.4.2.2 因素分析法

因素分析法是在基期利润水平的基础上，根据计划期间影响利润变动的各项因素，预计出企业计划期间的利润总额，以本量利分析法的基本原理为基础。影响利润变动的因素有：销售量、销售价格、销售成本和销售税金等。

在预测企业下一会计期间的产品销售利润额时，应首先计算本期的成本利润率：

$$本期成本利润率=\frac{本期产品销售利润率}{本期产品销售成本}\times100\% \tag{3.28}$$

计算出本期成本利润率后，就可以进一步预测下期各相关因素变动对产品销售利润的影响。

（1）预测产品销售量变动对利润的影响。

在其他因素不变的情况下，预测期产品销售数量增加，利润额也会随之增加；反之，预测期产品销售数量减少，利润额也会随之下降。

因为在对下期的产品销售成本进行测算时，已将销售量变动而使生产量变动的因素考虑在内了，由产品销售数量变动而使利润增加或减少的数额，可用本期的销售成本与下期预测销售成本相比较，再根据本期的成本利润率求得。其计算公式如下：

因销售量变动而增减的利润额=（预测下期产品销售成本-本期产品销售成本）×本期成本利润率 （3.29）

（2）预测产品销售价格变动对利润的影响。

如果在预测期产品销售价格比上期提高，则销售收入也会增多，从而使利润额增加；反之，如果产品销售价格降低，也会导致利润额减少。其影响的计算公式如下：

因销售价格变动而增减的利润额=预测期产品销售数量×变动前售价×价格变动率×（1-税率） （3.30）

（3）预测产品销售成本变动对利润的影响。

在产品价格不变的情况下，降低产品成本会使利润相应增加，反之，增加产品成本会使利润相应减少。其影响的计算公式如下：

因销售成本变动而增减的利润额=按本期产品成本计算的预测期成本总额×产品成本变动率 （3.31）

（4）预测产品销售税金变动对利润的影响。

产品销售税率变动直接影响利润额的增减。如果税率提高，利润额减少；反之，如果税率降低，利润额增加。其影响的计算公式如下：

因销售税率变动而增减的利润额=预测期产品销售收入×（1±价格变动率）×（原税率-变动后税率） （3.32）

## 3.5 资金需要量预测

资金预测是指以预测期企业生产经营规模的发展和资金利用率的提高等为依据，在分析相关的历史资料、技术经济条件和发展规划的基础上，运用一些专门的方法，对预测期资金需要量进行科学的预计和推测。

资金预测是企业生产经营预测中不可缺少的组成部分。在企业的生产经营过程中，如果缺少资金，那么企业将陷入“巧妇难为无米之炊”的困境。因此，资金预测在提高企业经营管理和企业经济效益方面有着重要意义。首先，资金预测是进行经营决策的主要依据；其次，资金预测是保证企业资金供应、合理组织资金运用，不断提高资金利用效果的重要手段；最后，资金预测是编制资金预算的必要步骤。

### 3.5.1 资金需要总量预测

在资金需要总量预测中，常用的方法有定性预测法和定量预测法。

#### 3.5.1.1 定性预测法

定性预测法是指利用直观的资料，依靠个人的经验和主观分析、判断能力，预测未来资金需求量的方法。

定性预测法的预测过程是：首先由熟悉财务情况和生产经营情况的专家，根据过去所积累的经验，进行分析判断，提出预测的初步意见；然后，通过召开座谈会或其他方式对上述预测的初步意见进行进一步的补充修正。这样经过一次或几次以后，确定最终的资金预测量。

定性预测法往往带有较强的主观性，一般适用于缺乏完备、准确的历史资料情况下的资金需要量预测，或者在实际工作中将它与其他方法结合使用。

#### 3.5.1.2 定量预测法

定量预测法包括资金增长趋势预测法和预计资产负债表法。

(1) 资金增长趋势预测法。

资金增长趋势预测法，就是运用回归分析法（最小二乘法）原理对过去若干期间销售收入（或销售量）及资金需用量的历史资料进行分析、计算后，确定反映销售收入与资金需用量之间的回归直线（$y = a + bx$），并据以推算未来期间资金需要量的一种方法。

影响资金需求总量变动的因素很多，从短期经营决策角度看，引起资金发生增减变动的最直接、最重要的因素是销售量。在其他因素不变的情况下，销售量增加，往往意味着企业生产规模扩大，从而需要更多的资金；相反，销售量减少，往往意味着企业生产规模缩小，于是所需要资金也就随之减少。因此，资金需用量与销售量之间存在着内在的相互联系，利用这种相互联系可以建立数学模型，预测未来期间销售量处于一定水平时的资金需用总量。

资金需要总量与销售量之间的相互依存关系可用下式表示：

$$y = a + bx \tag{3.33}$$

式中：$y$ 为资金需要总量；$a$ 为资金需要总量中不受销售量变动影响的部分；$bx$ 为资金需要总量中随着销售量变动呈正比例变动的部分；$x$ 为预测期一定水平的销售量。

运用最小二乘法求得 $a$、$b$ 的值为：

$$\begin{cases} a = \dfrac{\sum y - b\sum x}{n} \\ b = \dfrac{n\sum xy - \sum x \sum y}{n\sum x^2 - (\sum x)^2} \end{cases} \tag{3.34}$$

【例 3-11】甲企业历年产销量和资金变化情况如表 3.11 所示，20×9 年预计销售量为 1 500 万件，要求按照回归模型建立资金需要量预测模型并计算 20×9 年的资金需要量。

**表 3.11　甲企业产销量和资金变化情况**

| 年份 | 产销量（$x$）/万件 | 资金占用（$y$）/万元 | $xy$ | $x^2$ |
|---|---|---|---|---|
| 20×3 | 1 200 | 1 000 | 1 200 000 | 1 440 000 |
| 20×4 | 1 100 | 950 | 1 045 000 | 1 210 000 |
| 20×5 | 1 000 | 900 | 900 000 | 1 000 000 |
| 20×6 | 1 200 | 1 000 | 1 200 000 | 1 440 000 |
| 20×7 | 1 300 | 1 050 | 1 365 000 | 1 690 000 |
| 20×8 | 1 400 | 1 100 | 1 540 000 | 1 960 000 |
| $n = 6$ | $\sum x = 7\ 200$ | $\sum y = 6\ 000$ | $\sum xy = 7\ 250\ 000$ | $\sum x^2 = 8\ 740\ 000$ |

$$b = \frac{n\sum xy - \sum x \sum y}{n\sum x^2 - (\sum x)^2} = 0.5 \quad a = \frac{\sum y - b\sum x}{n} = 400$$

$y = a + bx = 400 + 0.5x = 400 + 0.5 \times 1\ 500 = 1\ 150$(万元)

（2）预计资产负债表法。

预计资产负债表法是通过编制预计资产负债表来预计预测期资产、负债和留存收益，从而测算外部资金需用量的一种方法。

资产负债表是反映企业某一时点资金占用（资产）和资金来源（负债和所有权益之和）平衡状况的会计报表。企业增加的资产，必然是通过增加负债或所有者权益的途径予以解决的。因此，通过预计资产的增减，可以确定需要从外部筹措的资金数额。

由于资产、负债的许多项目随销售量的增加而增加，随其减少而减少，呈现一定的比例关系。因此，可以利用基年资产、负债各项目与销售量的比例关系预计预测期资产、负债各项目的数额。这种分析方法的基本步骤是：

①确定资产负债表中的敏感项目。

一是资产类项目。在该类项目中，企业中的流动资产各项目，如货币资金、应收票据、应收账款、其他应收款和存货等，通常会随着销售量的增加而相应地增加，属于敏感资产。对于固定资产项目，如果企业现有的生产经营能力能够满足预测期生产经营规模的需要，就不需要增加固定资产上的资金投入，就属于非敏感项目；反之，如果企业未来的产销业务量超过现有的生产能力，则必须追加资金投入，扩大生产经营能力，以满足生产经营的需要，此时固定资产就属于敏感项目。至于无形资产、长期投资等项目，通常与产销业务量的增减没有直接的联系。因此属于非敏感项目，不予考虑。

二是负债和所有者权益类项目。在该类项目中，应付票据、应付账款、应交税金和其他应付款等流动负债项目，其金额通常会随着产销业务量的增加而相应地增加，属敏感项目。长期借款、应付债券等长期负债项目和所有者权益类各项目，通常与产销业务量无关，因此不予考虑。

②确定基期各敏感项目的销售百分比。将随销售额增减变动的各项目基期的金额除以基期的销售额取得相应的百分比，其计算公式如下：

$$\text{某敏感项目销售百分比} = \frac{\text{基期该项目金额}}{\text{基期销售收入}} \times 100\% \tag{3.35}$$

③计算企业预测期的留存收益。按照预计销售额和基期销售净利率计算预测期的净利润，减去按预测期股利发放率测算的预计发放股利，其余额可确定为预测期增加的留存收益数额。

④编制预测期的预计资产负债表。测算资产负债表中随着销售收入变动的各项资产、负债及所有者权益项目的预测期数额，编制预计资产负债表，预计资金需要总量。

⑤确定预测期的外部资金需用额。根据预计资产负债表中的资产总额确定预计资金需求总额，根据预计负债与预计所有者权益总额确定企业预测期可用资金总额，二者之差即为企业的外部资金需用额。

【例3-12】甲公司20×9年12月31日的资产负债表如表3.12所示。已知：甲公司20×9年的销售收入为1 000万元，现在还有剩余生产能力，即增加收入不需要进行固定资产方面的投资。假定销售净利率为10%，如果2×10年的销售收入提高到1 300万元，公司的利润预计有55%向投资者分配，那么需要筹集多少资金。

**表 3.12　甲公司简要资产负债表**　　单位：万元

| 资产 | | 负债和所有者权益 | |
|---|---|---|---|
| 现金 | 60 | 应交税金 | 50 |
| 应收账款 | 200 | 应付账款 | 100 |
| 存货 | 300 | 短期借款 | 250 |
| 固定资产 | 600 | 应付债券 | 100 |
| | | 股本 | 500 |
| | | 留存收益 | 160 |
| 资产合计 | 1 160 | 负债和所有者权益合计 | 1 160 |

分析：

首先，将资产负债表中预计随销售变动的项目分离出来。上述案例中，资产方除固定资产外都随销售量的增加而增加，因为较多的销售量需要占用较多的存货，发生较多的应收账款，导致资金需求增加。在负债与所有者权益一方，应付账款和应交税金也会随销售的增加而增加，但股本、应付债券、短期借款等不会自动增加。预计随销售增加而增加的项目见表 3.13。

**表 3.13　甲公司销售百分率表**

| 资产 | 占销售收入百分比 | 负债和所有者权益 | 占销售收入百分比 |
|---|---|---|---|
| 现金 | 6% | 应交税金 | 5% |
| 应收账款 | 20% | 应付账款 | 10% |
| 存货 | 30% | 短期借款 | 不变动 |
| 固定资产 | 不变动 | 应付债券 | 不变动 |
| | | 股本 | 不变动 |
| | | 留存收益 | 不成比例变动 |
| 资产合计 | 56% | 负债和所有者权益合计 | 15%（不包括留存收益） |

注：不变动是指该项目不随销售的变化而成比例变化。

其次，确定需要增加（或减少）的外部筹资额。

现金项目：（1 300−1 000）×6%＝18（万元）

应收账款项目：（1 300−1 000）×20%＝60（万元）

存货项目：（1 300−1 000）×30%＝90（万元）

应交税金项目：（1 300−1 000）×5%＝15（万元）

应付账款项目：（1 300−1 000）×10%＝30（万元）

留存收益项目：1 300×10%×（1−55%）＝58.5（万元）

即：18+60+90−15−30−58.5＝64.5 万元。说明甲公司此时需要再筹集资金 64.5 万元。

最后，编制预计资产负债表（表 3.14）。

**表 3.14　预计资产负债表各项目测算值表**　　单位：万元

| 项目 | 20×9 年年末<br>资产负债表 | 20×9 年<br>销售百分比 | 2×10 年<br>预计资产负债表 |
|---|---|---|---|
| 资产 | | | |
| 现金 | 60 | 6% | 78 |
| 应收账款 | 200 | 20% | 260 |
| 存货 | 300 | 30% | 390 |
| 固定资产 | 600 | 不变动 | 600 |
| 资产总额 | 1 160 | 56% | 1 328 |
| 负债和所有者权益 | | | |
| 应交税金 | 50 | 5% | 65 |
| 应付账款 | 100 | 10% | 130 |
| 短期借款 | 250 | 不变动 | 250 |
| 应付债券 | 100 | 不变动 | 100 |
| 负债总额 | 500 | 不变动 | 545 |
| 股本 | 500 | 不成比例变动 | 500 |
| 留存收益 | 160 | 15%（不包括留存收益） | 218.5 |
| 负债与所有者权益总额 | 1 160 | 5% | 1 263.5 |
| 可用资金总额 | | | 1 263.5 |
| 需筹措的资金数额 | | | 64.5 |
| 合计 | | | 1 328 |

### 3.5.2　流动资金需要量预测

流动资金需要量的预测是通过预测流动资产各项目资金的平均占用额来进行的，对于不同项目应采用不同的预测方法。预测流动资金的方法很多，最常见的方法有资金占用比例法、周转期预测法、因素测算法和余额测算法。

#### 3.5.2.1　资金占用比例法

资金占用比例法又称比例计算法，是指企业根据预测期确定的相关指标（如净产值、营业收入、营业成本费用、营业利润等指标），按基年流动资金实际平均占用额与相关指标的比例关系来预测流动资金需用总量的一种方法。其计算公式如下：

预测期流动资金需用额=预测期相关指标×基期相关指标流动资金率×（1-预测期流动资金周转加速率）　　(3.36)

式中：

$$基期相关指标流动资金率=\frac{基年流动资金平均占用额-不合理资金平均占用额}{基年相关指标}\times 100\% \quad (3.37)$$

【例 3-13】甲公司 20×9 年营业收入为 500 万元，流动资金平均占用额为 80 万元，不合理平均占用额 5 万元。预计 2×10 年营业收入为 600 万元，如果资金周转率提高 5%，要求预测 2×10 年流动资金需用总量。

分析：2×10 年流动资金需用总量 $=600\times\frac{80-5}{500}\times(1-5\%)=85.5$（万元）

### 3.5.2.2 因素测算法

因素测算法又称分析调整法，它是以上年流动资金实际平均需用量为基础，根据预测年度的生产经营任务和加速流动资金周转的要求，进行分析调整，来预测流动资金需用量的一种方法。其计算公式如下：

预测期流动资金需用额=（基年流动资金平均占用额-不合理占用）×（1+预测年度生产增长率）×（1-预测期流动资金周转加速率） （3.38）

因素测算法计算比较简单、易掌握，但预测结果不太精确，因此它通常用来计算企业存货资金的占用数额，主要适应于产品品种繁多、规格复杂、用量较小、价格较低的辅助材料、机械配件、低值易耗品等项目的资金占用数额的预测。采用这种方法时，首先应在上年度流动资金平均占用额基础上，剔除其中呆滞积压不合理部分，然后根据预测期的生产经营任务和加速流动资金周转的要求进行测算。

【例 3-14】某企业上年度存货平均余额为 180 万元，其中超储积压等不合理占用额为 10 万元。预测期生产预计增长 20%，存货资金周转加速 10%。用因素测算法计算该企业预测期存货资金需用额。

分析：预测期存货资金需用额 $=(180-10)\times(1+20\%)\times(1-10\%)=183.6$（万元）

### 3.5.2.3 余额测算法

余额测算法是以流动资产项目的上年结转余额为基础，根据预测年度发生数额、摊销数额来测算流动资金需用量的一种方法。该方法适用于流动资金占用数额比较稳定的项目，如待摊费用等。其计算公式如下：

预测期流动资金需用量=预测期期初结余额+预测期发生额-预测期摊销额 （3.39）

### 3.5.2.4 周转期预测法

周转期预测法又称定额日数计算法，它是根据流动资金完成一次循环所需要的天数（资金定额天数）和每日平均周转额（每日平均资金占用额）来计算流动资金需要量的一种方法。其计算公式如下：

预测期流动资金需用量=该项流动资金每日平均周转额×该项流动资金周转日数 （3.40）

式中：流动资金每日平均周转额是指某项流动资金平均每天从本阶段流出的数额，它直接影响着流动资金占用数额的大小；流动资金周转日数即流动资金周转期，是指流动资金完成一次循环所需要的天数。

周转期测算法计算比较复杂，费时费力，但结果比较精确，它是预测流动资金需要量的基本方法，一般用于品种少、用量大、价格高、占用较多的流动资金项目的预测，如原材料、在产品、产成品等存货项目资金占用量的测算。

【例 3-15】甲公司生产 A 产品每日平均产量为 100 件，单位计划成本为 430 元，产成品资金定额日数为 20 天，A 产品的资金定额是多少。

分析：A 产品的资金定额 = 100×430×20 = 860 000（元）

## 【本章小结】

本章主要介绍短期运营预测的基本内容。具体内容包括短期运营预测概述、销售预测、成本预测、利润预测和资金需要量预测，分别介绍了各类预测的意义以及预测方法。

科学的短期运营预测是企业作出最佳决策和规划的基础，本章学习为后面的短期运营决策和全面预算管理等奠定了基础。在本章学习时应该深刻理解销售预测在短期运营预测中的重要地位；理解销售预测、成本预测、利润预测和资金需要量预测的关系；掌握各类预测的程序和方法。

## 【思考与练习题】

## 【案例分析】

## 【思考与练习题答案】

# 第 4 章 短期运营决策

【学习目标】通过本章的学习，学生要了解短期运营决策的含义和特点；掌握运营决策成本的概念和意义；掌握短期运营决策的基本方法和运用。

【学习重点】运营决策的成本概念及方法；特殊订货决策；生产决策；存货决策

【学习难点】特殊订货决策；生产决策；存货决策

## 4.1 运营决策的概述

### 4.1.1 决策分析概述

#### 4.1.1.1 决策分析的概念

决策是为实现特定目标，基于目前的条件对未来有关因素的预测而做出的针对未来行动的决定。决策是一种创造性管理活动，是现代企业管理的核心与最重要的方法。随着市场竞争日趋激烈，一个企业决策的好坏，将直接决定企业经营的成败。企业决策一般是经营者为了实现企业的预期目标，针对某个行动在两个或两个以上的备选方案中选择最优方案的过程。

管理会计中的决策分析是指针对企业未来经营活动所面临的有关经营战略、方针、目标、原则和方法等问题，各级管理人员借助科学的理论和专门的方法，对各种备选方案可能导致的结果，进行测算和比较分析，权衡利弊得失，从中选出最优方案，供企业决策者参考的整个过程。

决策分析是企业经营管理的核心内容，现代管理理论认为，管理的重心在于经营，经营的重心在于决策，决策的正确与否关系企业未来发展的兴衰成败。企业每进行一项活动，都必须有明确的目的，并有具体的行动方案，决策是企业一切行为的起点，是企业的基本行为，它贯穿于企业生产经营活动的各个方面、各个环节和各个时期。

#### 4.1.1.2 决策分析的特点

（1）未来的决策。

决策面向的是未来的事项，它不是对过去的活动简单的重复，也不可能完全脱离过去活动的影响。企业未来的事项是可以判断、推测的，但很难精确地予以量化，它的发生受到多种不确定因素的影响。决策的这个特性，决定我们在决策分析中应采用定性分析与定量分析相结合的方法。

（2）明确的目标。

决策都是为了解决一个具体的问题，达到一个明确的目标，没有目标的决策是毫无意义的决策。决策目标的确立，一方面为确定备选方案提供了前提，另一方面为决策结果的评价提供了标准。

（3）多个方案。

决策的核心是分析比较、评价选优。如果可供选择的方案只有一个，根本无须评价、选择。只有备选的方案在两个或两个以上，才存在比较、分析、选择最优方案的问题。

（4）人性化。

决策的结果总会有一个最后的实施方案，而这个方案总是要由人来完成的。这就要求在决策的过程中，管理人员在考虑方案本身优劣的同时，还要关注备选方案对实施人员的要求及其对备选方案的适应程度。

#### 4.1.1.3 决策分析的程序

（1）确定决策目标。

目标是决策的出发点和归宿。所以，在决策之前，首先要从企业的现状出发，找出需要解决的问题，做到有的放矢。

（2）广泛搜集相关信息，务实、求真、准确、及时。

决策目标一旦确定，管理人员应着手广泛地搜集资料，找到做出决策的依据。能否广泛搜集与决策相关的信息，是决策能否成功的关键。在搜集相关信息时应该做到：定量信息与定性信息相结合，财务计量信息与非财务计量信息相结合，避免信息失真，避免犯主观、片面的错误。

（3）制定备选方案。

决策者根据所确定的决策目标和所掌握的有关情报信息，设计出各种可能采取的方案，即备选方案，形成较大的可选择空间，并分析各个方案的得失和利弊。

（4）选择最满意（可行）方案。

决策者对各备选方案进行成本效益分析，要根据所掌握的有关信息，对各备选方案的可行性进行充分论证，全面衡量有关因素的影响，通过不断比较、筛选，最后选出最满意（可行）方案。一般而言，选择的原则是“两利相权取其重，两弊相衡取其轻”。

（5）方案的实施、评价与反馈。

决策方案选定以后，应将其纳入企业计划，具体组织实施。在实施过程中，管理人员应经常监督检查，将实际发展进程与决策目标进行比较，做出评价，找出偏离目标的程度及原因，提供反馈信息。

#### 4.1.1.4 决策分析的类型

决策分析按照不同的标志可将其划分为不同的类型。

（1）按决策的重要程度分类。

①战略决策。战略决策是指关系企业未来发展方向、大政方针的全局性重大决策。例如，企业打算在经营上转型，主营业务将发生行业性转变等。

②战术决策。战术决策是指为了达到预期的战略决策目标，针对日常经营活动所采取的方法和手段的局部性决策。例如，为了达到上述经营转型，企业需引进什么样的生产线，人员需要进行哪些调整等。

（2）按决策规划时期的长短分类。

①短期决策。短期决策一般是指在一个经营年度或经营周期内能够实现其目标的决策，主要包括生产决策和定价决策等内容。它的主要特点是充分利用现有资源进行战术决策，一般不涉及大量的资金投入，且见效快，因此短期决策又称短期经营决策。

②长期决策。长期决策是指需要较长时期（超过一年）才能实现的决策。它的主要特点是对若干期的收支产生影响，一般需要投入大量资金，并且见效慢，因此长期决策又称长期投资决策或资本性支出决策。

（3）按决策条件的确定程度分类。

①确定型决策。在确定型决策中，备选方案的各项条件都是已知并且确定的，也就是说，一个方案只会有一个确定的结果。

②风险型决策。风险型决策是指备选方案的各项条件虽然也是已知的，但每一方案的执行都可能会出现两种或两种以上的结果，其概率也可以估计出来。这类决策结果的不唯一性，使得决策存在一定的风险。

③不确定型决策。不确定型决策与风险型决策有些相似，两者的已知条件基本相同，但不确定型决策的各项结果无法确定其客观概率，决策者往往凭经验进行决策。

（4）决策的其他分类。

按决策的内容不同，可分为生产决策、定价决策和存货决策等；按决策者所处的管理层不同，可以分为高层决策、中层决策和基层决策；按决策的基本职能不同，又可分为计划决策和控制决策，等等。

研究决策的分类，是为了从各个不同的侧面认识决策。不同类型的决策常常是相互联系的，而并非彼此独立无关。如短期决策通常属于战术决策，它往往是由中层管理者做出的决策，但有时这类决策也涉及战略问题，并且由高级管理者亲自主持决策。

### 4.1.2 短期运营决策概述

#### 4.1.2.1 短期运营决策的含义

短期运营决策是指决策结果只会影响或决定企业近期（一年或一个经营周期）经营实践的方向、方法和策略，并侧重于从资金、成本、利润等方面对如何充分利用企业现有资源及经营环境，以取得尽可能大的经济效益而实施的决策，简称短期决策。

#### 4.1.2.2 短期运营决策的内容

短期运营决策的内容概括地说包括存货决策、生产决策及定价决策。

存货决策是研究材料采购和生产投入的批量问题，要求计算出一个最经济的存货批量，既能满足生产需要，又不产生积压，同时费用又是最节约的存货批量。

生产决策指围绕是否生产、生产什么、怎样生产及生产多少等问题而展开的决策。包括新产品开发的决策，亏损产品处理的决策，是否接受特殊价格追加订货的决策，是否转产或增产某种产品的决策等。

定价决策是指围绕如何确定销售产品价格水平的问题而展开的决策，包括以成本为导向的定价方法，以需求为导向的定价方法，以特殊情况为导向的定价方法等。

#### 4.1.2.3 短期运营决策的基本假设

为了简化短期运营决策的分析过程，在设计相关的决策方案进行相关决策时，我们假定以下条件已经存在。

（1）决策方案不涉及追加长期项目的投资。

（2）企业面临的经营问题已经明确，决策目标基本形成，所需预测资料齐备。

（3）各备选方案具有技术上的可行性。

（4）凡涉及市场购销的决策，均以市场具备提供材料或吸收有关产品的能力为前提，从而使企业的产销量保持平衡。

（5）销量、价格、成本等变量均在相关范围内波动。

（6）企业以追求利润最大化和价值最大化为目标。

## 4.2 运营决策的成本概念及方法

### 4.2.1 运营决策的成本概念

决策分析就是利用会计资料和其他有关资料，针对解决问题的各种方案的经济效益，运用专门的方法来测算、分析和比较，权衡利弊得失，从中选出最佳方案的过程。在各备选方案中，除了收入以外，影响经济收益的一个决定性因素是成本，而且相对于收入来讲，成本是企业能控制的因素，因而在决策分析中要区分相关成本和无关成本，分清影响可供选择方案效益的无关因素和有关因素，抓住主要矛盾，做出正确选择。这对决策分析至关重要。

#### 4.2.1.1 相关成本

相关成本是指与特定决策相联系的、能对决策产生重大影响的、在短期运营决策中必须予以充分考虑的成本。

（1）重置成本。

重置成本又称现时成本或现时重置成本，是指以现在的市场价格购买功能与目前拥有的某项资产相同或相似的资产所需支付的全部费用。

在财务会计中，历史成本仍然是资产计价的基本原则。但在经营决策中，如果面临通货膨胀环境，历史成本在很大程度上已失去了相关性，这时必须考虑重置成本或市场价值。

（2）付现成本。

付现成本又叫现金支出成本，一般就是马上或短期内需要动用现金支付的成本。付现成本常常是在企业现金短缺，支付能力不足，筹资又十分困难的情况下产生。因为在资金紧张的条件下，尽管付现成本较低，方案的总成本比较高，但可以用较少的资金及时解决问题，把握机会，就可以提前取得收益，抵偿多支出的成本。在企业具有剩余生产能力的条件下，决定是否接受增加订货时，企业要预计接受订货后的付现成本，包括增加的直接材料、直接人工等，相反，一些固定制造费用，如管理人员的工资并不增加，就不是这一决策项目的付现成本。付现成本不一定都是变动成本，有时也可能是固定成本。

【例4-1】某企业有一台主要设备因故损坏，造成停工，必须立即修复，否则造成每天两万元的停工损失。现有两个修理商前来洽谈，第一个要价20 000元，要求一次性立即支付；第二个要价30 000元，但是可以分三个月支付，每月支付10 000元。该企业目前资金紧张，只能支付12 000元。那么应该选择哪个修理商呢?

解：该企业只能选择第二个修理商，因为虽然他的总成本更高，但是企业没有那么多的现金，又不能停工，否则损失会更大。

（3）机会成本。

机会成本是指在使用有限资源时，由于选择一个方案而放弃（或错过）另一个方案所失去的可能的最大收益。它不是一项现实的成本支出，只是用于计算各决策方案潜在的经济影响，因而在财务会计核算中不用入账。机会成本是基于资源的“稀缺性”而产生的成本，为实现有限资源的最大效益，使用这一资源所获得的收益必须能够弥补因此而放弃的其他利益，若忽视机会成本，可能会造成决策失误。机会成本仅仅只是被放弃方案的潜在利益，而非实际支出，因而不能据以登记入账。但由于公司资源的有限性，必须充分利用资源效益，所以，机会成本在经营决策中应作为一个现实的重要因素予以考虑。

例如，某公司一台设备目前正在生产A产品，每年可获净利20万元。现决定用该台设备生产B产品，那么，产销A产品每年可获20万元的净利即构成生产B产品的机会成本。只有产销B产品所产生的净利大于放弃A产品而损失的20万元净利，B产品产销方案才是可行的。

（4）专属成本。

专属成本是指那些能够明确归属于特定决策方案的固定成本或混合成本。在进行方案选择时，专属成本是与决策有关的成本，必须予以考虑。它往往是为了弥补生产能力不足的缺陷，增加有关装置、设备、工具等长期资产而发生的。专属成本的确认与取得上述装置、设备、工具的方式有关。若采用租入的方式，则专属成本就是与此相关联的租金成本；若采用购买方式，则专属成本的确认还必须考虑有关装置、设备、工具本身的性质；如果取得的装备等是专用的，即只能用于特定方案，则专属成本就是这些装备的全部取得成本；如果取得的装备等是通用的，则专属成本就是与使用这些装备有关的主要使用成本，如折旧费、摊销费等。

（5）差量成本。

差量成本是可供选择的方案之间预期成本的差异，它可以使决策者从可供选择的备选方案中估计其成本差异，评价备选方案经济效果的优劣。例如，在决定零部件是自制还是外购时，零件自制成本和外购成本的成本差额就是该生产决策的差量成本。

在同一决策方案下，由于不同产量或者生产能力的不同利用程度所引起的差量成本，也称为增量成本。一般情况下，在相关范围内，增量成本等于变动成本的差异额，但超出相关范围，增量成本就是变动成本差异和固定成本差异之和。因此，不能简单地认为增量成本等于变动成本。

（6）边际成本。

边际成本是产量每增加一个单位所引起的成本总额的变动，在一定范围内，边际成本即单位变动成本。与边际成本相对应的收益概念是边际收益，它是产量每增加一个单位所引起的收益总额的变动，在一定范围内，边际收益就是单价。“当某一项目的边际收益等于边际成本时，这一项目的收益总额最大”，这一经济学原理在管理会计的生产决策和定价决策中有着重要作用。比如当采用薄利多销的方式扩大销售量时，其价格降低的最低限度是边际收益等于边际成本。

（7）可避免成本。

可避免成本是指与特定备选方案相关联的成本，其发生与否，取决于与其相关联的备选方案是否被选定。某个备选方案如果被选定，与其相关联的某项成本就会发生；否则，该项成本就不会发生，则该成本为可避免成本。

（8）可延缓成本。

在企业财力负担能力有限的情况下，对已决定选用的某一方案如推迟执行，还不至于影响企业全局，则与这一方案有关的成本即可延缓成本。例如，九华公司原来办公房屋比较简陋，原定计划年度新盖办公楼一座，需花费 200 万元，现在考虑到计划期间资金比较紧张，决定推迟两年再盖大楼，那么与建楼有关的建筑材料、人工等都属于可延缓成本。

（9）可分成本。

所谓可分成本，是指联产品或半成品在进一步加工阶段中所需追加的变动成本和固定成本。

#### 4.2.1.2 无关成本

与相关成本相对立的概念是无关成本。凡不受决策结果影响，与决策关系不大，已经发生或注定要发生的成本就是无关成本。

（1）联合成本。

联合成本是与可分成本相对应的成本，是指为多种产品的生产或为多个部门的设置而发生的，应由这些产品或这些部门共同负担的成本。如在企业生产过程中，几种产品共同的设备折旧费、辅助车间成本等，都是联合成本。

（3）沉没成本。

沉入成本是指过去已经发生了且无法被现在或将来的决策改变的成本。可见，沉没成本是企业在以前经营活动中已经支付现金，而在现在或将来经营期间摊入成本费用的支出。因此，固定资产、无形资产、递延资产等均属于企业的沉没成本。





（4）共同成本。

与专属成本对应的一个概念——共同成本，是指那些由若干产品的生产或若干部门的存在或若干项目发生的固定成本。例如，一台设备用以制造两种或多种产品，那么该设备的折旧费、修理费对各种产品来讲均是共同成本。该成本不会造成各种备选方案之间出现差别，因此是无关成本。

（5）不可避免成本。

不可避免成本是指在业务经营过程中必然发生，其数额与决策活动无关的成本。比如甲企业在正常的生产能力范围内接受了某项特定订货，假定厂房、设备等固定资产的折旧费为 20 000 元，这部分折旧费与特定订货的接受与否没有关系，不论某项订货接受还是不接受，都会发生，所以是不可避免成本。

（6）不可延缓成本。

有一些决策方案，即使在企业财产资源有限的情况下，也不能推迟执行，否则会对企业生产经营活动的正常运行产生重大不利影响。此时与该决策有关的成本也必须立即支出，不可以推延，这类成本即不可延缓成本。例如，九华公司过去一直采用烧柴油的锅炉，能源浪费很大，而且污染四周环境。现决定在计划年度采用烧煤的锅炉，并装上防止污染的装置，需花费 25 万元。这个方案即使在财力紧张的情况下也必须执行。否则市政机关和环保部门将勒令其停业，则与方案有关的成本 25 万元，为不可延缓成本。

需要注意的是，所谓相关与无关都是相对于决策方案而言的。对于某个决策方案是相关的成本项目，对于另外一个决策问题有可能是无关的。

### 4.2.2 运营决策的方法

短期运营决策由于其具体内容不同，在决策方法上也存在着一定的差异。结合实践中的应用情况，本节将介绍差量分析法、贡献毛利分析法、成本无差别点法、相关损益分析法和相关成本分析法等短期运营决策的基本方法。

#### 4.2.2.1 差量分析法

差量分析法就是将备选方案的有关收入、成本进行比较，选出最优方案的方法，即在进行两个相斥方案的决策时，分别比较两个方案的差量收入、差量成本。其也称为差量损益分析法，即以差量损益作为评价方案取舍标准的一种方法。差量分析法适用于收入成本型方案的决策，是决策分析中最常用的方法。

具体而言，假设有 A、B 两个备选方案，其相关收入分别为 $R_A$ 与 $R_B$，相关成本分别为 $C_A$ 和 $C_B$, 则：

差量收入 $D_R = R_A - R_B$ （4.1）

差量成本 $D_C = C_A - C_B$ (4.2)

如果 $D_R > D_C$，则 A 方案优于 B 方案；如果 $D_R < D_C$，则 B 方案优于 A 方案。

当然，我们也可以直接计算 A、B 方案的净收益，从而选择净收益高的方案。

差量分析法比较科学，简单实用，能够直接揭示选中的方案比放弃的方案多获得的利润或少发生的损失（差量损益的绝对值），通常适用于单一方案决策或只有两个备选方案的互斥决策。但要按此法对两个以上互斥方案做出决策，就必须逐次进行筛选，故比较麻烦。

#### 4.2.2.2 贡献毛利分析法

短期运营决策中，由于企业生产能力一般不会改变，固定成本总额基本稳定，所以只需要对产品所提供的贡献毛利进行分析，就可以确定最优方案，这种以生产产品所创造的贡献毛利大小来评价和选择最优方案的分析方法称为贡献毛利分析法。必须注意的是，决策分析决不能以产品的单位贡献毛利大小作为评价方案优劣的标准，而应以产品所提供的贡献毛利总额或单位资源贡献毛利为依据。这是因为生产不同单位产品所耗费的资源（如人工小时或机器小时）往往不同，单位产品贡献毛利没有可比性。

贡献毛利分析法又分为单位资源贡献毛利分析法和贡献毛利总额分析法。

（1）单位资源贡献毛利分析法。

单位资源贡献毛利分析法是以有关方案的单位资源贡献毛利指标作为决策评价指标的一种方法。当企业生产只受到某一项资源（如某种原材料、工人人工小时或机器小时等）的约束，并已知备选方案中各种产品的单位资源贡献毛利和单位产品资源消耗额（如材料消耗定额、工时定额）的条件下，可按下式计算单位资源所创造的贡献毛利指标，并以此作为决策评价指标。

$$\text{单位资源贡献毛利} = \frac{\text{单位贡献毛利}}{\text{单位产品消耗定额}} \tag{4.3}$$

哪个方案的单位资源贡献毛利大，哪个方案为优。

该方法比较简单，经常应用于生产决策中的互斥方案决策，如新产品开发的品种决策。

（2）贡献毛利总额分析法。

贡献毛利总额分析法是指以有关方案的贡献毛利总额指标作为决策评价指标的一种方法。当有关决策方案的相关收入均不为零，相关成本全部为变动成本时，可以将贡献毛利总额作为决策评价指标。贡献毛利总额等于相关的销售收入与相关的变动成本之差。该指标是个正指标，哪个决策方案的该项指标大，哪个方案便为最优方案。

该方法经常被应用于生产经营决策中不涉及专属成本和机会成本的单一方案决策或多个方案决策中的互斥方案决策，如亏损产品决策。

#### 4.2.2.3 成本无差别点法

成本无差别点法是指在各备选方案的相关收入均为零，相关的业务量为不确定因素时，通过判断处于不同水平上的业务量与成本无差别点业务量之间的关系，来做出互斥方案决策的一种方法。

成本无差别点业务量是指能使两方案总成本相等的业务量，又叫成本分界点。其基本公式为：

$$成本无差别点业务量 = \frac{两方案相关固定成本之差}{两方案相关变动成本之差} \tag{4.4}$$





此方法要求各方案的业务量单位必须相同，方案之间的相关固定成本水平与单位变动成本水平恰好相互矛盾，否则无法应用该方法。

假设：

方案 A 的总成本公式 $y_1 = a_1 + b_1 x_1$ (4.5)

方案 B 的总成本公式 $y_2 = a_2 + b_2 x_2$ (4.6)

其中，$a_1 > a_2$，$b_1 < b_2$。

使两方案总成本相等的业务量即为成本平衡点业务量。

成本平衡点业务量 $x_0 = \dfrac{a_1 - a_2}{b_2 - b_1}$ (4.7)

判断：

若业务量大于 $x_0$，则选 A 方案（固定成本较高）；

若业务量小于 $x_0$，则选 B 方案（固定成本较低）；

若业务量恰好等于 $x_0$，则两方案成本相等，效益无差别。如图 4.1 所示。

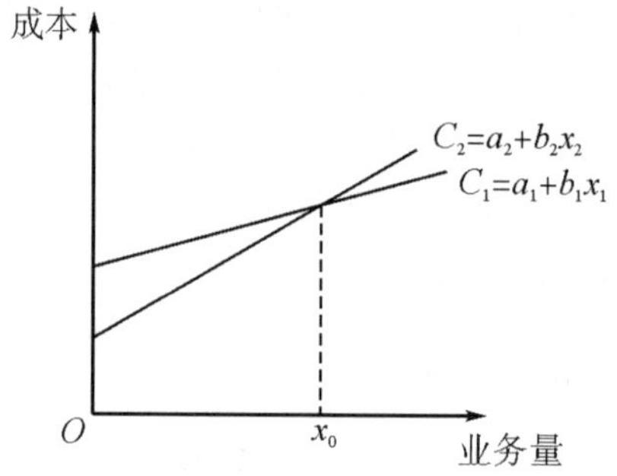


**图 4.1 成本无差别点分析图**

该方法通常应用于业务量不确定的零配件取得方式的决策和生产工艺技术方案的决策。

#### 4.2.2.4 相关损益分析法

相关损益分析法是在进行短期运营决策时，以相关损益指标作为决策评价指标的一种方法。某方案的相关损益是指该方案相关收入与相关成本之差。哪个方案的相关损益最大，哪个方案最优。此法可以同时用于两个以上方案的决策。

#### 4.2.2.5 相关成本分析法

相关成本分析法是指在短期运营决策中，当各备选方案的相关收入均为零，通过比较各方案的相关成本指标，做出方案选择的一种方法。哪个方案的相关成本最低，哪个方案最优。此法可以同时用于两个以上方案的决策，如业务量确定的零部件自制或外购的决策。

## 4.3 特殊订货决策

有时企业在满足正常渠道的销售需求后，生产能力尚有富余，此时遇到一些出价比较低的订货，要考虑能否接受。关于这一问题，需要做具体分析。在特定条件下，利用企业暂时闲置的生产能力而接受的临时订货，称为特殊订货。特殊订货的具体定价方法，可因情况的不同而有所区别。具体方法主要有以下几种。

### 4.3.1 只利用闲置生产能力而不减少正常销售

只利用暂时闲置的生产能力而不减少正常销售。这种情况按以下要求定价，即可增加利润。

$$\text{特殊订货价格} > \text{变动成本} \tag{4.8}$$

因为无论是否接受订货，固定成本都不会发生变动，特殊订货所提供的贡献毛利将直接转化为利润，从而增加企业的利润总额。于是，在这里固定成本属于无关成本，决策时不必考虑。

$$\text{增加利润} = \text{特殊订货单位贡献毛利} \times \text{特殊订货数量} \tag{4.9}$$

【例 4-2】假设某厂只生产甲产品，生产能力为 200 件，正常产销量为 160 件，固定成本为 1 600 元，单位变动成本为 40 元，正常销售价格为 70 元，现有某客商欲订购 40 件，但最高出价只能为每件 45 元。

因为特殊订货单位价格 45 元大于单位变动成本 40 元，所以这项特殊订货可以接受。

此结论也可通过表 4.1 得到验证。

**表 4.1　特殊订货收益表**　　单位：元

| 项目 | 正常销售 | 特殊订货 | 合计 |
|---|---|---|---|
| 销售收入 | 11 200 | 1 800 | 13 000 |
| 变动成本 | 6 400 | 1 600 | 8 000 |
| 贡献毛利 | 4 800 | 200 | 5 000 |
| 固定成本 | 1 600 | - | 1 600 |
| 营业净利润 | 3 200 | 200 | 3 400 |

从表 4.1 可以看出，这项特殊订货能使企业增加贡献毛利 200 元，由于固定成本已全部由正常销售负担，所以新增的 200 元贡献毛利全部转化为利润，即这项特殊订货可使企业利润增加 200 元。

### 4.3.2 利用闲置生产能力但减少部分正常销售

利用闲置的生产能力，并暂时减少部分正常销售以接受特殊订货。这种情况按以下要求定价，才能使企业增加利润。

$$特殊订货价格 > 单位变动成本 + \frac{因减少正常销售而损失的贡献毛利}{特殊订货数量} \quad (4.10)$$

这里，因特殊订货冲击了正常销售，减少了正常销售的贡献毛利，所以，要想使特殊订货为企业增加利润，就必须使特殊订货价格在补偿单位变动成本，以及因减少正常销售所损失的贡献毛利后仍有富余，在这种情况下，新增利润的计算公式为：

$$增加的利润 = 特殊订货单位贡献毛利 \times 特殊订货数量 - 因减少正常销售而损失的贡献毛利 \quad (4.11)$$





【例4-3】如果【例4-2】中某厂接到的甲产品订货必须是50件，最高出价仍为每件45元，那么能否接受订货呢？

要想接受这项特殊订货，正常销售就必须减少10件。因此，要想增加利润，就必须使特殊订货价格$>40+\frac{(70-40)\times 10}{50}=46$（元/件）

但是，商客的最高出价仍为每件45元，因此不能接受这项订货。也可以将两种方案的结果通过编表对比得出此项结论，如表4.2所示。

**表4.2　特殊订货收益表**　　单位：元

| 项目 | 不接受特殊订货 | | | 接受特殊订货 | | |
|---|---|---|---|---|---|---|
| | 正常销售 | 特殊订货 | 合计 | 正常销售 | 特殊订货 | 合计 |
| 销售收入 | 11 200 | 0 | 11 200 | 10 500 | 2 250 | 12 750 |
| 变动成本 | 6 400 | 0 | 6 400 | 6 000 | 2 000 | 8 000 |
| 贡献毛利 | 4 800 | 0 | 4 800 | 4 500 | 250 | 4 750 |

我们通过编表比较可以看到，如果接受订货，将会使企业贡献毛利减少50元（4 800-4 750）。因为企业的固定成本没有发生变动，所以企业的利润总额也将下降50元。

### 4.3.3　利用闲置生产能力但需增加专属固定成本

利用暂时闲置生产能力转产其他产品，需增加专属固定成本。这种情况按以下要求定价，即可增加企业利润。

$$转产产品价格 > 单位变动成本 + \frac{新增专属固定成本}{转产产品数量} \quad (4.12)$$

在转产其他产品需增加专属固定成本的情况下，要想使转产产品为企业增加利润，转产产品的价格就必须在补偿单位变动成本和因转产而新增的固定成本后仍有富余。这里，由于联合固定成本不变，所以它仍属于无关成本，不必加以考虑。这种情况下，增加利润的计算公式为：

$$增加利润 = 转产产品单位贡献毛利 \times 转产产品数量 - 新增专属固定成本 \quad (4.13)$$

【例4-4】某客商向【例4-2】中的某厂订购乙产品30件，出价每件45元，该厂利用闲置生产能力并增加专属固定成本240元后即可生产，乙产品的变动成本为30元。

由于

$$45 > 30 + \frac{240}{30} = 38(\text{元/件})$$

所以可以接受此项订货，并使企业增加利润210元，即（45−30）×30−240=210（元）

## 4.4 生产决策

### 4.4.1 新产品开发的品种决策

新产品开发的品种决策，是指企业在利用现有的剩余生产能力开发新产品的过程中，在两个或两个以上可供选择的多个新品种中选择一个最优品种的决策。企业要不断开发新产品，才能不断满足社会需要，维护和扩大市场占有率。

#### 4.4.1.1 不追加专属成本

在新产品开发的品种决策中，如果各个备选方案均可利用现有的生产条件，不涉及追加投入专属设备等专属成本，固定成本为无关成本，那么就可以用贡献毛利分析法中的单位资源贡献毛利或贡献毛利总额直接进行新产品开发的品种决策。

【例4-5】某企业具备利用某种数量有限的甲材料开发一种新产品的生产经营能力，现有A、B两种产品可供选择，具体资料见表4.3。

**表4.3 A、B产品资料表**

| 项目 | A产品 | B产品 |
|---|---|---|
| 销售单价/元 | 100 | 50 |
| 单位变动成本/元/件 | 80 | 35 |
| 单位消耗定额/千克 | 5 | 3 |

假设开发新品种不需要追加专属成本。

要求：做出开发何种产品的决策。

据上述条件可知：企业在开发新产品没有追加专属成本，因而可采用单位资源边际贡献分析法进行分析。

A产品的单位贡献毛利=100−80=20（元/件）

A产品的单位资源贡献毛利=20÷5=4（元/千克）

B产品的单位贡献毛利=50−35=15（元/件）

B产品的单位资源贡献毛利=15÷3=5（元/千克）

可见，这两种产品中的B产品提供的单位贡献毛利最大，因此应选择B产品来开发。

【例4-6】依据【例4-5】的资料，假定企业现有甲材料30 000千克用于开发新产品。要求根据资料用贡献毛利总额法作出开发何种新品种的决策。

开发 A 产品的相关业务量＝30 000÷5＝6 000（件）

开发 B 产品的相关业务量＝30 000÷3＝10 000（件）

开发 A 产品可获得的贡献毛利＝（100−80）×6 000＝120 000（元）

开发 B 产品可获得的贡献毛利＝（50−35）×10 000＝150 000（元）

由计算得出开发 B 产品更有利。





#### 4.4.1.2 追加专属成本

当新产品开发的品种决策方案中涉及追加专属成本时，可以考虑使用差量分析法和相关损益分析法。

【例 4−7】开发 A 产品和 B 产品的单价与单位变动成本等资料均同【例 4−5】，但假定开发 A、B 产品过程中需要装备不同的小型专用设备，相应地分别需要追加专属固定成本 4 000 元和 35 000 元。要求：用差量分析法做出开发新产品的决策。依题意编制差量损益分析表，见表 4.4.

表 4.4　差量损益分析表　　单位：元

| 项目 | A 产品 | B 产品 | 差异额（A−B） |
|---|---|---|---|
| 相关收入 | 100×6 000＝600 000 | 50×10 000＝500 000 | 100 000 |
| 相关成本合计 | 484 000 | 385 000 | 99 000 |
| 其中：增量成本<br>专属成本 | 80×6 000＝480 000<br>4 000 | 35×10 000＝350 000<br>35 000 | |
| 差量损益 | — | — | 1 000 |

由表 4.4 的计算结果可知，评价指标差量损益为 1 000 元，大于零，可以据此断定应当开发 A 产品，这样可使企业多获得 1 000 元的利润。

### 4.4.2 亏损产品决策

企业在组织产品的生产和经营过程中，由于各种原因，企业所产销的某种或某类产品有时会发生亏损。按照传统的财务会计理论，企业产销亏损产品必将给企业带来损失。因此，及时地停止亏损产品的产销，无疑对企业是有利的，但通常所说的“亏损产品”，都是按传统的会计理论和方法来计算确定的，在这些产品成本中包含着与他们并不相关的固定成本。这类固定成本并不会因停止某项产品的生产而不再发生（相关固定成本除外）。因此，如果不加分析地停止亏损产品的产销，有时反而会给企业带来不利的影响。

按照变动成本法的原理，企业产品的销售收入，首先必须用来补偿销售产品的变动成本和与之相关的固定成本。如果还有剩余就可以分担企业范围内的共同固定成本。它能分担多少主要看它能提供多少的“贡献毛利”。按照完全成本法的原理，管理人员往往对企业的共同固定成本采用平均分摊的方式。有些产品所提供的贡献毛利不能弥补它所分摊的共同固定成本而成为“亏损产品”，但它们并不一定毫无补偿能力。如果停止产销这种产品，该产品原先负担的共同固定成本就转移到其他产品身上，从而加重其他产品的负担。因此，不能简单地判断归类“亏损产品”，而要经过客观地分析，才能得到正确的结论。

#### 4.4.2.1 剩余生产能力无法转移时，是否停产的决策分析

剩余生产能力无法转移是指当亏损产品停产后，其闲置的生产能力不能用于其他方面。在这种情况下，企业一般可以采取贡献毛利分析法做出亏损产品是否停产的决策。

【例 4-8】W 公司产销 A、B、C 三种产品，其中 A 产品是亏损产品，B、C 产品是盈利产品。它们按照传统方式编制的职能式损益表资料如表 4.5 所示。

**表 4.5 W 公司职能式损益表** 单位：元

| 产品名称 | A 产品 | B 产品 | C 产品 | 合计 |
|---|---|---|---|---|
| 销售收入 | 40 000 | 60 000 | 80 000 | 180 000 |
| 制造成本 | — | — | — | — |
| 直接材料 | 9 000 | 8 000 | 14 000 | 31 000 |
| 直接人工 | 8 000 | 7 000 | 8 000 | 23 000 |
| 变动制造费用 | 7 000 | 6 000 | 6 000 | 19 000 |
| 固定制造费用 | 11 000 | 10 000 | 16 000 | 37 000 |
| 非制造成本 | — | — | — | — |
| 变动销售管理费用 | 6 000 | 9 000 | 12 000 | 27 000 |
| 固定销售管理费用 | 4 000 | 6 000 | 8 000 | 18 000 |
| 销售成本合计 | 45 000 | 46 000 | 64 000 | 155 000 |
| 税前净利 | -5 000 | 14 000 | 16 000 | 25 000 |

分析：假定 A 产品停产后，其生产设备不能移作他用，那么 W 公司是否应该停产 A 产品？

根据给定的传统损益表，编制贡献式损益表如表 4.6 所示。

**表 4.6 W 公司贡献式损益表** 单位：元

| 项目 | A 产品 | B 产品 | C 产品 | 合计 |
|---|---|---|---|---|
| 销售收入 | 40 000 | 60 000 | 80 000 | 180 000 |
| 变动成本 | | | | |
| 变动生产成本 | 24 000 | 21 000 | 28 000 | 73 000 |
| 变动销售及管理成本 | 6 000 | 9 000 | 12 000 | 27 000 |
| 变动成本小计 | 30 000 | 30 000 | 40 000 | 100 000 |
| 贡献毛利总额 | 10 000 | 30 000 | 40 000 | 80 000 |
| 减：固定成本总额 | 15 000 | 16 000 | 24 000 | 55 000 |
| 税前净利 | -5 000 | 14 000 | 16 000 | 25 000 |

从以上贡献式损益表的资料可见，W 公司的 A 产品按照传统方式计算是亏损的，但根据贡献方式计算，还能为公司创造贡献毛利 10 000 元，能为公司抵补固定成本做出一定的贡献，若 A 产品停止生产，则将失去贡献毛利 10 000 元，从而固定成本总额 55 000 元则不能减少，可以预见 W 公司的税前净利将从原来的 25 000 元降至 15 000 元。因此，A 产品仍具备补偿共同固定成本的能力，可为 W 公司提供贡献毛利，它并不是真正的“亏损产品”。公司在没有生产更好产品供选择的条件下，不应停止生产 A 产品。

#### 4.4.2.2 剩余生产能力可以转移时，是否停产的决策分析

假若企业将“亏损产品”停产后，其闲置多余的生产能力可以转移（如出租、承包业务等），这种情况下，决策分析就必须考虑与生产能力转移相关的机会成本。

【例 4-9】续【例 4-8】，若 A 产品停产后，其生产设备可出租给别的工厂，预计每年可获得租金净收入 14 000 元，其他条件不变，那么在这种情况下 A 产品是否应停产。

分析：A 产品停产后，把腾出来的生产设备租给他厂，使 W 公司每年获得租金净收入 14 000 元，这就构成继续生产 A 产品的机会成本。租金净收入比 A 产品原来提供的贡献毛利 10 000 元多 4 000 元，在这种情况下，该 W 公司应选择停产出租的方案。

#### 4.4.2.3 亏损产品是否转产的决策分析

以上分析可知，企业一般不能轻易停止“亏损产品”的生产。那么，企业能否考虑增加“亏损产品”的生产或利用“亏损产品”剩余生产能力转产其他产品能？如果转产方案所提供的产品贡献毛利大于原“亏损产品”的贡献毛利，企业就应当采取增产决策方案或转产决策方案；反之，不应停止生产“亏损产品”。

【例 4-10】续【例 4-8】，假定 W 公司的 C 产品市场销售情况极好，产品供不应求，公司管理当局决定 A 产品停产后，其生产设备用来生产 C 产品，预计 C 产品的销售收入将增加 30 000 元，不需要再追加专属成本。W 公司是否应停产 A 产品而增产 C 产品呢？

分析：在这种情况下，只需比较 A 产品的贡献毛利与新增 C 产品提供的贡献毛利。C 产品新增收入 30 000 元，按照已知条件，其贡献毛利率为 50%（40 000÷80 000），所以新增产品能够提供的贡献毛利等于 30 000×50%＝15 000（元），比 A 产品原来提供的贡献毛利 10 000 元多 5 000 元，在这种情况下，该公司应选择转产的方案。

需要注意的是，在做实际决策时，管理人员必须考虑到停产亏损产品对其他产品的生产、销售的影响，以及员工的分流情况等。

### 4.4.3 零部件自制与外购决策

如果企业需要的零部件既可以直接从市场上购买，又可以利用本企业的技术设备自行制造。这就涉及零部件的自制或外购决策。

零部件自制或外购的决策，又叫零部件取得方式的决策。它属于“互斥方案”的决策类型，通常涉及自制零部件和外购零部件两个备选方案。这些方案不涉及相关收

入，只需考虑相关成本因素。采用外购方案需支付零部件的买价及运杂费，采用自制方案需支付零部件加工过程中发生的直接材料、直接人工和制造费用等成本。具体来说，企业一般利用现有的剩余生产能力自制零部件，这样，与自制能力有关的固定生产成本就属于沉没成本，在决策中，不应予以考虑；如果在自制过程中需追加投入，那么因追加投入发生的固定成本为相关成本。企业现有剩余生产能力无法转移的情况下，自制零部件方案的相关成本只包括变动生产成本和追加投入的固定成本。在现有剩余生产能力还可以转移的情况下，自制零部件方案的相关成本还应包括与自制能力转移有关的机会成本。

零部件自制或外购的决策应根据不同情况分别采用相关成本分析法或成本无差别点分析法进行零部件取得方式的选择。

#### 4.4.3.1 企业关于零部件的需用量确定时的决策

如果企业关于零部件的需用量是固定的，我们可以采用相关成本法进行决策。

【例 4-11】某企业常年生产 A 产品，每年需要甲零件 10 000 件。该零件既可以自制，又可以外购。目前企业已具备自制能力，自制甲零件的单位完全成本为 40 元，其中，直接材料 25 元，直接人工 8 元，变动性制造费用 2 元，固定性制造费用 5 元。经市场调查甲零件的外购单价为 37 元。

要求：就以下各不相关情况做出零部件自制或外购的决策。

（1）自制生产能力无法转移。

（2）假定自制甲零件的生产能力可以用于承揽零星加工业务，每年预计可获得贡献毛利 30 000 元，其他条件不变。

分析：零部件的需用量为固定数量，所以可用相关成本法；企业利用现有能力自制，所以固定性制造费用为无关成本。

（1）依题意编制的相关成本分析如表 4.7 所示。

**表 4.7 相关成本分析表**　　　　单位：元

| 项目 | 自制甲零件 | 外购甲零件 |
| --- | --- | --- |
| 变动成本 | （25+8+2）×10 000＝350 000 | 37×10 000＝370 000 |
| 相关成本合计 | 350 000 | 370 000 |

根据表 4.7 的数据，我们可做出以下决策结论：应当安排自制甲零件，这样可使企业节约 20 000 元成本。

该问题也可以直接做出判断，因为相关业务量一样，所以只比较单价与单位变动成本即可。

因为自制甲零件的单位变动成本＝25+8+2＝35（元/件）<外购单价 37 元，所以应自制。

（2）依题意编制的相关成本分析见表 4.8。

表 4.8　相关成本分析表　　单位：元

| 项目 | 自制甲零件 | 外购甲零件 |
| --- | --- | --- |
| 变动成本 | （25+8+2）×10 000=350 000 | 37×10 000=370 000 |
| 机会成本 | 30 000 | 0 |
| 相关成本合计 | 380 000 | 370 000 |



根据表 4.8 的数据，我们可做出以下决策结论：应当外购甲零件，这样可使企业节约 10 000 元成本。

#### 4.4.3.2　企业关于零部件的全年需用量不确定时的决策

在有些情况下，企业决策时尚不能确定零部件的全年需求量。在这种情况下，我们无法确定各备选方案的相关成本，从而无法运用相关成本法进行决策。这时我们应考虑采用成本无差别点法进行决策。

【例 4-12】企业需用的某零件既可以自制又可以外购。如从市场上买，单价为 20 元/件；如果安排自制，每年将发生相关的固定成本 30 000 元，单位变动成本为 14 元/件。

要求：做出自制或外购该零件的决策。

分析：一是零件的需用量不确定，考虑使用成本无差别点分析法；二是判断是否符合成本无差别点法进行决策的条件，因为自制方案的固定成本 $a_1 = 30\ 000$ 大于外购方案的固定成本 $a_2 = 0$，自制单位变动成本 $b_1 = 14$ 小于外购单位变动成本 $b_2 = 20$，所以符合成本无差别点法进行决策的条件。

根据题意得：

自制方案：$C_1 = 30\ 000 + 14x$

外购方案：$C_2 = 20x$

$$\text{成本无差别点业务量} = \frac{\text{两方案相关固定成本之差}}{\text{两方案相关变动成本之差}} = \frac{30\ 000 - 0}{20 - 14} = 5\ 000(\text{件})$$

决策结论：

当该零件的全年需用量为 0~5 000 件时，应安排外购；当超过 5 000 件时，则以自制为宜。

当企业向外部市场购买生产经营中所需的零部件时，其供应商往往会采用优惠的方法，如价格折扣或折让，以扩大销售量。这时，企业在进行零部件的自制或外购决策时，就应充分考虑外购价格的这种变化，充分利用这些机会，以便做出对企业更有利的决策。

【例 4-13】仍依据【例 4-12】的资料，假设企业从市场上外购，购买量在 10 000 件以内时，购买单价为 20 元/件；购买量超过 10 000 件时，购买单价为 16 元/件。其他条件不变。要求做出自制或外购该零件的决策。

分析：该问题的特别之处在于外购方案有两个成本函数，导致两个成本无差别点，需分段分析决策。

根据题意得：

自制方案：$C_1 = 30\ 000 + 14x$

外购方案：$C_2 = 20x$（10 000 件以内）

$C_2 = 16x$（超过 10 000 件）

成本无差别点业务量：

$X_1 = (30\ 000 - 0) \div (20 - 14) = 5\ 000$（件）

$X_2 = (30\ 000 - 0) \div (16 - 14) = 15\ 000$（件）

决策结论：当该零件的全年需用量为 0～5 000 件时，应安排外购；当需用量为 5 000～10 000 件时，以自制为宜；当需用量为 10 000～15 000 件时，应安排外购；当需用量超过 15 000 件时，以自制为宜。

### 4.4.4 半成品是否进一步加工决策

当半成品可以对外销售时，存在一个将产品加工到什么程度（卖半成品还是产成品）的问题。对这类问题，决策时只需考虑进一步加工后增加的收入是否超过增加的成本，如果前者大于后者，则应进一步加工为产成品出售；反之，则应作为半成品出售。在此，进一步加工前的收入和成本都与决策无关，不必予以考虑。

产品作为半成品出售，其售价和成本都低于进一步加工后作为产成品出售的售价和成本。是否进一步加工，可按下列公式计算、确定。

（1）应进一步加工的条件。

进一步加工后产成品的销售收入-半成品的销售收入>进一步加工后产成品的成本-半成品的成本 （4.14）

（2）应出售半成品的条件。

进一步加工后产成品的销售收入-半成品的销售收入<进一步加工后产成品的成本-半成品的成本 （4.15）

在上述公式中，左边是差量收入，右边是差量成本。另外，进一步加工后的产成品成本包括追加的变动成本和专属固定成本。

【例 4-14】某企业每年生产、销售甲产品 3 800 件，每件变动成本为 16 元，每件固定成本为 1 元，售价为 24 元。如果把甲产品进一步加工为乙产品，售价可以提高到 30 元，但单位变动成本需增至 20 元，另外需发生专属固定成本 800 元。

差量收入 $= (30 - 24) \times 3\ 800 = 22\ 800$（元）

差量成本 $= (20 - 16) \times 3\ 800 + 800 = 16\ 000$（元）

由于差量收入大于差量成本 6 800 元（22 800-16 000），因而进一步加工是有利的。应注意的是，单位固定成本 1 元在计算中未予考虑，因为这一部分固定成本加工前、加工后均存在，属于与决策无关的沉没成本。

# 4.5 存货决策

存货是指企业在日常生产经营过程中为生产或销售储备的物资。在制造企业中，存货通常包括原材料、委托加工物资、包装物、低值易耗品、在产品、产成品等。企业存货占流动资产的比重较大，存货的利用与管理水平与流动资金的周转和企业财务状况密切相关。因此，加强存货的管理与控制，使存货量保持在最佳水平成为财务管理的一项重要内容。

企业持有充足的存货，不仅有利于生产过程的顺利进行，节约采购费用与生产时间，而且能够迅速地满足客户各种订货的需要，从而为企业的生产与销售提供较大的机动性，避免因存货不足带来的机会损失。然而，存货的增加必然要占用更多的资金，将使企业付出更大的持有成本（存货的机会成本），而且存货的储存与管理费用也会增加，影响企业获利能力的提高。因此，如何在存货的功能（收益）与成本之间进行利弊权衡，在充分发挥存货功能的同时降低成本、增加收益，实现它们的最佳组合，成为存货管理的基本目标。

## 4.5.1 存货的功能

（1）防止停工待料。

适量的原材料存货和在制品、半成品存货，是企业生产正常进行的前提和保障。就企业外部而言，供货方的生产和销售往往会因为某些原因而暂停或推迟，从而影响企业材料的及时采购、入库和投产。就企业内部而言，有适量的半成品储备，能使各生产环节的生产调度更加合理，各生产工序步调更为协调，联系更为紧密，不至于因等待半成品而影响生产。可见，适当的存货能有效防止停工待料事件的发生，维持生产的连续性。

（2）适应市场变化。

存货储备能增强企业在生产和销售方面的机动性及适应市场变化的能力。企业有了足够的库存产成品，能有效地供应市场，满足顾客的需要。相反，若某种畅销产品库存不足，将会坐失目前的或未来的推销良机，并有可能因此失去顾客。在通货膨胀时，适当地储存原材料存货，能使企业获得因市场物价上涨而带来的好处。

（3）降低进货成本。

很多企业为扩大销售规模，为购货方提供较优惠的商业折扣待遇，即购货达到一定数量时，便在价格上给予相应的折扣优惠。企业采取批量集中进货，可获得较多的商业折扣。此外，企业通过增加每次购货数量，减少购货次数，可以降低采购费用支出。即便在推崇以零存货为管理目标的今天，仍有不少企业采取大批量购货方式，原因就在于这种方式有助于降低购货成本，只要购货成本的降低额大于因存货增加而导致的储存等各项费用的增加额，便是可行的。

（4）维持均衡生产。

对于那些所生产的产品属于季节性产品，生产所需材料的供应具有季节性的企业，为实行均衡生产，降低生产成本，就必须适当储备一定的半成品存货或保持一定的原材料存货。若这些企业按照季节变动组织生产活动，难免会产生忙时超负荷运转，闲时生产能力得不到充分利用的情形，这也会导致生产成本的提高。其他企业在生产过程中，同样会因为各种原因导致生产水平的高低变化。拥有合理的存货可以缓冲这种变化对企业生产活动及获利能力的不利影响。

### 4.5.2 存货的成本

为充分发挥存货的固有功能，企业必须储备一定的存货，但也会由此而发生各项支出，这就是存货成本，它主要包括下面三种相关成本。

（1）取得成本。

存货的取得成本是指为取得某种存货而发生的成本，通常用 *TCa* 来表示。取得成本又可进一步分为订货成本和购置成本。

①订货成本是指取得存货订单的成本，如办公费、差旅费、电话费等费用支出。订货成本中有一部分与订货次数无关，如常设采购机构的基本支出等，称为订货的固定成本，用 $F_1$ 表示；另一部分与订货的次数有关，如差旅费、邮资等，称为订货的变动成本，每次订货的变动成本用 $K$ 表示；订货次数等于存货全年需求量 $D$ 与每次订货量 $Q$ 之比。订货成本的计算公式为：

$$\text{订货成本} = F_1 + \frac{D}{Q}K \tag{4.16}$$

②购置成本是指存货本身的价值，一般用数量与单价的乘积来确定。如果年需要量用 $D$ 表示，单价用 $U$ 表示，则购置成本为 DU。

存货的取得成本 TCa 等于订货成本加上购置成本，其公式表示为：

$$\text{TC}_\text{a} = F_1 + \frac{D}{Q}K + \text{DU} \tag{4.17}$$

（2）储存成本。

存货的储存成本是指因储存存货而发生的成本，包括存货占用资金应计的利息、仓库费用、保险费用、存货破损和变质损失等，通常用 $\text{TC}_\text{C}$ 表示。储存成本也可以分为固定成本和变动成本。

固定成本与存货数量的多少无关，如仓库折旧、仓库职工的固定工资等，用 $F_2$ 表示；变动成本与存货的数量有关，如存货资金的应计利息、存货的破损和变质损失、存货的保险费用等，其单位变动成本可用 $K_C$ 表示。储存成本计算公式为：

$$\text{TC}_\text{C} = F_2 + K_C\frac{Q}{2} \tag{4.18}$$

（3）缺货成本。

存货的缺货成本是指由于存货供应中断而造成的损失，包括材料供应中断造成的停工损失，产成品库存缺货造成的拖欠发货损失及丧失销售机会的损失。如果生产企业紧急采购代用材料以解决库存材料中断之急，那么缺货成本表现为紧急采购代用材料多增加的购入成本。缺货成本用 TCs 表示。

如果用 TC 表示储备存货的总成本，则其计算公式为：

$$TC=TC_a+TC_c+TC_s=F_1+\frac{D}{Q}K+DU+F_2+K_c\frac{Q}{2}+TC_s \quad (4.19)$$

### 4.5.3 存货的经济批量模型





存货决策主要涉及四项内容：决定进货项目、选择供应单位、决定进货时间和决定进货批量。财务部门应该负责的是决定进货批量和决定进货时间。按照存货管理的目的，需要合理地安排进货批量和进货时间，使存货的相关总成本最低，存货相关总成本最低的进货批量称为经济订货批量或经济批量。我们通过上述对存货成本分析可知，决定存货经济进货批量的成本因素主要包括变动性订货成本（简称订货成本）、变动性储存成本（简称储存成本）及允许缺货时的缺货成本。不同的成本项目与进货批量呈现着不同的变动关系。有了经济批量，就可以合理安排经济进货时间，因此，经济批量决定经济进货时间。

#### 4.5.3.1 经济批量基本模型

（1）基本假设。

影响企业存货相关总成本的因素很多，为了在众多复杂因素中找出对其有重大影响的主要因素，我们做需要相关的财务假设，并在此基础上建立经济订货批量的基本模型。

基本假设如下：

①企业能够及时补充存货，即需要订货时可立即取得存货。

②能集中到货，而不是陆续到货。

③不允许缺货，即无缺货成本，$TC_S$为零，因为良好的存货管理本身就不应该出现缺货成本。

④需求量稳定，并且能预测，即 D 为已知常量，且存货单价不变，不考虑现金折扣，即 U 为已知常量。

⑤企业现金充足，不会因现金短缺而影响订货。

⑥ 所需存货市场供应充足，不会因买不到需要的存货而影响其他等。

（2）经济批量基本模型的确认方法。

由于企业不允许缺货，即每当存货量降至零时，下一批订货便会随即全部购入，故不存在缺货成本。此时与存货订货批量、批次直接相关的就只有订货和储存成本。

存货相关总成本 = 相关订货成本 + 相关储存成本

$$\begin{aligned}TC&=TC_a+TC_c\\&=F_1+\frac{D}{Q}K+DU+F_2+\frac{Q}{2}K_C\end{aligned} \quad (4.20)$$

当上式中的 $F_1$、$K$、$D$、$U$、$F_2$、$K_C$为常量，$Q$ 为变量时，TC 就成为 $Q$ 的函数。根据数学知识，对存货总成本公式左右对每次订货批量 $Q$ 求导，使得导数为零时的订货批量就是经济订货批量，此时总成本最低，得出结果为：

$$Q^*=\sqrt{\frac{2KD}{K_C}} \quad (4.21)$$

$$总成本\ TC = \sqrt{2KDK_C} \tag{4.22}$$

$$订货周期\ T^* = \frac{360}{N^*} \tag{4.23}$$

$$订货次数\ N^* = \frac{D}{Q^*} \tag{4.24}$$

$$平均占用资金\ W^* = \frac{Q^*}{2} \tag{4.25}$$

试中，$Q^*$为经济订货批量，$K$为每次订货费用，$D$为每年对存货的总需求；$K_C$为单位储存成本，$U$为已知常量，$W^*$为占用资金量，$N^*$为每年订货次数，$T^*$为每年订货周期。

图 4.2 是存货的年订货成本、年储存成本、总成本之间的关系图。

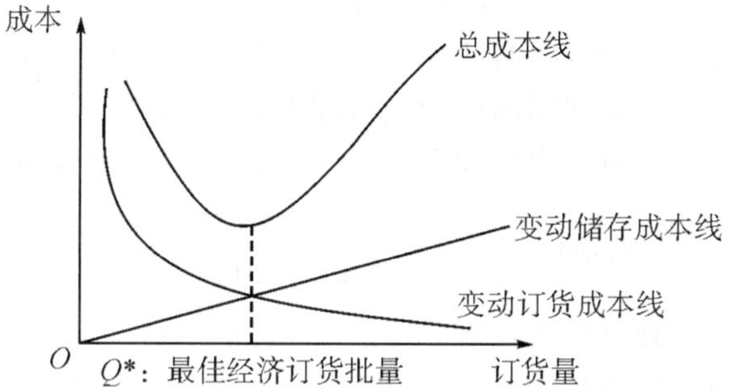


**图 4.2　基本经济采购批量模型示意图**

从图 4.2 中可以看出，最佳经济订货批量，即存货总成本最低的订货批量也就是使年储存成本和年订货成本相等时的经济订货批量，所以：

令：$\frac{D}{Q^*}K = \frac{Q^*}{2}K_C$

求解出 $Q^* = \sqrt{\frac{2KD}{K_C}}$

【例题 4-15】某公司每年须耗用甲材料 6 000 吨，该材料单位成本 1 500 元/吨，一次订货费用为 90 元/吨，单位储存成本为 3 元/吨，求最佳经济订货批量、年最佳订货次数、存货总成本以及经济订货占用资金。

解：$Q^* = \sqrt{\frac{2 \times 6\ 000 \times 90}{3}} = 600$（吨）

订货次数 $N^* = \frac{D}{Q^*} = \frac{6\ 000}{600} = 10$（次）

总成本 $TC = \sqrt{2KDK_C} = \sqrt{2 \times 6\ 000 \times 90 \times 3} = 1\ 800$（元）

平均占用资金 $W^* = \frac{Q^*}{2}U = \frac{600}{2} \times 1\ 500 = 450\ 000$（元）

#### 4.5.3.2　特殊条件下的经济批量模型

能够满足上述假设条件的情况十分罕见。企业为了提高存货管理模型的实用性，就必须减少所设立的假设条件，改进模型。

（1）在价格折扣情况下的订货批量。

市场上各种商品的价格是变动的，尤其是销售企业实施商业折扣的方针时，不同的订货批量将享受不同的购买价格。通常情况下，一次订货量越大，所能享受的商业折扣越高。这就需要企业在确定最佳订货批量时，考虑到这个因素。具体的操作步骤如下。





第一步，按照基本经济进货批量模式确定经济进货批量；

第二步，计算按经济进货批量进货时的存货相关总成本；

第三步，计算按给予数量折扣的进货批量进货时的存货相关总成本；

第四步，比较不同进货批量的存货相关总成本，最低存货相关总成本对应的进货批量，就是实行数量折扣的最佳经济订货批量。

【例 4-16】某企业 A 零件的年需求量为 720 件，该零件单位标准价为 100 元，已知每次订货成本为 50 元，单位零件年储存成本为 20 元。该企业从销售单位获悉的销售政策为：一次订货量在 100 件以内的执行标准价；一次订货量在 100～200 件的优惠 1.5%；一次订货量在 200 件以上的优惠 2%，据以上资料，进行如下计算和判断。

解：①没有价格优惠的最佳订货批量：$\sqrt{\dfrac{2\times50\times750}{20}}=60$（件）

②60 件订货批量的存货相关总成本：

$720\times100+720\div60\times50+60\div2\times20=73\ 200$（元）

③100 件订货批量的存货相关总成本：

$720\times100\times(1-1.5\%)+720\div100\times50+100\div2\times20=72\ 280$（元）

④200 件订货批量的存货相关总成本：

$720\times100\times(1-2\%)+720\div200\times50+200\div2\times20=72\ 740$（元）

我们通过对上述 3 种存货订货批量下的存货相关总成本的比较，可以判断：100 件订货批量为最佳，因为其总成本最低。

可见，基本模型一旦扩展，随着制约因素的扩容，原有的结论将被重新认识。

（2）存在缺货情况下的订货批量。

基本模型设定的假设条件中包含着不允许缺货，从而杜绝了缺货成本。在取消这项假设前提后，就必须对可能的缺货成本加以考虑。因此，订货成本、储存成本、缺货成本总和最低的批量，才是最佳订货批量。

设 $S$ 为单位缺货年均成本，则允许缺货条件下的经济批量 $Q^*$ 的公式为

$$Q^*=\sqrt{\frac{2KD}{K_C}}\times\sqrt{\frac{K_S+S}{S}}=\sqrt{\frac{2KD\times(K_C+S)}{K_CS}} \tag{4.26}$$

【例 4-17】某企业 A 材料年需求量为 1 800 吨，每次订货成本 50 元，单位材料年储存成本 4 元，单位缺货成本年均 4 元。则

$$Q^*=\sqrt{\frac{2\times50\times1\ 800\times(4+4)}{4\times4}}=300(\text{吨})$$

### 4.5.4 存货控制的方法

存货控制是指对存货的情况进行反映和监督，报告当前存货的水平，提供进货决策所需要的信息，使存货数量在不断变化中维持足够好的状态。

#### 4.5.4.1 永续存货控制

（1）永续存货控制系统存货变化的一般状态。

第一，永续存货控制是对存货数量进行持续记录，并在存货降至某一特定水平时进货。

第二，当存货在耗用中降至再订货点时，按经济批量发出订单。

第三，在订货提前期内，若每日耗用量正常，存货量降至保险库存货量时，新的订货入库，存货量上升到较高水平。

第四，若每日耗用量高于正常耗用量，订货提前期结束时，存货量降至保险库存量以下，到货以后，库存水平比耗用正常的周期低一些。

第五，若每日耗用量低于正常水平，新的订货入库前库存水平高于保险库存量，入库后，存量最快相对较高。

（2）适用范围。

永续存货控制系统主要适用于单位价值高、领用次数少的存货，或者适用于使用电子计算机的存货控制系统。

#### 4.5.4.2 双堆存货控制

双堆存货控制不对存货进行永续记录，而是将存货置于两个空间，当一个空间的存货耗用完后立即发出订单，同时从第二个空间供货，第二个空间存货耗完，第一个空间已到货可供使用，如此交替存货，不断循环。双堆存货控制是永续存货控制的特殊形式。

（1）主要变量特征。

第一，再订货点与订货批量相同。

第二，订货提前期超过订货到货的天数。

第三，其他变量特征与永续存货控制系统相同。

（2）适用范围。

双堆存货控制系统节约了永续记录的成本，但由于不逐笔记录，存货容易丢失，因而其主要适用于低值、连续使用的标准件或办公用品。

（3）ABC 存货控制。

存货管理的 ABC 分析法是意大利经济学家巴雷特于 19 世纪首创的，以后经过不断地发展与完善，现已广泛应用于现代公司的存货管理与控制。ABC 分析法是对存货各项目（如原材料、在产品、产成品等）按种类、品种或规格分清主次、重点控制的方法。ABC 分析法的步骤如下：

①计算每一种存货在一定期间内（通常为一年）的资金占用额。

②计算每一种存货资金占用额占全部资金占用额的百分比，并按大小顺序排列，编成表格。

③将存货占用资金巨大、品种数量较小的确定为A类，A类存货品种和数量占全部存货的5%~20%，资金约占存货总金额的60%~80%；将存货占用资金一般、品种数量相对较多的确定为B类，B类存货的品种、数量占全部存货的20%~30%，资金约占存货总金额的15%~30%；将存货品种数量繁多但价值金额较小的确定为C类，C类存货的品种、数量约占全部存货的60%~70%，资金约占存货总金额的5%~20%。

企业对于A类存货，应保持严格控制，经常检查库存，详细、科学、准确地确定这类存货的经济批量；对于C类存货，可采用比较简化的方法进行管理，如集中采购、适当加大安全储备等；B类存货的控制介于A类与C类之间，可根据其在生产中的重要程度和采购的难度确定具体控制方法。

## 【本章小结】

本章主要介绍了短期运营决策的方法及这些方法在不同方案中的应用。

决策是为实现特定目标，基于目前的条件对未来有关因素的预测做出的、针对未来行动的决定，决策是一种创造性管理活动，是现代企业管理的核心与最重要的方法。决策按照不同的标志可以分为不同的种类。

在短期运营决策中应分析考虑的相关成本有：重置成本、付现成本、机会成本、专属成本、差量成本、边际成本、可避免成本、可延缓成本和可分成本等。无关成本有联合成本、沉没成本、共同成本、不可避免成本和不可延缓成本。

短期运营决策分析的基本方法有差量分析法、贡献毛利分析法、成本无差别点法、相关损益分析法和相关成本分析法等具体方法。深刻掌握每种方法，准确判断实际情况，认真分析各相关概念，是正确做出各种生产决策，为企业的生产经营提供科学决策信息的基础。

此外，还需要掌握特殊订货决策、生产决策和存货决策的分析方法。

## 【思考与练习题】

## 【案例分析】

## 【思考与练习题答案】

# 第 5 章 长期投资决策评价

【**学习目标**】通过本章的学习，学生要了解长期投资决策的基础知识；理解货币价值观念和风险观念；理解现金流量概念；掌握长期投资决策评价指标及其运用。

【**学习重点**】理解和掌握长期投资决策评价指标及其运用。

【**学习难点**】理解货币价值观念和风险观念；理解现金流量概念。

## 5.1 长期投资决策概述

### 5.1.1 长期投资的含义

（1）投资的含义。

投资泛指企业投入财力，以期在未来一定时期内获得报酬或更多收益的活动。按其投资对象不同，投资可以分为对外投资和对内投资。对外投资是指企业向企业外部有关单位使用的财产项目投入资金或实物，并以利息、使用费、股利或租金收入等形式获取收益，使得资金增值的行为，如购买其他企业的股票、债券等有价证券投资，购买用于对外租赁的设备等实物投资。对内投资是指为提高企业自身的生产经营能力而对企业内部进行的投资，如投资兴办新企业或扩大原有企业，包括厂房设备的扩建、改建、更新或购置。

管理会计中涉及的是对内投资。

（2）长期投资的含义。

长期投资是指企业为了特定的生产经营目的而进行的资金支出，其获取报酬或收益的持续时间超过 1 年以上，能在较长时间内影响企业经营获利能力的投资行为。

### 5.1.2 长期投资决策的特征

长期投资决策是指当存在几个投资项目可供选择时，对不同项目进行比较，从中选出经济效益更佳的项目。长期投资决策的特征如下：

（1）从内容上看，长期投资决策主要是对企业固定资产方面进行的投资决策。

（2）长期投资决策的效用是长期的。一项成功的长期投资，对企业若干年的生产经营的收支产生影响，可以使企业在未来若干年内获得效用。

（3）长期投资决策的投入资金数额大，需要设立专门的部门进行筹资和投资活动。

（4）长期投资决策具有不可逆转性。

（5）长期投资由于涉及时间长、金额大等原因，在使用各种评价方法时，一般要考虑资金时间价值的影响、风险的大小和现金流量的高低。

### 5.1.3 长期投资决策需要考虑的重要因素

长期投资决策应综合以下四大因素来评估，即货币的时间价值和风险价值，长期投资项目的寿命期，项目寿命期内各时点上的现金流量，对投资项目的评价方法。

首先，用适当的方法确定投资项目的寿命期，再进一步确定寿命期内投资阶段、运营阶段、回收阶段等各个时点上的现金流量，然后在充分考虑货币时间价值和风险价值的基础上，选择合适的评价方法、定量计算出长期投资项目的预计收益，最后做出投资决策。

#### 5.1.3.1 货币时间价值

（1）货币时间价值的概念。

从经济学角度看，即使不考虑通货膨胀和风险因素，同一货币量在不同时点上的价值也是不等的。货币时间价值就是由于时间因素所引起的同一货币量在不同时间里的价值量的差额。它所揭示的是作为资本的货币在使用过程中会随着时间的推移而产生增值。

长期投资决策涉及不同时点上的货币收支，只有在考虑货币时间价值的基础上，将不同时点上的货币量换算成某一共同时点上的货币量，这些货币量才具有可比性。

（2）货币时间价值的计算。

货币时间价值的计算方法有单利和复利两种。

（1）单利（simple interest）是指只按最初的本金计息，所产生的利息不能加入本金再计利息。

（2）复利（compound interest）是指每经过一个计息期，要将所产生利息加入本金去再计算利息，即“利滚利”。

（3）终值（future value）就是指现在一定数量的货币资金在未来某一时点的价值。终值就是指本利和。

（4）现值（present value）就是指未来一定数量的货币资金在现在某一时点的价值。现值就是指本金。

（3）复利终值的计算。

已知本金（现值）$P$，年利率（资金时间价值率）为 $i$，每年复利一次，年数为 $n$，求复利计息下第 $n$ 年末的本利和，即复利终值 $F$。

$$F=P\times(1+i)^n=P\times \mathrm{FVIF}_{i,n} \tag{5.1}$$

上式中 $\mathrm{FVIF}_{i,n}=(1+i)^n$，称为复利终值系数，可通过本教材附录查表取得其值。

（4）复利现值的计算。

已知终值（本利和）$F$，年数为 $n$，年利率（资金时间价值率）为 $i$，每年复利一次，求现值（本金）$P$。

$$P = F \times (1+i)^{-n} = F \times \mathrm{PVIF}_{i,n} \tag{5.2}$$

上式中 $\mathrm{PVIF}_{i,n} = (1+i)^{-n}$ 称为复利现值系数，它是复利终值系数的倒数，可通过本教材附录查表取得其值。

【例 5-1】有一投资项目，5 年后将一次产生资金回报 100 万元，某个投资者期望投资报酬率为 10%，则他最多愿在该项目上投入的资金是多少？

解：$P = F \times (1+i)^{-n} = 100 \times (1+10\%)^{-5}$

$= 100 \times 0.620\,9 = 62.09$（万元）

即：该投资者最多愿意在该项目上投资 62.09 万元。

已知终值（本利和）$F$，年数为 $n$，年利率（资金时间价值率）为 $i$，每年复利 $m$ 次，求现值（本金）$P$。

$$P = F \times \left(1+\frac{i}{m}\right)^{-mn} \tag{5.3}$$

（5）年金的计算。

年金（annuity）是指等额、等时间间隔的系列收支，主要有后付年金、先付年金、递延年金和永续年金。

①后付年金又称为普通年金（ordinary annuity），是指每期期末收付的年金。

②先付年金又称为预付年金或即付年金，是指每期期初收付的年金。

③递延年金指第一次支付发生在第二期或第二期以后的年金。

④永续年金是指无限期的定额支付的年金，是后付年金的一种特例，即 $n \to \infty$。

第一，后付年金终值计算。

已知年金 $A$，期数 $n$，利率 $i$，求第 $n$ 期期末的终值之和 $V_n$

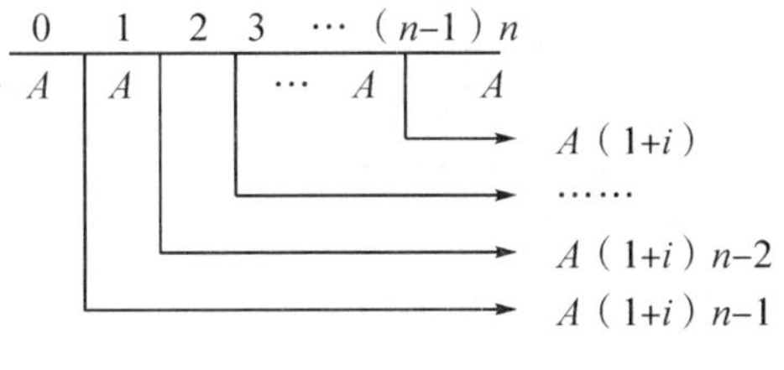


$n$ 期年金的终值可以分解为 $n$ 个复利终值之和，即：

$$V_n = A(1+i)^{n-1} + A(1+i)^{n-2} + \cdots + A(1+i) + A \tag{1}$$

（1）式两边同时乘以（1+ $i$）得：

$$V_n(1+i) = A(1+i)^n + A(1+i)^{n-1} + \cdots + A(1+i) \tag{2}$$

（2）式减去（1）式得：

$$V_n(1+i) - V_n = A(1+i)^n - A$$

$$V_n = A \cdot \frac{(1+i)^n - 1}{i} = A \cdot \mathrm{FVIFA}_{i,n} \tag{5.4}$$

上式中 $\mathrm{FVIFA}_{i,n} = \dfrac{(1+i)^n - 1}{i}$ 称为后付年金终值系数，可通过本教材附录查表取

得其值。

【例 5-2】有甲、乙两种付款方式，一种是从现在起 5 年内每年末支付 100 万元，另一种是第 3 年末支付 200 万元，第 5 年末再支付 350 万元，假设存款利率为 10%，应选择哪种付款方式？

解：甲付款方式：

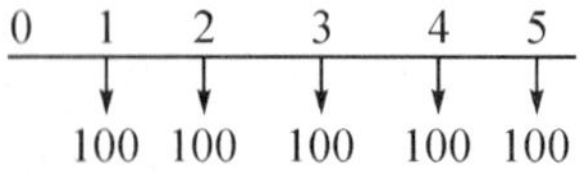


乙付款方式：

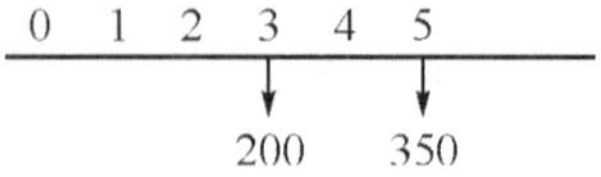


如果选择在 5 年末进行比较，分别计算两种支付方式第 5 年末的终值，计算如下：

$$V_{甲}=A\cdot\frac{(1+i)^n-1}{i}=A\cdot \mathrm{FVIFA}_{i,n}$$

$$=100\times \mathrm{FVIFA}_{10\%,5}=100\times 6.1051$$

$$=610.51（万元）$$

$$V_{乙}=P\times(1+i)^n+360=200\times(1+10\%)^2+350$$

$$=592（万元）$$

显然乙付款方式的总支付额较低。因而，应选择乙付款方式。

第二，后付年金现值计算。

已知年金 $A$，利率 $i$，期数 $n$，求现值 $V_0$

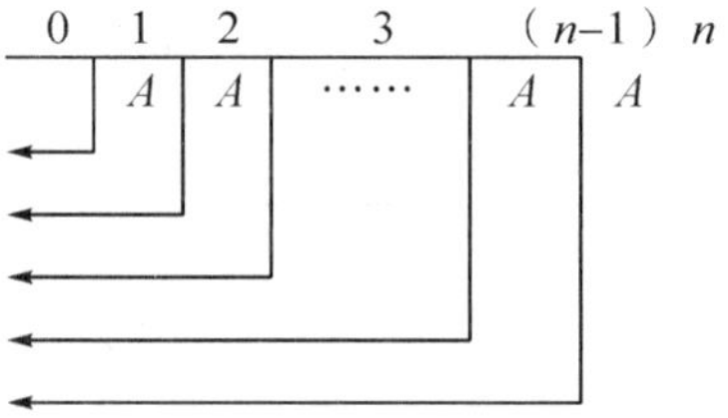


$n$ 期年金的现值可以分解为 $n$ 个复利现值之和，即：

$$V_0=A(1+i)^{-1}+A(1+i)^{-2}+\cdots+A(1+i)^{-n} \quad (1)$$

（1）式两边同时乘以（1+$i$）得：

$$V_0(1+i)=A(1+i)^0+A(1+i)^{-1}+\cdots+A(1+i)^{-n+1} \quad (2)$$

（2）式减去（1）式得：

$$V_0(1+i)-V_0=A-A(1+i)^{-n}$$

$$V_0=A\cdot\frac{1-(1+i)^{-n}}{i}=A\cdot \mathrm{PVIFA}_{i,n} \quad (5.5)$$

上式中 $\mathrm{PVIFA}_{i,n}=\frac{1-(1+i)^{-n}}{i}$ 称为后付年金现值系数，可通过查表取得。

第三，先付年金终值计算。

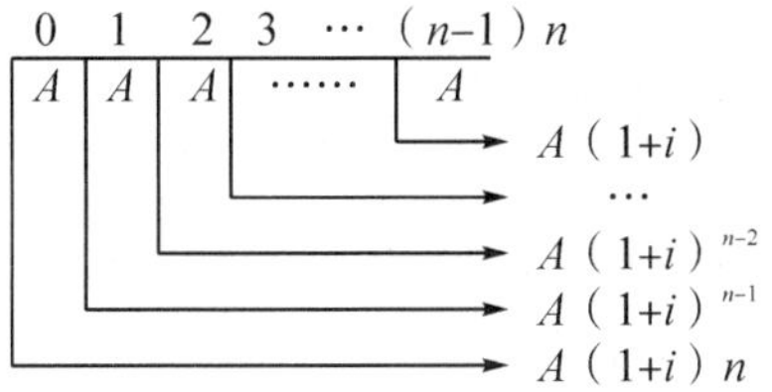


上图表示的是一个 $n$ 期的先付年金，第一次支付在第一年的年初（第 0 年末），第 $n$ 次支付在第 $n$ 年初（第 $n-1$ 年末）。

先付年金终值的计算方法：

【方法一】将其分解为 $n$ 个复利终值的计算，即：

$$V_n = A(1+i)^n + A(1+i)^{n-1} + \cdots + A(1+i) \tag{1}$$

（1）式两边同时乘以（1+$i$）得：

$$V_n(1+i) = A(1+i)^{n+1} + A(1+i)^n + \cdots + A(1+i)^2 \tag{2}$$

（2）式减去（1）式得：

$$V_n(1+i) - V_n = A(1+i)^{n+1} - A(1+i)$$

$$V_n = A \cdot \left[\frac{(1+i)^{n+1}-1}{i} - 1\right] = A \cdot (\mathrm{FVIFA}_{i,n+1} - 1) \tag{5.6}$$

上式中（$\mathrm{FVIFA}_{i,n+1}-1$）为先付年金终值系数，它是（$n$+1）期的后付年金终值系数再减去 1，即“期数加 1，系数值减 1”。

【方法二】第一步：将该 $n$ 期年金作为后付年金，计算其终点第（$n$−1）期期末的终值。根据后付年金终值计算公式，则有第（$n$−1）期期末的终值：

$$V = A \cdot \frac{(1+i)^n - 1}{i}$$

第二步：根据复利终值的计算方法将（$n$−1）期期末的终值换算为第 $n$ 期期末的终值，则先付年金在第 $n$ 期期末的终值为：

$$V_n = A \cdot \frac{(1+i)^n - 1}{i} \cdot (1+i) = A \cdot \mathrm{FVIFA}_{i,n} \cdot (1+i)$$

第四，先付年金现值计算。

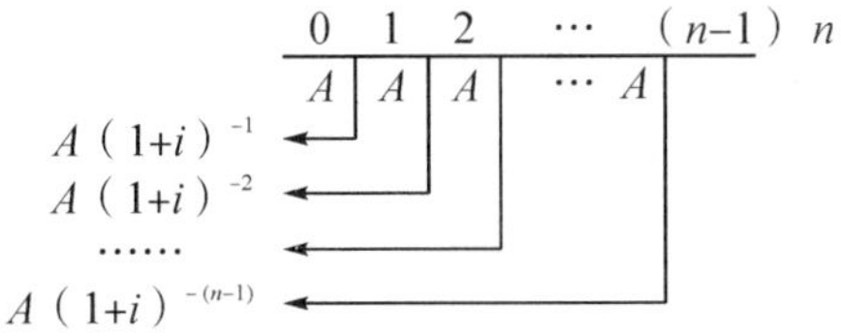


先付年金现值的计算方法：

【方法一】将其分解为 $n$ 个复利现值的计算，即：

$$V_0 = A + A(1+i)^{-1} + \cdots + A(1+i)^{-(n-1)} \tag{1}$$

（1）式两边同时乘以（1+$i$）得：

$$V_0(1+i) = A(1+i) + A + \cdots + A(1+i)^{-(n-2)} \tag{2}$$

（2）式减去（1）式得：

$$V_0(1+i)-V_0=A(1+i)-A(1+i)^{-(n-1)}$$

$$V_0=A\cdot\left[\frac{1-(1+i)^{-(n-1)}}{i}+1\right]=A\cdot[\mathrm{PVIFA}_{i,n-1}+1] \quad (5.7)$$

上式中（$PVIFA_{i,n-1}+1$）称为先付年金现值系数，它是（$n-1$）期的后付年金现值系数再加上1，即“期数减1，系数值加1”。

【方法二】第一步：将该 $n$ 期年金作为后付年金，计算（$-1$）期期末的现值。

$$V=A\cdot\frac{1-(1+i)^{-n}}{i}=A\cdot\mathrm{PVIFA}_{i,n}$$

第二步：根据复利终值的计算方法将（$-1$）期期末的值换算为第0期期末的值，则先付年金在第0期期末的现值为：

$$V_0=A\cdot\frac{1-(1+i)^{-n}}{i}\cdot(1+i)$$

$$=A\cdot\mathrm{PVIFA}_{i,n}\cdot(1+i) \quad (5.8)$$

第五，递延年金终值计算。

递延年金的终值计算比较简单，只需按实际发生的收付次数作为后付年金的期数，按后付年金终值的计算公式计算即可。

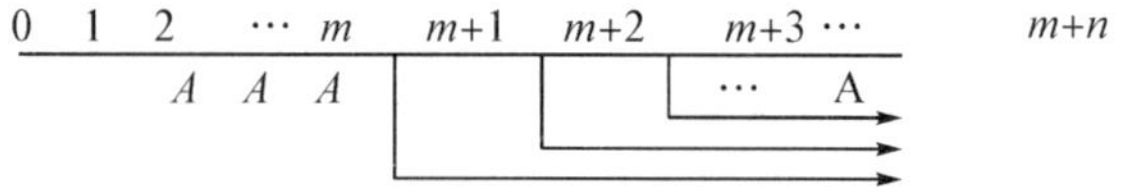


上图中，年金递延了 $m$ 期后才发生，第1次收付发生在第（$m+1$）期期末，第 $n$ 次发生在第（$m+n$）期期末，此时只需看成一个 $n$ 期的后付年金求终值即可。因此，该递延年金的终值是：

$$V_n=A\cdot\frac{(1+i)^n-1}{i}=A\cdot\mathrm{FVIFA}_{i,n} \quad (5.9)$$

第六，递延年金现值计算。

递延年金现值的计算有两种方法：

【方法一】第一步：将递延年金看成为零点是 $m$ 期期末，终点是（$m+n$）期期末的 $n$ 期后付年金，利用后付年金现值的公式计算这 $n$ 期收付额在第 $m$ 期期末的现值 $V_m$。

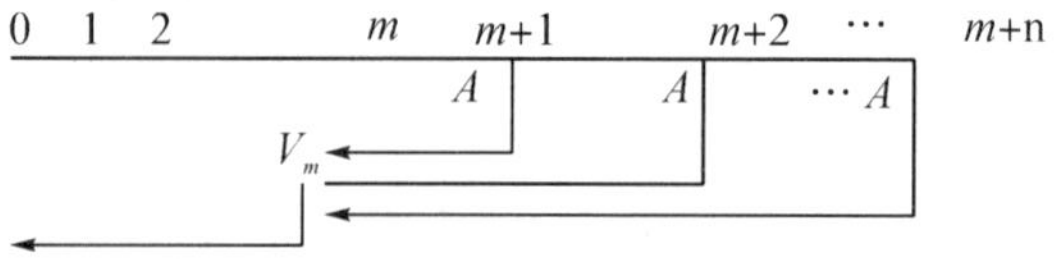


$$V_m=A\cdot\frac{1-(1+i)^{-n}}{i}=A\cdot\mathrm{PVIFA}_{i,n}$$

第二步：利用复利现值计算公式，将第 $m$ 期期末的值换算到第0期期末的价值。

$$V_0=A\cdot\frac{1-(1+i)^{-n}}{i}\cdot(1+i)^{-m}$$

$$=A\cdot\mathrm{PVIFA}_{i,n}\cdot\mathrm{PVIF}_{i,m} \quad (5.10)$$

【方法二】第一步：分别计算 $m$ 期与（$m+n$）期的后付年金的现值。

$$V_0=A\cdot\frac{1-(1+i)^{-m}}{i}=A\cdot \text{PVIFA}_{i,m}$$

$$V_0=A\cdot\frac{1-(1+i)^{-(m+n)}}{i}=A\cdot \text{PVIFA}_{i,m+n}$$

第二步：将两个后付年金的现值相减，即为递延年金的现值。

$$V_0=A\cdot \text{PVIFA}_{i,m+n}-A\cdot \text{PVIFA}_{i,m} \tag{5.11}$$

【例 5-3】某公司需租用一设备，甲公司的条件为每年年初支付租金 7 500 元，共支付 5 次；乙公司的条件是每年年末支付租金 8 000 元，共支付 5 次。问：该公司应选择向哪一家公司租设备？（年利率 10%）

解：若向甲公司租用设备，需支付租金的现值为：

$V_0=A\times(1+i)\times \text{PVIFA}_{10\%,5}$

$=7\ 500\times(1+10\%)\times3.790\ 8=31\ 274.1$（元）

若向乙公司租用设备，需支付租金的现值为：

$V_0=A\times \text{PVIFA}_{10\%,5}=8\ 000\times3.790\ 8=30\ 326.4$（元）

$\triangle V_0=31\ 274.1-30\ 326.4=947.7$（元）

即若向甲公司租用设备，需多支付租金 947.7 元。因此，该物业管理公司应向乙公司租用设备。

第七，永续年金现值计算。

由于永续年金没有终止的时间，永续年金没有终值计算的问题。永续年金的现值计算如下：

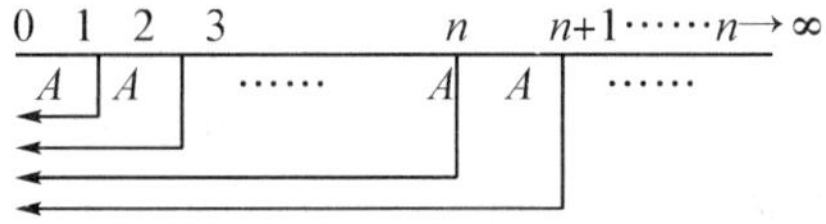


根据后付年金的现值计算公式：

$$V_0=A\cdot\frac{1-(1+i)^{-n}}{i}$$

当 $n\to\infty$ 时，$(1+i)^{-n}\to0$，

则
$$V_0=A\div i \tag{5.12}$$

即永续年金的现值等于年金额 $A$ 与利率 $i$ 之商。

从以上几种年金的计算可以看出，后付年金的计算是最基本的，其他几种年金都可以转化为后付年金来计算。

#### 5.1.3.2 现金流量

（1）现金流量的意义。

现金流量是指一项长期投资方案所引起的企业在一定时期内的现金流入和现金流出的数量。它以收付实现制为基础，以反映广义现金运动为内容。

管理会计长期投资决策所涉及的现金流量与财务会计现金流量表所涉及的现金流量相比，无论在计算口径还是计量方法上，都有很大区别。

现金流量是评价长期投资方案优劣的重要因素。因为：

①现金流量所揭示的未来期间投资项目现实货币资金收支运动，可以序时动态地反映投资的流向与回收的投入产出关系，使决策者处于投资主体的立场上，便于完整全面地评价投资的效益。

②科学的投资决策分析必须考虑资金的时间价值。由于不同时点的现金具有不同的价值，现金流量信息与项目计算期的各个时点密切结合，这就要求确定每一笔预期收入款项和付出款项的具体时间。因此，企业在投资决策中应该根据项目寿命周期内不同时间点实际收入和实际付出的现金数量，应用资金时间价值形式，对投资方案进行动态经济效益的综合评价，这样才能判断方案的优劣。

③利用现金流量指标代替利润指标进行投资效益的评价，可以避免权责发生制及财务会计面临的问题，如利润的多少容易受存货计价方法、费用分摊、折旧计提方法的影响。因此，利润的预计比现金流量的预计有较大的主观随意性，以利润作为评价依据会影响评价结果的准确性。

（2）现金流量按照流入和流出分类。

①现金流出量。

第一，建设投资，即在建设期内按一定生产经营规模和建设内容进行的固定资产、无形资产和开办费等项投资的总和，含基建投资和更新改造资金。

第二，垫支流动资金，即项目投产前后分次或一次投放于流动资产项目的投资增加额。

第三，经营成本：经营成本又称为付现的营运成本。它是生产经营过程中最主要的现金流出项目。营运成本等于当年的总成本费用扣除该年折旧费、无形资产摊销费等项目后的差额。

第四，各项税款，即项目投产后依法缴纳的、单独列示的各项税款等。如果已将增值税的销项税额列入其他现金流入，可将增值税的进项税额和应交增值税额合并列入本项。

第五，其他现金流出，如营业外净支出。

②现金流入量。

第一，营业收入，指项目投产后每年实现的全部销售收入或业务收入。在按总价法核算现金折扣和销售折让的情况下，营业收入应当指不包含折扣和折让的净额。一般纳税人企业在确定营业收入时，应当按照不含增值税的净价计算。

第二，回收的固定资产余值，指投资项目的固定资产在终结点报废清理或中途变价转让处理时所回收的价值。更新改造项目中，旧设备的余值是在建设起点回收的，新设备的余值在终结点回收。

第三，回收流动资金，项目计算期完全终止时，收回的原垫支的流动资金。

第四，其他现金流入，如增值税的销项税额。

（3）现金流量按发生的阶段不同分类。

①初始现金流量，指开始投资时所发生的现金流量，包括固定资产投资（-），流动资产投资（-），投产前费用（-），固定资产更新时原有固定资产的变价收入（+）。

②营业现金流量，指项目投产后，在其寿命周期内正常的生产经营活动所引起的

现金流量，包括营业现金收入和营业现金流出。

$$
\begin{aligned}
\text{营业现金流量} &= \text{税后净利}+\text{折旧} \\
&= \text{营业现金收入}-\text{营业现金流出} \\
&= \text{营业收入}-\text{付现成本}-\text{所得税} \qquad (5.13)
\end{aligned}
$$

③终结现金流量，指项目终结时发生的现金流量，包括固定资产变价收入（+），固定资产残值收入（+），垫支流动资金回收（+）。

【例 5-4】A 公司准备投资一新项目，经测算，有关数据如下：

该项目需要固定资产投资总额 200 万元，流动资产投资 50 万元，开办费 10 万元，建设期与构建固定资产有关的资本利息 10 万元。固定资产投资和开办费在建设期期初投入，流动资产投资在建设期期末投入，建设期为 1 年。该项目寿命预计为 10 年，预计投产后第一年可获得利润 20 万元，以后每年增加 2 万元。固定资产折旧采用直线法，期满后有 10 万元残值；开办费从投产年份起按 5 年平均摊销；流动资产投资于项目结束时一次全部回收。要求：计算该项目各年的现金流量。假设该公司适用的所得税税率为 25%。

项目计算期为：$n=1+10=11$（年）

固定资产原值：200+10=210（万元）

固定资产年折旧额：（210-10）÷10=20（万元）

开办费年摊销额：2 万元

项目投产后每年可获利扣除所得税后分别为：15 万元、16.5 万元、18 万元、19.5 万元、21 万元、22.5 万元、24 万元、25.5 万元、27 万元、28.5 万元。

（1）建设期现金净流量：

$NCF_0=-210$（万元）

$NCF_1=-50$（万元）

（2）经营期各年现金流量：

$NCF_2=15+20+2=37$（万元）

$NCF_3=16.5+20+2=38.5$（万元）

$NCF_4=18+20+2=40$（万元）

$NCF_5=19.5+20+2=41.5$（万元）

$NCF_6=21+20+2=43$（万元）

$NCF_7=22.5+20+0=42.5$（万元）

$NCF_8=24+20+0=44$（万元）

$NCF_9=25.5+20+0=45.5$（万元）

$NCF_{10}=27+20+0=47$（万元）

$NCF_{11}=28.5+20+0+10+50=108.5$（万元）

#### 5.1.3.3 项目投资寿命期的确定

投资效用期间为投资项目的寿命期 $n$，一般以固定资产的使用期作为投资效用期。

固定资产的使用期间 $n$ 一般有技术寿命和经济寿命两种，技术寿命的确定需要咨询相关专家，经济寿命的确定可以采用经济批量法定量计算。到底采用哪个方法，企业应该根据固定资产的特点和使用环境自行决定。

## 5.2 长期投资决策分析评价的基本方法

### 5.2.1 静态分析方法

静态分析法也称为非贴现的现金流量法，是指直接按投资项目形成的现金流量来计算，借以分析、评价投资方案经济效益的各种方法的总称。它主要包括投资回收期法、投资报酬率法。

#### 5.2.1.1 投资回收期法

（1）投资回收期的概念。

投资回收期是指以投资项目经营现金净流量抵偿原始投资额所需要的全部时间，一般以年为单位，或者说是收回全部投资额所需要的时间。

投资回收期越短，其投资价值越大，投资效益越好。一般来说，当投资方案的投资回收期为效用期的一半时，方案可行。

（2）投资回收期的优缺点。

①投资回收期的优点。能够直观地反映反映原始投资的返本期限，简便易行。由于投资回收期的长短能反映方案在未来时期所冒风险程度的大小，因而应用比较广泛。投资回收期的计算考虑了净现金流量，事实上已在较低程度上考虑了资金时间价值。

②投资回收期的缺点。没有考虑资金时间价值；它考虑的净现金流量只是小于或者等于原始投资额的部分，没有考虑其大于原始投资额部分的现金流量的变化。

#### 5.2.1.2 投资报酬率法

（1）投资报酬率的概念。

投资报酬率是指投资方案的年平均净收益与年平均投资额的比值。计算公式为：

投资报酬率=年平均净收益÷年平均投资额×100%　　(5.14)

投资报酬率大于期望的投资报酬率时，投资方案可行，并且投资报酬率越大，投资方案越好。

（2）投资报酬率的优缺点。

①投资报酬率优点可以直接利用现金净流量信息，简单明了。企业通过计算投资报酬率，将有关方案的总收益同其资源的使用（投资）紧密地联系起来，可以较好地衡量各有关方案的投资经济效果。

②投资报酬率缺点没有考虑资金时间价值；只考虑净收益的作用，没有考虑净现金流量的影响，不能全面正确地评价投资方案的经济效果。

### 5.2.2 动态分析法

动态分析法也称为贴现的现金流量法，是指考虑投资回收期的时间对有关方案现金流量的影响，对其经济效果进行分析评价的各种方法的总称。动态分析法的特点是综合考虑了现金流量和货币时间价值两个因素的影响。常用的动态分析法有动态回收期法、净现值法、现值指数法、内部报酬率法、外部报酬率法等。

#### 5.2.2.1 动态回收期法

动态回收期是以折现的现金流量为基础而计算的投资回收期。回收期越短，方案越好。

动态回收期法考虑了货币时间价值，因此，该指标能反映前后各期净现金流量高低不同的影响，有助于促使企业压缩建设期，提前收回投资，该指标明显优于静态回收期法。

动态回收期的计算不能应用简化公式，比较复杂；它仍然具有无法揭示回收期以后继续发生的现金流量变动情况的缺点，有一定的片面性。

#### 5.2.2.2 净现值法

（1）净现值法的概念。

净现值是指一个投资项目营运期现金净流量的现值与建设期现金净流量的现值之间的差额。净现值的计算公式为：

$$\mathrm{NPV} = \sum_{t=0}^{n} \frac{\mathrm{NCF}_t}{(1+k)^t} \tag{5.15}$$

净现值原则是指投资者要接受净现值大于零的项目，也就是：

①各投资项目为独立型项目时，若 $NPV>0$，说明在考虑资金时间价值后，投资项目的现金流入量超过其现金流出量，因而，投资项目具有经济上的可行性，反之 $NPV<0$，则说明投资项目不具备经济上的可行性。

②各投资项目为互斥型项目时，选择 $NPV>0$ 且 $NPV$ 较大的投资项目。净现值是否最大化是判断公司财务管理决策正确与否的基本依据。

（2）净现值法的优缺点。

①净现值法的优点。充分考虑了资金时间价值对未来不同时期现金净流量的影响，使方案的现金流入与现金流出具有可比性。

②净现值法的缺点。只考虑了方案在未来不同时期净现金流量在价值上差别，没有考虑不同方案原始投资在量上差别。它只侧重净现值这个绝对数的大小来评价方案的优劣，当各个方案的原始投资额不同时，不同方案的净现值是不可比的。不能反映投资方案本身的投资报酬率。

【例5-5】B公司某投资项目2012年年初投资1 000万元，2013年年初追加投资1 000万元，两年建成。该项目建成后，预计第一年至第四年每年年初的现金净流量分别是800万元、850万元、920万元、950万元。贴现率为10%。要求：用净现值法对该投资项目进行决策。

解：该项目现金流动图为：

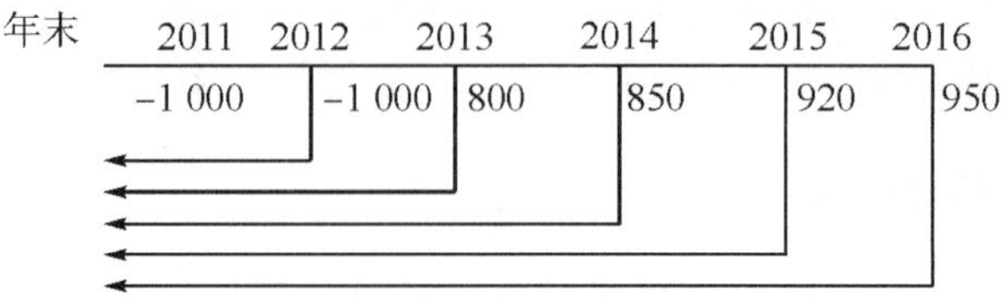


$$\text{NPV} = \sum_{t=0}^{n} \frac{\text{NCF}_t}{(1+k)^t}$$

$$= (-1\ 000) + \left[\frac{-1\ 000}{(1+10\%)^1}\right] + \frac{800}{(1+10\%)^2}$$

$$+ \frac{850}{(1+10\%)^3} + \frac{920}{(1+10\%)^4} + \frac{950}{(1+10\%)^5}$$

$=608.93$（万元）

$\because$　NPV $> 0$

$\therefore$　这个方案可以接受。

#### 5.2.2.3　现值指数法

（1）现值指数的概念。

现值指数是指项目投产以后各期现金净流量的现值之和与原始投资额的现值之和的比值，又称获利指数。它反映单位投资额在未来可获得的现时的净收益。

当现值指数大于1时，方案可行；现值指数越大，说明方案越好。

（2）现值指数法的优缺点。

①现值指数法的优点，即能体现资金时间价值的作用。它是以相对数为决策依据，能反映各投资方案单位投资额所获未来净现金流量的大小，便于不同投资方案的比较。

②现值指数法的缺点，即不能反映投资方案本身的投资报酬率。

#### 5.2.2.4　等年成本法

等年成本法是通过比较新旧设备的年平均使用成本的高低，来决策是否更新设备的方法。

年使用成本包括年使用费和投资的年摊销额。年使用费是指机器设备的维修费，投资的年摊销额是指包括原始投资额中逐年摊销的部分和占用在残值上的资金每年应计的利息。

#### 5.2.2.5　内部报酬率法

（1）内部报酬率的概念。

内部报酬率是指投资方案未来各期现金流入量的现值等于现金流出量的现值，即净现值等于零的投资报酬率。它反映投资方案本身所能达到的投资报酬率。

令：$\text{NPV} = \sum_{t=0}^{n} \frac{\text{NCF}_t}{(1+k)^t} = 0$

则：$k$ 为内部报酬率。

当内部报酬率大于期望的报酬率时，方案可行；内部报酬率越大，方案越好。

（2）内部报酬率的优缺点。

①内部报酬率的优点。可以确定投资方案本身的投资报酬率，使长期投资决策分析方法更加精确。

②内部报酬率的缺点。内部报酬率的计算复杂。

假设各个项目在其全部过程中，都是按照各自的内部报酬率进行再投资而形成增值的，这一假设缺乏客观性依据。

对于非常规方案，可以计算多个内部报酬率，为该指标的应用带来困难。

常规方案是指在建设和生产经营年限内各年的净现金流量在开始年份出现负值、以后各年出现正值，正、负符号只改变 1 次的投资方案。

非常规方案是指在建设和生产经营年限内各年的净现金流量在开始年份出现负值、以后各年有时出现正值，有时出现负值，正、负符号改变超过 1 次以上的投资方案。

【例 5-6】某投资方案的现金流量的资料如表 5. 1 所示：

**表 5. 1　投资方案的现金流量**　　单位：元

| $t=0$ | $t=1$ | $t=2$ |
|---|---|---|
| -1 600 | 10 000 | -10 000 |

对于这个投资方案，由于现金流量的符号改动了两次，属于非常规方案。这个投资方案可以计算出两个内部报酬率，一是 25%，二是 400%，这使人无法判别方案的优劣。

#### 5. 2. 2. 6　外部报酬率法

（1）外部报酬率法的概念。

外部报酬率是使一个投资方案的原始投资额的终值与各年的净现金流量按基准收益率或设定的折现率计算的终值之和相等时的收益率。

令：$A_0(1+\text{ERR})^n=\sum_{t=0}^{n}A_t(1+i)^{n-t}$

则：ERR 为外部报酬率。

外部报酬率大于期望报酬率时，方案可行；外部报酬率越大，方案越好。

【例 5-7】某单位净现金流量如表 5. 2 所示，如果要求的最低的报酬率为 20%。计算外部报酬率，如表 5. 2 所示。

**表 5. 2　某单位净现金流量**　　单位：元

| 年份 | 净现金流量 |
|---|---|
| 2×10 | -16 000 |
| 2×11 | 10 000 |
| 2×12 | 10 000 |

令：16 000×（1+ERR）$^2$＝10 000×（1+20%）+10 000

则：ERR=17.3%

（2）外部报酬率法的优缺点。

①外部报酬率法的优点。外部报酬率既是按照统一的报酬率计算各年的净现金流量形成的增值，又可以避免非常规方案的多个内部报酬率的问题，弥补了内部报酬率指标的不足。

②外部报酬率法的缺点。用其确定期望报酬率是一个比较复杂的问题。

#### 5.2.2.7 长期投资决策的分析方法的选择

长期投资决策的分析方法根据不同的方案有不同的选择，具体如表5.3所示。

表5.3 长期投资决策的分析方法的选择

| 投资方案类型 | 适用方法 |
|---|---|
| 独立常规方案 | NPV法、IRR法 |
| 独立非常规方案 | NPV法、ERR法 |
| 互斥常规方案 | △NPV法、△IRR法 |
| 互斥非常规方案 | △ERR法 |
| 年限不同的互斥方案 | 等年成本法 |
| 投资额不同的互斥方案 | PVI法 |

## 5.3 影响投资决策的若干问题

### 5.3.1 投资决策的敏感性分析

与运营决策一样，长期投资决策中也存在敏感性分析，它是用来研究有关影响长期投资方案效果的因素（如现金流量、固定资产使用年限等）发生变化时，对该投资方案的净现值和内部收益率所产生的影响程度。如果上述变量的较小变化对目标值产生较大的影响，即表明该因素的敏感性很强；反之，则表明该因素的敏感性弱。

敏感分析可以使决策当局预知影响因素的变动余地，防患于未然。在实际分析中，一般将长期投资的敏感性分析分为以现金流量为基础的敏感性分析和以内部报酬率为基础的敏感性分析。

根据净现值的计算公式：现金流入量的现值=∑第t年现金净流量/（1+折现率）$^t$

在采用净现值指标评价投资方案的可行性时，其基本要求是净现值应该不能小于零。这样，就规定了每年现金净流量、投资项目使用年限这两个基本因素的变动范围。也就是说，如果这两个因素偏离原预测目标而发生变动，其变动范围的极限至少不能让净现值小于零。

当然，年现金净流量和项目期间都可以影响方案的现值，但它们的影响程度无法通过上述方法计算得到。能够反映影响程度的指标是敏感系数，可以通过敏感系数分析方法来进行内部报酬率敏感分析。

对因素的敏感性分析，可以为决策者提供有关因素允许的变动幅度的资料，从而有助于帮助决策者在实施方案之前，对方案有一个比较全面的了解，进而做出最优的决策。

现通过举例来说明敏感性分析。

【例 5-8】C 公司准备投资一个项目，该项目需要一次性投入 200 000 元，预期 5 年的项目期，每年可以产生 70 000 元的现金净流量。公司预计的投资报酬率为 20%。要求对该项目进行敏感性分析。

（1）用净现值指标进行敏感性分析。

①该项目的净现值=70 000×（P/A，20%，5）-200 000=9 370（元）

净现值大于 0，则方案可行。

②确定每年现金流入量的变动幅度，即每年的现金流入量至少应为多少，才能使方案的净现值为零，从而使方案可行，即

年净现金流入量=200 000÷（P÷A，20%，5）= 66 867（元）

该结果表明，在投资额、项目年限和最低报酬率一定的情况下，每年的现金净流量的下限是 66 867 元。如果小于 66 867 元，则方案不可行。

③确定使用年限的变动幅度，即投资项目年限至少应为多少，才能使方案可行。即：0=70 000×（P/A，20%，t）-200 000

（P÷A，20%，$t$）= 200 000÷70 000=2. 857

利用插值法可以求出 $t$ =4. 67 年

该结果表明，在投资额、每年现金，净流量和最低报酬率一定的情况下，投资方案至少应该为 4. 67 年时，方案才可行。

（2）用内部报酬率指标进行敏感性分析。

①计算方案的内部报酬率。

0=70 000×（P/A，$i$，5）-200 000

利用插值法可以求出 $i$ =22. 18%

②计算敏感系数。

根据敏感系数的计算公式：

敏感系数=目标值的变动百分比÷变量值的变动百分比

计算出的敏感系数为：

年净现金流量对内部报酬率的敏感系数

=（22. 18%-20%）÷22. 18%÷（70 000-66 867）÷70 000

=2. 20

项目期间对内涵报酬率的敏感系数

=（22. 18%-20%）÷22. 18%÷（5-4. 67）÷5

=1. 49

上述两个敏感系数的含义是当内部报酬率降低 2. 18%（22. 18%-20%）时，会使年现金净流量减少 3 133 元（70 000-66 867），而项目有效期间会减少 0. 33 年，相对来说，年现金净流量的敏感系数要大些，说明年现金净流量对内部报酬率的影响要更

大些，即内部报酬率的变化率是以 2.21 倍的速率随现金净流量变化而以 1.49 倍的速率随项目的期间变化。

### 5.3.2 通货膨胀对长期投资决策的影响





通货膨胀是一种世界性的现象。在现实经济生活中，按通用货币表现的一切货币收支自然而然地包含了通货膨胀的影响。不独立计量它的影响，就会使计算出来的各项经济指标的数值，不能真实反映各个投资方案可能取得的真实的投资效益，并可能由此而产生判断和决策上的失误。只有在剔除了通货膨胀这一因素对投资方案的各主要经济指标的影响后，才能正确、客观地评价各投资方案。

投资决策一般所涉及的年限都较长，受通货膨胀的影响也就较大，因而正确地独立计量通货膨胀这一因素的影响，是客观评价投资方案的一个必要条件。

（1）通货膨胀与货币时间价值。

通货膨胀与货币时间价值都随着时间的推移而显示出各自的影响，其中，货币时间价值随着时间的推移使货币增值，而通货膨胀则随着时间的推移使货币贬值，一般用物价指数的增长百分比来计量。假设用物价指数增长百分比来表现通货膨胀率，假设物价指数每年增长 10%，则 5 年内物价水平变动及其相对应币值变动如表 5.4 所示。

**表 5.4 物价水平与币值对应变动表**

| | | | | | | |
|---|---|---|---|---|---|---|
| 物价水平 | 1 | $(1+0.1)$ | $(1+0.1)^2$ | $(1+0.1)^3$ | $(1+0.1)^4$ | $(1+0.1)^5$ |
| 币值 | 1 | $1/(1+0.1)$ | $1/(1+0.1)^2$ | $1/(1+0.1)^3$ | $1/(1+0.1)^4$ | $1/(1+0.1)^5$ |

在表 5.4 中，物价水平每年增长 10%，与其相对应的货币则会不断贬值，可用货币时间价值小的现值形式来表现，这种形式的币值是消除了通货膨胀因素影响后货币的真正的实际价值（相当于 0 时的价值、实际购买力）。由于物价指数每年增长 10%，第一年年末的 1 元仅相当于第一年初（为 0 时）的 1÷（1+0.1）= 0.909 的购买力或实际价值。同理，第五年年末的 1 元仅相当于第一年年初的 1÷（1+0.1）= 0.621 元的购买力或实际价值。因此，我们完全可以依据通货膨胀率，借用货币时间价值的现值计算方法，来确定不同期间货币的实际价值，以剔除通货膨胀的影响。

（2）内部收益率（贴现率）与通货膨胀率的关系。

在通货膨胀情况下，没有剔除通货膨胀因素计算出来的投资方案的内部收益率是名义上的内部收益率。名义内部收益率包含通货膨胀率和实际的内部收益率两个部分，它们之间的关系是：

$$1+i=(1+f)\times(1+r) \tag{5.16}$$

式中：$i$ 为名义内部收益率，$f$ 为通货膨胀率，$r$ 为实际内部收益率。

显然，我们也可以将 $i$ 理解为包含通货膨胀率的贴现率，$f$ 仍为通货膨胀率，$r$ 为剔除通货膨胀率的贴现率或反映货币时间价值的贴现率。

在没有通货膨胀的情况下，我们只要将各年现金净流量乘上反映货币时间价值的现值系数 $1/(1+r)^n$，在可比的基础上计算投资方案的各种主要经济指标。

在有通货膨胀的情况下，我们首先要剔除通货膨胀因素，将各年现金净流量乘上 $1/(1+f)^n$，在此基础上再乘上反映货币时间价值的现值系数 $1/(1+r)^n$，然后再计算投资方案的各种主要经济指标。所以，在通货膨胀情况下我们就有下面等式：

$$1/(1+i)^n=1/(1+f)^n\times 1/(1+r)^n \tag{5.17}$$

当 $f=0$ 时，则 $i=r$，这说明当通货膨胀率为零时内部收益率就等于实际内部收益率，或者只有反映货币时间价值的贴现率。

【例 5-9】某投资方案投资额为 20 000 元，有效使用年限为 3 年，各年的现金净流量分别为 10 400 元、11 120 元、13 200 元，该 3 年中通货膨胀率均为 10%，企业最低投资收益率为 10%。要求：计算名义内部收益率。

解：根据已知条件，我们计算现值。

当不考虑通货膨胀因素，在折现率为 10%时，其净现值为，

$NPV=10\,400\times(1+10\%)^{-1}+11\,120\times(1+10\%)^{-2}+13\,200\times(1+10\%)^{-3}-$

$20\,000=8\,561.98$ 元

如果考虑通货膨胀的影响因素，按照 $1+i=(1+f)\times(1+r)$，可得：

$1+i=(1+0.1)\times(1+10\%)$

则，$i=0.21\%$

$NPV=3\,641.21$ 元

可见由于通货膨胀的影响，使这个方案净现值虚增了 4 920.77 元。虚增数超过了原计算数的 50%，在决策中须给予充分重视和必要的考虑。

可以换一个角度看待本题，我们可以计算得到该投资方案的名义内部收益率为 32%。按照 $1+i=(1+f)\times(1+r)$，可得：

$1+32\%=(1+0.1)\times(1+r)$

则，$i=20\%$

即没有剔除通货膨胀因素的时候，该项目的内部报酬率为 32%；剔除通货膨胀的影响因素，该项目的实际报酬率只有 20%。如果预期报酬为 25%，则在通货膨胀为 10%的情况下，该方案不可行。

以上我们对通货膨胀所做的论述和举例都是假定每年的通货膨胀率为一个定值。在实际生活中，通货膨胀很可能是一个持续的经济现象，但一般说来，各年的通货膨胀率又不会相等，时高时低，在这种情况下，我们计算实际内部收益率时就不能简单使用 $(1+i)=(1+f)\times(1+r)$ 的公式，而需要分别计算各年通货膨胀系数，然后，根据各年的通货膨胀系数，剔除该年现金净流量中的通货膨胀因素，再按照通货膨胀情况计算投资方案的各种主要经济指标。

## 【本章小结】

本章论述了决策会计中的长期投资的决策方法，罗列了进行长期投资决策的四大要素的确定：投资项目的寿命、投资项目期间内各时点上的现金流量、投资项目的货币时间价值、评估指标，另外还考虑了对常规决策的影响因素。本章的公式较多，各知识点有一定难度，所以，学习时应该结合《中级财务管理》相关知识去理解和掌握。

【思考与练习题】

【思考与练习题答案】

# 第6章 全面预算管理

【学习目标】通过本章的学习，学生要理解全面预算的概念与功能；熟悉全面预算管理的重点及特征；掌握全面预算编制方法的特点、优缺点及适用性；熟练运用零基预算、增量预算、弹性预算编制方法；掌握并熟练运用经营预算、财务预算的编制，熟悉专项决策预算的编制；掌握全面预算的执行及考核。

【学习重点】全面预算的内容；全面预算的编制方法；全面预算的编制。

【学习难点】全面预算的内容；全面预算的编制方法；全面预算的编制。

## 6.1 全面预算管理概述

全面预算管理将公司的战略规划、目标管理、计划管理、运营控制、财务管理、过程控制及绩效管理等整合在一起，上承战略，下启绩效，中间衔接运营，把企业的产、供、销、人、财、物，各个职能部门和业务单元，高管、中层、基层人员，事前、事中、事后所有控制统统纳入一个管理体系。编制全面预算，实施严格的全面预算管理，已经成为现代企业管理的国际惯例和有效手段。

### 6.1.1 预算管理

#### 6.1.1.1 预算与预算体系

预算是一种定量计划，指在对组织内外部因素进行科学分析和预测的基础上，以价值量和实物量等形式对组织未来一定期间的经营活动和财务收支进行全面、系统而具体的预计和控制的管理活动。它既是企业经营战略或经营决策的具体化，又是企业控制生产经营活动的重要依据。预算是通过对企业内外部环境的分析，在科学的生产经营预测与决策基础上，用价值和实物等多种形态反映企业未来一定时期的投资、生产经营及财务成果等一系列的计划和规划。

预算体系（budget system），就是根据企业的战略规划，按照全局观点编制的部门预算和整体预算的综合体系。

预算体系要求预算的编制要以企业全局一盘棋为基本的出发点，协调好局部与整体、短期与长期的矛盾，最终形成一个协调、统一的综合体系。这是因为各职能部门执行的生产、销售和财务活动都直接影响着“收入-费用=利润”这一基本等式中的一项或几项，而执行的效果又是企业的期间利润与长期财务成果的决定因素。如果只从部门利益出发，以部门利益最大化为导向编制部门预算，就容易导致局部利益与整体利益的冲突，短期利益与长期利益的冲突。





不同企业的预算体系虽各具特点，但基本结构大致相同。如图 6.1 所示，总预算包括了诸多单独的部门预算，但不是这些部门预算的简单加总，而是本着既要实现企业目标收益，又要保持财务流动性，按照全局一盘棋的整体观点对所有部门预算加以研究和调整之后形成的综合体。

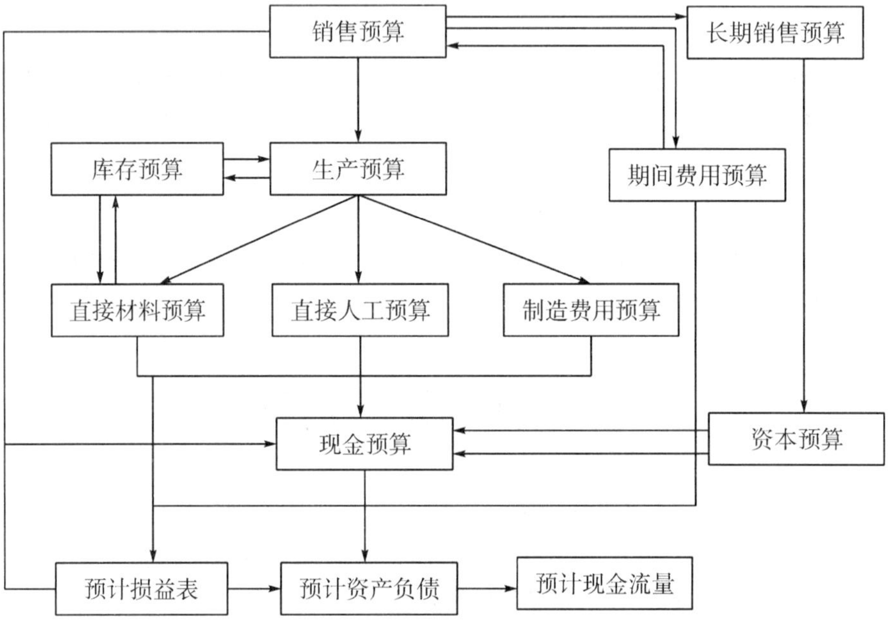


**图 6.1　总预算体系结构示意图**

#### 6.1.1.2　预算管理

预算管理（budget management），是围绕期间预算展开的对企业的收入、支出和财务状况进行计划和控制的一系列管理活动，具体包括了预算编制、预算执行、预算分析、预算控制和预算考评等多个环节。

预算是面向未来的计划，它以定量的形式将企业及企业的各个组成部分在未来一段时间内所要完成的任务和实现的效果具体地表现出来。在“战略规划—长期目标—短期目标—短期计划—预算—执行—反馈”这一控制链条中，预算起着承上启下的作用，是现代管理会计中“决策会计”与“执行会计”的中介。

预算在企业管理中的作用主要表现在几个方面：

（1）规划功能。

企业预算通常就是企业战略目标与经营政策的分解。通过一系列的规划、分析并加以数量化，预算以一种系统的方式具体体现并细化了企业在特定阶段内所要实现的目标与所要执行的政策。预算管理有助于企业预测未来经营面临的机会与威胁，也促使企业进行资源的优化配置。

（2）控制功能。

预算的执行过程实际上就是目标的实现过程。在预算体系中，企业通过定期比较实际完成情况与阶段预算目标的差距就可以帮助其实施过程监控，及时发现背离目标的经营行为，采取纠正措施，使企业行为朝着既定的目标前进。在执行过程中，预算还是适时控制的基点。通过预算体系的反馈机制，企业管理层可以及时了解预算执行过程中遇到的问题与障碍，并采取相应的对策，促使企业的经营按照预定的轨道顺利进行。预算管理可以避免浪费和无效率行为的发生。

（3）沟通和协调功能。

企业要实现既定的经营目标，就需要各个部门以企业利益为出发点，团结合作。只有以预算为连接点，才能加强各部门之间的纵向和横向联系，使管理层与执行层相互沟通、形成共识，同时也有效减少了预算执行过程中的障碍和阻力，将企业的各个职能部门连接成为一个统一的整体，形成局部利益服从整体利益的局面。

（4）激励功能。

预算提供了业绩评价的标准，明确了各部门、各单位在企业整体经营中所担负的职责和任务，将个人激励与绩效挂钩，可以形成员工主观为自己、客观为组织付出的良性循环，组织中每个个体为自身利益最大化而努力，促成组织目标的实现。

## 6.1.2 全面预算管理

### 6.1.2.1 全面预算管理的概念与分类

全面预算（overall budget）又称总预算（master budget），是企业根据其战略性的长期目标，在科学的生产经营预测和决策基础上，用数量和金额的表格形式全面反映一定时期内企业的销售、生产经营、采购等各项经营业务，以及投资、筹资、成本控制等各项财务活动的经营理财策略和预计经营成果、现金流量的一整套全面的、综合的资本运营规划。也就是说，全面预算是企业以实现战略目标和阶段目标利润为目的，以销售预算为起点，对生产、成本、现金收支等活动进行预测，并形成企业一定期间的全面生产经营活动的计划。

全面预算具有明显的“三全”特征，即“全方位”“全过程”“全员参与”。全方位：全部经济活动均纳入预算体系。全过程：各项经济活动的事前、事中、事后均要纳入预算管理过程。全员参与，即各部门、各单位、各岗位、各级人员共同参与预算编制和实施。

全面预算管理（total budget management）是指企业以战略目标为导向，通过对未来一定期间的经营活动和相应的财务结果进行全面预测和筹划，科学、合理配置企业各项财务和非财务资源，并对执行过程进行监督和分析，对执行结果进行评价和反馈，调整和改善经营活动，进而推动实现企业战略目标的管理活动。

对全面预算管理概念进行理解，要把握以下几个要点：

（1）全面预算不是单纯的财务预算。

从内容上看，全面预算是企业全方位的计划，财务计划和财务预算只是企业全面预算的一部分；从预算形式上看，全面预算可以是货币式的，也可以是实物式的，而财务计划则是以价值形态所表现的计划；从范围上，预算是一个综合性的管理活动，涉及企业各部门和不同科层，而财务计划的编制、执行主要由财务部门控制。

（2）全面预算管理是以战略目标为导向的，是推动企业实现战略目标的管理活动。

如图 6.2 所示，全面预算管理始于企业战略规划，止于业绩考核评价，形成一个完整的管理闭环，将企业战略规划与经营管理活动有效地连接起来，使经营管理活动始终服务于企业战略规划的贯彻落地。没有企业战略的引导，全面预算管理可能将企业带入歧途；没有全面预算管理的控制，企业战略也难以得到有效贯彻。

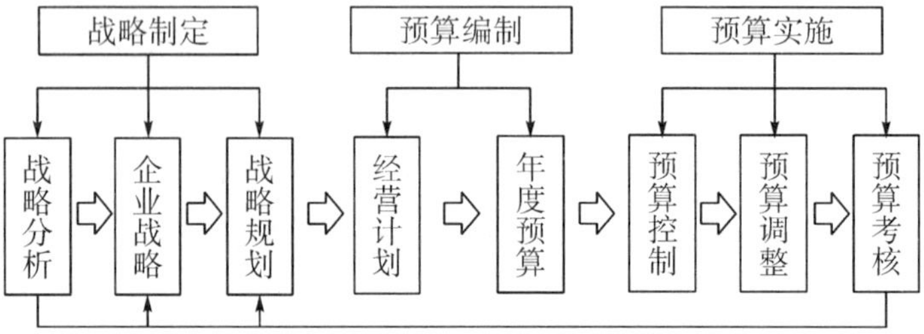


图 6.2　全面预算管理与企业战略关系示意图

（3）全面预算是业务系统而不仅仅是财务系统。

全面预算管理运用数量化的系统工具编制预算，使之成为企业预算期内具有高度权威性的行动指南，是计划未来工作、实现预定目标的过程，是对有限的企业资源进行分配的过程，是对计划实施进行控制的工程，是协调完成战略与业务目标的业务系统，而不仅仅是货币化的财务系统。

（4）全面预算是管理平台而不仅仅是管理工具。

预算管理更需要根据其战略目标、业务特点和管理需要，借助和融合各种管理工具，才能达到预期目标。如整合战略管理领域的工具方法，强化预算对战略的承接分解；整合成本管理、风险管理领域的管理会计方法，强化预算对战略执行的过程控制；整合营运管理领域的管理会计工具方法，强化预算对生产经营的过程监控；整合绩效管理领域的管理会计工具方法，强化预算对战略目标的引导。对多种管理工具和方法的整合，使全面预算管理成为管理领域工具方法整合协同平台。

（5）全面预算是筹划控制而不仅仅是预测经营。

全面预算管理的前提是预计经营成果，其本质作用在于筹划和控制。预算管理是实现资源优化配置的重要工具，能够科学、合理地配置企业各项财务和非财务资源，发挥投入产出效益最大化，推动战略目标的实现。全面预算管理的核心理念是过程控制，对执行过程进行监督和分析，对执行结果进行评价和反馈，指导经营活动的改善和调整。

#### 6.1.2.2 全面预算的主要内容

不同企业全面预算的构成内容，因企业性质、规模及主要业务等不同而有所差距。但其整体框架基本相同。这是因为企业全面预算管理内容的本质其实是企业经营、投资、筹资等经济管理活动，表现为预算的形式有经营预算、专门决策预算和财务预算。这些预算形式按经济管理内容的关联及相互联系有序排列、相互关联、相互制约、环环相扣，形成了一个完整的、科学的、系统的全面预算体系。这个体系的整体框架及内容如图6.3所示。

- 全面预算
  - 经营预算
    - 销售预算
    - 生产预算
      - 业务量预算
      - 直接人工预算
      - 直接材料预算
      - 制造费用预算
      - 产品成本预算
      - 其他生产预算
    - 采购预算
    - 费用预算
    - 其他经营预算
  - 专门决策预算
    - 固定资产投资预算
    - 股权投资预算
    - 筹资预算
  - 财务预算
    - 资金预算
    - 预计资产负债表预算
    - 预计利润表预算

**图6.3 全面预算基本构成**

（1）经营预算。

经营预算是指与企业日常业务直接相关的一系列预算，是企业在科学的生产经营预测和决策基础上，根据其确定的经营目标，用数量和金额形式反映并规划一定预算期内销售、生产经营、采购等各项基本经营业务的专门预算。经营预算包括销售预算、生产预算、采购预算、费用预算及其他经营预算。

销售预算是指预算期内企业销售产品或提供劳务等经营管理活动的预算，主要内容包括销售量、营业收入、营业成本和销售资金回款等。

生产预算是指预算期内企业生产产品或提供劳务等经营管理活动的预算，主要内容包括业务量（产品产量、服务量提供量）、直接材料、直接人工、制造费用、产品成本等。

采购预算是指预算期内企业物资与服务的采购储备、货款支付等经营管理活动的预算，主要内容包括采购量、存量周转期、库存结余、货款额等。

费用预算是指预算期内企业组织管理、销售和融资等经营活动而发生的管理费用、财务费用和销售费用的预算。

其他经营预算是指预算期内企业日常经营活动中有关折旧、税费、薪酬等方面的预算。一般情况下，这些预算涉及采购、生产、销售和管理的各个方面。

（2）专门决策预算。

专门决策预算又称特种决策预算，是指企业为重大的或不经常发生的、需要根据特定决策编制的预算，一般是为长期投资项目或者一次性专门业务所编制的预算，通常是指与企业投资活动、筹资活动或收益分配等相关的各种预算。专门决策预算可以分为资本预算和一次性专门业务预算两类。其中，资本预算主要是针对企业长期投资决策编制的预算，包括固定资产投资预算、权益性资本投资预算和债券投资预算；一次性专门业务预算主要有资金筹措及运用预算、交纳税金与发放股利预算等。

固定资产投资预算是预算期内企业为构建、改扩建厂房、购买设备等而进行的资本性投资预算，常见的固定资产投资预算包括基本建设项目预算、更新改造项目预算、设备购置预算等。

股权投资预算是预算期内企业为获得外部企业的经营决策、利润分配等股权性收益权而进行资本投资的预算，常见的股权投资预算包括产业性股权投资预算、财务性股权投资预算等。

筹资预算是预算期内企业为经营、投资等业务活动所需资金的筹措及借款偿还安排的预算，常见的筹资预算包括股权筹资预算、债券筹资预算等。

（3）财务预算。

财务预算是一种综合性的财务规划，主要采用货币资金计量的形式将企业确定的经营目标和投资、筹资决策具体化、数量化、系统化，通过对资金的合理配置，反映企业在预算期内货币资金的收支情况和在各项业务中的成本费用控制要求，以及预计企业应实现的财务状况、经营成果和现金流量的预算。因此，财务预算也是指与企业资金收支、财务状况或经营成果等有关的预算，包括资金预算、预计资产负债表、预计利润表等。

资金预算是反映预算期内企业现金收支及结余的预算，主要内容包括经营资金、投资资金和筹资资金等。

预算资产负债表是预算期初和预算期末，企业财务状况情况的预算，内容包括资产、负债及所有者权益。

预计利润表是预算期内企业经营成果和利润分配的预算，主要内容包括损益项目和利润分配。

#### 6.1.2.3 全面预算管理的基本原则

（1）战略导向原则。

全面预算管理应围绕企业的战略目标和业务计划有序开展，引导各预算责任主体聚焦战略、专注执行、达成绩效。

企业应按照战略目标，将战略目标和业务计划具体化、数量化作为预算目标，确立预算管理的方向、重点和目标，促进战略目标落地。

（2）过程控制原则。

全面预算管理应通过及时监控、分析等把握预算目标的实现进度并实施有效评价，为企业经营决策提供有效支撑。

企业通过过程监督、差异分析等促使日常经营不偏离预算标准，及时发现预算执行过程存在的偏差，或采取必要的补救措施，或调整预算，以应对实际情况。

（3）融合性原则。

全面预算管理应以业务为先导、以财务为协同，将预算管理切入企业经营管理活动的各个领域、层次、环节。

全面预算管理有许多融入企业管理的切入点，其中最基本的切入点是预算管理工具与经营管理工具的融合，编制预算与经营计划的融合。

（4）平衡管理原则。

全面预算管理应平衡长期目标与短期目标、整体利益与局部利益、收入与支出、结果与动因等关系，促进企业可持续发展。

各责任单位在编制经营计划时，都是从自己的职责范围出发的，容易局限于短期目标、局部目标，缺乏对长远利益和整体利益的把握；而过于重视长远利益，又会影响企业当前的发展，所以预算管理就是要达到综合平衡，实现均衡发展。

（5）权变性原则。

全面预算管理应刚性与柔性相结合，强调预算对经营管理的刚性约束，又可根据内外环境的重大变化调整预算，并针对例外事项进行特殊处理。

全面预算的刚性是预算管理中一直强调的重要原则，但是企业战略、组织结构、市场环境等重大变化，可能使预算编制的基础随之变化，使预算企业的指导偏离于实际情况，预算就须及时进行调整。这样做既有利于减少预算编制时因不可预见因素导致的复杂性，也有利于预算灵活应对现实经济活动中的特殊状况。

#### 6.1.2.4 全面预算的组织方式

从形成上看，企业预算的编制方式可分为权威式（自上而下）和参与式（自下而上）。实务中的预算编制方式一般都介于完全权威式预算和完全参与式预算这两个极端之间，即混合式（上下结合）的预算编制方式，只不过侧重不同而已。

（1）权威式预算。

在权威式预算中，预算是一个财务计划和过程控制的工具，从企业的战略目标直至单个部门的具体预算等，均由企业的最高管理层决定，较低层级只是按照预算原则执行预算。权威式预算虽然能从企业全局出发，实现资源的合理配置，但是使下级缺乏责任感和动力，预算目标的实现会大打折扣。此外，较低层级因担心本期费用的节省、投资的减少会对下期预算（可控资源）产生影响，就会产生“尽可能用完预算”的行为问题。

（2）参与式预算。

在参与式预算中，各个层级共同制定预算，最高管理层和董事会保留最后的批准权。在参与式预算中，虽然下级的士气和动力有所提高，但是预算执行者为回避最终责任，可能造成预算松弛问题，编制低标准预算，制定容易实现的目标，例如，高报成本预算目标或低报销售预算目标。此外，上下级之间存在信息不对称的情况，就会导致他们行为的扭曲，如高层管理者过严或过松的审批会引发预算松弛或预算操纵问题。

（3）混合式预算。

混合式预算式是一种比较理想的预算编制方式，综合了上述两种方式的优点，也称为“上下结合式预算”，基本步骤如下：确定预算参与者，预算参与者包括各个层级的管理者及在特定领域拥有专长的员工；最高管理层与预算参与者就战略方向、战略目标等问题进行沟通；预算参与者制定预算初稿；根据企业的分部管理模式，较低组织层级将预算提交到较高组织层级审查，较高组织层级通过与较低组织层级的双向沟通，提出修改意见；通过严格且公正的预算审批形成最终预算。

## 6.2 全面预算的编制

预算编制的基本流程主要包括：启动预算编制、战略规划检视与更新、业务计划与预算编制、财务预算编制、预算审核与下发，如图 6.4 所示。

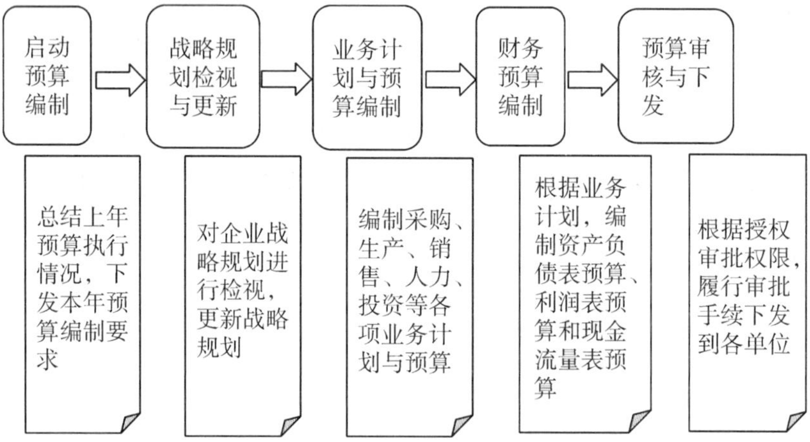


**图 6.4　预算编制流程**

### 6.2.1　业务预算

#### 6.2.1.1　销售预算

销售预算是指在通过销售预测确定目标销售量和目标销售额的基础上，为规划某预算期内企业各产品预计销售收入和各项劳务预计销售收入而编制的一种日常业务预算。销售收入最终必须是现金收入的实现。企业在编制销售预算时应该同时编制现金收入预算，将销售预算和现金收入紧密结合在一起，共同作为对销售业务的控制标准和考核评价的依据。确定预计的销售量的工作是编制销售预算的重点和难点。常见的销售预测方法有简单平均预测法、加权移动平均预测法、相关指标法、德尔菲预测法等。

【例 6-1】××公司是增值税一般纳税人，增值税税率为 13%。假定××公司在预算年度 2×20 年只生产和销售一种甲产品，预计销售单价为 80 元，预计全面四季度的销售量分别为 2 000 万件、2 500 万件、2 500 万件和 3 000 万件，全面目标销售量为10 000万件。每个季度销售收入额（含增值税）计划在当季收回现金 40%，余额在下一季度全部收回。××公司预算年度年初应收账款余额为 50 000 万元。（不考虑坏账损失）。其销售及现金收入预算如表 6.1 所示。

**表 6.1　甲产品销售及现金收入预算表（2×20 年度）**

| 项目 | | 第一季度 | 第二季度 | 第三季度 | 第四季度 | 全年度 |
|---|---|---|---|---|---|---|
| 目标销售量/万件 | | 2 000 | 2 500 | 2 500 | 3 000 | 10 000 |
| 预计售价/元/件 | | 80 | 80 | 80 | 80 | |
| 预计销售收入/万元 | | 160 000 | 200 000 | 200 000 | 240 000 | 800 000 |
| 预计增值税/万元 | | 20 800 | 26 000 | 26 000 | 31 200 | 104 000 |
| 预计含税商品销售额/万元 | | 180 800 | 226 000 | 226 000 | 271 200 | 904 000 |
| 项目 | 本期发生额/万元 | 现金收入/万元 | | | | |
| 年初应收账款余额 | 50 000 | 50 000 | | | | 50 000 |
| 第一季度 | 180 800 | 72 320 | 108 480 | | | 180 800 |
| 第二季度 | 226 000 | | 90 400 | 135 600 | | 226 000 |
| 第三季度 | 226 000 | | | 90 400 | 135600 | 226 000 |
| 第四季度 | 271 200 | | | | 108 480 | 108 480 |
| 年末应收账款余额 | 162 720 | | | | | |
| 合计 | | 122 320 | 198 880 | 226 000 | 244 080 | 791 280 |

#### 6.2.1.2　生产预算

生产预算是在销售预算的基础上编制的，是为规划预算期内预计各产品生产量和预计各劳务供应量而编制的一种日常业务预算。其表达形式主要是产量、生产成本等，主要包括产量预算、直接材料预算、直接人工预算、制造费用预算和产品成本预算。根据销售量、现有库存及企业的生产能力、物料计划表等，编制产量、材料消耗、人员需求等业务量预算，然后财务进一步编制直接材料成本、直接人工成本和制造费用等预算。如果产品制造周期长，还需要编制产品预算及合理产成品库存预算。

（1）编制生产量预算。

在采用 JIT 生产体系的企业中，预计的生产量就是预计的销售量；在未采用 JIT 生产系统的情况下，生产量预算数还要考虑期初、期末产成品库存的影响。其计算公式如下：

$$预算期产量 = 销售数量 + 期末库存量 - 期初库存量 \quad (6.1)$$

【例 6-2】承接上例，该公司预计甲产品在预算年度 2×20 年每季的期末库量应保持在下一季度目标销售量的 10%，并预计 2×21 年度的第一季度甲产品的目标销售量为

2 800 万件。根据以上资料编制的××公司甲产品的销售量预算如表 6.2 所示。

**表 6.2　××公司甲产品生产量预算表（2×20 年度）**　　　单位：万件

| 项目 | 第一季度 | 第二季度 | 第三季度 | 第四季度 | 全年度 |
|---|---|---|---|---|---|
| 目标销售量 | 2 000 | 2 500 | 2 500 | 3 000 | 10 000 |
| 加：预计期末库存量 | 250 | 250 | 300 | 280 | 280 |
| 减：预计期初库存量 | 200 | 250 | 250 | 300 | 200 |
| 预计生产量 | 2 050 | 2 500 | 2 550 | 2 980 | 10 080 |





（2）编制直接材料预算。

生产部门根据产量预算安排生产数量，根据企业核定的材料消耗目标和材料预算价格，安排预算期内各种生产使用的材料品种、数量和金额，主要包括原材料、辅助材料、燃料与动力等材料。它与生产预算相同，都是仅采用实物量计量单位，不涉及货币计量的日常业务预算。其计算公式为：

直接材料预计消耗量 = 预计产品生产量 × 预算年度直接材料预算单耗　（6.2）

预算年度直接材料预算单耗 = 基期该直接材料实际单耗 ×（1 ± 预算年度增减变动率）

【例 6-3】××公司生产的甲产品由 A、B、C 三种直接材料构成。上年度三种直接材料的实际单耗分别为 2.5 千克/件，4 千克/件和 2 千克/件。公司预算委员会预计的 2×20年度三种直接材料单耗增减变动率分别为 A 材料下降 8%，B 材料下降 5%，C 材料上升 5%。据此，编制了 2×20 年度甲产品直接材料消耗量预算表如表 6.3 所示。

**表 6.3　××公司甲产品直接材料消耗量预算表（2×20 年度）**

生产量单位：万件　消耗量单位：万千克

| 项目 | | A 材料 | B 材料 | C 材料 |
|---|---|---|---|---|
| 单耗（千克/件） | 上年实际 | 2.5 | 4 | 2 |
| | 增减变动率 | 下降 8% | 下降 5% | 上升 5% |
| | 本年预算 | 2.3 | 3.8 | 2.1 |
| 第一季度 | 预计生产量 | 2 050 | 2 050 | 2 050 |
| | 预计消耗量 | 4 715 | 7 790 | 4 305 |
| 第二季度 | 预计生产量 | 2 500 | 2 500 | 2 500 |
| | 预计消耗量 | 5 750 | 9 500 | 5 250 |
| 第三季度 | 预计生产量 | 2 550 | 2 550 | 2 550 |
| | 预计消耗量 | 5 865 | 9 690 | 5 355 |
| 第四季度 | 预计生产量 | 2 980 | 2 980 | 2 980 |
| | 预计消耗量 | 6 854 | 11 324 | 6 258 |
| 预计消耗量全年合计 | | 23 184 | 38 304 | 21 168 |

(3) 编制直接人工预算。

生产部门根据产量预算中安排的品种和数量，以及企业工资制度，安排预算期内所需的直接人工工资和其他直接人工成本。预算期内直接人工工时的消耗水平即单位产品工时定额，一般可以根据上年实际消耗水平和管理需要，采用增量预算或零基预算方法确定。随着企业机器设备的更新，员工技术水平和产品生产工艺水平的逐步提高，企业的劳动生产率也必然会逐步提高，企业员工的劳动报酬也应水涨船高。因此，单位小时工资水平随之上升，从而使直接人工总成本相应增加。直接人工成本预算计算如下示：

计算确定单位产品预算工时定额，公式如下：

某产品单位产品预算工时定额 = 该产品单位产品上年实际工时 × (1 ± 预算年度增减变动率)  (6.4)

计算产品预算直接人工总工时，公式如下：

某产品预算直接人工总工时 = 产品预算工时定额 × 预计生产量  (6.5)

计算直接人工预算每小时工资率，公式如下：

直接人工预算每小时工资率 = 上年度实际每小时工资率 × (1 ± 预算年度增减变动率)  (6.6)

计算预算直接人工总成本，公式如下：

预算直接人工总成本 = 预算直接人工总工时 × 直接人工预算每小时工资率  (6.7)

【例 6-4】××公司甲产品上年实际单位产品工时定额每件 0.25 小时，上年实际直接人工每小时工资 13.5 元。公司预算委员会批准 2×20 年度甲产品单位产品工时定额和直接人工每小时工资率分别比上年实际下降 10%和上升 8%。据此，编制了人工成本预算如表 6.4 所示。

**表 6.4 ××公司甲产品直接人工成本预算表 (2×20 年度)**

| 项目 | | 第一季度 | 第二季度 | 第三季度 | 第四季度 | 全年度 |
|---|---|---|---|---|---|---|
| 预计生产量/万件 | | 2 050 | 2 500 | 2 550 | 2 980 | 10 080 |
| 单位产品工时/小时/件 | 上年实际 | 0.25 | 0.25 | 0.25 | 0.25 | 0.25 |
| | 增减变动率 | 下降 10% | 下降 10% | 下降 10% | 下降 10% | 下降 10% |
| | 本年预算 | 0.225 | 0.225 | 0.225 | 0.225 | 0.225 |
| 预算直接人工总工时/万小时 | | 461.25 | 562.5 | 573.75 | 670.5 | 2 268 |
| 每小时工资率/元/小时 | 上年实际 | 13.5 | 13.5 | 13.5 | 13.5 | 13.5 |
| | 增减变动率 | 上升 8% | 上升 8% | 上升 8% | 上升 8% | 上升 8% |
| | 本年预算 | 14.58 | 14.58 | 14.58 | 14.58 | 14.58 |
| 预算人工总成本/万元 | | 6 725 | 8 201 | 8 365 | 9 776 | 33 067 |

(4) 编制制造费用预算。

生产部门根据产量预算中安排的品种数量，根据企业核定的制造费用项目、历史数据、消耗目标等资料，安排预算期内各车间、分厂、部门制造费用的预算额。也就是说，制造费用预算是指为规划和控制预算期内制造费用耗用水平，以实现企业目标成本决策编制的一种日常业务预算。制造费用是企业在生产制造产品过程中发生的各种间接费用。在管理会计中，制造费用可分解成变动制造费用和固定制造费用，以便根据其成本习性分别管理；而在企业日常的财务会计中，往往只按照其用途分成若干明细费用项目。因此，编制制造费用预算既可以采用管理会计的方法，将其分解为变动制造费用和固定制造费用后根据成本习性编制；也可以将制造费用充分明细化后按照增量预算和零基预算法编制。

采用前者来编制制造费用预算的大致步骤如下：

计算确定各变动制造费用预算分配率，计算公式如下：

某变动制造费用预算分配率 = 该项上年实际分配率 ×（1 ± 预算年度增减变动率） (6.8)

计算各变动制造费用预算费用额，计算公式如下：

某变动制造费用预算费用额 = 该项费用预算分配率 × 预算人工总工时 (6.9)

计算确定各固定制造费用预算费用额，计算公式如下：

某固定制造费用预算费用额 = 该项固定制造费用上年实际费用额 ×（1 ± 预算年度增减变动率） (6.10)

然后将每一项固定制造费用预算费用额按照季度数或者月份数平均分配。最后预计确定制造费用预算总额中的现金支出总额，以便为编制现金预算提供资料。

【例 6-5】××公司在编制制造费用预算时，按照成本习性将其分解为变动制造费用和固定制造费用，并且每一项制造费用的成本习性及其上年实际费用额已列入制造费用预算表（表 6.5）。公司预算委员会批准预算年度 2×20 年各项制造费用增减变动率分别为：水电费下降 5%，修理费下降 5%，间接人工上升 10%，有机物料消耗下降 10%，管理人员工资及福利费上升 8%，折旧费上升 10%，保险费和租赁费不变，办公费下降 20%，差旅费下降 20%，劳动保护费上升 5%。并假定除折旧费以外，其余制造费用均为现金支出。据此，××公司编制了 2×20 年度的制造费用预算，见表 6.5。

**表 6.5 ××公司制造费用预算表（2×20 年度）**

| 项目 | 上年实际 | 本年预算 | 第一季度 | 第二季度 | 第三季度 | 第四季度 | 全年 |
|---|---|---|---|---|---|---|---|
| 预算人工总工时/万小时 | — | — | 461.25 | 562.5 | 573.75 | 670.5 | 2 268 |
| 变动制造费用 | 费用分配率（元/小时）/% | | | | | | |
| 水电费 | 6 | 5.7 | 2 629 | 3 206 | 3 270 | 3 822 | 12 927 |
| 修理费 | 4 | 3.8 | 1 753 | 2 138 | 2 180 | 2 548 | 8 619 |
| 间接人工 | 1 | 1.1 | 507 | 619 | 631 | 738 | 2 495 |
| 机物料消耗 | 2 | 1.8 | 830 | 1 013 | 1 033 | 1 207 | 4 083 |
| 小计 | 13 | 12.4 | 5 719 | 6 976 | 7 114 | 8 315 | 28 124 |

表6.5(续)

| 项目 | 上年实际 | 本年预算 | 第一季度 | 第二季度 | 第三季度 | 第四季度 | 全年 |
|---|---|---|---|---|---|---|---|
| 固定制造费用 | 费用总额/万元 | | | | | | |
| 管理人员工资及福利费 | 200 | 216 | 54 | 54 | 54 | 54 | 216 |
| 折旧费 | 2 102 | 2 312 | 578 | 578 | 578 | 578 | 2 312 |
| 保险费 | 48 | 48 | 12 | 12 | 12 | 12 | 48 |
| 租赁费 | 400 | 400 | 100 | 100 | 100 | 100 | 400 |
| 办公费 | 120 | 96 | 24 | 24 | 24 | 24 | 96 |
| 差旅费 | 100 | 80 | 20 | 20 | 20 | 20 | 80 |
| 劳动保护费 | 198 | 208 | 52 | 52 | 52 | 52 | 208 |
| 小计 | 3 168 | 3 360 | 840 | 840 | 840 | 840 | 3 360 |
| 合计 | — | — | 6 559 | 7 816 | 7 954 | 9 155 | 31 484 |
| 减：折旧费 | | — | 578 | 578 | 578 | 578 | 2 312 |
| 制造费用限制支出总额/万元 | | — | 5 981 | 7 238 | 7 376 | 8 577 | 29 172 |

（5）编制生产成本及期末存货预算。

生产部门根据直接材料、直接人工和制造费用预算汇总编制预算期内各种产品的制造总成本和期末存货预算。也就是说，产品制造成本及期末存货预算是在产品生产量预算、直接材料消耗预算、直接人工成本预算和制造费用预算的基础上汇总编制而成的，是为了规划预算期内每种产品的单位产品成本、生产总成本、产品销售成本及产品的期初、期末存货成本等内容编制的一种日常业务预算。该预算也为预计资产负债表和预计利润表提供数据。产品制造成本及期末存货预算的基本计算公式如下：

$$\begin{aligned}\text{预算产品单位成本} &= \text{单位直接材料成本} + \text{单位直接人工成本} + \\ &\quad \text{单位变动制造费用} + \text{单位固定制造费用} \\ &= \sum(\text{材料预算单耗} \times \text{材料预计单价}) + \text{单位产品预算工时定额} \times \text{预算小时工资率} + \text{单位产品预算工时定额} \times \text{变动制造费用预算分配率} + \frac{\text{固定制造费用预算总额}}{\text{预计产品生产量}}\end{aligned} \tag{6.11}$$

【例6-6】××公司生产的甲产品预算期初结余200件，每件单位成本43元。公司存货发出计价采用先进先出法。根据相关预算，编制该公司2×20年度甲产品制造成本及期末存货预算，如表6.6所示。

表 6.6　××公司甲产品制造成本及期末存货预算表（2020 年度）

| 成本项目 | 预计全年生产量（10 080 万件） | | | |
|---|---|---|---|---|
| | 单耗/千克/件<br>或/小时/件 | 单价/元/千克<br>或/元/小时 | 单位成本<br>/元/件 | 总成本<br>/万元 |
| 直接材料 | | | | |
| A 材料 | 2.3 | 4 | 9.2 | 92 736 |
| B 材料 | 3.8 | 5 | 19 | 191 520 |
| C 材料 | 2.1 | 3 | 6.3 | 63 504 |
| 小计 | — | — | 34.5 | 347 760 |
| 直接人工成本 | 0.225 | 14.58 | 3.280 5 | 33 067 |
| 变动制造费用 | 0.225 | 12.4 | 2.79 | 28 123 |
| 固定制造费用 | — | — | 0.333 3 | 3 360 |
| 合计 | — | — | 40.903 8 | 412 310 |
| 甲产品存货 | 数量/万件 | 单位成本/元/件 | | 总成本/万元 |
| 年初存货 | 200 | 43 | | 8 600 |
| 年末存货 | 280 | 40.903 8 | | 11 453 |
| 本年销售 | 100 00 | — | | 409 457 |

#### 6.2.1.3　采购预算

采购预算是企业预算期内物资采购、控制采购成本、采购业绩考核的主要依据。采购预算主要包括仓储预算、材料采购成本预算、现金支出预算和应付账款预算等。在以销定产的情况下，按照销售、生产、采购预算的顺序编制各项预算，销售预算和生产预算是采购预算的重要输入。采购预算还要在资金安排上与销售预算、生产预算、现金预算等衔接起来，以保障整体经营活动的顺利进行。

【例 6-7】××公司在市场调查的基础上，预计预算年度 A 材料、B 材料和 C 材料的市 场价分别为每千克 4 元、5 元和 3 元。同时为了确保甲产品生产与销售的需要，避免出现停工待料的损失，预计预算年度 2×20 年各种直接材料在每季的期末结存量应保持在下一季度预计消耗量的 10%，并预计在下一年度的第一季度 A 材料、B 材料和 C 材料的预计消耗量分别为 6 600 万千克、11 200 万千克和 6 200 万千克。同时，公司采购的各种直接材料增值税税率均为 13%，公司计划保持上一年度直接材料采购现金支出方式，即每季度的含税购货总价款在当即支付 20%，下一季度支付现金 40%，再下一季度支付现金 40%，共分三次支付现金。另外，该公司 2×20 年初应付账款余额为 100 000 万元，其中上年度第三季度应付账款余额 32 000 万元，上年第四季度应付账款余额 68 000 元。据此，公司编制的甲产品材料采购及采购现金支出预算表如表 6.7 所示。

表 6.7 ××公司甲产品直接材料采购成本及采购现金支出预算表（2×20 年度）

| 直接材料 | 项目 | 第一季度 | 第二季度 | 第三季度 | 第四季度 | 全年合计 |
|---|---|---|---|---|---|---|
| A材料 | 预计消耗量/万千克 | 4 715 | 5 750 | 5 865 | 6 854 | 23 184 |
| | 加：期末结存量/万千克 | 575 | 586. 5 | 685. 4 | 660 | 660 |
| | 减：期初结存量/万千克 | 471. 5 | 575 | 586. 5 | 685. 4 | 471. 5 |
| | 预计采购量/万千克 | 4 818. 5 | 5 761. 5 | 5 963. 9 | 6 828. 6 | 23 372. 5 |
| | 预计采购单价元/千克 | 4 | 4 | 4 | 4 | 4 |
| | A 材料采购成本/万元 | 19 274 | 23 046 | 23 855. 6 | 27 314. 4 | 93 490 |
| B材料 | 预计消耗量/万千克 | 7 790 | 9 500 | 9 690 | 11 324 | 38 304 |
| | 加：期末结存量/万千克 | 950 | 969 | 1 132. 4 | 1 120 | 1 120 |
| | 减：期初结存量/万千克 | 779 | 950 | 969 | 1 132. 4 | 779 |
| | 预计采购量/万千克 | 7 961 | 9 519 | 9 853. 4 | 11 311. 6 | 38 645 |
| | 预计采购单价元/千克 | 5 | 5 | 5 | 5 | 5 |
| | B 材料采购成本/万元 | 39 805 | 47 595 | 49 267 | 56 558 | 193 225 |
| C材料 | 预计消耗量/万千克 | 4 305 | 5 250 | 5 355 | 6 358 | 21 168 |
| | 加：期末结存量/万千克 | 525 | 535. 5 | 625. 8 | 620 | 620 |
| | 减：期初结存量/万千克 | 430. 5 | 525 | 535. 5 | 625. 8 | 430. 5 |
| | 预计采购量/万千克 | 4 399. 5 | 5 260. 5 | 5 445. 3 | 6 252. 2 | 21 357. 5 |
| | 预计采购单价元/千克 | 3 | 3 | 3 | 3 | 3 |
| | C 材料采购成本/万元 | 13 198. 5 | 15 781. 5 | 16 335. 9 | 18 756. 6 | 64 072. 5 |
| 直接材料采购成本总额/万元 | | 72 277. 5 | 86 422. 5 | 89 458. 5 | 102 629 | 350 787. 5 |
| 应交增值税进项税（13%） | | 9 396. 075 | 11 234. 925 | 11 629. 605 | 13 341. 77 | 45 602. 375 |
| 含税购货总价款（保留至万元） | | 81 674 | 97 657 | 101 088 | 115 971 | 396 390 |
| 项目 | 本期发生额/万元 | 现金支出（保留至万元） | | | | |
| 年初应付账款余额 | 100 000 | 66 000 | 34 000 | | | 100 000 |
| 第一季度 | 81 674 | 16 334 | 32 670 | 32 670 | | 81 674 |
| 第二季度 | 97 657 | | 19 531 | 39 063 | 39 063 | 97 657 |
| 第三季度 | 101 088 | | | 20 218 | 40 436 | 60 654 |
| 第四季度 | 115 971 | | | | 23 194 | 23 194 |

表6.7(续)

| 直接材料 | 项目 | 第一季度 | 第二季度 | 第三季度 | 第四季度 | 全年合计 |
|---|---|---|---|---|---|---|
| 年末应付账款余额 | 133 211 | | | | | |
| 合计 | - | 82 334 | 86 201 | 91 951 | 102 693 | 363 179 |

### 6.2.1.4 费用预算

费用预算主要是指期间费用预算，主要包括管理费用预算、销售费用预算、财务费用预算。各销售和管理部门年度费用预算必须以业务计划为基础，将部门业务工作进行分类，然后针对不同业务类别，采用不同的方法编制各项明细项目费用预算。其编制方法基本与制造费用预算编制相同。

【例6-8】假设××公司单位产品的销售佣金为4元/件，单位产品运输费1元/件，其余费用都属于固定性费用。各项费用除折旧为不需付现的项目外，保险费于第一季度支付，财产税于第二季度支付外，其余需付费用在全年间均匀支付。公司费用预算表如表6.8所示。

**表6.8 ××公司费用预算表（2×20年度）** 单位：元

| 项目 | 第一季度 | 第一季度 | 第一季度 | 第一季度 | 全年 |
|---|---|---|---|---|---|
| 变动性期间费用 | | | | | |
| 单位产品销售佣金 | 4 | 4 | 4 | 4 | 4 |
| 单位产品运费 | 1 | 1 | 1 | 1 | 1 |
| 预期销售量 | 2 000 | 2 500 | 2 500 | 3 000 | 10 000 |
| 预计的变动性期间费用 | | | | | |
| 固定性期间费用 | | | | | |
| 广告费用 | 30 000 | 30 000 | 30 000 | 30 000 | 120 000 |
| 折旧 | 100 000 | 100 000 | 100 000 | 100 000 | 400 000 |
| 管理人员工资 | 65 000 | 65 000 | 65 000 | 65 000 | 260 000 |
| 保险费 | 15 000 | 15 000 | 15 000 | 15 000 | 60 000 |
| 财产税 | 10 000 | 10 000 | 10 000 | 10 000 | 40 000 |
| 合计 | 220 000 | 220 000 | 220 000 | 220 000 | 88 000 |
| 现金支出预算： | | | | | |
| 变动性期间费用 | 10 000 | 12 500 | 12 500 | 15 000 | 50 000 |
| 广告费用 | 30 000 | 30 000 | 30 000 | 30 000 | 120 000 |
| 管理人员工资 | 65 000 | 65 000 | 65 000 | 65 000 | 260 000 |
| 保险费 | 60 000 | | | | 60 000 |
| 财产税 | | 40 000 | | | |
| 合计 | 165 000 | 147 500 | 107 500 | 110 000 | 490 000 |

## 6.2.2 专项决策预算

专项决策预算影响比较重大，发生频率较低，并且根据决策特殊需求编制，格式与逻辑千差万别。一般情况下，企业会组建专业团队，分析项目情况，编制专项决策预算。

### 6.2.2.1 固定资产投资预算

固定资产投资预算是对预算期内固定资产支出的总体安排，包括在建筑工程施工、机器设备等方面的支出，涵盖固定资产达到预算可使用状态所需的全部费用支出的预算。

（1）建筑工程类固定资产，此类支出包括直接费、间接费、计划利润和税金及附加组成。

直接费包括人工费、材料费、施工单位机械使用费和其他直接费、现场经费等，可按建筑工程量和当地建筑工程概算综合指标计算，房屋建筑按每平方米造价估算。间接费包括施工管理费和其他间接费，一般以直接费为基础，按照施工现场所在地区规定的间接费率执行。计划利润以直接费和间接费之和为基数，按一定的利润率计取。税金及附加包括增值税、城市维护建设税和教育费附加，可按照税法规定税率计算得出。施工过程中，还会发生一些其他费用，如拆迁费、设计费等，这些费用也应根据实际情况列示。

（2）机器设备类固定资产，包括需要安装设备和不需要安装设备。

不需要安装设备预算根据预计采购价格、运输费、保险费及相关税费测算。需要安装设备预算，不但要考虑设备本身的价格、税费、还需考虑安装工程费。安装工程费包括设备安装费及管道（线）安装费用，由直接费、间接费、计划利润和税金组成。其中直接费按每台设备或每台设备占全部设备价格的百分比计算；间接费用以直接费用为基础，按间接费用率计算；计算利润以安装工程的直接费用和间接费用之和为基数，按一定的利润率计算；税金包括增值税、城市维护建设税及教育费附加，根据有关的税率、费用率和纳税项目数额计算。

### 6.2.2.2 股权投资预算

通过股权投资活动，企业拥有被投资企业的全部或部分产权，按投资比例分享权益和承担风险。兼并、收购或参股企业等活动都属于股权投资范畴，其预算由投资部门负责编制，财务部门予以协助。

【例 6-9】××公司为了扩大甲产品的生产能力，决定在预算年度引进一条新的生产线，年初开始建造，年末建造完工，达到预定可使用状态，并交付使用。预计此生产线的投资共需资金 60 950 万元，其分次支出的金额和时间已列入预算表（表 6.9）。为此，××公司在预算年度 2×20 年 7 月 1 日将发行票面面值为 10 000 万元的公司债券，票面利为 10%，期限 3 年，每年 12 月 31 日和 7 月 1 日支付利息。生产线建造期间的债券利息可以资本化，计入固定资产价值。根据预算，××公司在本预算年度现金流量充裕，为了公司的长远发展，决定利用充裕的现金在资本市场上进行股权购并。预算安排用于股权购并的现金分次支出的金额和时间已列入预算表（表 6.9）。公司编制的预算年度 2×20 年资本支出和筹资决策预算，见表 6.9。

**表 6.9　××公司资本支出和筹资决策预算表（2×20 年度）**

单位：万元

| 项目 | 第一季度 | 第二季度 | 第三季度 | 第四季度 | 全年 |
| --- | --- | --- | --- | --- | --- |
| 固定资产投资 | | | | | |
| 勘察设计费 | 950 | 1 000 | | | 1 950 |
| 土建工程 | 2 000 | 4 000 | | | 6 000 |
| 购置设备 | | | 24 000 | 20 000 | 44 000 |
| 安装工程 | | | | 6 000 | 6 000 |
| 其他 | | | 1 000 | 2 000 | 3 000 |
| 合计 | 2 950 | 5 000 | 2 500 | 28 000 | 60 950 |
| 长期股权投资 | | | | | |
| 股权购并 | 4 500 | 10 500 | 55 000 | 30 000 | 100 000 |
| 投资支出总计 | 7 450 | 15 500 | 80 000 | 58 000 | 160 950 |
| 资金筹措 | | | | | |
| 发行公司债券 | | | 10 000 | | 10 000 |
| 支付债券利息 | | | | 500 | 500 |

### 6.2.3 财务预算

财务预算作为全面预算编制过程的最后环节，主要从利润、现金流、财务状况三个方面总体反映企业在预算期的整体情况，在全面预算管理体系中具有目标导向作用、控制约束作用、绩效评价作用等。

#### 6.2.3.1 利润预算

利润预算表与实际利润表的内容、格式相同，只不过数据是面向预算期的。它汇总了销售收入、销货成本、销售费用、管理费用等预算的损益数据。通过编制利润预算表，企业才可以了解各项业务计划后企业预期的盈利水平。如果利润预算指标与战略规划中的年度目标有较大的不一致，就需要反向检视各单项预算并进行调整，采取有效措施设法达到目标，或者经预算管理决策机构同意后修改目标。

（1）“销售收入”和“销售成本”项目的数据，来自销售预算。

（2）“销售费用”和“管理费用”项目的数据，来自期间费用预算。

（3）“利息”项目的数据，来自财务费用预算。

（4）“所得税费用”项目，它通常不是根据“利润”和所得税税率计算出来的，而是在利润预测时估计的，因为有诸多纳税调整的事项存在。此外，从预算编制程序上看，如果根据“本年利润”和税率重新计算所得税，就需要修改“现金预算”，引起信贷计划修订，进而改变“利息”，最终又要修改“本年利润”，从而引起数据的循环修改。

【例6-10】假定××公司适用的所得税税率为25%，年初未分配利润20 000万元，按当年实现净利润的10%，分别提取法定盈余公积和任意盈余公积。根据其他预算编制的2×20年度预计利润表如下：

**表6.10 ××公司预计利润表（2×20年度）**

单位：万元

| 项目 | 上年实际 | 本年预算 |
| --- | --- | --- |
| 一、营业收入 | 略 | 800 000 |
| 减：营业成本 | | 409 457 |
| 税金及附加 | | 7 637 |
| 销售费用 | | 4 620 |
| 管理费用 | | 10 224 |
| 财务费用 | | 2 860 |
| 资产减值损失 | | |
| 加：投资收益 | | |
| 二、营业利润 | | 365 202 |
| 加：营业外收入 | | |
| 减：营业外支出 | | |
| 三、利润总额 | | 365 202 |
| 减：所得税费用（税率25%） | | 91 300 |
| 四、净利润 | | 273 902 |
| 加：年初未分配利润 | | 20 000 |
| 五、可供分配的利润 | | 293 902 |
| 减：法定盈余公积 | | 29 390 |
| 任意盈余公积 | | 29 390 |
| 应付股利 | | 12 000 |
| 六、未分配利润 | | 223 122 |

### 6.2.3.2 资金预算

资金预算的具体表现形式是预计现金流量表，指用于反映预算期内企业在经营活动、投资活动和筹资活动中现金流入流出的动态情况的一种财务预算。资金预算一般由四部分组成：现金收入、现金支出、现金余缺、现金筹措和运用。

现金收入指预算期现金收入，销售取得的现金收入是其主要来源，数据来自销售预算。现金收入主要包括期初现金余额和本期经营业务活动的现金收入，是企业预算期内可供食用的现金。

现金支出包括预算期的各项现金支出，具体包括：各项日常经营活动中的经营性支出，“直接材料”“直接人工”“制造费用”“销售费用”“管理费用”等。现金支出用于缴纳各项税金的现金支出；用于分配现金股利和支付债务利息的现金支出；用于资本性支出方面的现金支出，如购置固定资产、无形资产等长期资产支出和对外进行股权性、债权性投资的支出等。

现金余缺是指现金的多余或短缺，列示现金收入与支出的差额。企业的现金应保持在一个合理的余额范围，过多或过少都对企业不利。过多会造成现金闲置的浪费，过少会影响企业的现金周转，使企业陷入现金支付的财务危机，严重将导致破产风险。

现金筹措和运用指依据现金短缺或溢余情况，进行相应的现金筹措和运用。差额为正，说明现金多余，可用于偿还外部借款、分配股利或对外投资；差额为负，说明现金不足，还需要新增外部借款或股权增资。

【例 6-11】××公司的商品销售及现金收入预算、材料采购的现金支出预算、直接人工成本预算、制造费用预算、税金附加预算、销售费用预算、管理费用预算与财务费用预算和资本支出与筹资预算等反映现金收支的资料如表 6.11 所示。公司计划在 2×20 年第二季度分配并发放现金股利 12 000 万元，编制了预算年度 2×20 年的现金预算。公司 2×20 年年初现金余额 3 000 万元，公司预计预算年度每季度末至少应保持现金余额在 6 000 万元以上。如果某一季度现金发生短缺，应该按 1 000 万元的整数倍于季初向银行借入短期借款，年利率 8%。如果某一季度现金出现多余，应该于季未及时归还银行借款。银行要求归还本金时应该利随本清，即归还本金时支付相应本金的利息。公司编制的现金预算如表 6.11 所示。

**表 6.11　××公司现金预算表（2×20 年度）**

单位：万元

| 项目 | 第一季度 | 第二季度 | 第三季度 | 第四季度 | 全年 |
|---|---|---|---|---|---|
| 期初现金余额 | 3 000 | 6 825 | 6 792 | 7 229 | 3 000 |
| 加：销售现金收入 | 124 880 | 205 920 | 234 000 | 252 720 | 817 520 |
| 可供使用现金 | 127 880 | 212 745 | 240 792 | 259 949 | 820 520 |
| 现金支出总计 | 148 055 | 180 993 | 240 383 | 246 879 | 816 310 |
| 直接材料采购现金支出 | 82 913 | 88 049 | 95 205 | 106 326 | 372 493 |
| 直接人工支出 | 6 725 | 8 201 | 8 365 | 9 776 | 33 067 |
| 制造费用现金支出 | 5 981 | 7 238 | 7 376 | 8 577 | 29 172 |
| 税金及附加支出 | 16 404 | 21 239 | 20 671 | 25 689 | 84 003 |
| 销售费用现金支出 | 971 | 1 155 | 1 155 | 1 339 | 4 620 |
| 管理费用现金支出 | 2 181 | 2 181 | 2 181 | 2 181 | 8 724 |
| 财务费用现金支出 | 430 | 430 | 430 | 430 | 1 720 |
| 预缴所得税支出 | 2 500 | 2 500 | 2 500 | 34 561 | 109 561 |

表6.11(续)

| 项目 | 第一季度 | 第二季度 | 第三季度 | 第四季度 | 全年 |
|---|---|---|---|---|---|
| 经营性现金支出小计 | 140 605 | 153 493 | 160 383 | 188 879 | 643 360 |
| 购建固定资产支出 | 2 950 | 5 000 | 25 000 | 28 000 | 60 950 |
| 股权投资支出 | 4 500 | 10 500 | 55 000 | 30 000 | 100 000 |
| 支付现金股利 | | 12 000 | | | 12 000 |
| 现金余缺 | -20 175 | 31 752 | 409 | 13 070 | 4 210 |
| 向银行借款本金（利率8%） | 27 000 | | | | 27 000 |
| 发行公司债券（利率10%） | | | 10 000 | | 10 000 |
| 归还银行借款本金 | | 24 000 | 3 000 | | (27 000) |
| 支付利息 | | 960 | 180 | 500 | (1 640) |
| 期末现金余额 | 6 825 | 6 792 | 7 229 | 12 570 | 12 570 |

### 6.2.3.3 资产负债预算

资产负债预算表与实际资产负债表内容、格式基本相同，只是表内数据是反映预算期内的资产、负债和所有者权益信息。它总体反映企业在预算期内的盈利水平和预算期末的预计财务状况，以预算期初的资产负债表为起点，根据销售、生产、资本等预算的有关数据加以计算编制的。

【例6-12】××公司根据全年业务及各单项预算，编制的2×20年度预计资产负债表如表所示。

**表6.12 ××公司资产负债预算表（2×20年12月31日）**

单位：万元

| 资产 | 上年实际 | 本年预算 | 负债及所有者权益 | 上年实际 | 本年预算 |
|---|---|---|---|---|---|
| 流动资产 | | | 流动负债 | | |
| 货币资产 | 3 000 | 12 570 | 短期借款 | | |
| 交易性金融资产 | | | 交易性金融负债 | | |
| 应收票据 | | | 应付票据 | | |
| 应收账款 | 50 000 | 168 480 | 应付账款 | 100 000 | 137 928 |
| 预付款项 | | | 预收款项 | | |
| 其他应收款 | | | 其他应付款 | | |
| 存货 | 70 560 | 76 441 | 应付职工薪酬 | | |
| 一年内到期的非流动资产 | | | 应交税费 | | |
| 流动资产合计 | 123 560 | 257 491 | 应付股利 | | |
| 非流动资产 | | | 一年内到期的非流动负债 | | |

表6.12(续)

| 资产 | 上年实际 | 本年预算 | 负债及所有者权益 | 上年实际 | 本年预算 |
|---|---|---|---|---|---|
| 可供出售金融资产 | | | 流动负债合计 | 100 000 | 137 928 |
| 长期股权投资 | 10 000 | 110 000 | 非流动负债 | | |
| 投资性房地产 | | | 长期借款 | | |
| 固定资产 | | | 应付债券 | | 10 000 |
| 固定资产原价 | 36 000 | 97 450 | 长期应付款 | | |
| 减：累计折旧 | 14 400 | 18 212 | 长期负债合计 | | |
| 固定资产净值 | 21 600 | 79 238 | 负债合计 | 100 000 | 147 928 |
| 在建工程 | | | 所有者权益 | | |
| 固定资产合计 | | | 实收资本 | 30 000 | 30 000 |
| 无形资产 | | | 资本公积 | | |
| 开发支出 | | | 减：库存股 | | |
| 长期待摊费用 | | | 盈余公积 | 5 160 | 56 288 |
| 递延所得税资产 | | | 未分配利润 | 20 000 | 212 513 |
| 非流动资产合计 | | | 所有者权益合计 | 55 160 | 298 801 |
| 资产总计 | 155 160 | 446 729 | 负债和所有者权益总计 | 155 160 | 446 729 |

## 6.3 全面预算的编制方法

全面预算编制方法，按其出发点的不同可分为零基预算与增量预算；按其业务量基础数量特征的不同可分为固定预算与弹性预算；按其预算其的时间特征不同可分为定期预算与滚动预算。此外还有概率预算法、作业预算法和项目预算法等。

### 6.3.1 增量预算与零基预算

#### 6.3.1.1 增量预算

增量预算又称调整预算，是指以基期的业务量水平和成本费用消耗水平为编制预算的基础，根据企业预算期的经营目标和实际情况，结合市场竞争态势，通过对基期的指标数值进行增减调整而确定预算期的指标数值的一种预算编制方法。

增量预算法的假定前提是基期的各项经济活动是企业必需的，基期的各项业务收支是合理的，增加费用预算是值得的。作为一种传统的预算编制方法，增量预算具有一定的优点，但也有一定的缺点。

其优点主要有：编制方法简便，操作容易，工作量较少；增量预算法便于理解，容易获得管理人员认同；预算稳定，循序渐进的变化，避免各项生产业务和日常各级各部门的管理工作产生剧烈波动，使企业在保持相对稳定的基础上渐进式发展。

其缺点主要有：增量预算假设基期各项业务收支都是合理的，易使某些不合理的支出合理化，最容易掩盖低效率和浪费的问题，没有降低成本的动力，因此容易使成本难以控制，没有降本增益的积极性；只把资源分配给部门而未直接分配给活动，部门可能将此有限资源用于易于达成但效率不高的活动，造成低效占用或浪费有限资源，使得产出低效，不利于提高企业效益；增强预算假定基期的各项经济活动是企业必需的，理念保守，缺乏管理创新的动力，不利于管理水平的提升和企业的发展。

【例 6-13】某公司销售部门采用增量预算法编制本部门 2×20 年度费用预算。根据公司下达的部门费用控制目标要求，考虑市场竞争的可能比那花，并结合基期各明细费用项实际数额和销售部门预算期工作任务，确定了各项费用的增减比较，并制定销售部门 2×20 年度费用预算额，如表 6. 13 所示。

**表 6. 13 销售部门费用预算表（增量预算法）2×20 年度** 单位：万元

| 费用明细项目 | 上一年度实际费用额 | 较上年变动百分比 | 本年度预算费用额 |
|---|---|---|---|
| 办公费 | 80 000 | 下降 2% | 78 400 |
| 差旅费 | 320 000 | 下降 3% | 310 400 |
| 业务招待费 | 500 000 | 下降 3% | 485 000 |
| 销售开拓费 | 230 000 | 增加 2% | 234 600 |
| 广告费 | 220 000 | 增加 10% | 242 000 |
| 合计 | 1 350 000 | | 1 350 400 |

### 6. 3. 1. 2 零基预算

（1）零基预算的概念及其特点。

零基预算（Zero-Based Planing and Budgeting，ZBB），是指企业不考虑历史期预算和实际经济活动的项目及金额，以零为起点，一切从实际需要和可能出发，分析预算期经济活动的合理性，进而在综合平衡的基础上形成企业整体预算的一种预算编制方法。

采用零基预算编制预算时，要按照预算期内经营目标和工作内容，合理测算收入支出，对所有预算项目重新进行详细的审查、分析和测算，从实际需要出发，注意审议各项收支内容及合理性，从而决定人、财、物等资源的分配。

与传统的增量预算相比，零基预算有以下特点：

①预算编制的基础不同。增量预算的编制基础是基期预算的执行结果；而零基预算的编制基础是零，本期预算是根据预算期经济活动内容和可用资源量确定的。

②预算编制审查重点不同。增量预算重点是对预算期新增的经济业务活动进行审查和分析，而延续性的经济业务活动则不做分析研究；零基预算需要对预算期内所有的经济活动逐一进行审查和分析。

③预算的着眼点不同。增量预算主要以预算金额的高低为重点，着重从货币角度控制预算金额的增减，忽略了业务活动的合理性审查；零基预算除重视预算金额高低外，主要是从经济业务活动的合理性和重要性来分配预算。

（2）零基预算的优缺点及适用范围。

零基预算的优点：以零为起点编制，剔除历史期经济活动中的不合理因素，科学分析预算期经济活动的合理性，预算编制更贴近预算期企业经济活动需要；零基预算强调全员参与，有利于达成企业运营共识，提高企业管理水平。

零基预算的缺点：一是预算编制工作量较大，成本较高。由于零基预算要求一切以零为起点，需要进行历史资料、现有情况和未来业务活动的效益分析，需要花费大量的人力、物力和时间来编制，预算编制工作量相当繁重，编制预算的时间也较长，预算管理成本较高。二是预算编制的准确性受企业管理水平和相关数据标准准确性影响较大。企业在判断项目“轻重缓急”时，主要依据经济效益，虽然管理层可以依据企业目标而定，但不是每项业务活动与企业目标都存在强关联性，许多对“轻重缓急”的判断都是管理层的职业判断。因此，零基预算法在进行分层、排序和资源分配时，易受主观判断的影响，并且可能因管理层的偏好而强调短期项目和当前利益，忽视长期项目和长远利益。

因此，尽管零基预算适用于所有企业各类预算，但对于具有明显投入产出关系的产品制造活动则较少使用零基预算法，一般管理基础工作比较好的企业和企业职能管理部门编制的费用预算较多采用零基预算。

【例 6-14】沿用【例 6-13】的资料，该公司预算委员会经过研究一致认为，销售部门历年来的业务招待费、差旅费超标比较严重，销售开拓费的使用不符合现行法规，若采用增量预算方法不利于纠正此类情况。因此决定销售部门的费用预算采用零基预算方法，同时决定预算期目标费用总额控制在 1 065 600 元以内。销售部门在财务部门的协助下，组织所属各责任单位和全体员工经过多次反复讨论研究，在确保完成预算期销售任务的情况下，对各项费用开支的合理性和必要性以及成本效益进行评判、选优、排序，并如下预算。

超标的差旅费和业务招待费，经过逐项细化分析，确定应分别下降 6%和 13%；为扩大市场份额，增强产品宣传，广告费用应至少在上年基础上增加 15%；办公费在编制增量预算时提出的降低要求基本合适，可以在目标费用总额 1 065 600 元的范围内微调，因此在预算范围内，办公费应下降 4%。

**表 6.14　销售部门费用预算表（零基预算法）2×20 年度**

单位：万元

| 费用明细项目 | 上一年度实际费用额 | 较上年变动百分比 | 本年度预算费用额 |
|---|---|---|---|
| 办公费 | 80 000 | 下降 4% | 76 800 |
| 差旅费 | 320 000 | 下降 6% | 300 800 |
| 业务招待费 | 500 000 | 下降 13% | 435 000 |
| 销售开拓费 | 230 000 | 取消 | — |
| 广告费 | 220 000 | 增加 15% | 253 000 |
| 合计 | 1 350 000 | | 1 065 600 |

## 6.3.2 固定预算与弹性预算

### 6.3.2.1 固定预算

固定预算法又称静态预算法，是最传统，也是最基本的预算编制方法，指在编制预算时，以预算期内正常的、可实现的某一固定业务量水平作为唯一基础来编制预算的方法。固定预算是静态的，不考虑实际经营的动态变化，简单易行，工作量小，推行难度低；但过于机械呆板，可比性差。适用于经营业务稳定、生产产品产销量稳定、能准确预测产品需求及产品成本的企业，也可用于编制固定费用预算。

【例 6-15】甲公司 2×20 年计划销售 A 产品 1 000 吨，四个季度的销售量分别为 200 吨、240 吨、300 吨和 260 吨，销售单价为 10 000 元/吨；2×20 年回款政策与 2×19 年一致，即销售货款当季回收现金 80%，其余 20%下一季度收回，2×19 年末应收账款余额为 300 000 元。

根据上述资料，采用固定预算法编制甲公司 2×20 年度分季度的产品销售预算及现金回款预算，如表 6.15 所示。

表 6.15 甲公司 A 产品销售及现金回款预算表

| | 项目 | 一季度 | 二季度 | 三季度 | 四季度 |
|---|---|---|---|---|---|
| 产品销售 | 销售量/吨 | 200 | 240 | 300 | 260 |
| | 销售收入/元 | 2 000 000 | 2 400 000 | 3 000 000 | 2 600 000 |
| 现金回款 | 期初应收账款余额/元 | 300 000 | 400 000 | 480 000 | 600 000 |
| | 本期增加应收账款/元 | 400 000 | 480 000 | 600 000 | 520 000 |
| | 本期减少应收账款/元 | 300 000 | 400 000 | 480 000 | 600 000 |
| | 期末应收账款余额/元 | 400 000 | 480 000 | 600 000 | 520 000 |

### 6.3.2.2 弹性预算

（1）弹性预算的概念及特点。

弹性预算（flexible budget）又称变动预算，是在固定预算方法的基础上改进与提升。固定预算法是企业根据单一固定业务量水平编制预算，其预算指标具有唯一性，而一旦预算期内的实际业务量水平与预算业务量水平相差较大时，预算指标就不能成为规划、控制和客观评价企业经济活动与工作业绩的依据。由于充分考虑了固定预算的不足，弹性预算不再单纯以一个特定的业务量为编制基础，而代之以一个“作业量”范围，针对该“作业量范围”的不同作业水平分别预算，具有明显的动态性和可变性。

弹性预算的特点是，在企业规模和业务量水平不断发生变化时，预算数额能够随着业务量水平的变化而机动调整，使之仍然能够真实准确地反映某一特定经营规模和业务量。企业通过弹性预算，能提供与实际业务量水平相适应的预算额，从而使预算指标与企业实际业绩进行比较，有利于企业对生产经营活动进行有效控制。

（2）弹性预算法的优缺点及应用范围。

弹性预算法的优点在于弹性预算是按预算期内各种可能的业务量水平编制的，使任何实际业务量都可以找到相同或相近的预算标准，从而有效扩大了预算的适用范围，提高了预算的适应性，使预算能够更好地履行其在控制依据和评价标准两方面的职能。

弹性预算法的缺点：编制工作量大，预算编制成本高；企业很难对市场及其变动趋势做出准确预测，对预算项目与业务量之间依存关系的判断还受数据积累、分析深度等的制约，这些因素都会影响弹性预算的合理性。

弹性预算主要适用于预算期内业务量变化较大的企业，尤其当预算期内可预见的业务量变动范围将超出现有生产能力，或者当各项预算指标金额无法按业务量变动的比例进行简单调整时；同时也适用于市场具有较大不确定性的企业。变动性成本费用的预算是弹性预算法应用的典型。

（3）弹性预算的应用及编制。

企业在编制弹性预算时，一般按照确定适用项目、识别业务量、确定业务量弹性幅度、确定弹性定额、构建弹性预算编制模型并形成预算方案、评价并修正预算方案、确定预算控制标准等程序进行。

弹性预算法主要有公式法和列表法两种编制应用方法：

公式法下弹性预算的基本公式可以表示为：

$$y = a + \sum bx \tag{6.6}$$

$y$ 表示预算项目的弹性预算，$a$ 表示与业务量相关的弹性定期，$x$ 表示预计业务量。

用公式法编制弹性预算时，相关弹性定额可能仅在一定业务量范围内准确。当业务量变动超出该适用范围时，应及时进行修正、更新公式中的弹性定额。

【例 6-16】某汽车生产企业的弹性预算资料如下：正常业务量为 6 000 工时；电力消耗为 1 元/工时，材料消耗为 0.1 元/工时，人员工资为 0.5 元/工时；折旧费为 3 000 元，管理费为 800 元；6 000 工时的混合成本为 2 800 元，5 400 工时的混合成本为 2 740元。要求用公式法表示该企业的弹性预算公式，并计算当业务量分别为正常业务量的 90%和 110%时的成本预算总额分别是多少。

首先，利用公式 $y = a + bx$ 代入数据，将混合成本分解：

联立方程组 $\begin{cases} 2\ 800 = a + 6\ 000b \\ 2\ 740 = a + 5\ 400b \end{cases}$ 求解得到 $a = 2\ 200$，$b = 0.1$

其次，可知，固定总成本为 $A = 3\ 000 + 800 + 2\ 200 = 6\ 000$，业务量单位变动成本为 $B = 1 + 0.1 + 0.5 + 0.1 = 1.7$。则该成本预算总额公式为：

$y = 6\ 000 + 1.7x$

最后，将实际业务量代入预算总额公式得：

$y_{90\%} = 6\ 000 + 6\ 000 \times 90\% \times 1.7 = 15\ 180$（元）

$y_{110\%} = 6\ 000 + 6\ 000 \times 110\% \times 1.7 = 17\ 220$（元）

即该企业的弹性预算总公式为：$y = 6\ 000 + 1.7x$，当业务量为正常业务量的 90%和 110%时的成本预算总额分别为 15 180 元和 17 220 元。

公式法的优点是可以计算出任何业务量的预算数值。但是，由于任何事务都会有一个从量变到质变的过程，当业务量变化到一定限度时，固定成本可能不再是固定不变的；变动成本的单位成本也可能发生变化，采用公式法编制预算时，需要说明每个公式的适用业务量范围。

列表法是指企业通过列表的方式，在业务量范围内依据已划分出若干个不同等级，分别计算并列示该预算项目与业务量相关的不同可能性下的预算方案。

在应用列表法时，业务量之间的间隔应根据实际情况确定。间隔越大，水平级别就越少，可简化编制工作，但间隔太大了就会丧失弹性预算的优点；间隔较小，用以控制成本费用的标准就较为准确，但又会增加编制预算的工作量。一般情况下，业务量的间隔以5%～10%为宜。

【例6-17】××配送中心是一个大型物流集散配送中心，其成本预算编制采用的是弹性预算的方法，表达方式采用列表法。其消耗工时、费用材料标准及预算编制要求如下：正常情况下，每月消耗工时为50 000小时，在正常工时的变动为80%～110%的变动，以10%的变动间隔来编制弹性预算。各项成本费用材料如下：材料费用0.52元/工时、维护费用0.50元/工时、水电费0.42元/工时、机料耗费0.35元/工时、工人工资0.70元/工时；维护费5 500元、折旧费8 000元、管理费7 500元、保险费6 800元、财产税2 200元。

根据以上资料，将其各项费用按照成本特性划分为固定成本和单位变动成本，然后按照工时间隔标准采用列表法编制的弹性预算，如表6.16所示。

**表6.16　鸿通配送中心成本弹性预算表**

| 成本项目 | 单位变动成本<br>元/工时 | 40 000工时 | 45 000工时 | 50 000工时 | 55 000工时 |
|---|---|---|---|---|---|
| 变动成本： | | | | | |
| 材料费用/元 | 0.52 | 20 800 | 23 400 | 26 000 | 28 600 |
| 维护费用/元 | 0.50 | 20 000 | 22 500 | 25 000 | 27 500 |
| 水电费用/元 | 0.42 | 16 800 | 18 900 | 21 000 | 23 100 |
| 机料耗费/元 | 0.35 | 14 000 | 15 750 | 17 500 | 19 250 |
| 工人工资/元 | 0.70 | 28 000 | 31 500 | 35 000 | 38 600 |
| 变动成本合计： | | 99 600 | 112 050 | 124 500 | 137 050 |
| 固定成本： | | | | | |
| 维护费/元 | 5 500 | 5 500 | 5 500 | 5 500 | 5 500 |
| 折旧费/元 | 8 000 | 8 000 | 8 000 | 8 000 | 8 000 |
| 管理费/元 | 7 500 | 7 500 | 7 500 | 7 500 | 7 500 |
| 保险费/元 | 6 800 | 6 800 | 6 800 | 6 800 | 6 800 |
| 财产税/元 | 2 200 | 2 200 | 2 200 | 2 200 | 2 200 |
| 固定成本合计： | 30 000 | 30 000 | 30 000 | 30 000 | 30 000 |
| 成本总计： | - | 129 600 | 142 050 | 154 500 | 167 050 |

列表法的优点是无论实际业务量是多少，不必经过计算即可找到与业务量相的预

算目标，用以控制成本，较为方便。但是，预算不可能详细列出每一种可能的业务量，因此运用列表法考核业绩时，往往需要使用插补法来计算实际业务量的预算目标，不够直观。





## 6.3.3 定期预算与滚动预算

### 6.3.3.1 定期预算

定期预算是按固定时期编制的全面预算，指在编制全面预算时以固定不变的会计期间（可以是一个会计年度，也可以是其他固定期间）作为预算期编制的一种预算。凡是预算期间固定不变的预算都可以称为定期预算。

（1）定期预算的优点主要表现在三个方面。

一是预算期间与会计核算期间、业务计划周期保持一致，有利于预算分析、考核和评价；二是预算期间固定不变，符合大众思维，易于被大众接受；三是相比滚动预算，预算编制过程比较简单，工作量小，易于推广。

（2）定期预算的缺点则主要包括以下四个。

①盲目性，执行难度大。企业一般在预算年度开始前三个月启动编制工作，此时预算期内的经营活动并不十分清楚，也未制定详细计划，预算容易带有盲目性，预算数据较粗略，从而导致预算执行难度较大。

②滞后性，指导作用弱。由于定期预算不能随情况的变化及时调整，因此，当预算期中各种活动发生重大变化时，就会造成预算滞后过时，削弱预算指导意义。而对于客户需求定制类企业，按年编制预算不仅难度较大，而且对企业管理的指导意义也较小。

③短视性，远期指导差。受预算期间的限制，致使经营管理者们的视野局限于本期经营活动，特别剩余预算期的业务活动，易采取短期的业务行为，过多地着眼于短期利益，从而忽视企业的长远利益和可持续发展。

④间断性，衔接难度大。企业的业务活动是连续不断的，而定期预算将业务活动强行分割成数段固定期间，形成人为的预算间断，这样就必然造成前后各个期间预算衔接的难度，以及预算管理与业务活动的衔接。

### 6.3.3.2 滚动预算

（1）滚动预算的概念及方式。

滚动预算法又称联系预算法或永续预算法，指随着时间的推移，在上期预算完成情况的基础上，将预算期间逐期连续向后滚动推移，使预算期间保持一定的跨度，预算内容不断补充。用滚动预算法编制的预算称为滚动预算。滚动频率是指调整和补充预算的时间间隔，一般以月度、季度、年度等为滚动频率。

短期滚动预算中，按照滚动的时间间隔不同，可分为逐月滚动、逐季滚动和混合滚动。中期滚动预算通常是指逐年滚动。

①逐月滚动方式是指在预算编制过程中，以月度为预算的编制和滚动单位。采用逐月滚动方式编制的预算具有比较精确的优点，缺点是编制工作量较大，每个月都需

滚动编制一次，而且预算后期的月度预算准确性会大打折扣。

②逐季滚动方式是指在预算编制过程中，以季度为预算的编制和滚动单位，每个季度调整一次预算的方法。采用逐季滚动方式编制的预算的优点是工作量较小，每个季度滚动编制一次，但也存在精确度较差的缺点，特别是近期预算不够细致，对近期业务活动的指导意义有待提高。

③混合滚动预算方式是指在预算编制过程中，同时以月份和季度作为预算的编制和滚动单位，按每个季度细化调整一次预算的方法。企业按照“近细远粗”的原则，将逐月滚动和逐季滚动的预算方法进行改进。企业在编制年度预算时，先将第一个季度按月划分，编制各月份的明细预算指标，以方便预算控制，剩余三个季度的预算则可按季度粗略编制，等接近第一季度期末时，再将第二季度的预算按月细分，第三、四季度及新增列的下一季度，则只需列出各季度的预算总数。以此类推，使预算不断地滚动下去。

混合滚动方式集中了逐月滚动和逐季滚动方式的优点，规避了其缺点，既减小预算编制的工作量，又提高近期预算的准确度。以这种方式编制的预算有利于管理人员不断更新预算数据，并能根据当前预算的执行情况加以修改、完善下期预算，这些优点都是传统的定期预算编制方式所不具备的。因此，具有较高的实用性。

（2）滚动预算的优缺点及适用范围。

①与定期预算法相比，滚动预算法具有三个方面的优点。

一是滚动预算能够用动态与发展的眼光，把握企业近期目标和远期目标，使预算具有较高的指导性和战略性，有利于企业管理人员可以将长远发展战略布局与近期各项经营活动有效结合，更利于战略执行落地。

二是滚动预算不受会计年度的限制，随着业务活动逐期延长，与企业连续不断的业务活动过程保持一致，遵循企业生产经营活动的变动规律，有助于确保企业各项工作的连续性和完整性。

三是滚动预算采取长计划、短安排的具体做法，可根据预算执行结果和企业经营环境的变化情况，对预算不断加以修正，使预算更接近实际情况，实现反映动态市场，建立跨期综合平衡，从而有效地指导企业营运，强化预算地决策与控制职能，也有利于预算的顺利执行。

②滚动预算法有三个主要缺点。

一是工作量大。采用滚动预算法编制预算，由于预算的自动延伸工作比较耗时，滚动预算的频率较高，对预算沟通的要求越高，预算编制的工作量越大。

二是编制成本高。企业一般需要配备数量较多的专职预算人员负责预算的编制、调控与考核，这就导致预算管理直接成本的增加。

三是过高的滚动频率容易增加管理层的不稳定感，导致预算执行者无所适从，一定程度上削弱了预算对业务活动的指导和约束。

滚动预算法的适用范围：具备丰富的预算管理经验和能力、管理基础比较好的企业；信息化程度较高的企业；生产经营活动与市场紧密接轨且预算灵活度要求高的企业；规模较大、时间较长的工程类项目预算和工程企业。

【例6-18】甲公司为增值税一般纳税企业，增值税税率为13%。甲公司预计2×20

年度生产 A 产品单位售价的波动区间为 95~100 元，平时较低，节假日较高。根据企业确定的目标销售额编制了销售滚动预算如表 6.17 所示。

表 6.17　甲公司销售滚动预算

| 项目 | 第一季度 | | | 第二季度 | 第三季度 | 第四季度 | 合计 |
|---|---|---|---|---|---|---|---|
| | 1 月 | 2 月 | 3 月 | | | | |
| 预算销售量/台 | 9 000 | 12 000 | 8 000 | 25 000 | 25 000 | 30 000 | 109 000 |
| 预计单价/元 | 95 | 100 | 98 | 98 | 96 | 98 | |
| 预计销售收入/万元 | 85.5 | 120 | 78.4 | 245 | 240 | 294 | 1 062.9 |
| 增值税销项税额/万元 | 11.115 | 15.6 | 10.192 | 31.85 | 31.2 | 38.22 | 138.177 |
| 含税收入/万元 | 96.615 | 135.6 | 88.592 | 276.85 | 271.2 | 332.22 | 1 201.077 |

甲公司应在 2×20 年第一季度的 3 月份后半月，及时进行第一季度预算执行分析，比较实际与预算的差异，分析差异形成的原因，根据对第二季度及后期的 A 产品销售市场的变动走势的预测评估，在相应调整原预算的基础上，编制从 2×20 年第二季度至 2×21 年第一季度的销售滚动预算，以此类推，不断滚动。

## 6.3.4　其他预算编制方法

### 6.3.4.1　概率预算

概率预算是对具有不确定性的项目，估计其可能出现的价值条件及其概率，在计算期望值的基础上编制的预算。常规的预算编制，都假设企业的经营活动是稳定的，所涉及的业务量等因素都是一个确定的值，所编制的预算都是一种确定性的预算。运用概率预算法编制预算考虑了计划期内各种可能的情况，考虑问题比较全面，更符合实际情况，但如何估计未来的各种可能情况及其概率是比较困难的事情，尤其是概率的确定容易受主观因素的影响。

### 6.3.4.2　作业预算

作业预算法是指基于"作业消耗资源、产出消耗作业"的原理，以作业管理为基础的预算管理方法。作业预算法主要适用于具有作业类型较多且作业链较长、管理层对预算编制的准确性要求较高、生产过程多样化程度较高，以及间接或辅助资源费用所占比重较大等特点的企业。

作业预算法的主要优点：一是基于作业需求量配置资源，避免了资源配置的盲目性；二是企业可以通过总体作业优化实现最低的资源费用耗费，创造最大的产出成果；三是作业预算可以促进员工对业务和预算的支持，有利于预算的执行。

作业预算法的主要缺点：预算的建立过程复杂，需要详细地估算生产和销售对作业和资源费用的需求量，并测定作业消耗率和资源消耗率，数据收集成本较高。

### 6.3.4.3　项目预算

在从事轮船、飞机、公路等工程建设，以及一些提供长期服务的企业中，需要编制项目预算。项目预算的时间框架就是项目的期限，跨年度的项目应按年度分解编制预算。项目预算法的优点在于它能够包含所有与项目有关的成本，容易度量单个项目的收入、费用和利润。企业在编制项目预算时，将过去相似项目的成功预算作为标杆，通过对计划年度可能发生的一些重要事件进行深入分析后，能够大大提高本年度项目预算的科学性和合理性。

## 6.4 全面预算的执行与考核

全面预算编制完成并批准下达后，企业应将预算目标层层分解至各预算责任中心。这就意味着企业预算期内的经营活动各方面有了明确的目标和方向，但是预算能否达到预期目标，关键在于企业是否能做好预算的执行与考核，并适时调整预算，使预算与业务完美契合。

### 6.4.1 全面预算执行

#### 6.4.1.1 全面预算执行分析流程

（1）确定分析对象，即应该关注是对哪些预算或指标的分析，是对预算执行情况的全面分析还是对特定预算、特定项目进行分析。

（2）确定重要性标准，即预算差异在什么样的范围内需要进行重点分析。

（3）收集数据。企业进行分析时，至少需要收集以下数据：预算实际执行数据、历史数据、标杆企业的实际数据、相关的行业和经济环境变化的数据，等等。

（4）计算差异并分析引起差异的原因。企业应针对造成预算差异的不同原因采取不同的处理措施：因内部执行导致的预算差异，应分清责任归属，与预算考核和奖惩挂钩，并将责任单位或责任人的改进措施的实际执行效果纳入业绩考核；因外部环境，化导致的预算差异，应分析该变化是否长期影响企业发展战略的实施，并作为下期预算编制的影响因素。

（5）撰写并上报分析报告。企业的预算执行情况的分析，包括预算执行单位对重要差异的解释和报告；预算管理部门的汇总和确认；分析部门撰写并上报分析报告，以有利于企业管理层制订下一步的行动计划，进行预算调整和绩效考核。

#### 6.4.1.2 全面预算执行分析方法

企业分析预算执行情况，应当充分收集有关财务、业务、市场、技术、政策、法律等方面的信息资料，根据不同情况分别采用不同分析方法，从定量与定性两个层面充分反映预算执行单位的现状、发展趋势及其存在的潜力。全面预算分析的方法主要如下：

（1）差异分析。

差异分析就是计算各预算报表的数据与实际绩效之间的差异，分析引起差异的内外部原因，及时发现和解决预算执行过程中出现的问题和存在的风险，为预算控制提供目标、方向和重点。差异分析包括销售差异分析、生产预算差异分析、采购差异分析、管理费用差异分析、财务费用差异分析、产品成本差异分析、利润差异分析等。

（2）对比分析。

对比分析是将某项指标与性质相同的指标项进行对比来揭示差异，分析报表中的项目与总体项目之间的关系及其变动情况，探讨产生差异的原因，判断企业预算的执行情况。对比分析包括实际数与预算数的分析，同比分析与环比分析。



（3）对标分析。

对标分析是通过选取国内外同行业优秀企业的最佳实践代表，以此为基准与本企业进行比较、分析、判断，帮助企业了解在行业竞争中的地位、明确差距，提出改进措施。



（4）结构分析。

结构分析就是分析实际数结构与预算数结构之间的差异，分析结构变化对预算完成情况的不同影响。

（5）趋势分析。

趋势分析是根据企业联系几个时期的分析资料，确定分析各个时期有点项目的变动情况和趋势。趋势分析包括月度趋势分析、季度趋势分析、年度趋势分析等。

（6）因素分析。

在对比分析中，为细分差异，需要将指标构成分解为几项因素，并对这些因素进行逐一替换分析。例如，对某年销售实际总收入与预算数的差异计算，可以分别对总销量、各种销量比例、各品种售价等因素进行深入分析，找出企业实际营业收入与预算营业收入差异的主要原因。

（7）排名分析。

排名分析是指针对企业内部功能相同或相似的责任单位，选择一些能够反映责任单位运营情况的核心指标（如人均营业收入、人均管理费用等）进行排名，再进一步分析差距的原因，促进排名落后的责任单位加强管理，改善业绩。

（8）多维分析。

多维分析能够使分析者从多个角度、多个侧面观察数据库中的数据，从而深入了解包含在数据中的信息和内涵。例如，企业在分析某年营业收入实际数与预算数的差异时，就需要从多个维度（产品、区域、渠道、客户等）进行深入分析，结合企业战略的实施情况，才能找出形成差异的根本原因。

### 6.4.2 全面预算控制

预算控制是指企业以预算为标准，通过预算分解、过程监督、差异分析等促使企业日常经营不偏离预算标准的管理活动，可分为事前控制、事中和事后控制。全面预算的原则包括加强过程控制、突出管理重点、刚性控制与柔性控制相结合、业务控制与财务控制相结合等。

全面预算控制的方式主要包括：

（1）当期预算控制与累进预算控制。

当期预算控制指用当期的预算总额控制当期的预算执行数。累进预算控制是指以从预算期间的始点到当期时点的累计预算数控制累计预算执行数。企业在实际操作中可以根据企业的实际情况灵活设置预算的控制期间，按月、季、年三种控制周期进行当期和累进的综合控制。

（2）总额控制与单项控制。

企业的预算项是有种属之分的，如管理费用是一个综合的预算项，可以细分为差旅费、业务招待费、办公费等。总额控制就是只要“管理费用”这个预算总项的额度不超出预算，此业务就可以进行；超出预算额度，业务是否可以进行，需要经过追加的程序进行审批。单项控制是指对每个预算项（如业务招待费等）都分别加以控制。

（3）绝对数控制与相对数控制。

绝对数控制是指用预算项的预算数控制预算执行数。相对数控制是指用预算值的百分比来控制预算执行数。例如，对于企业的研究与开发支出，企业的预算数可以以绝对额表示，也可以用占营业收入的百分比来表示。在企业的实际操作中，往往是绝对数控制和相对数控制相结合。

（4）刚性控制与柔性控制。

刚性控制以预算值为约束指标，任何超出预算值的支出都需要通过特定的审批流程审批后才能使用。柔性控制是指超出预算的执行申请可以在企业的预算管理系统中提交，各级审批者根据授权，进行成本效益权衡后决策是否可以批准执行。

（5）预算内审批控制、超预算审批控制与预算外审批控制。

预算审批包括预算内审批、超预算审批、预算外审批等。预算内审批事项，应执行正常的流程控制，简化流程，提高效率。超预算审批事项，应执行额外的审批流程，根据事先规定的额度分级审核。预算外审批事项，应严格控制，防范风险。

（6）系统在线控制与手工控制。

系统在线控制是指依靠 ERP 系统或专门的预算控制系统实现的对预算事项的事中和在线控制。系统控制的优点是控制严格、数据准确；缺点是缺乏灵活性，会因某些例外情况出现而导致业务停滞。手工控制是指按照企业内部控制流程和相应的审批权限，对相关资金支出的单据进行手工流转并签字的过程。手工控制的准确性、严格性虽然不如系统在线控制，但比较灵活，易于接受与实施。

### 6.4.3 全面预算调整

预算调整是指企业的内外部环境或者企业的经营策略发生重大变化，致使预算的编制基础不成立，或者将导致企业的预算执行结果产生重要偏差，原有预算已不再适宜时而进行的预算修改。

#### 6.4.3.1 全面预算调整的条件

年度预算经批准后，原则上不做调整。企业应在制度中严格明确预算调整的条件、主体、权限和程序等事宜，当内外战略环境发生重大变化或突发重大事件等，导致编制的基本假设发生重大变化时，企业可进行预算调整。

当出现下列事项时，企业的预算很可能需要进行相应的调整：

（1）国家政策法规发生重大变化，致使预算的编制基础不成立，或导致预算执行结果产生重大偏差。

（2）市场环境、经营条件、经营方针发生重大变化，导致预算对实际经营不再适用。

（3）内部组织结构出现重大调整，导致原预算不适用。

（4）发生企业合并、分立等行为。

（5）出现不可抗力事件，导致预算的执行成为不可能。

（6）预算管理委员会认为应该调整的其他事项。

#### 6.4.3.2 全面预算调整的原则

企业的预算调整应坚持以下原则：

（1）预算调整应当符合企业发展战略、年度经营目标和现实状况，重点放在预算执行中出现的重要的、非正常的、不符合常规的关键性差异方面。

（2）预算调整方案应当客观、合理、可行，在经济上能够实现最优化。

（3）预算调整应当谨慎，调整频率应予以严格控制，年度调整次数应尽量减少。

#### 6.4.3.3 全面预算调整的程序

企业批准下达的预算应当保持稳定，不得随意调整。市场环境、国家政策或不可抗力等客观因素，导致预算执行发生重大差异确需调整预算的，应当履行严格的审批程序。预算调整主要包括分析、申请、审议、批准等主要程序，具体如下：

（1）预算执行单位逐级向预算管理委员会提出书面申请，详细说明预算调整理由、调整建议方案、调整前后预算指标的比较、调整后预算指标可能对企业预算总目标的影响等内容。

（2）预算管理工作机构应当对预算执行单位提交的预算调整报告进行审核分析，集中编制企业年度预算调整方案，提交预算管理委员会。

（3）预算管理委员会应当对年度预算调整方案进行审议，按照预算调整事项性质或预算调整金额的不同，根据授权进行审批，或提交原预算审批机构审议批准，然后下达企业预算管理委员会或董事会。审批预算调整方案时，应当依据预算调整条件，并考虑预算调整原则严格把关，对于不符合预算调整条件的，坚决予以否决；对于预算调整方案欠妥的，应当协调有关部门和单位研究改进方案，并责成预算管理工作机构予以修改后再履行审批程序。

### 6.4.4 全面预算考核

全面预算考核是指通过对各预算执行单位的预算完成结果进行检查、考核与评价为企业实施奖惩和激励提供依据，为改进预算管理提供建议和意见，企业对有利的建议和意见进行有效激励与约束，提高企业绩效。

#### 6.4.4.1 全面预算考核的内容

（1）对全面预算目标完成情况的考核。

预算考核应以预算完成情况为考核核心，通过预算执行情况与预算目标的比较确定差异并查明产生差异的原因，进而据以评价各责任中心的工作业绩，并通过与相应的激励制度挂钩，促进其与预算目标相一致。全面预算目标完成情况的考核，是对企业各预算执行单位主要预算指标完成情况的考核。企业通过对超额完成的责任主体进行奖励，对未达标者进行惩罚，鼓励各预算执行单位超额完成预算目标，促进企业价值的最大化。

（2）对全面预算组织工作的考核。

对全面预算组织工作的考核，是对预算管理各环节工作质量的评价，其目的是提高企业的预算管理水平。其主要考核的内容有：预算编制是否准确、及时、规范；预算分工作是否及时，是否发现了经营中存在的问题和风险，是否提出了相应的改进建议；预算控制是否到位；预算调整是否按程序进行等。对这些定性指标的考核，主要采用打分法，根据预算各责任主体的执行情况，由考核主体进行打分考核。

#### 6.4.4.2 全面预算考核的原则

（1）目标性原则。

全面预算考核的目的是更好地实现企业战略和预算目标，所以在企业预算考核体系的设计中，应遵循目标性原则，以考核引导各预算执行单位的行为，避免各预算执行单位发生只顾局部利益，不顾全局利益甚至损害全局利益的行为。例如，对于销售部门的考核，不仅要考核其是否完成收入指标、毛利指标，还需要对存货周转率、应收账款周转率等指标进行考核，以促进销售部门努力降低资金占用，提高投资收益率。

（2）可控性原则。

全面预算考核既是预算执行结果的责任归属过程，也是企业各预算执行主体间的利益分配过程。各预算执行单位以其责权范围为限，对其可以控制的预算差异负责，利益分配也以此为基础，做到“责、权、利”相统一。但为避免强调可控而导致各预算执行单位相互推诿，出现无人负责的现象，在奖励目标下达时，应尽可能明确各预算执行单位的“可控”范围或可控因素。

（3）动态性原则。

预算的考核要讲究时效性，企业可根据管理基础、内外部环境变化，以及经营需要来选择合适的考核时点，如季度考核、半年度考核、不定期考核等。如果等年度预算期结束后再进行考核，则“木已成舟”，削弱了预算考核应有的作用。企业通过对预算的执行结果及时考核，并适时地根据预算执行单位的实际绩效进行奖惩，有助于预算管理工作的改进和预算目标的实现。

（4）例外性原则。

企业在预算管理中，可能会出现一些不可控的例外事件，如市场的变化、产业环境的变化、相关政策的改变、重大自然灾害和意外损失等，考核时应对这些特殊情况作特殊处理。企业受到这些因素影响后，应及时按程序调整预算，考核也应该按调整后的预算指标进行。

（5）公平公开公正原则。

全面预算的考核必须公平，即相同的绩效要给予相同的评价，否则员工就会感觉不公平，产生不满情绪，挫伤员工工作积极性，并引起相互间的不信任。预算考核还应公开，其考核的标准必须是公开的。标准是指导人们工作的规范，而不是制裁员工的“秘密武器”，考核标准公开是考核公平的前提，公开标准便于员工监督。考核公开，包括制定标准的过程对被考核者公开，考核标准要在执行之前公布，考核结果应在必要的范围内公布。

（6）总体优化原则。

预算管理的目的是通过调动各责任预算主体的积极性、主动性来实现企业预算管理的总目标。但责任预算主体是具有一定权力并承担相应责任的利益关系人，其工作目标主要是为了自身利益的最大化，会产生局部利益（个人利益）与整体利益（企业利益）之间的矛盾，例如，销售部门重视销售而忽视资金回收，生产部门关注产品的质量和数量，而不重视产品是否适销对路，是否可以通过技术、工艺的改进来降低成本、提高竞争力等。预算考核要有利于企业总体目标的实现和价值的最大化。



## 【本章小结】

本章从基本知识、编制方法、具体编制及执行考核全面系统地介绍了全面预算及其管理。首先介绍了全面预算的概念、特点，阐述了全面预算的重要性及其功能。其次采用比较分析方法，详细介绍了固定预算与弹性预算、增量预算与零基预算、定期预算与滚动预算等几种主要的全面预算编制方法。然后结合企业全面预算编制例子，以销售预算为起点，详细介绍了经营预算、专项决策预算以及财务预算的具体编制。最后对全面预算的执行、控制及考核进行了介绍。

本章内容既是管理会计中的一个重要的学习模块，又是对其他章节和模块的综合应用，更是业绩评价与考核的重要依据，学生要学会综合运用相关知识进行全面预算的编制与管理。

## 【思考与练习题】

## 【案例分析】

## 【思考与练习题答案】

# 第7章 成本控制

【**学习目标**】通过本章的学习，学生要了解成本控制的含义与基本原则；熟悉目标成本法的含义与制定，熟悉掌握标准成本法的含义与制定；重点掌握成本差异的计算分析及账务处理等。

【**学习重点**】成本控制的含义与基本原则；目标成本法；标准成本法；成本差异计算。

【**学习难点**】直接材料成本差异；直接人工成本差异；变动制造费用成本差异；固定制造费用成本差异。

企业经营的主要目的是盈利，影响企业利润的主要因素是销售收入、销售成本及各项费用。面对激烈的竞争环境，开源节流是企业求生存与增加竞争力所必须努力的方向。所谓开源是指企业尽可能地提高产品售价或增加销量，但受市场因素的影响，鲜少能达到预期成果，相对而言，降低或控制成本就变得相当重要了。

## 7.1 成本控制概述

### 7.1.1 成本控制的含义

成本控制就是在企业生产经营活动中，以不断降低成本和提高经济效益为目的，对影响成本的各种因素加强管理，及时发现与预定的目标成本之间的差异，采取一定的措施，保证完成预定的目标成本，尽可能以最少的耗费取得最多的成果。

以成本的发生为基点，成本控制分为事前控制、事中控制和事后控制。事前控制是成本的前馈控制和预防控制，主要是对未来的成本水平及其发展趋势所进行的预测与规划，一般包括成本预测、成本决策和成本计划等。事中控制是成本的过程控制，主要是对营运过程中发生的成本进行监督和控制，并根据实际情况对成本预算进行必要的修正，以保证目标成本的实现。事后控制是成本的后馈控制，主要是在成本发生之后进行的核算、分析和考核，一般包括成本核算、成本分析和成本考核等步骤。

成本控制有广义和狭义之分，广义的成本控制包括事前控制、事中控制和事后控制。狭义的成本控制仅指成本的事中控制，即过程控制。狭义的成本控制包括成本控制的一般方法和如何将成本落实到各有关责任中心两个方面。

### 7.1.2 成本控制的基本原则

（1）全面性原则。

由于成本涉及企业的各个方面，因此成本控制要进行全过程控制、全员控制、全方位控制。

①全过程控制。成本控制要贯穿于成本形成的全过程，不仅要对产品制造过程中发生的全部费用进行控制，还要对整个产品生命周期中发生的成本进行控制，只有这样才能最大限度地降低成本。

②全员控制。企业的任何活动，都会发生成本，都应在成本控制的范围之内，每个员工都应负有控制成本的责任。因此要降低成本，就要充分调动企业各部门和全体员工关心成本和参加成本控制住的积极性。

③全方位控制。成本控制不是单纯的限制和监督。一方面要精打细算、节约开支、消除浪费；另一方面要按照成本效益的原则实现相对的成本节约，以较少的消耗取得更多的成果。

（2）责权利相结合原则。

要保证落实到责任中心的成本预算能够恰当的执行，就必须赋予它们与其责任大小、控制范围一致的权力。此外，成本控制必须在定期考核评价成本实绩的基础之上，与责任中心的奖惩挂钩。

（3）目标管理原则。

成本控制必须以目标成本为依据。目标成本作为企业的整体目标，不便进行日常控制，应把企业的目标成本层层分解，落实到各成本责任中心，分级归口管理。这样可以使责任单位明确责任范围，及时发现成本差异，分析成本差异的原因，并采取措施予以纠正。

（4）例外管理原则。

企业在管理中应把注意力集中在非正常的关键性差异上，对其追根溯源，查明原因，并采取有效措施予以纠正。因为在日常控制活动中，实际水平与预算数之间的差异，势必会影响成本控制工作的效率。

（5）经济原则。

因推行成本控制发生的成本，不应超过因缺少控制而丧失的收益。任何管理工作都要讲求经济效果。为建立某项控制，要花费一定的人力或物力，付出一定的代价，这种代价不能太大，不应超过建立这项控制所能节约的成本。

# 7.2　目标成本法

## 7.2.1　目标成本法的含义

目标成本法指企业以市场为导向，以目标售价和目标利润为基础确定产品的目标成本，从产品设计阶段开始，通过各部门、各环节乃至与供应商的通力合作，共同实现目标成本的成本管理方法。目标成本法要求企业以创造和提升客户价值为前提，以成本降低或成本优化为主要手段，谋求竞争中的成本优势，保证目标利润的实现。一般适用于制造业企业成本管理，也可在物流、建筑、服务等行业应用。

（1）目标成本法的主要优点。

①突出从原材料到产品出货全过程成本管理，有助于提高成本管理的效率。

②强调产品寿命周期成本的全过程和全员管理，有助于提高产品价值和产品市场竞争力。

③谋求成本规划与利润规划活动的有机统一，有助于提升产品的综合竞争力。

（2）目标成本法的主要缺点。

①不仅要求企业具有各类所需的人才，更需要各有关部门和人员的通力合作。

②要求较高的管理水平。

## 7.2.2　目标成本法的制定

目标成本法一般需经过目标成本的设定、分解、达成再设定、再分解、再达成多重循环，以持续改进产品方案。企业应用目标成本法，一般按照确定应用对象、成立跨部门团队、收集相关信息、计算市场容许成本、设定目标成本、分解可实现目标成本、落实目标成本责任、考核成本管理业绩以及持续改善等程序进行。

（1）确定应用对象。

企业应根据目标成本法的应用目标及其应用环境和条件，综合考虑产品的产销量和盈利能力等因素确定应用对象。企业一般应将拟开发的新产品作为目标成本法的应用对象，或选择那些功能与设计存在较大弹性空间、产销量较大且处于亏损状态或盈利水平较低、对企业经营业绩具有重大影响的老产品作为目标成本法的应用对象。

（2）成立跨部门团队。

企业根据目标成本管理，可以建立成本规划、成本设计、成本确认、成本实施等小组，各小组根据管理层授权协同合作完成相关工作。

成本规划小组由业务及财务人员组成，负责设定目标利润，制定新产品开发或老产品改进方针等；主要职责是收集相关信息、计算市场驱动产品成本等。

成本设计小组由技术及财务人员组成，负责确定产品技术性能、规格等；主要职责是可实现目标成本的设定和分解等。

成本确认小组由有关部门负责人、技术及财务人员组成，负责分析设计方案或试制品评价的结果等；主要职责是可实现目标成本设定与分解的评价和确认等。

成本实施小组由有关部门负责人财务人员组成，负责确认实现成本策划的各种措施，分析成本控制中出现的差异并提出对策等；主要职责是落实目标成本责任、考核成本管理业绩等。

（3）收集相关信息。

目标成本法的应用需要部门收集与应用对象相关的信息，一般包括：

①产品成本构成及料、工、费等财务和非财务信息。

②产品功能及其设计、生产流程与工艺技术信息等。

③材料的主要供应商、供求状况、市场价格及其变动趋势等信息。

④产品主要消费群体、分销方式和渠道、市场价格及其变动趋势等信息。

⑤本企业及同行业标杆企业产品盈利水平等信息。

⑥其他相关信息。

（4）计算市场容许成本。

市场容许成本指目标售价减去目标利润后的余额。

目标售价的设定应综合考虑客户感知的产品价值、竞争产品的预期相对功能和售价，以及企业针对该产品的战略目标等因素。确定目标售价通常有客户需求法与竞争者分析法。

目标利润是企业未来一段时间内，在现有的经营条件下应达到的最优目标战略。目标利润的设定应综合考虑利润预期、历史数据、竞争地位分析等因素。

（5）设定目标成本。

企业应将容许成本与新产品设计成本或老产品当前成本进行比较，确定差异及成因，设定可实现的目标成本。

（6）分解可实现目标成本。

企业应按主要功能对可实现的目标成本进行分解，确定产品所报包含的每一零部件的目标成本。在分解时，首先应确定主要功能的目标成本，然后寻求实现这种功能的方法，并把主要功能和主要功能级的目标成本分配给零部件，形成零部件级目标成本。同时，企业应将零部件级目标成本转化为供应商的目标售价。企业目标成本分解的目的是确定一个合理的目标成本值。

（7）落实目标成本责任。

企业应将设定的可实现目标成本、功能级目标成本、零部件级目标成本和供应商目标售价进一步量化为可控制的财务和非财务指标，落实到各责任中心，并辅之以相应的权限，将达成的可实现目标成本落到实处。

（8）考核成本管理业绩。

企业应根据各责任中心的责任成本和成本控制标准，按照业绩考核制度和办法，定期进行成本管理业绩的考核与评价，为各责任中心和人员的激励和惩罚奠定基础。

（9）持续改善。

企业应定期将产品的实际成本与设定的可实现目标成本进行对比，确定其差异及其性质，分析差异的成因，提出消除各种重要不利差异的可行途径和措施，进行可实现目标成本的重新设定、再达成，推动成本管理的持续优化。

## 7.3 标准成本法

### 7.3.1 标准成本法的含义

标准成本法指企业以预先制定的标准成本为基础，通过比较标准成本与实际成本，计算和分析成本差异、揭示成本差异动因，进而实施成本控制、评价经营业绩的一种成本管理方法。一般适用于产品及其生产条件相对稳定，或生产流程与工艺标准化程度较高的企业。

企业应用标准成本法的主要目标是通过标准成本与实际成本的比较，揭示与分析标准成本与实际成本之间的差异，并按照例外管理原则，对不利差异予以纠正，以提高工作效率，不断改善产品成本。

（1）标准成本法的主要优点。

①能及时反馈各成本项目不同性质的差异，有利于考核相关部门及人员的业绩。

②标准成本的制定及其差异和动因的信息可以使企业预算的编制更为科学和可行，有助于企业的经营决策。

（2）标准成本法的主要缺点。

①要求企业产品的成本标准比较准确、稳定，在使用条件上存在一定的局限性。

②对标准管理水平的要求较高，系统维护成本较高。

③标准成本需要根据市场价格波动频繁更新，导致成本差异可能缺乏可靠性，降低了成本控制效果。

### 7.3.2 标准成本法的制定

标准成本是会计部门会同采购部门、劳动工资部门、行政管理部门、技术部门及具体生产经营部门等有关责任单位，在对企业生产经营的具体条件进行认真分析、研究的基础上共同制定的。

标准成本的一般公式为：

$$\frac{\text{单位产品}}{\text{标准成本}}=\frac{\text{直接材料}}{\text{标准成本}}+\frac{\text{直接人工}}{\text{标准成本}}+\frac{\text{制造费用}}{\text{标准成本}} \tag{7.1}$$

其中：

$$\frac{\text{某一项目}}{\text{标准成本}}=\frac{\text{该成本项目}}{\text{的价格标准}}\times\frac{\text{该成本项目}}{\text{的用量标准}}$$

标准成本的制定通常只针对产品的制定成本，不针对期间成本。对管理成本和销售成本采用编制预算的方法进行控制，不制定标准成本。由于产品的制造成本是由产品的直接材料、直接人工和制造费用组成的，所以制定标准成本时要针对不同的成本项目分别制定。

（1）直接材料标准成本的制定。

①用量标准：指在现有生产技术条件下生产单位产品所需要的材料数量，包括构

成产品实体的材料、生产中必要的损耗以及不可避免的、产生一定的废品所需要的材料等。直接材料标准数量的确定，一般由工艺部门在生产人员的帮助下确定，也可采用现场测试的方式确定。如果存在切割或下料损耗，一般采用以下公式来计算标准数量中包含的损耗：

$$\text{要增加的损耗百分比} = \frac{\text{某材料在生产过程中损耗的重量}}{\text{制成品中的该材料的净重量}} \tag{7.2}$$

以此为基础，确定在合理的范围内追加一定的损耗百分比，纳入直接材料的标准数量中。

②价格标准：指采购部门按供应单位提供的价格及其他因素预先确定的各种材料的单价，包括买价和运杂费等。制定标准价格时，应充分分析、研究市场环境及其变化趋势、供应商的报价和最佳采购批量等因素。与此同时，企业应要求采购部门对采购物品的价格负责，也对采购物品的质量负责，借以避免采购部门只注重寻找报价较低的供应厂商，而对采购物品的质量要求有所忽视。

材料标准价格应考虑材料的处理成本，为有关的运输、采购、验收和其他材料处理费用设定分配率，加计到材料的标准价格上。

根据用量标准和价格标准可以确定直接材料的标准成本，计算公式如下：

$$\text{直接材料标准成本} = \text{材料价格标准} \times \text{单位产品用量标准} \tag{7.3}$$

【例 7-1】某公司生产甲产品耗用 A、B 两种材料，资料如表 7.1 所示，要求计算甲产品直接材料的标准成本。

**表 7.1　A、B 两种材料消耗**

| 项目 | 预计正常用量/千克/件 | 预计损耗量/千克/件 | 预计购买价格/元/千克 | 预计采购费用/元/千克 |
|---|---|---|---|---|
| A 材料 | 2.5 | 0.5 | 5 | 1 |
| B 材料 | 3 | 1 | 6 | 2 |

直接材料用量标准：A 材料用量标准=（2.5+0.5）=3（千克/件）

B 材料用量标准=（3+1）=4（千克/件）

直接材料价格标准：A 材料价格标准=（5+1）=6（元/千克）

B 材料价格标准=（6+2）=8（元/千克）

单位甲产品直接材料的标准成本=3×6+4×8=50（元/件）

（2）直接人工标准成本的制定。

产品耗用的人工成本是由单位产品耗用的人工工时乘以每小时工资率所决定的。在直接人工标准中，用量标准指工时标准，价格标准指工资率标准。

①工时标准：指在现有生产技术条件下生产单位产品（或零部件）所需要的工作时间，包括对产品进行直接加工所耗用的工时、必要的间歇和停工时间及不可避免的再废品上所耗用的工时。制定工时标准时，应经技术测定，先按零件及经过的工序、车间分别计算，然后按产品汇总。

②工资率标准：取决于企业所采用的工资制度。如果企业采用计件工资制，标准工资率就是预定的每件产品支付的工资除以标准工时；如果企业采用的是计时工资制，

标准工资率就是每一标准工时应分配的工资。应注意的是如果同一项操作在不同情况下需要不同的技能才能完成，则应该制定不同的工资率标准。

$$单位工时标准工资率 = \frac{预计直接人工标准工资总额}{标准总工时} \tag{7.4}$$

其中，“标准总工时”指企业在现有的生产技术条件下能够完成的最大生产能力。

根据工时标准和工资率标准，可以确定直接人工标准成本，计算公式如下：

$$直接人工标准成本 = 单位工时标准工资率 \times 单位产品的工时标准 \tag{7.5}$$

【例 7-2】接前例，某公司生产甲产品需由第一、二车间连续加工，其人工有关资料如表 7.2 所示，要求计算甲产品直接人工的标准成本。

**表 7.2　一、二车间人工消耗**

| 项目 | 直接加工工时/小时/件 | 休息工时/小时/件 | 停工工时/小时/件 | 废品工时/小时/件 | 直接生产工人人数 | 每人每月标准工时/小时 | 生产工人工资总额/元 |
|---|---|---|---|---|---|---|---|
| 一车间 | 2 | 0.5 | 0.4 | 0.1 | 50 | 180 | 27 000 |
| 二车间 | 3 | 0.3 | 0.6 | 0.1 | 60 | 180 | 43 200 |

直接人工工时标准：一车间工时标准=2+0.5+0.4+0.1=3（小时/件）

二车间工时标准=3+0.3+0.6+0.1=4（小时/件）

直接人工工资率标准：一车间工资标准 $= \frac{27\ 000}{50 \times 180} = 3$（元/小时）

二车间工资标准 $= \frac{43\ 200}{60 \times 180} = 4$（元/小时）

单位甲产品直接人工标准成本 = 3×3+4×4 = 25（元/件）

（3）制造费用标准成本的制定。

制造费用指生产过程中发生的除直接材料和直接人工以外的所有费用。制造费用标准成本是按部门分别编制，然后将同一产品所涉及的各部门的单位制造费用标准加以汇总后得出的整个产品的制造费用标准成本。制造费用标准成本分为变动制造费用标准成本和固定制造费用标准成本。

①变动制造费用标准成本：变动制造费用的用量标准与直接人工标准成本制定中所确定的单位产品的工时标准相同，变动制造费用的价格标准与变动制造费用预算相关。

$$变动制造费用标准分配率 = \frac{变动制造费用预算总额}{标准总工时} \tag{7.6}$$

根据上式可以确定单位产品变动制造费用标准成本为：

$$单位产品变动制造费用标准成本 = 变动制造费用标准分配率 \times 单位产品工时标准 \tag{7.7}$$

②固定制造费用标准成本：固定制造费用标准成本的制定要视企业的成本计算方法而定。如果企业采用的是变动成本法，固定制造费用应视“期间费用”，产品成本中不包括固定制造费用，因而单位产品的标准成本中也不包括固定制造费用的标准成本。

在这种成本计算方法中，不需要制定固定制造费用的标准成本。如果企业采用的是制造成本法，产品成本中应包括固定制造费用，因而需要制定固定制造费用的标准成本。

固定制造费用标准成本的制定和变动制造费用标准成本的制定方法基本相同，价格标准的计算公式如下：

$$固定制造费用标准分配率 = \frac{固定制造费用预算总额}{标准总工时} \tag{7.8}$$



根据上式可以确定单位产品固定制造费用标准成本为：

$$单位产品固定制造费用标准成本 = 固定制造标准分配率 \times 单位产品标准工时 \tag{7.9}$$



【例 7-3】接前例，某公司制造费用预算如表 7.3 所示。

**表 7.3　一、二车间制造费用消耗及预算**

| 项目 | 工时/小时/件 | 休息工时/小时/件 | 停工工时/小时/件 | 废品工时/小时/件 | 直接生产工人人数 | 每人每月标准工时/小时 | 变动制造费用预算总额/元 | 固定制造费用预算总额/元 |
|---|---|---|---|---|---|---|---|---|
| 一车间 | 2 | 0.5 | 0.4 | 0.1 | 50 | 180 | 5 400 | 2 700 |
| 二车间 | 3 | 0.3 | 0.6 | 0.1 | 60 | 180 | 7 560 | 4 320 |

制造费用工时标准：一车间工时标准=2+0.5+0.4+0.1=3（小时/件）

二车间工时标准=3+0.3+0.6+0.1=4（小时/件）

变动制造费用标准分配率：本车间制造费用分配率 $= \frac{5\ 400}{50 \times 180} = 0.6$（元/小时）

二车间制造费用分配率 $= \frac{7\ 560}{60 \times 180} = 0.7$（元/小时）

单位甲产品变动制造费用标准成本=3×0.6+4×0.7=4.6（元/件）

固定制造费用标准分配率：一车间制造费用分配率 $= \frac{2\ 700}{50 \times 180} = 0.3$（元/小时）

二车间制造费用分配率 $= \frac{4\ 320}{60 \times 180} = 0.4$（元/小时）

单位甲产品固定制造费用标准成本=3×0.3+4×0.4=2.5（元/件）

单位甲产品制造费用标准成本=4.6+2.5=7.1（元/件）

（4）单位产品标准成本的制定。

确定了直接材料、直接人工和制造费用的标准成本后，就可以汇总确定产品完整的标准成本了。通常企业通过编制“标准成本卡”来反映企业库存商品的标准成本的具体构成，但采用不同成本计算方法确定的产品标准成本有所不同。

在变动成本法下：

$$产品标准成本 = 直接材料的标准成本 + 直接人工的标准成本 + 变动制造费用的标准成本 \tag{7.10}$$

在制造成本法下：

$$产品标准成本 = 直接材料的标准成本 + 直接人工的标准成本 + 变动制造费用的标准成本 + 固定制造费用的标准成本 \tag{7.11}$$

【例 7-4】接前例，某公司甲产品标准成本卡如表 7.4 所示，要求计算甲产品的标准成本。

**表 7.4　甲产品的标准成本卡**

| 成本项目 | | 用量标准 | 价格标准 | 标准成本 |
|---|---|---|---|---|
| 直接材料 | A 材料 | 3 千克/件 | 6 元/千克 | 18 元/件 |
| | B 材料 | 4 千克/件 | 8 千克/件 | 32 千克/件 |
| | 小计 | | | 50 元/件 |
| 直接人工 | 一车间 | 3 小时/件 | 3 元/小时 | 9 元/件 |
| | 二车间 | 4 小时/件 | 4 元/小时 | 16 元/件 |
| | 小计 | | | 25 元/件 |
| 变动制造费用 | 一车间 | 3 小时/件 | 0.6 元/小时 | 1.8 元/件 |
| | 二车间 | 4 小时/件 | 0.7 元/小时 | 2.8 元/件 |
| | 小计 | | | 4.6 元/件 |
| 直接人工 | 一车间 | 3 小时/件 | 0.3 元/小时 | 0.9 元/件 |
| | 二车间 | 4 小时/件 | 0.4 元/小时 | 1.6 元/件 |
| | 小计 | | | 2.5 元/件 |
| 单位产品标准成本 | | | | 82.1 元/件 |

## 7.4　成本差异的计算分析及账务处理

企业应定期将实际成本与标准成本进行比较和分析，确定差异数额及性质，揭示差异形成的动因，落实到责任中心，寻求可行的改进途径和措施。

成本差异公式为：

成本差异 = 实际成本 − 标准成本

　　= 实际数量 × 实际价格 − 实际数量 × 标准价格

　　　+ 实际数量 × 标准价格 − 标准数量 × 标准价格

　　= 实际数量 ×（实实际价 − 标准价格）

　　　+（实实际数 − 标准数量）× 标准价格

　　= 价格差异 + 数量差异　　(7.12)

### 7.4.1　直接材料成本差异的计算

直接材料成本差异指实际产量下的直接材料实际成本与直接材料标准成本之间的差异。

$$\begin{matrix}\text{直接材料}\\\text{成本差异}\end{matrix}=\begin{matrix}\text{直接材料}\\\text{实际成本}\end{matrix}-\begin{matrix}\text{直接材料}\\\text{标准成本}\end{matrix}$$

$$=\left(\begin{matrix}\text{单位产品材料}\\\text{实际消耗量}\end{matrix}\times\begin{matrix}\text{单位价格}\\\text{实际价格}\end{matrix}-\begin{matrix}\text{单位产品材料}\\\text{消耗定额}\end{matrix}\times\begin{matrix}\text{单位材料}\\\text{标准价格}\end{matrix}\right)\times\begin{matrix}\text{实际}\\\text{产量}\end{matrix} \tag{7.13}$$

直接材料成属于变动成本，其成本差异形成的原因包括价格差异和数量差异。

价格差异是实际价格脱离标准价格所产生的差异，其计算公式如下：

$$\text{材料价格差异}=(\text{实际价格}-\text{标准价格})\times\text{材料实际消耗总量}$$

$$=(\text{实际价格}-\text{标准价格})\times\begin{matrix}\text{单位产品材料}\\\text{实际消耗量}\end{matrix}\times\text{实际产量} \tag{7.14}$$

数量差异是单位产品实际材料耗用量脱离单位标准材料耗用量所产生的差异，其计算公式如下：

$$\text{材料数量差异}=\left(\begin{matrix}\text{材料实际}\\\text{消耗总量}\end{matrix}-\begin{matrix}\text{实际产量时的}\\\text{材料标准耗用量}\end{matrix}\right)\times\text{标准价格}$$

$$=\left(\begin{matrix}\text{单位产品材料}\\\text{实际消耗量}\end{matrix}-\begin{matrix}\text{单位产品材料}\\\text{消耗定额}\end{matrix}\right)\times\text{标准价格}\times\text{实际产量} \tag{7.15}$$

现将以上公式综合如下：

$$\left.\begin{matrix}\text{实际价格}\times\text{实际用量（1）}\\\\\text{标准价格}\times\text{实际用量（2）}\\\\\text{标准价格}\times\text{标准用量（3）}\end{matrix}\right\}\left.\begin{matrix}\text{材料价格差异=（1）-（2）}\\\\\text{材料数量差异=（2）-（3）}\end{matrix}\right\}\text{材料成本差异=（1）-（3）} \tag{7.16}$$

【例 7-5】某公司生产甲产品需使用一种直接材料 A。本期生产甲产品 200 件，耗用 A 材料总计 900 千克，A 材料的实际价格为 100 元/千克。假设 A 材料的标准价格为 110 元/千克，单位甲产品的材料消耗定额为 5 千克 A 材料，那么 A 材料的成本差异计算如下：

材料价格差异 =（100-110）×900 = -9 000（元）

材料数量差异 = 100×（900-1 000）= -11 000（元）

材料成本差异 = 100×900-110×1 000 = -20 000（元）

或 = -9 000+（-11 000）= -20 000（元）

### 7.4.2 直接人工成本差异的计算

直接人工成本差异指实际产量下的直接人工实际成本与直接人工标准成本之间的差额。其中：

$$\begin{matrix}\text{直接人工}\\\text{成本差异}\end{matrix}=\begin{matrix}\text{直接人工}\\\text{实际成本}\end{matrix}-\begin{matrix}\text{直接人工}\\\text{标准成本}\end{matrix}$$

$$=\left(\begin{matrix}\text{单位产品工时}\\\text{实际消耗量}\end{matrix}\times\begin{matrix}\text{实际}\\\text{工资率}\end{matrix}-\begin{matrix}\text{单位产品工时}\\\text{消耗定额}\end{matrix}\times\begin{matrix}\text{标准}\\\text{工资率}\end{matrix}\right)\times\begin{matrix}\text{实际}\\\text{产量}\end{matrix} \tag{7.17}$$

直接人工成本属于变动成本，其成本差异包括直接人工工资率差异和直接人工工时耗用量差异。

直接人工工资率差异指实际工资率脱离标准工资率所产生的差异，其计算公式如下：

$$\text{直接人工工资率差异}=\left(\text{实际工资率}-\text{标准工资率}\right)\times\text{单位产品工时实际消耗量}\times\text{实际产量} \tag{7.18}$$

直接人工工时耗用量差异指单位实际人工工时耗用量脱离单位标准人工工时耗用量所产生的差异，其计算公式如下：

$$\text{直接人工工时耗用量差异}=\left(\text{单位产品工时实际消耗量}\times\text{实际产量}-\text{单位产品工时消耗定额}\times\text{实际产量}\right)\times\text{标准工资率} \tag{7.19}$$

现将以上公式综合如下：

实际工资率×实际工时（1）
}人工工资率差异=（1）-（2）
标准工资率×实际工时（2）
}人工工时耗用量差异=（2）-（3）
标准工资率×标准工时（3）
}直接人工成本差异=（1）-（3）

（7.20）

【例 7-6】某公司本期生产甲产品 200 件，实际耗用人工工时 8 000 小时，实际工资总额 80 000 元，平均每工时工资 10 元。假设标准工资率为每工时 9 元，单位产品的工时耗用定额为 28 小时，那么，直接人工成本差异计算如下：

直接人工工资率差异=（10-9）×8 000=8 000（元）

直接人工工时耗用量差异=9×（8 000-28×200）=21 600（元）

直接人工成本差异=10×8 000-9×200×28=29 600（元）

或　=8 000+21 600=-29 600（元）

### 7.4.3　变动制造费用成本差异的计算

变动制造费用成本差异指实际产量下的实际变动制造费用与标准变动制造费用之间的差额。其中：

$$\text{变动制造费用成本差异}=\text{实际变动制造费用}-\text{标准变动制造费用}$$

$$=\text{实际分配率}\times\text{实际工时}-\text{标准分配率}\times\text{标准工时}$$

$$=\left(\text{实际分配率}\times\text{单位产品工时实际消耗量}-\text{标准分配率}\times\text{单位产品工时消耗定额}\right)\times\text{实际产量} \tag{7.21}$$

$$\text{实际分配率}=\frac{\text{实际变动制造费用}}{\text{实际工时}} \tag{7.22}$$

变动制造费用差异包括变动制造费用分配率差异和变动制造费用效率差异，计算公式如下：

$$\text{变动制造费用差异}=\text{实际变动制造费用}-\text{标准变动制造费用}=\text{变动制造费用分配率差异}+\text{变动制造费用效率差异} \tag{7.23}$$

$$\text{变动制造费用分配率差异}=\left(\text{实际分配率}-\text{标准分配率}\right)\times\text{实际工时总额}$$

$$=\left(\text{实际分配率}-\text{标准分配率}\right)\times\text{单位产品工时实际消耗量}\times\text{实际产量} \qquad (7.24)$$

$$\text{变动制造费用效率差异}=\left(\text{实际工时}-\text{标准工时}\right)\times\text{标准分配率}\times\text{实际产量} \qquad (7.25)$$

现将以上公式综合如下：

实际分配率 × 实际工时（1）

标准分配率 × 实际工时（2）

标准分配率 × 标准工时（3）

变动制造费用分配率差异=（1）－（2）

变动制造费用分配率差异=（2）－（3）

变动制造费用差异 =（1）－（3）

(7.26)

【例 7-7】某公司本期生产甲产品 200 件，实际耗用工时 8 000 小时，实际发生变动制造费用 20 000 元，变动制造费用实际分配率为每直接工时 2.5 元。假设变动制造费用标准分配率为 3 元，标准耗用工时 6 000 小时。那么变动制造费用差异计算如下：

变动制造费用分配率差异＝（2.5−3）×8 000＝−4 000（元）

变动制造费用效率差异＝3×（8 000−6 000）＝6 000（元）

变动制造费用差异＝20 000−3×6 000＝2 000（元）

或　　　　　　　　＝−4 000+6 000＝2 000（元）

### 7.4.4 固定制造费用成本差异的计算

固定制造费用成本差异指一定期间的实际固定制造费用与标准固定制造费用之间的差额。其中：

$$\text{固定制造费用成本差异}=\text{实际固定制造费用}-\text{标准固定制造费用}$$

$$\text{标准固定制造费用}=\text{固定制造费用标准分配率}\times\text{标准工时} \qquad (7.27)$$

$$\text{固定制造费用标准分配率}=\frac{\text{预算固定制造费用}}{\text{预算工时}}$$

固定制造费用属于固定成本，在一定业务范围内不随业务量的变动而变动。因此计算固定制造费用标准分配率，必须设定一个预算工时，实际工时与预算工时之间的差异造成的固定制造费用差异叫做固定制造费用生产能力利用程度差异。

固定制造费用差异包括开支差异、效率差异和生产能力利用差异，其计算公式如下：

实际分配率×实际工时（1）
标准分配率×实际工时（2）
标准分配率×标准工时（3）
标准分配率×标准工时（4）

固定制造费用开支差异=（1）-（2）
固定制造费用生产能力利用差异=（2）-（3）
固定制造费用效率差异=（3）-（4）

固定制造费用差异=（1）-（4）

（7.28）

【例7-8】某公司本期预算固定制造费用为2 400元，预算工时为1 000小时，实际耗用工时1 200小时，实际固定制造费用为2 600元，标准工时为1 100小时。那么固定制造费用差异计算如下：

（1）根据公式可求出标准分配率和实际分配率。

$$固定制造费用标准分配率=\frac{2\ 400}{1\ 000}=2.4$$

$$固定制造费用实际分配率=\frac{2\ 600}{1\ 200}=2.17$$

（2）根据上述公式求出开支差异、效率差异和生产能力利用差异。

固定制造费用开支差异=2 600-2 400=200（元）

固定制造费用效率差异=2.4×（1 200-1 100）=240（元）

固定制造费用生产能力利用差异=2.4（1 000-1 200）=-480（元）

标准固定制造费用=2.4×1 100=2 640（元）

固定制造费用差异=2 600-2 640=-40（元）

或　　　　　　　　=200+240-480=-40（元）

### 7.4.5　标准成本法的账务处理

（1）设置相关核算账户。

按各成本计算对象开设产品成本明细账。

①在标准成本法下，“生产成本”“库存商品”账户，无论是借方还是贷方均登记实际产量的标准成本。

②设置各种成本差异账户。对于直接材料成本差异，应设置“材料价格差异”和“材料用量差异”两个账户；对于直接人工成本差异，应设置“直接人工工资率差异”和“直接人工效率差异”两个账户；对于变动制造费用差异，应设置“变动制造费用耗费差异”和“变动制造费用效率差异”两个账户；对于固定制造费用差异，应设置“固定制造费用耗费差异”“固定制造费用效率差异”“固定制造费用生产能力利用差异”。

（2）当期直接处理法。

①“材料价格差异”等各种不利差异，应分别记入有关差异账户的解放，各种有利差异，应分别记入有关差异账户的贷方。

②期末，按各成本差异账户的借、贷方数额编制“成本差异汇总表”，将差异净额（各种差异轧抵后净额）转入当期销货成本之中。

前面是按完全成本法处理的，如果采用变动成本法，则在“在产品”“产成品”“主营业务成本”中剔除固定性制造费用，而作为期间费用处理。

（3）跨期递延摊销法。

期末，按照一定标准将成本差异在“在产品”“产成品”“主营业务成本”间分配，期末在产品、期末库存产品将包含的成本差异在各会计期间内跨期递延摊销。

## 【本章小结】

企业经营的主要目的是盈利，降低或控制成本是适应市场竞争的有效方式。

经营目标一旦确定，就要围绕经营目标组织实施成本控制，监督企业各项经营活动。成本涉及企业经营的各个方面，因此成本控制是企业整个经营活动中必不可少的一个重要方面。

## 【思考与练习题】

## 【案例分析】

## 【思考与练习题答案】

# 第8章 责任会计与评价报告

【学习目标】通过本章的学习，学生要了解责任会计的基本内容、基本原则；理解责任中心的类型及其划分；掌握责任的业绩评价与考核；掌握内部转移价格的制定方法；理解管理会计报告的含义和流程；掌握企业管理会计报告的类型。

【学习重点】责任中心的划分及其业绩评价、考核；管理会计报告的含义、流程。

【学习难点】内部转移价格的制定方法及其选择；企业管理会计报告类型。

## 8.1 责任会计概述

### 8.1.1 责任会计的基本内容

（1）责任会计制度的含义。

责任会计是以各个责任中心为主体，以责、权、效、利相统一的机制为基础而形成的，为评价和控制企业经营活动的进程和效果服务的信息系统。其基本内容可分为责任会计制度的建立和实施两部分。

（2）责任会计制度的建立。

责任会计制度的建立是责任会计的基础，主要包括：

①划分责任中心，明确职责范围。根据企业自身经营管理和组织形式的实际需要，确定企业内部各单位、各部门的经济责任归属层次，划分若干既相互区别又相互联系的责任中心，并明确其职责范围。

②确定业绩评价方法。为正确反映和监控责任履行情况，实现经济责任制度化和数量化，必须建立一套完整的日常记录系统，报告有关责任预算执行情况的信息系统。

（3）责任会计制度的实施。

实施责任会计主要包括：

①编制责任预算，确定考核标准。把全面预算所确定的企业生产经营总目标，按责任中心进行层层分解、落实，并为各个责任中心编制具体的责任预算，作为今后控

制该中心经济活动的根据，同时也是评价这个中心业绩的标准。

②核算责任中心的工作执行情况。在日常核算过程中，应对各责任中心及责任人的劳动数量、质量、财产物资和经济往来等进行计量、记录，形成原始记录。同时还要建立完善的内部结算制度，及时、准确地反映各责任中心之间的相互联系和责任关系。

③分析、评价和报告业绩。对预算执行情况建立一套跟踪考核系统，定期提交责任报告，对其实际执行情况与预算进行比较，分析差异、明确责任，并通过信息反馈控制和调节经营活动及实施奖惩。这个环节是责任会计制度的反馈工作。

### 8.1.2 责任会计的基本原则

责任会计作为社会化大生产和企业实行分权管理、推行内部经济责任制的产物，它的建立对促进企业转变经营机制、增强企业活力、完善经济责任制等具有重要作用。对任一企业而言，要建立一套科学、完整、有效的责任会计系统，都必须遵循以下基本原则。

（1）责、权、利相结合原则。

责任会计制度持续良好地实施依赖于责任中心的责任和权力与利益的有效结合。“责”是核心，“权”是完成责任的前提条件，“利”是激励因素，即在责任会计系统中，不仅要求责、权、利有机结合，而且要求责、权、利保持对称关系。

（2）总体优化原则。

总体优化原则要求各责任中心目标与企业总体目标一致。建立责任会计的目的是有效促进各个责任中心共同完成企业总体目标，但是在操作过程中各具体责任中心之间会出现利益冲突，因此在责任会计的设计与执行过程中，必须遵循总体利益至上，即总体优化原则。

（3）可控性原则。

可控性原则指各责任中心只能对其可控制的因素负责，对其权力不及的、控制不了的经济活动，不承担责任。在考核中，应将责任中心不能控制的因素排除，做到责任分明，奖惩合理。

4. 反馈性原则。

反馈性原则指要求各责任中心对其生产经营活动提供及时、准确的信息，提供信息的主要形式是编制责任报告。良好的反馈功能，能更好地发挥责任会计的控制职能，进一步提高企业管理水平。反馈性原则的贯彻具体体现在两个方面：一方面要求企业最高管理层及时向各责任中心反馈预算执行情况，帮助各责任中心掌握预算执行的进度、偏差等信息，促使责任中心采取必要的措施实现预算目标；另一方面要求各责任中心及时向上一级责任中心反馈信息，以利于协调和决策，并指导下属责任中心的工作。

（5）重要性原则。

重要性原则要求各责任中心对其生产经营过程中发生的重点差异进行重点分析、控制。重要性原则有利于提高责任会计的效率。

# 8.2 责任中心

## 8.2.1 责任中心的设置

责任中心指企业内部有一个主管人员负责承担规定责任并具有相应权利的组织单位。责任中心的划分要与企业组织管理系统相适应。凡是在管理上可以划分的、责任上可以辨认的、成绩上可以单独考核的单位，都可以划分为责任中心。只有既能划清责任又能进行单独核算的企业内部单位，才能作为一个责任中心。

责任中心可以按其责任权限范围及业务活动特点，分为成本中心、利润中心和投资中心三类。

（1）成本中心。

成本中心指只发生成本，不取得收入的责任中心。通常成本中心的进行活动只对成本的高低发生影响。对这类责任中心只考核成本控制业绩。任何不取得收入的责任领域都可确认为成本中心，其应用范围最广泛。

成本中心可分为标准成本中心和费用中心。

①标准成本中心：所发生的投入可针对产品对象化的生产成本责任中心。这类成本中心所发生的是财务会计中的生产成本，其产出是具体产品或劳务，具有投入产出的关系稳定且明确的特点。典型代表是制造业的分厂、车间、班组等。对这类成本中心通常考核单位产品的成本投入量。

②费用成本：所发生的投入不能针对产品对象化的费用的责任中心。这类成本中心发生的投入通常是财务会计中的期间费用，具有产出物不能用财务指标来衡量，或者投入和产出之间没有密切关系的特点。这类成本中心包括一些管理职能部门，如会计、人事、计划部门、研究开发部门、某些销售部门等。对这类成本中心通常考核其总成本投入量。

（2）利润中心。

利润中心指既能控制成本也能控制收入，并将成本和收入进行对比，继而控制利润的责任中心。利润中心通常具有生产经营权，例如，能独立生产并自行对外销售最终产品或中间产品的分公司、分厂等。与成本中心相比，利润中心的权利和责任相对要大得多，是比成本中心更高层次的责任中心。利润中心不仅控制成本的发生，还要控制收入、利润的实现，对成本和收益同时承担责任。

按收入来源的性质不同，利润中心可分为自然利润中心和人为利润中心。

①自然利润中心：能够直接对企业外部销售产品或提供劳务，并从企业外部取得独立的收入为特征的利润中心。这类利润中心具有产品的销售权、定价权、材料采购权和生产决策权。一般来说一个完整独立的企业才能称为自然利润中心。

②人为利润中心：产品和劳动不直接进入企业外部市场，而是按照内部转移价格在本企业内部有关部门和单位之间销售。人为利润中心往往是企业试行内部经济结算条件下的某些部门和单位，其产品和劳务在企业内部进行销售而形成了相对独立的收

入，使其能够控制收入和利润，形成了利润中心，称为人为利润中心。一个责任单位变成利润中心能促使管理人员加强经营管理，因此利润中心的应用越来越普遍。

（3）投资中心。

投资中心是最高层次的预算责任单位，适用于对资产具有经营决策权和投资决策权的独立经营责任单位。投资中心既要对成本、收入和利润负责，还要对其资本利润率等投资报酬负责。从组织形式看，投资中心通常是独立的法人。只有具备经营决策权和投资决策权的独立经营单位才能成为投资中心。一般来说，跨国、跨地区、跨行业的大型企业，如果采取分权管理方式对其事业部或分公司拥有投资权和经营权，则这些分公司或事业部就是投资中心。

### 8.2.2 对责任中心的评价与考核

实行责任会计制度的企业，要对每个责任中心的可控成本、收入和利润等编制责任预算。责任预算指以责任中心为对象，为责任中心的成本、利润或投资编制的预算。责任预算是责任中心的目标，也是对责任中心进行考核的依据。责任预算是全面预算的补充和具体化。

责任预算与对责任中心的经济业务活动的记录是责任中心进行考核的依据。考核责任中心通常是通过编制责任报告对责任预算的执行情况进行比较分析。不同的责任中心，其责任预算的内容和考核办法不一样。

在责任预算的执行过程中，应设置一套账户对责任中心的经济业务活动进行记录，也可以考虑责任会计的要求，再设立会计账户体系，使其既满足对外报告的需要，又能够满足责任会计进行管理的需要。

（1）对成本中心的评价与考核。

成本中心编制的责任报告，也称业绩报告。在编制责任报告时，要注意适时性和适用性。成本中心的责任报告一般包括该中心可控成本的各明细项目的预算数、实际数和差异数。对不可控成本可采用两种处理方式：一种是全部省略，另一种是把不可控成本作为参考资料列入业绩报告，以便管理者了解成本中心在一定期间内耗费的全貌。

责任报告中的成本差异是评价和考核成本中心工作实绩的重要标志。如果实际数小于预算数，称为有利差异，表示成本的节约额；如果实际数大于预算数，称为不利差异，表示成本的超支额。责任报告中还应有差异原因分析，以便采取措施巩固成绩、纠正偏差。

由于各责任中心是逐级设置的，因此责任预算和责任报告也应从最基层的成本中心逐级向上级汇报，直至最高管理层。每一级的责任预算和责任报告，除最基层成本中心只有本身的可控成本外，都应包括自身的可控成本和下属单位转来的责任成本。成本中心的责任报告格式如表 8.1 所示。

**表 8.1　2×19 年 5 月甲公司 A 车间（成本中心）责任报告**

单位：元

| 项目 | 预算数 | 实际数 | 差异数 |
|---|---|---|---|
| 一、可控成本 | | | |
| 间接成本 | 16 500 | 16 840 | -340 |
| 间接人工 | 12 030 | 12 060 | -30 |
| 管理人员薪金 | 10 270 | 10 170 | 100 |
| 设备折旧费 | 20 620 | 20 620 | 0 |
| 设备维修费 | 20 200 | 20 600 | -400 |
| 物料消耗 | 5 770 | 5 500 | 270 |
| 合计 | 85 390 | 85 790 | -400 |
| 二、下属单位转来的责任成本 | | | |
| A 工段 | 62 360 | 62 560 | -200 |
| B 工段 | 94 870 | 94 470 | 400 |
| 合计 | 160 000 | 160 500 | -500 |
| 本车间责任成本合计 | 317 230 | 317 530 | -300 |

（2）对利润中心的评价与考核。

对利润中心的评价与考核应以边际贡献和税前净利为重点，在进行业绩考评时，主要通过实际销售成本与实际销售收入进行对比，再集中分析和考核利润目标的完成情况。对利润中心进行业绩考评时，主要采用边际贡献、净利润和销售净利润等指标。

利润中心编制的责任报告包括预算数、实际数和差异数。按销售收入来说，如果实际销售收入超过预算销售收入，其差异额是有利差异，反之则是不利差异；按成本来说，如果实际成本超过预算成本，其差异额是不利差异，反之则是有差异。实际利润额超过预算利润，其差异额是有利差异，反之则是不利差异。

利润中心的责任报告格式如表 8.2 所示。

**表 8.2　2×19 年 5 月甲公司 A 车间（利润中心）责任报告**

单位：元

| 项目 | 预算数 | 实际数 | 差异数 |
|---|---|---|---|
| 销售成本 | 160 000 | 180 000 | 20 000 |
| 变动成本 | | | |
| 变动生产成本 | 70 000 | 75 000 | 5 000 |
| 变动销售及管理成本 | 25 000 | 25 200 | 200 |
| 变动成本小计 | 95 000 | 100 200 | 5 200 |
| 边际贡献 | 65 000 | 79 800 | 14 800 |
| 期间成本 | | | |
| 固定生产成本 | 30 000 | 30 000 | 0 |
| 固定销售及管理成本 | 10 000 | 12 000 | 2 000 |
| 固定成本小计 | 40 000 | 42 000 | 2 000 |
| 税前净利 | 25 000 | 37 800 | 12 800 |

2×19 年 5 月甲公司 A 分公司边际贡献增加 14 800 元，固定成本超支 2 000 元。该利润中心实际利润超出预算 12 800 元。

（3）对投资中心的评价与考核。

投资中心往往是企业较高的管理层次，如事业部、分公司、分厂等，不仅能控制成本和收入，还能控制其所占用的资产。投资中心的考核指标主要有投资报酬率、剩余收益等。

①投资报酬率又称投资利润率、净资产利润率，指投资中心利润与投资额之间的比率，反映的是投资中心运用“公司产权”供应的每一元资产对整体利润贡献的大小，或投资中心对所有者权益的贡献程度。其计算公式为：

$$投资报酬率 = 经营利润 \div 经营资产 \times 100\% \quad (8.1)$$

公式中经营利润通常指息税前利润（EBIT），经营资产通常指平均值。

【例 8-1】某公司投资中心的有关资料为期初资产原价为 80 000 元，期末资产原价为 100 000 元，营业净利为 40 000 元，计算投资报酬率。

投资报酬率＝40 000÷［（80 000+100 000）÷2］×100%＝40 000÷90 000＝44.4%

为合理分析投资报酬率的影响因素，可将投资报酬率指标进一步展开：

$$投资报酬率 = \frac{经营利润}{销售收入} \times \frac{销售收入}{经营资产} \times 100\% = 销售利润率 \times 资产周转率 \quad (8.2)$$

由上述公式可见，提高投资报酬率的途径不仅在于降低成本、增加盈利、降低经营资产的平均占用，还在于资产的周转速度及销售获利能力。

投资报酬率作为广泛采用的评价投资中心业绩的指标，主要优点在于促使管理者像控制费用一样控制资产占用或投资额的多少，综合反映一个投资中心全部经营成果。但过分重视投资报酬率和指标容易导致经理人的短期行为是其明显的两个局限性。

②剩余收益指投资中心所实现的利润与企业要求的最低报酬之间的差额。其计算公式为：

$$剩余收益 = 营业利润 - (营业资产 \times 最低投资报酬率) \quad (8.3)$$

剩余收益是绝对数指标，优点是简单，在相同的基本情况下，剩余收益越大越好。与投资报酬率相比，其主要缺点是不便于规模不同的投资中心之间的分析比较。

【例 8-2】接前例，假定投资中心同期的营业利润为 40 000 元，最低投资报酬率为 30%，则剩余收益为

剩余收益＝40 000-（90 000×30%）＝40 000-27 000＝13 000（元）

由于投资中心不仅要对利润负责，还要对投资效果负责，因此投资中心的责任报告应包括收入、成本、利润、投资额及投资使用效益等内容。

【例 8-3】根据上述资料填写该投投资中心责任报告如表 8.3 所示。

**表 8.3　2×19 年 5 月甲公司 A 事业部（投资中心）责任报告**

单位：元

| 项目 | 预算数 | 实际数 | 差异数 |
|---|---|---|---|
| 销售收入 | 120 000 | 130 000 | 1 000 |
| 减：成本 | 80 000 | 85 000 | 5 000 |

表8.3(续)

| 项目 | 预算数 | 实际数 | 差异数 |
|---|---|---|---|
| 营业利润 | 40 000 | 45 000 | 5 000 |
| 平均资产原件 | 90 000 | 96 000 | 6 000 |
| 销售利润率 | 33.33% | 34.62% | 1.29% |
| 资产周转率 | 1.33 次 | 1.35 次 | 0.02 次 |
| 投资报酬率 | 44.44% | 46.88% | 2.44% |
| 预期投资回报率 | 30% | – | – |
| 剩余收益 | 13 000 | 16 200 | 3 200 |

该投资中心 2×19 年 5 月的实际剩余收益比预算数增加 3 200 元。其中销售利润率增加 1.29%，资产周转率增加 0.02 次，投资报酬率增加 2.44%。

## 8.3 内部转移价格

### 8.3.1 内部转移价格的含义

内部转移价格也称内部结算价格，指企业内部各责任主体之间相互提供产品（或半成品）和劳务并进行结算时所采用的一种内部价格标准。

企业内部各责任单位在生产经营活动中既相互联系，又相互独立的开展各自的活动，各责任中心之间经常相互提供产品或劳务。为了客观公正地评价企业内部各责任中心的业绩，明确区分各自的经营责任，使各个责任中心的业绩评价与考核建立在客观而可比的基础上，从而有利于调动各责任中心的积极性，企业有必要根据各责任中心业务活动特点，制定内部转移价格。内部转移价格作为一种内部结算价格标准，一方面影响着提供产品或劳务的责任中心的经营成果，另一方面影响着产品或劳务的责任中心的成本费用。因此科学合理的内部转移价格对分权组织有效实行管理控制具有非常重要的意义。

### 8.3.2 内部转移价格的基本原则

为充分发挥内部转移价格的积极作用，制定内部转移价格时应满足以下要求：

（1）企业与责任中心目标一致。由于内部结算价格直接决定每个责任中心的利益，每个责任中心出于自身利益的考虑会争取最大利益，这必然会导致各责任中心利益矛盾的出现。因此制定内部转移价格时，一切要从企业整体利益出发。

（2）简单易行，易于操作。企业内部各层次的责任中心很多，因此制定内部转移价格，确定转账、结算、计价方法时，要注意简便易行，减少不必要的工作量，并使各责任中心心中有数，操作方便。

（3）公平性。在建立和实施责任会计时，企业应避免出现由于内部转移价格制定不当而导致责任中心之间苦乐不均等状况。合理的内部转移价格应能够使“买卖”双方均感到公平合理而乐于接受的价格。

### 8.3.3 内部转移价格的定价依据





（1）以成本为依据的内部转移价格。

以成本为基础的转移价格在时间中经常使用，主要适用于以下情况：

①转让的产品没有外部市场。

②有外部市场，但不完全，因为市场价格受到制定转移价格企业对外销售数量的影响，或者只有有限的外部需求。

③产品包含秘方，管理人员不想对外泄露。

根据所依据成本和定价具体方式的不同，以成本为依据的定价方式主要包括以下四种：

①实际成本：直接将产品或劳务的实际成本作为内部转移价格。用实际成本作为内部转移价格具有一定客观性，但有一个明显缺点，即不能促使提供产品和劳务的部门降低成本，相反会将生产经营上的成绩与缺陷完全转嫁给使用部门，因此按实际成本进行结转或分配会削弱供需双方控制成本的积极性，与责任会计要求不符。

②实际成本加成：以产品或劳务的实际成本为基础，再加上一定比例的利润来决定内部转移价格。使用实际成本加成法可以使提供产品或劳务的部门得到一定数额的利润，有助于提高积极性。但这种方法同样不能把各责任中心的责任划分清楚，因此与责任会计的要求是相悖的。

③标准成本：按照产品或劳务的标准成本来制定内部转移价格。由于标准成本是事前制定的，且制定时已排除了无效率的耗费，因此使用标准成本法能促使企业内供需双方改善生产经营、降低成本，起到激励作用。

④标准成本加成：在标准成本的基础上，再加上一定比例的利润来确定内部转移价格。标准成本法适用于成本中心的产品转移，对于利润中心，则可使用标准成本加成法，以便于用利润指标对其业绩进行考核。但这种方法的缺点是具有主观随意性。

（2）以市场价格为依据的内部转移价格。

以公开市场上的产品或劳务价格作为内部转移价格的定价依据，通常适用于有外部市场、有市价可循的中间产品或劳务。

①市场价格：以产品或劳务的价格作为内部转移价格。市场价格比较客观，能够促使卖方努力改善经营管理，不断降低成本；但也有局限性，有些产品或劳务没有现成的市场价格可参考或只有非完全竞争条件下的市场价格。在这种情况下，只能借助于其他方法来制定内部转移价格。

②双重市场价格：当某种产品或劳务有不止一种市场价格时，为满足不同责任中心的需要，可允许双方按照各自希望的市场价格进行结算。这种方法可以更好地满足各责任中心在不同方面的需要，从而激励双方在生产经营中更好地发挥其主动性和积极性。

③协商价格：价格由供需双方协商共同确定。协商价格适用于某种产品或劳务没有现成市场价格或不止一种市场价格的情况。

### 8.3.4 制定内部转移价格的基本方法

（1）机会成本定价法。

机会成本定价法指在制定内部转移价格时同时考虑销售双方的利益，通过确认销售方愿意接受的最低价格和购买方愿意接受的最高价格来指导内部转移价格的制定。其中，销售方愿意接受的最低价格和购买方愿意接受的最高价格就是内部转移的机会成本。内部转移定价的计算公式为：

$$内部转移价格=单位支付成本+单位机会成本 \tag{8.4}$$

式中，单位支付成本指提供产品或劳务的部门为生产和转让产品或劳务而发生的直接相关的现金流出额，通常包括产品或劳务的直接可变成本和其他仅由于转移而发生的支出成本。单位机会成本指提供产品或劳务的部门因为将产品或劳务用于内部转移而放弃的将其用于外部销售所能获得的利润。不同的市场环境将导致不同的机会成本。

（2）协商转移定价法。

现实生活中，中间产品的市场是不完全竞争的，对其转移价格的确定通过供销双方进行协商确定的方式是协商转移定价法。一般来说，协商价格是一种准市场价格，通常介于市场价格和成本价格之间，较正常市价较低。

协商转移定价是解决分权组织目标一致性问题的一种有效手段，可以实现内部转移定价的三个目标：业绩评价的准确性、目标的一致性和经营资质。但其也存在以下缺点：

①责任中心的负责人可能会利用内部信息优势从其他责任中心获得利益。

②业绩评价可能会受到双方谈判技巧等因素的影响。

③双方协商可能会耗费大量资源和时间。

（3）双重价格定价法。

双重价格定价法指针对责任中心各方面分别采用不同的内部标准制定的价格，具体可分为以下三种形式：

①按标准成本与市场双重定价。各责任中心之间相互提供的材料、半成品、劳务、产成品一律按标准成本定价，以反映各责任中心再生产过程中的实际耗费，便于分清彼此的经济责任，及时进成本核算。

②按标准成本与成本加成加重定价。企业内部各责任中心之间相互提供产品与劳务一律按标准成本定价，以反映各责任中心在生产过程中的实际耗费，便于企业及时进行会计核算，编制及上报会计报表。

③按市价与变动成本双重定价。对于售出方出售的产品和劳务，按市场价格定价，方便考核其经营业绩；对于购入方购入的产品和劳务，按变动成本定价，方便其做出正确的经营决策。

双重定价方式可以满足供需双方对价格的不同需求，避免因讨价还价可能导致的低效，也避免接受部门因产品内部定价高于外部市场价格而不从企业内部调货，采取向外部进货的职能失调行为。但这种方式依然有缺点，其结果必然导致总部利润与分部利润之和的差异，不利于从根本上调动各责任中心的积极性。

# 8.4 管理会计报告的基本框架

## 8.4.1 管理会计报告的含义

管理会计报告指企业运用管理会计方法，根据财务和业务的基础信息加工整理形成的，满足企业价值管理和决策支持需要的内部报告。其目标是为企业各层级进行规划、决策、控制和评价等管理活动提供有用信息。

管理会计报告的形式要件包括报告的名称、报告期间或时间、报告对象、报告内容以及报告人等。

管理会计报告的对象是对管理会计信息有需求的各个层级、各个环节的管理者。

企业一般以日历期间（月度、季度、年度）作为管理会计报告期间，也可以根据特定需要设定管理会计报告期间。

管理会计报告的分类主要包括以下几种：

（1）按管理会计报告使用者所处的管理层次可分为战略层管理会计报告、经营层管理会计报告和业务层管理会计报告。

（2）按管理会计报告内容可分为综合管理会计报告和专项管理会计报告。

（3）按管理会计功能可分为管理规划报告、管理决策报告、管理控制报告和管理评价报告。

（4）按责任中心可分为投资中心报告、利润中心报告和成本中心报告。

（5）按报告主体整体性程度可分为整体报告和分部报告。

## 8.4.2 管理会计报告的流程

管理会计报告流程包括报告的编制、审批、报送、使用、评价等环节。

（1）管理会计报告由管理会计信息收集、处理并报送责任部门编制。

（2）企业应根据报告的内容、重要性和报告对象等，确定不同的审批流程。报告经审批后方可报出。

（3）企业应合理设计报告报送路径，确保企业管理会计报告及时有效的送达报告对象。

（4）企业应建立管理会计报告使用的授权制度，报告使用人应在权限范围内使用管理会计报告。

（5）企业应对管理会计报告的质量、传递的及时性、保密情况等进行评价，并将评价结果和绩效考核挂钩。

企业应充分利用信息技术，强化管理会计报告及相关信息集成和共享，将管理会计报告的编制、审批、报送和使用等纳入企业统一信息平台。同时企业应定期根据管理会计报告使用效果及内外部环境变化对管理会计报告体系、内容以及编制、审批、报送、使用等进行优化。最后管理会计报告属于内部报告，应在允许的范围内传递和适用，相关人员应遵守保密规定。

## 8.5 企业管理会计报告

### 8.5.1 战略层管理会计报告

（1）战略层管理会计报告的含义。

战略层管理会计报告指为战略层开展战略规划、决策、控制和评价及其他方面的管理活动提供相关信息的对内报告。报告的对象是企业的战略层，包括股东大会、董事会和监事会等。

（2）战略层管理会计报告的分类。

战略层管理会计报告包括但不限于战略管理报告、综合业绩报告、价值创造报告、经营分析报告、风险分析报告、重大事项报告、例外事项报告等。这些报告可独立提交，也可根据不同需要整合后提交。战略层管理会计报告应精炼、简洁、易于理解，报告主要结果、主要原因，并提出具体建议。

①战略管理报告：一般包括内外部环境分析、战略选择与目标设定、战略执行及结果，以及战略评价等。

②综合业绩报告：一般包括关键绩效指标预算及其执行结果、差异分析以及其他重大绩效事项等。

③价值创造报告：一般包括价值创造目标、价值驱动的财务因素与非财务因素、内部各业务单元的资源占用与价值贡献，以及提升公司价值的措施等；

④经营分析报告：一般包括过去经营决策执行情况回顾、本期进行目标执行的差异及其原因、影响未来经营状况的内外部环境与主要风险分析、下一期的经营目标及管理措施等。

⑤风险分析报告：一般报告企业全面风险管理工作回顾、内外部风险因素分析、主要风险识别与评估、风险管理工作计划等。

⑥重大事项报告：指针对企业的重大投资项目、重大资本运行、重大融资、重大担保事项、关联交易等事项进行的报告。

⑦例外事项报告：指针对企业发生的管理层变更、股权变更、安全事故、自然灾害等偶发性事项进行的报告。

### 8.5.2 经营层管理会计报告

（1）经营层管理会计报告的含义。

经营层管理会计报告指为经营管理层开展与经营管理目标相关的管理活动提供相关信息的对内报告。报告的对象是经营管理层。

（2）经营层管理会计报告的分类。

经营层管理会计报告主要包括全面预算管理报告、投资分析报告、项目可行性报告、融资分析报告、盈利分析报告、资金管理报告、成本管理报告、绩效评价报告等。经营层管理会计报告应做到内容完整、分析深入。

①全面预算管理报告：一般包括预算目标的制定与分解、预算执行的差异分析及预算考评等。

②投资分析报告：一般包括投资对象、投资额度、投资结构、投资进度、投资效益、投资风险和投资管理建议等。

③项目可行性报告：一般包括项目概况、市场预测、产品方案与生产规模、厂址选择、工艺与组织方案设计、财务评价、项目风险分析，以及项目可行性研究结论与建议等。

④融资分析报告：一般包括融资需求测算、融资渠道与融资方式分析及选择、资本成本、融资程序、融资风险及应对措施和融资管理建议等。

⑤盈利分析报告：一般包括盈利目标及实现程度、利润构成及变动趋势、影响利润的主要因素及变化情况，以及提高盈利能力的具体措施等。

⑥资金管理报告：一般包括资金管理目标，主要流动资金项目，如现金、应收票据、应收账款、存货管理状况、资金管理存在的问题及解决措施等。

⑦成本管理报告：一般包括成本预算、实际成本及其差异分析、成本差异形成的原因及改进措施等。

⑧业绩评价报告：一般包括绩效目标、关键绩效指标、实际执行结果、差异分析、考评结果，以及相关建议等。

### 8.5.3 业务层管理会计报告

（1）业务层管理会计报告的含义。

业务层管理会计报告指为企业开展日常业务或作业活动提供相关信息的对内报告。报告的对象是企业的业务部门、职能部门，以及车间、班组等。

（2）经营层管理会计报告的分类。

业务层管理会计报告应根据企业内部各部门、车间或班组的核心职能或经营目标进行设计，主要包括研究开发报告、采购业务报告、生产业务报告、配送业务报告、销售业务报告、售后服务业务报告、人力资源报告等。业务层管理会计报告应做到内容具体，数据充分。

①研究开发报告：一般包括研发背景、主要研发内容、技术方案、研发进度、项目预算等。

②采购业务报告：一般包括采购业务预算、采购业务执行结果、差异分析及改善建议等。

③生产业务报告：一般包括生产业务预算、生产业务执行结果、差异分析及改善建议等。

④配送业务报告：一般包括配送业务预算、配送业务执行结果、差异分析及改善建议等。

⑤销售业务报告：一般包括销售业务预算、销售业务执行结果、差异分析及改善建议等。

⑥售后服务业务报告：一般包括售后服务业务预算、售后服务业务执行结果、差异分析及改善建议等。

⑦人力资源报告：一般包括人力资源预算、人力资源执行结果、差异分析及改善建议等。

## 【本章小结】

责任会计是在分权管理条件下，为适应经济责任制的要求，在企业内部建立若干责任单位，并对它们分工负责的经济活动进行规划、控制、考核与业绩评价的一整套会计制度。

管理会计报告则是根据财务和业务的基础信息加工整理形成的，满足企业价值管理和决策支持需要的内部报告。

## 【思考与练习题】

## 【案例分析】

## 【思考与练习题答案】

# 第 9 章 绩效管理与评价

【学习目标】了解绩效评价的概念、特点和业务流程；熟悉常用的绩效评价方法及其优缺点，包括关键绩效指标法、经济增加值法、平衡计分卡、绩效棱柱等。

【学习重点】绩效评价的业务流程；各种绩效评价方法的优缺点。

【学习难点】各种绩效评价方法的应用。

## 9.1 绩效管理与评价的基本框架

全面预算的总目标是否已经实现，各个责任中心的责任目标是否已经实现，都要对其进行评价。我们通过绩效管理与评价，发现问题，找出差距，总结成绩，再接再厉，同时也为企业奖惩提供依据，从而持续提升个人、部门和组织的绩效。

### 9.1.1 绩效管理与评价的概念及构成要素

#### 9.1.1.1 绩效管理与评价的概念

绩效来源于英文中的 performance 一词，也可以译为业绩、成效等。《现代汉语词典》（第 7 版）将业绩解释为：建立的功劳和完成的事业；成就。这一解释强调事务或者活动发展的结果，目标实现程度及达成效率的衡量与反馈。

企业绩效是企业中各种假设主体的活动结果，包括企业经营效益和经营者业绩等。它是一个价值概念，涵盖了企业的盈利能力、营运能力、偿债能力和发展能力等方面，也包括经营者在经营管理企业的过程中对企业经营、成长、发展所取得成果和所作出的贡献。

企业绩效管理（corporate performance management）是高德纳公司提出的一个管理概念，用于监控和管理企业绩效的方法、准则、过程和系统的整体组合。它涉及企业商务规划、运营管理、财务管理和绩效管理，由平衡计分卡、商务分析、财务预算和财务报告、竞争优势分析、企业内部流程等组成，以整体一致的形式表现出来。2017 年 9 月财政部发布的《管理会计应用指引第 600 号——绩效管理》认为绩效管理是指企业与所属单位（部门）、员工之间就绩效目标及如何实现绩效目标达成共识，并帮助和激励员工取得优异绩效，从而实现企业目标的管理过程。绩效评价是绩效管理的核心内容，它是指企业运用系统的工具方法，对一定时期内企业运营效率与效果进行综合评价的管理活动，是企业实施激励管理的重要依据。

#### 9.1.1.2 绩效管理与评价系统的构成要素

企业绩效评价系统是指由一系列与绩效评价相关的评价制度、评价指标体系、评价方法、评价标准及评价机构等形成的有机整体。绩效评价系统作为企业管理控制系统中一个相对独立的子系统，一般由评价主体、评价目标、评价客体、评价指标、评价标准、评价方法、评价报告几个基本要素构成，如图 9.1 所示。

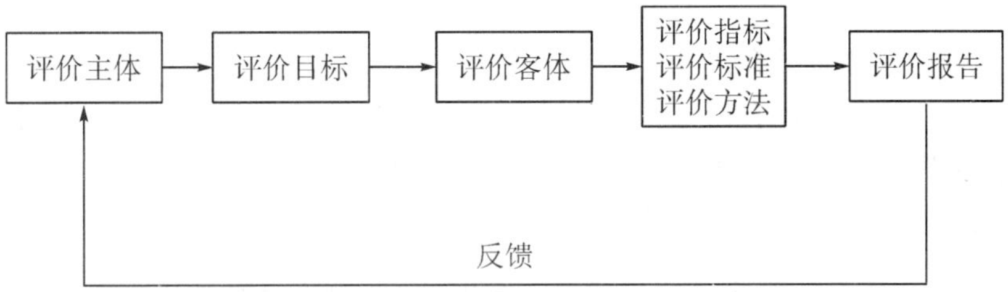


图 9.1 绩效评价系统

（1）评价主体。

评价主体是指业绩评价的组织者和实施者。基于委托代理理论，以企业为核心的利益相关者中，主要存在所有人与经营者的矛盾，政府部门与其他利益相关者和企业的矛盾等。这些矛盾双方构成评价系统的主客体，其中主体包括资产所有者、经营管理者、政府部门及其他利益相关者等。

（2）评价目标。

评价目标是整个系统运行的指南和目的，服从和服务于企业目标。目标是变化的，它会随着社会经济环境、企业不同的发展阶段等而调整。

（3）评价客体。

评价客体是评价的对象，是与主体相对应矛盾的一方。由主体需要可以看出，评价客体主要包括整个企业、部门、经营管理者和普通员工等。从责任会计的角度看，评价客体应该是责任中心，包括成本中心、利润中心和投资中心等。不同的角度和需要可以设置不同的评价客体。

（4）评价指标。

评价指标是指对评价对象的哪些方面进行评价。绩效评价指标设计的核心是关键成功因素，既有财务方面的，如投资报酬率、营业利润率、每股收益等；也有非财务方面的，如与客户的关系、售后服务水平、产品质量、创新能力等。

（5）评价标准。

评价标准是指判断评价对象业绩优劣的标杆。评价标准因评价目标、范围等不同而具有相对性、变化性。目前常见的评价标准有历史标准、预算标准、竞争对手标准、经验值等。

（6）评价方法。

评价方法是绩效评价的工具和手段。根据其他要素的实际情况，企业可以选择相应的评价方法。

（7）评价报告。

评价报告是评价系统的总结，是绩效评价体系的输出信息，也是绩效评价体系的结论性文件。企业通过分析评价客体，可以发现客体现存的问题，提出防范措施和改进建议等。

以上七个要素共同组成一个完整的绩效评价系统，他们之间相互联系相互呼应。不同的目标选择不同的对象、不同的指标和不同的标准，其报告的形式也不同。

## 9.1.2 绩效评价的形式

由于进行绩效评价的角度不同，如分析的主体不同、客体不同、目的不同等，因此企业绩效评价的形式也有所不同。明确不同的绩效评价形式的特点及用途，对于准确分析企业的财务状况、实现分析目标都有着重要意义和作用。通常，绩效评价形式可从以下几方面进行划分。

### 9.1.2.1 根据评价主体不同，可分为内部评价和外部评价

（1）内部评价。

内部评价指评价主体在企业范围内，是对企业内部的评价分析。内部分析的目的是判断和评价企业经营是否正常、顺利，如可通过收益性分析评价企业盈利能力和资本保值、增值能力；通过对企业经营目标完成情况的分析，可考核与评价企业经营业绩，及时、准确地发现企业经营的成绩与不足，为企业未来生产经营的顺利进行及提高经济效益指明方向。

（2）外部评价。

外部评价指评价主体来自企业外部，主要指企业外部的投资者及政府部门等，根据各自需要或分析目的，对企业有关情况进行分析。

应当指出，内部评价和外部评价并不是完全孤立或隔离的，要保证绩效评价的准确性，内部评价应站在外部评价的角度进行，而外部评价也应考虑或参考内部评价的结论，以避免出现片面性。

### 9.1.2.2 评价的内容与范围不同，分为全面评价和专题评价

（1）全面评价。

全面评价是指对企业在一定时期的生产经营各方面的情况进行系统、综合、全面的分析与评价。全面评价的目的是找出企业在生产经营中带有普遍性的问题，全面总结企业在当期的成绩与问题，为协调各部门关系，搞好下期生产经营安排奠定基础或提供依据。全面评价通常在年终进行，形成综合、全面的成本绩效分析报告，向职工代表大会或股东代表大会汇报。

（2）专题评价。

专题评价是指根据分析主体或分析目的的不同，对企业生产经营过程中某一方面

的问题所进行较深入的分析。专题评价对解决企业的关键性问题有重要作用。

绩效评价应将全面评价与专题评价相结合，只有这样才能全面、深入地揭示企业的问题，客观地评价企业各方面状况。

#### 9.1.2.3 评价的时期和目的不同，分为趋势评价、现状评价和潜力评价

（1）趋势评价。

趋势评价是指企业某个时期各单位时间的总体绩效状况或某个绩效评价指标的变动情况所做的分析，借以评价企业的发展趋势。趋势评价是绩效评价的基本形式之一，它不仅有利于评价过去，而且有利于指导现在和预测未来。

（2）现状评价。

现状评价是绩效评价的最基本和最主要的形式，它是相对企业当期的经营活动所进行的评价，以评价企当期的各项经营和财务活动状况。

（3）潜力评价。

潜力评价是在趋势评价和现状评价的基础上，结合企业资源变动状况和经营目标，对企业未来发展能力的估价与判断。

### 9.1.3 绩效管理与评价的原则

企业进行绩效管理，一般应遵循以下原则。

（1）战略导向原则。

绩效管理应为企业实现战略目标服务，支持价值创造能力提升。

（2）客观公正原则。

绩效管理应实事求是，评价过程应客观公正，激励实施应公平合理。

（3）规范统一原则。

绩效管理的政策和制度应统一明确，并严格执行规定的程序和流程。

（4）科学有效原则。

绩效管理应做到目标符合实际，方法科学有效，激励与约束并重，操作简便易行。

### 9.1.4 绩效管理与评价体系的演进历程

根据绩效评价研究的演变过程，企业绩效评价的发展可以划分为三个时期：成本绩效评价时期、财务绩效评价时期、业绩效评价指标体系创新时期。

#### 9.1.4.1 成本绩效评价时期

成本绩效评价时期以成本核算和成本控制为主。这一时期又划分为三个阶段，简单成本绩效评价阶段、成本分类绩效评价阶段和标准成本绩效评价阶段。简单成本绩效评价阶段主要是以简单的总成本降低为目的，成本核算比较简单，成本分析和控制较为笼统。随着生产力发展，这种简单的成本绩效评价方法已经不能适应生产经营的要求，需要对成本管理进行分类控制和绩效评价，从而提升成本管理的精度。标准成本绩效评价阶段，是建立在标准成本制度之上的科学管理方法，成本分类和成本核算更加科学，事前进行成本预测和计划，是种进行成本控制，事后进行成本差异分析，

处理成本差异。

#### 9.1.4.2 财务绩效评价时期

财务绩效评价时期是指以财务指标为主的绩效评价体系。根据评价指标的计算方法，财务绩效评价时期主要有以利润为核心的财务绩效评价模式和以 EVA 为核心的财务绩效评价模式。

以利润为核心的财务绩效评价模式，早期财务绩效评价指标多以成本指标为主，随着经营权所有权的进一步分离，财务绩效评价指标逐渐从单一的成本指标扩大到了包括偿债性指标、收益性指标和经营性指标在内的更大范围，如以销售利润率为中心的财务绩效评价模式、以投资报酬率为中心的杜邦财务系统等。这些指标和方法操作性和可考核性强，在一定程度上能够反映企业为投资者创造的价值增值，在同一会计准则下，提升了不同企业间的可比性。但是，会计准则在谨慎性下反映投资者的要求，并且按照历史成本原则进行资产计量，不利于评价公司的战略价值。

#### 9.1.4.3 业绩效评价指标体系创新时期

20 世纪 80 年代后期，全球竞争日益激烈，市场瞬息万变。核心竞争优势的形成与保持是由多方面因素决定的，那些影响企业战略经营的重要因素需要在绩效评价指标体系中得到了充分的体现，非财务指标日益显得重要。面对这些挑战，一系列新的业绩评价观点和方法体系应运而生，非财务指标开始被纳入企业绩效评价体系之中，其中的典型代表有平衡计分卡体系、关键绩效指标法和绩效三棱镜等。

## 9.2 关键绩效指标法

意大利经济学家帕累托提出了一个经济学原理，又称 80/20 法则。最初这一原理只限定于经济学领域，后来这一法则也被推广到社会生活的各个领域，并且深受人们的认同。在任何大系统中，约 80%的结果是由该系统中约 20%的变量产生的。一个企业在价值创造过程中，每个部门和每一位员工的 80%的工作任务是由 20%的关键行为完成的，抓住 20%的关键，就抓住了主体。二八原理为绩效考核指明了方向，即考核工作的主要精力要放在关键的结果和关键的过程上。

### 9.2.1 关键绩效指标法的概念

关键绩效指标法是指基于企业战略目标，通过建立关键绩效指标（Key Performance Indicator，KPI）体系，将价值创造活动与战略规划目标有效联系，并据此进行绩效管理的方法。关键绩效指标是对企业绩效产生关键影响力的指标，是通过对企业战略目标、关键成果领域的绩效特征分析，识别和提炼出的最能有效驱动企业价值创造的指标。关键绩效指标法可单独使用，也可与经济增加值法、平衡计分卡等其他方法结合使用。关键绩效指标法的应用对象可为企业、所属单位（部门）和员工。

### 9.2.2 关键绩效指标法的业务流程

分析企业应用关键绩效指标法，一般按照制订以关键绩效指标为核心的绩效计划、制订激励计划、执行绩效计划与激励计划、实施绩效评价与激励、编制绩效评价与激励管理报告等程序进行。企业通常按《管理会计应用指引第 600 号——绩效管理》第十条所规定的管理活动制订绩效计划，包括构建指标体系、分配指标权重、确定绩效目标值、选择计分方法和评价周期、拟定绩效责任书等。

### 9.2.3 关键绩效指标体系的构建

#### 9.2.3.1 确定企业级关键指标

明确企业的战略目标，结合企业价值创造模式，综合考虑内外部环境因素，设定企业级关键绩效指标。

（1）可以在财务部门统领其他部门配合下搜集指标，建立指标库。

（2）对所有指标按照一定的维度进行分类，并确定每一分类的企业级关键指标，涉及各专业管理的，采纳专业部门意见。例如，可以按照平衡计分卡的四个维度将所有指标分为财务类、客户类、内部营运类和学习成长类。

（3）分管财务的企业领导组织财务及相关部门进行审核和批准，重点关注预设指标是否与公司年度重点工作相匹配。

#### 9.2.3.2 分解出部门级关键指标

各部门的主管需要依据企业级关键指标，结合部门的关键业务流程和职责，按照上下结合、分级编制、逐渐分解的程序，在沟通反馈的基础上，设置部门关键绩效指标。下级单位及关键绩效指标的制定在财务部门负责绩效指标体系人员的协助与指导下完成。

（1）获取制定企业级关键绩效指标时建立的数据库，该数据库中未被采纳为企业级的关键绩效指标通常课适用于部门，因此指标数据库是制定这个层级关键绩效指标的重要来源。

（2）采用组织功能分解法确定可选的关键绩效指标，这是部门关键绩效指标另一个重要来源，其目的仍然是建立备选的指标库。

（3）将指标库中的指标按照一定的维度进行分类，确定每一分类下的关键绩效指标。可以采用关键成功因素法对分类指标体系进行梳理，自上而下、上下结合确定关键绩效指标。

（4）分管企业领导审核和企业决策层批准。分管业务的企业领导组织该业务部门在财务部门的协助下进行审核，重点关注指标设置与企业级指标之间的驱动关系是否明确、是否反映了本部门的主要职责和业务范围、指标数量是否精简。

#### 9.2.3.3 制定岗位关键指标

各部门关键绩效指标人员，根据部门级关键绩效指标，结合员工岗位职责和关键工作价值贡献，再将关键绩效指标进一步细分，分解为更细的关键绩效指标及各岗位的业绩衡量指标，这些业绩衡量指标就是员工考核的要素和依据。

企业的关键绩效指标从不同的视角有不同的分类，一般可分为结果类和动因类两类指标。结果类指标是反映企业绩效的价值指标，主要包括投资回报率、净资产收益率、经济增加值、息税前利润、自由现金流等综合指标；动因类指标是反映企业价值关键驱动因素的指标，主要包括资本性支出、单位生产成本、客户满意度、员工满意度等。

关键绩效指标的设置应满足含义明确、战略相关、职责相关、可量化、动态性等原则。指标不宜过多，抓住工作的重点，一般每个层级的关键绩效指标不超过 10 个。

## 9.2.4 关键绩效指标的权重分配和目标值

### 9.2.4.1 关键绩效指标的权重分配

关键绩效指标的权重分配应以企业战略规划和力图打造的核心竞争力为导向，反映被评价对象对企业价值贡献或支持的程度，以及各指标之间的重要性水平。

单项关键绩效指标权重一般设定在 5%~30%，对特别重要的指标可适当提高权重。对特别关键、影响企业整体价值的指标可设立“一票否决”制度，即如果某项关键绩效指标未完成，无论其他指标是否完成，均视为未完成绩效目标。

### 9.2.4.2 关键绩效指标的目标值

关键绩效指标的目标值应具有挑战性和可实现性，可设定基本目标值、挑战目标值等类似目标层级，激发被评价对象的潜能，并得到被评价对象的普遍认同。因此，目标值的可以按照一定的层级进行设置。

（1）基于标杆、缩小差距。依据国家有关部门或权威机构发布的行业标准或参考竞争对手标准确定，意在缩小与该标准的差距。

（2）基于历史、超越自我。参照企业内部既往已实现的水平确定，要力争超越历史最好水平。

（3）基于战略、实现目标。根据企业战略规划目标确定，努力实现战略规划目标。

关键绩效指标的目标值确定后，应规定因内外部环境发生重大变化、自然因素等不可抗力因素对绩效完成结果产生重大影响时，对目标值进行调整的办法和程序。为保持目标体系的严肃性，调整不宜过于频繁，一般每季度或半年调整一次。

## 9.2.5 关键绩效指标法的优缺点

（1）关键绩效指标法的优点。

①使企业业绩评价与战略目标密切相关，有利于战略目标的实现。

②通过识别价值创造指标把握关键价值驱动因素，企业能够更有效地实现企业价值增值目标。

③评价指标数量相对较少，易于理解和使用，实施成本相对较低，有利于推广实施。

（2）关键绩效指标法的缺点。

关键绩效指标的选取需要透彻理解企业价值创造模式和战略目标，有效识别核心业务流程和关键价值驱动因素，指标体系设计不当将导致错误的价值导向或管理缺失。

# 9.3　平衡计分卡法

亚德诺半导体（Analog Device，ADI）公司是一家半导体公司。在1987年，ADI公司开始了公司战略方案的调整。在制定战略的过程中，ADI公司首先确定了公司的重要利益相关者，然后在公司的使命、价值观与愿景下，分别设定了战略目标并明晰了3个战略重点。ADI公司将战略目标实现的关键成功要素转化为年度经营绩效计划，由此衍生出了世界上第一张平衡计分卡的雏形。ADI公司在实施全面质量管理的过程中，为了推行作业成本法（ABC），特地邀请了一部分管理学者参与，哈佛商学院的教授罗伯特·S. 卡普兰就是其中的一位。在帮助ADI公司推行ABC的过程中，卡普兰发现了ADI的平衡计分卡，并认识到它的重要价值，在此基础上卡普兰与诺顿做了学术上的深化，并把它推广到全球的企业中。

## 9.3.1　平衡计分卡的概念和内容

平衡计分卡（Balanced Score Card，BSC）是卡普兰教授与诺顿教授于1992年提出的一种企业绩效评价方法。平衡计分卡是基于企业战略，从财务、客户、内部营运、学习与成长四个维度，将战略目标逐层分解转化为具体的、相互平衡的绩效指标体系，并据此进行绩效管理的方法（如图9.2所示）。平衡计分卡反映了财务、非财务衡量方法之间的平衡，长期目标与短期目标之间的平衡，外部和内部的平衡，结果和过程的平衡，管理业绩和经营业绩的平衡等多个方面。所以平衡计分卡能反映组织综合经营状况，使业绩评价趋于平衡和完善，利于组织长期发展。

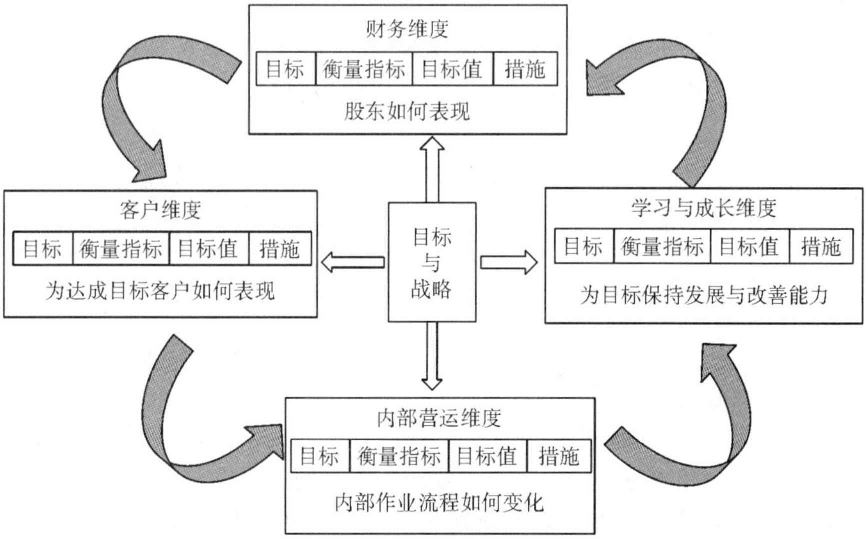


图9.2　平衡计分卡示意图

#### 9.3.1.1 财务维度

平衡计分卡保留原有财务方面的内容，因为财务指标对表述可计量的经济结果的已发生方案是有价值的。财务业绩指标能反映企业经营策略、业绩对净利的提高是否具有帮助，以及企业战略及其执行对于股东利益的影响。财务维度是四个维度的起始点和中心。企业的主要财务目标涉及盈利、股东价值实现和增长，平衡计分法相应地将其财务目标简单表示为生存、成功、价值增长三个方面，常用指标包括净资产收益率、现金流量、盈利能力等。

财务维度的业绩评价涵盖了传统的业绩评价方式，但是财务维度的评价指标并非唯一的或最重要的，它只是企业整体发展战略中不可忽视的要素中的一部分。

#### 9.3.1.2 客户维度

企业经营活动的开展，不仅仅是为了获得财务上的直接收益，而且还要考虑战略资源的开发与保持。这种战略资源包括外部资源和内部资源两种。其中，外部资源即客户，为企业带来了服务产品的市场，这也是企业战略性成长的需求基础。而客户层面业绩的评价，就是对企业赖以生存的外部资源开发和利用的业绩进行衡量，具体来说是指企业进行客户开发的业绩和对从客户处的获利能力的衡量。这种评价主要考虑两个方面：一是客户对服务满意度的评价，二是企业的经营行为对客户开发的数量和质量的评价。客户最关心的不外乎五个方面：时间、质量、性能、服务和成本。企业必须基于不同的战略在这五个方面确立清晰的目标，然后将目标细化为具体的指标。客户维度指标衡量的主要内容包括市场份额、客户保持率、客户获得率、客户满意度、客户获利水平等。

#### 9.3.1.3 内部营运维度

建立平衡计分卡的顺序，通常是在建立财务和客户维度的目标与指标后，才制定企业内部营运维度的目标与指标，这个顺序使企业能够抓住重点，专心衡量那些与股东和客户目标息息相关的流程，一个组织要想实现其客户和财务指标，就必须不断地优化甚至再造内部关键流程。内部运营绩效考核应以客户满意度和实现财务目标影响最大的业务流程为核心，一般来说，既包括短期的现有业务的改善，又涉及长远的产品和服务的革新。内部营运维度指标主要涉及企业业务流程和管理流程的改良、创新过程、经营过程和售后服务过程等。

#### 9.3.1.4 学习与成长维度

虽然客户维度和内部营运维度已经着眼于企业发展的战略层次，但都是将评价观点放在企业活动现有的竞争能力上，而创新与学习层面则强调了企业不断创新，并保持其竞争能力与未来的发展势头，因此无论是管理层还是基层职员都必须不断地学习，不断地推出新的产品和服务，并且迅速有效地占领市场。

对于业务不断地学习和创新会不断地为客户提供更多价值含量高的产品和服务，减少运营成本，提高企业的经营效率，扩大市场，找到新增附加值的机会，从而增加股东价值。尤其是在知识、技术和人工智能深刻影响未来的情况下，削减对企业学习和成长能力的投资虽然短期内增加财务收入，但由此造成的不利影响将在未来给企业带来沉重打击。学习与成长维度指标涉及员工的能力、信息系统的能力及激励、授权与相互配合等。

### 9.3.2 平衡计分卡的实施流程

（1）分析企业的整体现状。该流程包括企业生命周期、SWOT分析等。

（2）确定企业的价值定位。企业成功的关键之一是针对关键客户或目标市场建立一个制胜的价值定位。一般有三种价值定位：产品领先、高效运作和客户亲密度。价值定位能够帮助企业确立战略重点。

（3）以组织的共同愿景与战略为内核，运用综合与平衡的哲学思想，依据组织结构，将公司的愿景与战略转化为下属各责任部门在财务、顾客、内部营运流程、学习成长四个方面的系列具体目标，并设置相应的四张计分卡。

（4）在组织内部传达战略并把绩效目标逐级落实到组织内部各级单位，最终落实到个人。依据各责任部门四个维度的目标，设置对应的绩效评价指标体系，这些指标不仅与公司战略目标高度相关，而且是以先行与滞后两种形式，同时兼顾和平衡公司长期和短期目标、内部与外部利益，综合反映战略管理绩效的财务与非财务信息。这样，可以避免战略执行时出现横向失衡和纵向不一致的情况。

（5）能力发展和浮动薪酬相挂钩。由各主管部门与责任部门共同商定各项指标的具体评分规则。一般是将各项指标的预算值与实际值进行比较，对应不同范围的差异率，设定不同的评分值。在这一步要确定员工的能力模型以发展员工的能力，同时要把能力发展的进展也计入员工的综合绩效评分中，用与薪酬直接挂钩的形式激励员工完善自己的能力。

（6）以综合评分的形式，定期（通常是一个季度）考核各责任部门在财务、顾客、内部流程、创新与学习四个方面的目标执行情况，及时反馈，适时调整战略偏差，或修正原定目标和评价指标，确保公司战略得以顺利与正确地实行。

### 9.3.3 平衡计分卡的优缺点

（1）平衡计分卡的主要优点。

①战略目标逐层分解并转化为被评价对象的绩效指标和行动方案，使整个组织行动协调一致。

②从财务、客户、内部营运、学习成长四个维度确定绩效指标，使绩效评价更为全面完整。

③将学习与成长作为一个维度，注重员工的发展要求和组织资本、信息资本等无形资产的开发和利用，有利于增强企业的可持续发展的动力。

（2）平衡计分卡的主要缺点。

①对专业技术要求高，工作量比较大，操作难度也较大，需要持续的沟通和反馈，实施比较复杂、成本高。

②各指标权重在不同层级及各层级不同指标之间的分配比较困难，且部分非财务

指标的量化工作难以落实。

③系统性强、涉及面广，需要专业人员的指导、企业全员的参与和长期持续的修正与完善，对信息系统、管理能力有较高的要求。





## 9.4 绩效棱柱模型

20 世纪 60 年代利益相关者理论在西方国家逐步发展起来，特别是进入 20 世纪 80 年代以后其影响迅速扩大，并开始影响美英等国的公司治理模式的选择，并促进了企业管理方式的转变。利益相关者理论立足的关键之处在于：它认为随着时代的发展，物质资本所有者在公司中地位呈逐渐弱化的趋势。这种弱化实际上是对“公司是由持有该公司普通股的个人和机构所有”的传统核心概念的质疑，公司的经营管理者应该为综合平衡各个利益相关者的利益要求而进行管理活动。该理论认为任何一个公司的发展都离不开各利益相关者的投入或参与，企业追求的是利益相关者的整体利益，而不仅仅是某些主体的利益。在此背景下，克兰菲尔德学院教授安迪·尼利与安达信咨询公司于 2000 年联合开发了三维绩效框架模型，用棱柱的五个方面分别代表组织绩效存在内在因果关系的五个关键要素：利益相关者的满意、利益相关者的贡献、组织战略、业务流程和组织能力。

### 9.4.1 绩效棱柱模型的概念和内容

绩效棱柱模型是指从企业利益相关者角度出发，以利益相关者满意为出发点，以利益相关者贡献为终点，以企业战略、业务流程、组织能力为手段，用棱柱的五个构面构建三维业绩评价体系，并据此进行绩效管理的方法。其中，利益相关者是指有能力影响企业或者企业所影响的人或者组织，通常包括股东、债权人、员工、客户、供应商、监督机构等。

绩效的第一个构面是利益相关者的满意。绩效棱柱理论认为绩效评价的起点不应该是“组织的战略是什么”，而应该是“谁是组织的主要利益相关者，他们的愿望和要求是什么”。投资者、顾客、中间商、员工、供应商、压力集团和社区等是一个组织的关键利益相关者，充分考虑其要求，这是绩效棱柱模型的出发点。

绩效的第二个构面是利益相关者的贡献。管理者期望从利益相关者那里获得什么？每个利益相关者与企业之间是一种基于社会交换理论和公平理论的互惠互利的相互关系，利益相关需要从企业获得一定的收益，必然要求对企业有一定的付出。

绩效的第三个构面是战略。管理者应该采用什么样的战略来满足利益相关者的需求，同时满足企业自身的需求？战略是否确实得到了实施？如何协调组织内的战略？如何鼓励和刺激战略的执行？战略执行的结果如何评价？可见绩效棱柱模型理论不是来源于战略，战略并不是最终目的，而只是如何达到所期望的目标的路线，它能够使组织更好地在各种利益相关者之间分配价值。

在绩效评价方法的设计中，企业要考虑包括总体战略、业务战略、品牌、产品和服务战略、经营战略在内的不同战略层次。第一，要能够帮助管理者了解他们所采取的战略是否确实得到了执行；第二，要能够协调组织内的战略；第三，能够鼓励和激励战略执行；第四，能够分析测量数据，检测战略的实施效果。

绩效的第四个构面是流程。流程是能使组织运转的活动，它是关于做什么，在什么地方做，什么时候做及如何做的活动安排。企业需要什么样的流程才能执行其战略？业务流程是提高企业绩效的最有力的驱动因素，它决定了产品和服务的质量、效率、周期和成本。自由贸易与全球经济一体化的步伐日趋加快，加速了企业外部经营环境中各种不确定因素的增加，对企业提出了快速响应和弹性运作的变革要求，业务流程的“过程性”和“创新性”的特点备受关注。组织流程与组织战略不匹配往往是导致战略失败最常见的原因。

绩效的第五个构面是能力。根据绩效棱柱理论、流程不能单独发挥作用，它的执行还需要人们的能力、物资基础设施以及相应的技术。企业需要什么样的能力来运作这些流程？特纳和克劳福德构建了企业应当具备的 11 种能力：执行管理、资源应用、激励、协调、制度制定、沟通、承诺、探索、发展、系统工程和选择管理。企业的核心能力必须实现利益相关者所特别关注的价值，能够为利益相关者提供根本上和实质性的利益和效用。

总体来说，这五个方面相辅相成，每个部分都相互影响，相互作用。任何面的缺失都不能构成棱柱模型，更不能对东公司可持续发展。虽然绩效棱柱各个层面相互存在关联，但是利益相关者的需求是绩效棱柱模型的核心，再加之每个侧面定量和定性分析，从而提高公司的管理水平，实现公司的长远发展。绩效棱柱模型的内容和关系如图 9.3 所示。

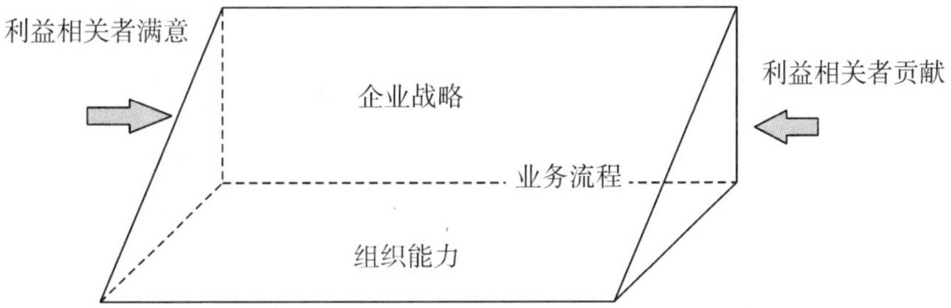


**图 9.3　绩效棱柱模型图**

## 9.4.2　绩效棱柱模型的应用程序

### 9.4.2.1　明确主要利益相关者并绘制利益相关者地图

第一，企业应综合自身的经营环境、行业特点、发展阶段、商业模式、业务特点等因素界定利益相关者范围，进一步运用态势分析法、德尔菲法等方法确定绩效棱柱模型的主要利益相关者。第二，绘制基于绩效棱柱模型的利益相关者地图，它是以利益相关者满意为出发点，按照企业战略、业务流程、组织能力依次展开，并以利益相关者贡献为落脚点的平面展开图。利益相关者地图可将绩效棱柱模型五个构面以图示形式直观、明确、清晰地呈现出来。

#### 9.4.2.2 制定行动方案

绘制利益相关者地图后，企业应及时查找现有的战略、业务流程和组织能力在满足主要利益相关者满意方面存在的不足和差距，进一步优化战略和业务流程，提升组织能力，制定行动方案并有效地实施。

#### 9.4.2.3 制订以绩效棱柱模型为核心的业绩计划

绩效计划是企业开展绩效评价工作的行动方案，包括构建指标体系、分配指标权重、确定绩效目标值、选择计分方法和评价周期、签订绩效责任书等一系列管理活动。

（1）构建绩效棱柱模型指标体系。

指标体系的构建应坚持系统性、相关性、可操作性、成本效益原则，各项指标应简单明了，易于理解和使用。模型指标体系应包括企业级指标和部门级指标两个层级。企业级五个构面的指标应根据企业层面的利益相关者地图设计；部门级指标五个构面的指标应根据企业级利益相关者地图和指标体系，先绘制所属单位部门级利益相关者地图，再进行设计。绩效棱柱模型指标体系通常包括的指标如表 9.1 所示。

**表 9.1 棱柱模型常用指标**

| 构面 | 利益相关者 | 指标 |
|---|---|---|
| 利益相关者需求 | 投资者 | 总资产报酬率、净资产收益率、派息率、资产负债率 |
| | 员工 | 员工满意度、工资收入增长率、人均工资 |
| | 客户 | 客户满意度、客户投诉率 |
| | 供应商 | 逾期付款次数 |
| | 监管机构 | 社会贡献率、资本保值增值率 |
| 企业战略 | 投资者 | 持续增长率、资本结构、研发投入比率 |
| | 员工 | 员工职业规划、员工福利计划 |
| | 客户 | 品牌意识、客户增长率等 |
| | 供应商 | 供应商关系质量 |
| | 监管机构 | 政策法规认知度、企业的环保意识 |
| 业务流程 | 投资者 | 标准化流程比率、内部控制有效性 |
| | 员工 | 员工培训有效性、培训费用支出率 |
| | 客户 | 产品合格率、准时交货率 |
| | 供应商 | 采购合同履约率、供应商的稳定性 |
| | 监管机构 | 环保投入率、罚款与销售比率 |

表9.1(续)

| 构面 | 利益相关者 | 指标 |
| --- | --- | --- |
| 组织能力 | 投资者 | 总资产周转率、管理水平评分 |
| | 员工 | 员工专业技术水平、人力资源管理水平 |
| | 客户 | 售后服务水平、市场管理水平 |
| | 供应商 | 采购折扣率水平、供应链管理水平 |
| | 监管机构 | 节能减排达标率 |
| 利益相关者贡献 | 投资者 | 融资成本率 |
| | 员工 | 员工生产率、员工保持率 |
| | 客户 | 客户忠诚度、客户毛利水平 |
| | 供应商 | 供应商产品质量水平、按时交货率 |
| | 监管机构 | 当地政府支持度、税收优惠程度 |

（2）分配绩效棱柱模型指标权重。

其以主要利益相关者价值为导向，反映所属各单位或部门、岗位对主要利益相关者价值贡献或支持的程度，以及各指标之间的重要性水平。首先根据重要性水平分别对主要利益相关者分配权重，权重之和为100%；然后对不同主要利益相关者五个构面分别设置权重，权重之和为100%；最后单项指标权重一般设定为5%~30%，对特别重要的指标可适当提高权重。

（3）绩效棱柱模型的绩效目标值。

应根据利益相关者地图的因果关系，以利益相关者满意指标目标值为出发点，逐步分解得到企业战略、业务流程、组织能力的各项指标目标值，最终实现利益相关者贡献的目标值。各目标值应符合企业实际，具有可实现性和挑战性，使被评价对象经过努力可以达到。绩效棱柱模型绩效目标值确定后，因内外部环境发生重大变化、自然灾害等不可抗力因素对绩效完成结果产生重大影响时，企业应规定对目标值进行调整的办法和程序。

### 9.4.3 绩效棱柱模型的优缺点

绩效棱柱模型适用于管理制度比较完善，业务流程比较规范，管理水平相对较高的大中型企业。

绩效棱柱模型的主要优点：坚持利益相关者价值取向，使利益相关者与企业紧密联系，有利于实现企业与利益相关者的共赢，为企业可持续发展创造良好的内外部环境。

绩效棱柱模型的主要缺点：涉及多个利益相关者，对每个利益相关者都要从五个构面建立指标体系，指标选取复杂，部分指标较难量化，对企业信息系统和管理水平有较高要求，实施难度大、门槛高。

## 9.5 经济增加值法

1964年，约尔·斯腾恩从芝加哥商学院毕业后，进入切斯曼哈顿银行工作，通过实际考察和不懈思考，深感当时流行的会计准则和会计收益，每股收益（EPS）等在衡量公司市场价值方面的缺陷，他开始研究经济增加值（EVA）。1982年，约尔·斯腾恩离开切斯曼哈顿银行，与贝内特·斯图尔特合伙成立斯腾斯特财务咨询公司，专门从事EVA应用咨询，并将EVA注册为商标。从最基本的意义上讲，经济增加值是公司业绩度量指标，与大多数其他度量指标不同之处在于：EVA考虑了带来企业利润的所有资金成本。EVA在当时克服了传统指标的缺陷，准确反映公司为股东创造的价值，受到企业界的关注与青睐，世界著名的大公司如可口可乐、IBM、美国运通、通用汽车、西门子公司、索尼、戴尔、沃尔玛等近300多家公司开始使用EVA管理体系。

### 9.5.1 经济增加值法的概念和内容

经济增加值法是指以经济增加值（Economic Value Added，EVA）为核心，建立绩效指标体系，引导企业注重价值创造，并据此进行绩效管理的方法。经济增加值指税后净营业利润扣除全部投入资本的成本后的剩余收益。经济增加值及其改善值是全面评价经营者有效使用资本和为企业创造价值的重要指标。经济增加值为正，表明经营者在为企业创造价值；经济增加值为负，表明经营者在损毁企业价值。经济增加值法较少单独应用，一般与关键绩效指标法（KPI）、平衡计分卡（BSC）等其他方法结合使用。

#### 9.5.1.1 评价指标

EVA是衡量业绩最准确的尺度，对无论处于何种时间段的公司业绩，都可以作出最准确恰当的评价。在计算EVA的过程中，首先对传统收入概念进行一系列调整，从而消除会计运作产生的异常状况，并使其尽量与经济真实状况相吻合。

#### 9.5.1.2 管理体系

EVA是衡量企业所有决策的单一指标。公司可以把EVA作为全面财务管理体系的基础，这套体系涵盖了所有指导营运、制定战略的政策方针、方法过程，以及衡量指标。在EVA体系下，管理决策的所有方面全都囊括在内，包括战略企划、资本分配，并购或撤资的估价，制定年度计划，甚至包括每天的运作计划。总之，增加EVA是超越其他一切的公司最重要的目标。

从更重要的意义来说，成为一家EVA公司的过程是一个扬弃的过程。在这个过程中，公司将扬弃所有其他的财务衡量指标，否则这些指标会误导管理人员作出错误的决定。EVA公司的管理人员清楚明白增加价值只有三条基本途径：一是可以通过更有效地经营现有的业务和资本，提高经营收入；二是投资所期回报率超出公司资本成本的项目；三是可以通过出售对别人更有价值的资产或通过提高资本运用效率，比如加快流动资金的运转，加速资本回流，而达到把资本沉淀从现存营运中解放出来的目的。

#### 9.5.1.3 激励制度

早期对管理人员的激励报偿计划过多强调报偿，而对激励不够重视。无论奖金量是高还是低，都是通过每年讨价还价的预算计划确定的。在这种体制下，管理人员最强的动机是制定一个易于完成的预算任务，并且因为奖金是有上限的，他们不会超出预算太多，否则会使来年的期望值太高，甚至使其信誉受损。EVA 使经理人为企业所有者着想，使他们从股东角度长远地看待问题，并得到像企业所有者一样的报偿。因为使得 EVA 的增加最大化，就是使股东价值最大化。事实上，在 EVA 制度下，管理人员得到的奖励越多，股东所得的财富也越多。

#### 9.5.1.4 理念体系

EVA 财务管理制度和激励报偿制度将使公司的企业文化发生深刻变化。在 EVA 制度下，所有财务营运功能都从同一基础出发，为公司各部门员工提供了一条相互交流的渠道。EVA 为各分支部门的交流合作提供了有利条件，为决策部门和营运部门建立了联系信道，并且根除了部门之间互有成见，互不信任的情况，这种互不信任特别会存在于运营部门与财务部门之间。

### 9.5.2 经济增加值法的应用程序

#### 9.5.2.1 构建经济增加值指标体系

（1）制定企业级经济增加值指标体系。

首先应结合行业竞争优势、组织结构、业务特点、会计政策等情况，确定企业级经济增加值指标的计算公式、调整项目、资本成本等，并围绕经济增加值的关键驱动因素，制定企业的经济增加值指标体系。

（2）制定所属单位（部门）级经济增加值指标体系。

根据企业级经济增加值指标体系，结合所属单位（部门）所处行业、业务特点、资产规模等因素，在充分沟通的基础上，设定部门级经济增加值指标的计算公式、调整项目、资本成本等，并围绕部门经济增加值的关键驱动因素，细化制定部门的经济增加值指标体系。

（3）制定高级管理人员的经济增加值指标体系。

根据企业级、部门级经济增加值指标体系，结合高级管理人员的岗位职责，制定高级管理人员的经济增加值指标体系。

#### 9.5.2.2 经济增加值的计算

$$\text{EVA} = P - V \times K_{\text{WACC}} \tag{9.1}$$

式中，EVA 为经济增加值。

$P$ 为税后净营业利润，企业的经营盈利情况。

$V$ 为平均资本占用，各种债务资本和股权资本。

$K_{WACC}$ 为加权平均资本成本，各种资本的平均成本率。

计算经济增加值时，需要进行相应的会计项目调整，以消除财务报表中不能准确反映企业价值创造的部分。会计调整项目的选择应遵循价值导向性、重要性、可控性、可操作性与行业可比性等原则，根据企业实际情况确定。常用的调整项目有：①研究开发费、大型广告费等一次性支出但收益期较长的费用，应予以资本化处理，不计入当期费用；②反映付息债务成本的利息支出，不作为期间费用扣除，计算税后净营业利润时扣除所得税影响后予以加回；③营业外收入、营业外支出具有偶发性，将当期发生的营业外收支从税后净营业利润中扣除；④将当期减值损失扣除所得税影响后予以加回，并在计算资本占用时相应调整资产减值准备发生额；⑤递延税金不反映实际支付的税款情况，将递延所得税资产及递延所得税负债变动影响的企业所得税从税后净营业利润中扣除，相应调整资本占用；⑥其他非经常性损益调整项目，如股权转让收益等。税后净营业利润等于会计上的税后净利润加上利息支出等会计调整项目后得到的税后利润。

平均资本占用是所有投资者投入企业经营的全部资本，包括债务资本和股权资本。其中债务资本包括融资活动产生的各类有息负债，不包括经营活动产生的无息流动负债。股权资本中包含少数股东权益。资本占用除根据经济业务实质相应调整资产减值损失、递延所得税等，还可根据管理需要调整研发支出、在建工程等项目，引导企业注重长期价值创造。

加权平均资本成本是债务资本成本和股权资本成本的加权平均，反映了投资者所要求的必要报酬率。加权平均资本成本的计算公式如下：

$$K_{WACC} = K_D \frac{\mathrm{DC}}{\mathrm{TC}}(1 - T) + K_S \frac{\mathrm{EC}}{\mathrm{TC}} \tag{9.2}$$

式中，TC 为资本占用。

EC 为股权资本。

DC 为债务资本。

T 为所得税税率。

$K_D$ 为债务资本成本。

$K_S$ 为股权资本成本。

债务资本成本是企业实际支付给债权人的税前利率，反映的是企业在资本市场中债务融资的成本率。如果企业存在不同利率的融资来源，债务资本成本应使用加权平均值。股权资本成本是在不同风险下，所有者对投资者要求的最低回报率。通常根据资本资产定价模型确定，计算公式如下：

$$K_S = R_f + \beta(R_m - R_f) \tag{9.3}$$

式中，$R_f$ 为无风险收益率。

$R_m$ 为市场预期回报率。

$R_m - R_f$ 为市场风险溢价。

$\beta$ 为企业股票相对于整个市场的风险指数。

上市企业的 $\beta$ 值，可采用回归分析法或单独使用最小二乘法等方法测算确定，也可以直接采用证券机构等提供或发布的 $\beta$ 值；非上市企业的 $\beta$ 值，可采用类比法，参考同类上市企业的$\beta$值确定。

#### 9.5.2.3 确定业绩绩效目标

经济增加值目标值根据经济增加值基准值（简称 EVA 基准值）和期望的经济增加值改善值（简称期望的△EVA）确定。

$$\text{EVA 目标值} = \text{EVA 基准值} + \text{期望的}\triangle\text{EVA} \quad (9.4)$$

企业在确定 EVA 基准值和期望的△EVA 值时，要充分考虑企业规模、发展阶段、行业特点等因素。其中，EVA 基准值可参照上年实际完成值、上年实际完成值与目标值的平均值、近几年（比如前 3 年）实际完成值的平均值等确定。期望的△EVA 值，根据企业战略目标、年度生产经营计划、年度预算安排、投资者期望等因素，结合价值创造能力改善等要求综合确定。

#### 9.5.2.4 制订激励计划

经济增加值法的激励计划按激励形式可分为薪酬激励计划、能力开发激励计划、职业发展激励计划和其他激励计划。应用经济增加值法建立的激励体系，应以经济增加值的改善值为基础。

（1）薪酬激励计划主要包括目标奖金、奖金库和基于经济增加值的股票期权。目标奖金是达到经济增加值目标值所获得的奖金，只对经济增加值增量部分实施奖励。奖金库是基于对企业经济增加值长期增长目标实施的奖励。企业设立专门的账号管理奖金，将以经济增加值为基准计算的奖金额存入专门账户中，以递延奖金形式发放。股票期权根据经济增加值确定股票期权的行权价格和数量，行权价格每年以相当于企业资本成本的比例上升，授予数量由当年所获得的奖金确定。

（2）能力开发激励计划主要包括对员工知识、技能等方面的提升计划。

（3）职业发展激励计划主要是对员工职业发展做出的规划。

（4）其他激励计划包括良好的工作环境、晋升与降职、表扬 与批评等。

### 9.5.3 经济增加值法的主要优缺点

（1）经济增加值法主要优点。

①利润指标不考虑隐含的资金占用成本，它仅仅使用了公司经营的部分信息来评价公司，然而 EVA 考虑了所有资本的成本，更真实地反映了企业的价值创造能力。

②尽管传统的财务报表仍然是进行计算的主要信息来源，但是 EVA 要求在计算之前对会计信息来源进行必要的调整，尽可能消除公认会计准则所造成的扭曲性影响。

③实现了企业利益、经营者利益和员工利益的统一，激励经营者和所有员工为企业创造更多价值。

④EVA 不以鼓励牺牲企业长期发展的代价来夸大短期效果，而是着眼于企业的长远发展，鼓励企业的经营者进行能给企业带来长远利益的投资决策。能有效遏制企业盲目扩张规模以追求利润总和增长率的倾向，引导企业注重长期价值创造。

（2）经济增加值法主要缺点。

①仅对企业当期或未来 1~3 年价值创造情况的衡量和预判，无法衡量企业长远发

展战略的价值创造情况。

②计算主要基于财务指标，无法对企业的营运效率与效果进行综合评价。

③不同行业、不同发展阶段、不同规模等的企业，其会计调整项和加权平均资本成本各不相同，计算比较复杂，影响指标的可比性。

## 【本章小结】

绩效评价系统是组织管理控制系统的构成部分。本章从绩效管理与评价的基本概念出发，梳理了绩效评价的要素构成、演变、形式、原则等内容；分别对关键绩效指标法、平衡计分卡、绩效棱柱模型、经济增加值等绩效评价方法的概念、主要流程和优缺点等进行了重点介绍。

## 【思考与练习题】

## 【案例分析】

## 【思考与练习题答案】

# 第10章 管理会计信息系统

【学习目标】通过本章的学习，学生要了解管理会计信息系统的基本内容，熟悉掌握管理会计信息系统各模块的主要功能；重点掌握管理会计信息系统各模块的使用。

【学习重点】管理会计信息系统各功能模块的主要功能及其应用。

【学习难点】管理会计信息系统各功能模块的主要功能及其应用。

## 10.1 管理会计信息系统的基本内容

### 10.1.1 管理会计信息系统的定义

财政部在管理会计应用指引中指出，管理会计信息系统是指以财务和业务信息为基础，借助计算机、网络通信等现代信息技术手段，对管理会计信息进行收集、整理、加工、分析和报告等操作处理，为企业有效开展管理会计活动提供全面、及时、准确的信息支持的各功能模块的有机组合。管理会计信息系统由各种管理会计工具组成，各种管理工具都是环境变化对完善管理会计信息系统功能提出更高要求的产物，管理工具的发展丰富了管理会计信息系统的服务内涵，如用ABC法替代传统成本计算方法，丰富了我们对成本的认识，增加了内部成本规划及控制的功能，促进了管理会计信息系统功能的进一步发挥。

### 10.1.2 管理会计信息系统的体系结构

管理会计信息系统体系的核心活动可以用四个词来阐述，即规划、控制、决策和评价。

规划，即预计或推测企业未来销售、利润、成本、资金等各项财务指标的变动趋势和水平。

控制，即对企业运营过程进行跟踪，了解掌握计划的执行情况，对出现的差异进行分析、评价，督促有关部门及时采取措施，保证经营活动按预定的计划有效地推进。

决策，即通过对信息的分析比较，确定是否要采取某种行动或在几种方案中选择出最优方案。管理会计主要为决策提供信息支持，而这些信息要想真正发挥决策支持作用，就需要利用信息系统根据决策的主题进行整合与处理，最终形成各种管理会计报告。

评价主要是对部门、个人的业绩进行评价和考核，并据此对企业运营活动的各方面进行调整和控制的过程。

一般而言，管理会计信息系统主要包括成本管理、预算管理、绩效管理、投资管理、管理会计报告等功能模块。管理会计信息系统的体系是一个涵盖多层次、多种方法的复杂工具体系，各功能模块之间互相影响、互相包容、互相决定，最终服务于企业战略目标的实现。

（1）成本管理模块。

成本管理模块应实现成本管理的各项主要功能，一般包括对成本要素、成本中心、成本对象等参数的设置，以及成本核算方法的配置，从财务会计核算模块、业务处理模块以及人力资源等模块抽取所需数据，进行精细化成本核算，生成分产品、分批次（订单）、分环节、分区域等多维度的成本信息，以及基于成本信息进行成本分析，实现成本的有效控制，为企业成本管理的事前计划、事中控制、事后分析提供有效的支持。

（2）预算管理模块。

预算管理模块应实现的主要功能包括对企业预算参数设置、预算管理模型搭建、预算目标制定、预算编制、预算执行控制、预算调整、预算分析和评价等全过程的信息化管理。预算管理模块能提供给企业根据业务需要编制多期间、多情景、多版本、多维度预算计划的功能，以满足预算编制的要求。

（3）绩效管理模块。

绩效管理模块主要实现业绩评价和激励管理过程中各要素的管理功能，一般包括业绩计划和激励计划的制订、业绩计划和激励计划的执行控制、业绩评价与激励实施管理等，为企业的绩效管理提供支持，提供企业各项关键绩效指标的定义和配置功能，并可从其他模块中自动获取各业务单元或责任中心相应的实际绩效数据，进行计算处理，形成绩效执行情况报告及差异分析报告。

（4）投资管理模块。

投资管理模块主要实现对企业投资项目进行计划和控制的系统支持过程，一般包括投资计划的制订和对每个投资项目进行的及时管控等。投资管理模块应与成本管理模块、预算管理模块、绩效管理模块和管理会计报告模块等进行有效集成和数据交换；应辅助企业实现投资计划的编制和审批过程。企业可以借助投资管理模块定义投资项目、投资程序、投资任务、投资预算、投资控制对象等基本信息；在此基础上，制订企业各级组织的投资计划和实施计划，实现投资计划的分解和下达；应实现对企业具体投资项目的管控过程。企业可以根据实际情况，将项目管理功能集成到投资管理模块中，也可以实施单独的项目管理模块来实现项目的管控过程。

项目管理模块主要实现对投资项目的系统化管理过程，一般包括项目设置、项目计划与预算、项目执行、项目结算与关闭、项目报告以及项目后审计等功能。

（5）管理会计报告模块。

管理会计报告模块应实现基于信息系统中财务数据、业务数据自动生成管理会计报告，支持企业有效实现各项管理会计活动。管理会计报告模块应为用户生成报告提供足够丰富、高效、及时的数据源，必要时应建立数据仓库和数据集市，形成统一规范的数据集，并在此基础上，借助数据挖掘等商务智能工具方法，自动生成多维度报表；应为企业战略层、经营层和业务层提供丰富的通用报告模板；应为企业提供灵活的自定义报告功能。企业可以借助报表工具自定义管理会计报表的报告主体、期间（定期或不定期）、结构、数据源、计算公式以及报表展现形式等。系统可以根据企业自定义报表的模板自动获取数据进行计算加工，并以预先定义的展现形式输出；应提供用户追溯数据源的功能。用户可以在系统中对报告的最终结果数据进行追溯，可以层层追溯其数据来源和计算方法，直至业务活动。

管理会计报告模块可以独立的模块形式存在于信息系统中，从其他管理会计模块中获取数据生成报告；也可内嵌到其他管理会计模块中，作为其他管理会计模块重要的输出环节。与财务报告系统相关联，既能有效生成企业整体报告，也能生成分部报告，并实现整体报告和分部报告的联查。

### 10.1.3 管理会计信息系统建设的必要性

管理会计指的是，通过应用各类数据信息，促使管理工作与会计工作有机结合，提升企业经营规划的合理性，保障战略目标制定的科学性，促使财务管控有效性。管理会计最早起源于西方国家，是会计工作的核心部分。在信息化时代背景下，促使信息技术与管理会计相结合，能够全面提升财务管理工作效率，推动企业得到更好的发展。管理会计信息系统建设的必要性和重要性如下：

（1）必要性。

管理会计信息化是管理会计体系建设的重要支撑，只有借助信息化手段，才可实现会计活动与业务活动之间的有效配合，切实发挥出管理会计的作用。企业通过开展管理会计信息系统建设，可简化管理会计理论，确保财务人员能够精准地开展成本管理、预算审核等，为管理者的各项经营决策提供依据。在信息化技术的推广下，企业可实现管理会计应用范围的扩展，推动企业得到更好的发展，加速我国会计工作的转型与升级。

（2）重要性。

管理会计信息系统建设，可加速管理会计学科的发展，转变会计工作人员职能，通过引入信息化技术，能够减轻会计人员的工作量，促使会计人员从核算转移到管理决策上。管理会计信息系统建设，能够实现各项财务资源的整合，保障系统兼容性，实现财务信息与财务数据共享，最大程度避免数据孤岛产生。

### 10.1.4 管理会计信息系统建设应遵循的原则

企业建设和应用管理会计信息系统，一般应遵循以下原则：

（1）系统集成原则。

管理会计信息系统各功能模块应集成在企业整体信息系统中，与财务和业务信息系统紧密结合，实现信息的集中统一管理及财务和业务信息到管理会计信息的自动生成。

（2）数据共享原则。

企业建设管理会计信息系统应实现系统间的无缝对接，通过统一的规则和标准，实现数据的一次采集，全程共享，避免产生信息孤岛。

（3）规则可配原则。

管理会计信息系统各功能模块应提供规则配置功能，实现其他信息系统与管理会计信息系统相关内容的映射和自定义配置。

（4）灵活扩展原则。

管理会计信息系统应具备灵活扩展性，通过及时补充有关参数或功能模块，对环境、业务、产品、组织和流程等的变化及时做出响应，满足企业内部管理需要。

（5）安全可靠原则。

应充分保障管理会计信息系统的设备、网络、应用及数据安全，严格权限授权，做好数据灾备建设，具备良好的抵御外部攻击能力，保证系统的正常运行并确保信息的安全、保密、完整。

### 10.1.5 管理会计信息系统的实施阶段

在管理会计信息系统实施环节，企业应制订详尽的实施计划，清晰划分实施的主要阶段、有关活动和详细任务的时间进度。实施阶段一般包括项目准备、系统设计、系统实现、测试和上线、运维及支持等过程。

（1）在项目准备阶段，企业主要应完成系统建设前的基础工作，一般包括确定实施目标、实施组织范围和业务范围，调研信息系统需求，进行可行性分析，制订项目计划、资源安排和项目管理标准，开展项目动员及初始培训等。

（2）在系统设计阶段，企业主要应对组织现有的信息系统应用情况、管理会计工作现状和信息系统需求进行调查，梳理管理会计应用模块和应用流程，据此设计管理会计信息系统的实施方案。

（3）在系统实现阶段，企业主要应完成管理会计信息系统的数据标准化建设、系统配置、功能和接口开发及单元测试等工作。

（4）在测试和上线阶段，企业主要应实现管理会计信息系统的整体测试、权限设置、系统部署、数据导入、最终用户培训和上线切换过程。必要时，企业还应根据实际情况进行预上线演练。

### 10.1.6 管理会计信息系统的应用程序

管理会计信息系统的应用程序一般包括输入、处理和输出三个环节。

（1）输入环节。

输入环节是指管理会计信息系统采集或输入数据的过程。管理会计信息系统需提供已定义清楚数据规则的数据接口，以自动采集财务和业务数据。同时，系统还应支持本系统其他数据的手工录入，以利于相关业务调整和补充信息的需要。

（2）处理环节。

处理环节是指借助管理会计工具模型进行数据加工处理的过程。管理会计信息系统可以充分利用数据挖掘、在线分析处理等商业智能技术，借助相关工具对数据进行综合查询、分析统计，挖掘出有助于企业管理活动的信息。

（3）输出环节。

输出环节是指提供丰富的人机交互工具、集成通用的办公软件等成熟工具，自动生成或导出数据报告的过程。数据报告的展示形式应注重易读性和可视化。

最终的系统输出结果不仅可以采用独立报表或报告的形式展示给用户，也可以输出或嵌入到其他信息系统中，为各级管理部门提供管理所需的相关、及时的信息。

# 10.2 成本与运营管理模块

## 10.2.1 成本与运营管理模块概述

成本与运营管理模块是按照管理会计的原理，采用标准成本体系将成本的计划、控制、核算、分析和改进有机地结合，形成一个成本管理的科学体系。成本与运营管理理论和方法为企业的实施提供了很好的技术支持，使得一些优秀的成本管理思想可以被企业真正使用起来。成本与运营管理模块解决一些在手工阶段看似繁琐的成本与运营管理工作，使得人们可以更全面、更深入地思考成本与运营管理中现有的及未来的问题。目前，成本与运营管理在我国正处于发展状态，有一少部分大企业上运用成本与运营管理系统，在成本与运营管理这方面做得很好，获得一定的成功，能有效地降低库存，减少了资金占用，降低了成本，提高了市场竞争力和企业回报。但有一些企业运用系统后，最终的结果和最初的设想相距甚远，有的投资得不到回报。因此，重视成本与运营管理系统的运用，并逐步优化其系统，在现实企业管理中非常重要。

## 10.2.2 成本与运营管理模块的关键应用特性

（1）成本核算维度。

支持多工厂、多组织企业按核算组织在不同核算体系不同会计政策并行独立核算，同时也支持单体企业的成本核算。

（2）成本核算细度。

在“核算体系+核算组织+会计政策”的总核算维度下，企业可以按照货主、库存组织、仓库三要素划分不同核算范围，实现物料在不同的核算范围按不同的计价方法核算，并支持不同物料维度（如批号、BOM 编号、辅助属性等）下的个别计价方法核算。

（3）成本核算精度。

支持存货成本按费用项目分项核算及成本结转，提供精确的成本分析数据。

（4）成本结转方式。

支持产品成本逐步综合结转及逐步分项结转。

（5）核算广度。

支持自制产品、委外加工产品以及相关联副产品、等级品的成本核算。

（6）全面成本管理框架。

支持期间费用分配到销售订单及产品，满足企业全成本分析及管理。

（7）无缝集成。

与供应链、制造模板的无缝集成，自动获取仓库、物流数据进行成本核算；与智能记账平台的无缝集成，提供灵活的账务处理。

（8）标准成本分析。

引用标准成本的管理思想，为采用实际成本核算的企业提供事中事后的成本分析功能，以便企业持续的改善成本。

### 10.2.3　成本与运营管理主要功能模块

成本与运营管理模块包括存货核算、产品成本核算及标准成本分析系统。金蝶K/3Cloud成本与运营管理主要功能模块如图 10.1 所示。

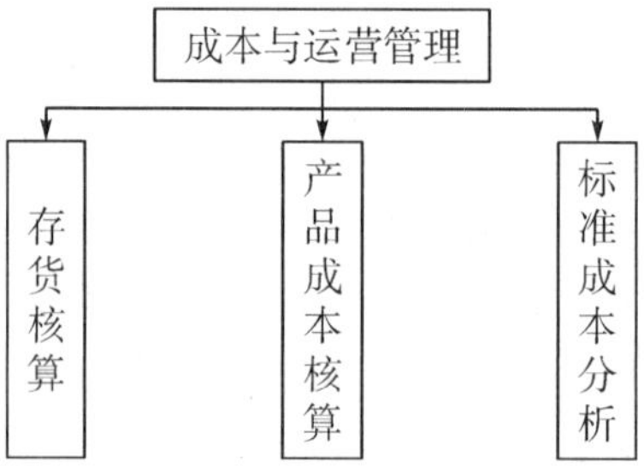


**图 10.1　金蝶 K/3Cloud 成本与运营管理主要功能模块图**

（1）存货核算。

面向企业成本会计人员，提供采购入库核算、入库成本维护、委外入库核算、出库成本核算、其他存货核算、成本调整以及报表分析等功能。

（2）产品成本核算。

面向企业成本会计人员，提供费用分配、自制产品、委外加工产品成本核算，以及成本计算报表分析等功能。

（3）标准成本分析。

面向企业成本会计人员，提供实际成本与标准成本的差异分析，主要用来分析控制成本。目前版本只提供产品单位实际成本与标准成本的差异分析，未来版本将提供更加详细、深层次的成本分析功能。

### 10.2.4　成本与运营管理子系统及实例应用

#### 10.2.4.1　存货核算系统

（1）存货核算系统应用流程。

金蝶 K/3 Cloud 存货核算系统面向企业成本会计人员，提供采购入库核算、入库成本暂估、委外入库核算、出库成本核算、其他存货核算、成本调整以及报表分析等功能。该系统支持2013年新会计准则，全面管理企业的存货计价及出入库核算业务，帮助企业快速确定存货出入库的成本。该系统作为保证物流和资金流同步的重要模块，可以与采购管理、销售管理和仓库管理等系统结合运用，提供更完整、全面的企业供应链解决方案。存货核算系统整体应用流程如图10.2所示。

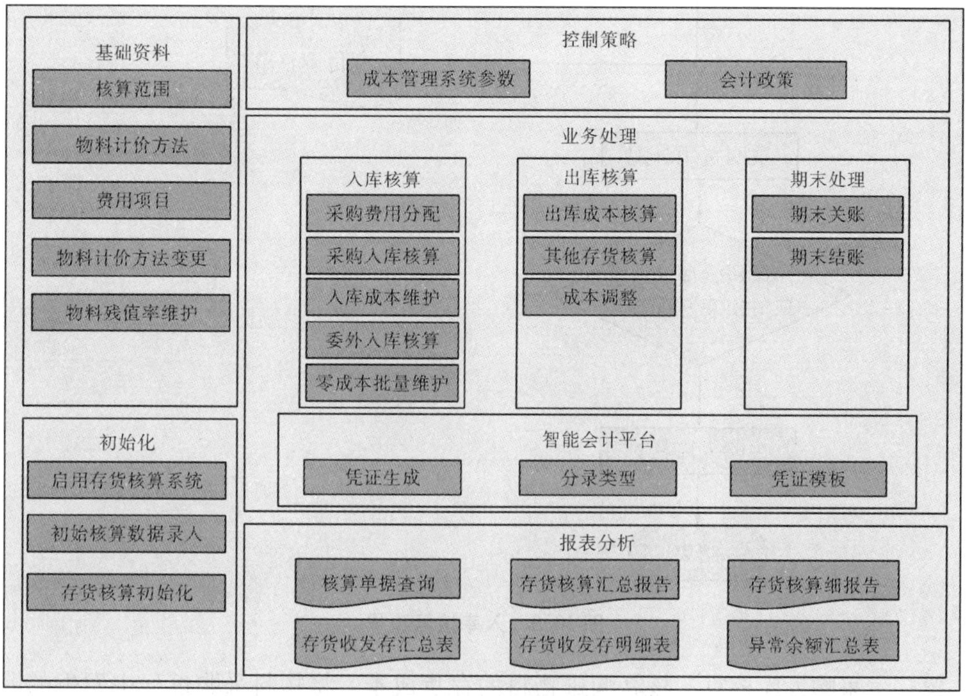


**图10.2 存货核算系统整体应用流程图**

（2）存货核算系统主要功能。

①基础设置。

第一，核算范围：在“核算体系+核算组织+会计政策”总的核算维度下按不同划分依据设置核算范围，如货主、库存组织、仓库、货主+库存组织及货主+仓库，并且每个核算范围都有各自的计价方法，如加权平均法、移动平均法。

第二，物料计价方法：对每个核算范围下存货可以按单个物料、存货类别、物料属性三个划分依据设置不同的计价方法，如加权平均法、移动平均法。存货核算时获取物料计价方法的优先顺序：单个物料>存货类别>物料属性>核算范围。

第三，个别计价方法：物料基础资料物料维度页签可以设置影响成本的因素，如仓库、仓位、批号、BOM编号、辅助属性等，再根据存货核算物料的计价方法即可实现物料个别计价方法核算。

②初始化。

第一，启用存货核算系统：确定存货核算系统的启用会计期间。

第二，初始核算数据录入：维护存货核算初始余额。

第三，存货核算初始化：结束存货核算系统初始化。

③入库核算用来核算各种类型的存货入库的实际成本，不同类型的入库其核算的

特点不同，如外购入库的成本需依据钩稽的采购应付单金额，还应计入费用应付单的采购费用；委外加工入库的成本由材料成本和加工费组成。核算流程如图 10.3 所示。

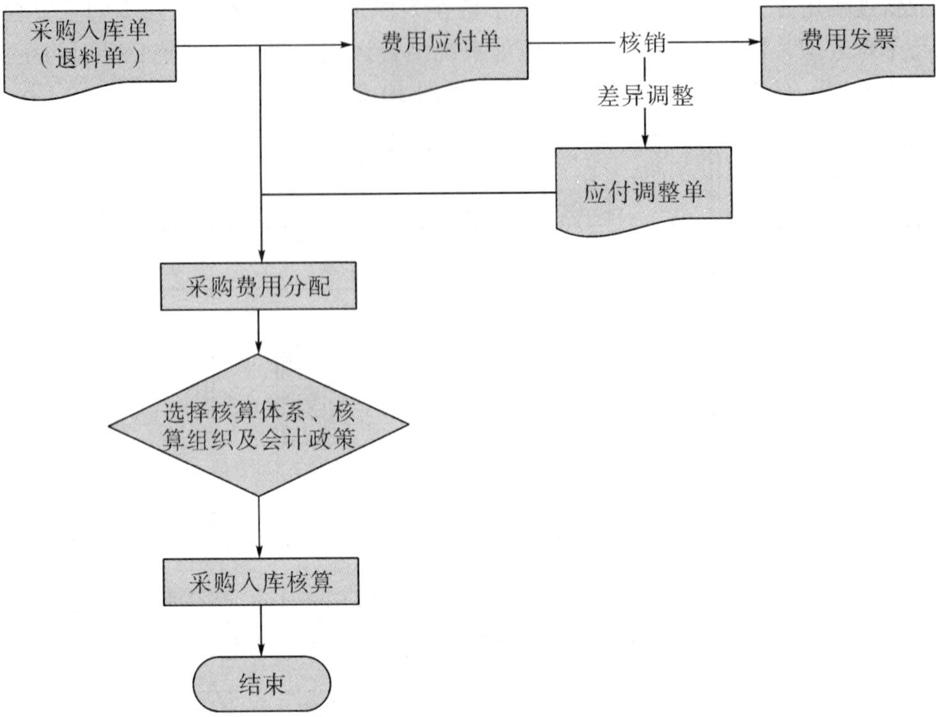


**图 10.3　入库核算流程**

第一，采购入库核算：核算购进物料的存货成本，将物料采购过程中发生的购买价款及相关采购费用，如关税、装卸费、保险费等计入物料的入库成本。购买价款通过系统自动钩稽核算，相关采购费用通过采购费用分配计入物料成本。并支持定时进行采购入库核算。

第二，入库成本暂估：对无成本，或成本不准确的入库单据进行成本估价，如其他入库、生产入库、盘盈入库等。支持成本价从最新入库价、最新出库价、期初加权平均价、物料参考成本、最新采购订单成本、组织间交易结算价等数据来源进行批量维护，也支持从外部引入及手工维护成本。

第三，委外入库核算：核算委外加工业务的入库成本，包含材料成本及加工费两部分。支持外部引入及手工维护成本。

④出库核算。出库核算是指根据存货的计价方法，在核算范围及参与核算的事务内，依据入库成本计算出存货出库的成本。支持加权平均法、移动平均法等，以及这几种方法下的个别计价方法成本核算。出库核算的参数有：

第一，只写成本核算有无的物料；

第二，写成本计算表；

第三，遇到成本核算错误时停止核算当前物料；

第四，出库核算不更新已修改成本的核算单据成本；

第五，出库序列单据生成凭证后重新核算不调整该单据成本；

第六，并支持定时核算的服务，即可设置出库核算时间，由系统定时自动进行出库核算。

⑤其他存货核算。对特殊业务如库存状态转换、形态转换、组装拆卸、批号调整等的出入库成本核算。由出库核算时一起核算完成，支持特殊业务成本的查询及成本修改。

⑥成本调整。成本调整单主要用于调整前期的出入库成本，从而达到调整库存存货成本余额的目的；主要应用场景如下：

第一，以前期间采购入库，当期收到采购发票，且采购发票金额与入库成本存在差异，进行钩稽核算时产生成本调整单调整期初库存余额。以及对先前按暂估价发出的存货，进行成本调整。

第二，因以前期间成本核算问题或与总账对账有差异，需对以前期间的成本进行调整，如生产领料单、其他出库单、调拨出库单、委外领料单等成本计算有误，但已结账不能重算，只能通过当期成本调整单调整。

第三，每期成本计算后出现有数量无金额、无数量有金额的异常余额，也需通过成本调整单进行处理。

第四，支持系统自动处理及手工调整。

⑦报表分析。针对存货成本核算后的结果提供了报表统计分析，有利于用户查找问题并进行跟踪分析。主要报表如下：

第一，核算单据查询，支持参与核算的核算单据成本查询、修改及未审核单据的审核操作。

第二，存货核算汇总报告，统计物料成本核算成功与否，支持联查核算错误报告及存货核算明细表。

第三，存货核算明细报告，统计物料成本核算的详细计算过程。

第四，存货收发存汇总表，支持联查存货收发存明细表。

第五，存货收发存明细表，支持联查库存单据。

第六，异常余额汇总表，支持将异常余额出单自动生成成本调整单，以调整期末余额。

#### 10.2.4.2 产品成本核算系统

产品成本核算系统的应用流程和主要功能如下：

（1）产品成本核算系统应用流程。

产品成本核算支持简单生产场景下的品种法成本核算、支持按生产订单核算的订单法（也叫分批法）成本核算、支持联副产品、等级品的分类法成本核算、支持综合结转分步法和分项结转分步法成本核算、支持返工产品的成本核算、支持自定义费用分配标准、支持一键式费用分配，提供费用分配全过程跟踪及查询、将存货成本核算、费用分配及产品成本核算整合为一个整体，实现一键式成本计算。产品成本核算系统整体应用流程如图 10.4 所示。

（2）产品成本核算系统主要功能。

①基础设置。

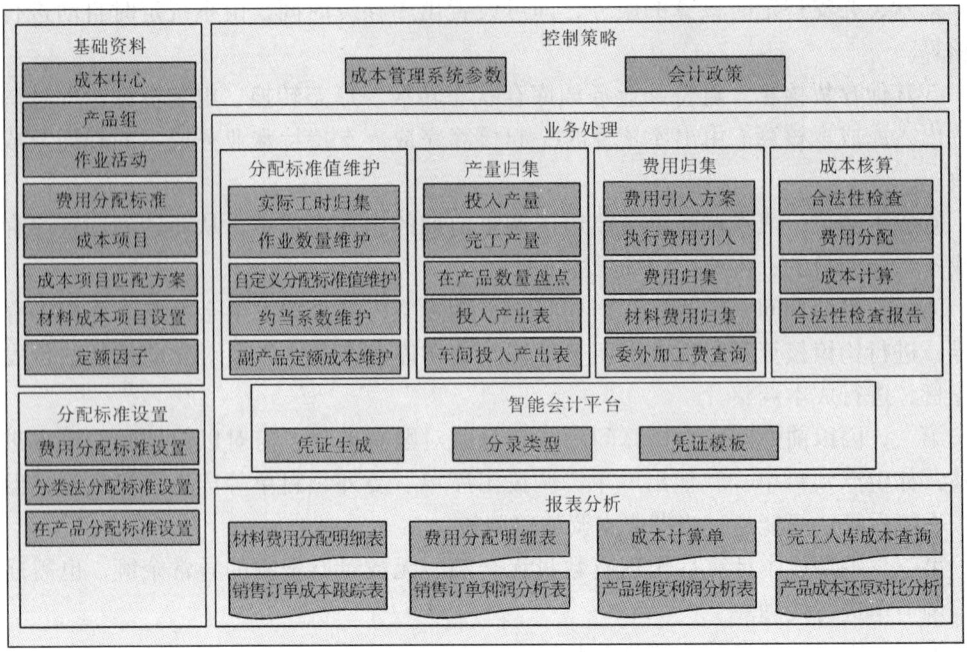


**图 10.4　产品成本核算系统整体应用流程图**

一是作业活动。企业若存在辅助生产部门，可以设置辅助生产部门提供的服务或劳务，即作业活动。

二是成本中心。按部门创建成本中心，成本中心属性必须与部门属性一一对应。部门与成本中心为多对一的关系，但基本生产属性部门除外。后续版本扩展按车间下的工作中心设置成本中心。

三是产品组。产品组按核算体系及核算组织创建，主要用来划分费用分配的承担对象组，还可以用来划分及确定主联副产品或等级品的产品组合，这两类用来支撑联副产品、等级品的成本核算。默认核算体系+核算组织下的划分依据为其他的产品组，支持按共耗材料进行费用分配。

四是费用分配标准。费用分配标准是指费用分配所采用的费用分配方法，系统预设常用及特殊的费用分配标准，另还支持用户自定义费用分配标准，以满足企业个性化费用分配的需求。

五是成本项目。成本项目是产品成本核算按一定的用途归集费用的成本组件，如直接材料、直接人工、制造费用等，支持自定义。

②初始化。

一是启用产品成本核算：确定产品成本核算系统的启用会计期间。产品成本核算启用会计期间可以大于或等于存货核算系统的启用会计期间，但必须等于存货核算系统的当前会计期间。

二是期初在产品成本录入：用于维护上线初期期初在产品余额的维护，以确保成本数据的连续。简单生产与重复生产业务类型支持手工维护，普通生产及委外生产因涉及订单，支持通过下载期初在产订单的模式，在引入模板中维护在产金额然后批量导入。

三是产品成本核算初始化：锁定期初在产品成本数据不在有异动，并将期初在产品成本写入后台期初在产余额表。

四是期初在产品成本调整：支持对上期期末在产成本进行调整，特别是一些上期期末在产的异常余额，如工单已经完工，但仍存在期末在产数量或金额。另一个就是支持账务处理。

③分配标准设置。分配标准设置用来确定各成本中心各种费用所采用的分配标准，包括费用分配标准设置、分类法分配标准设置及在产品分配标准设置。

一是费用分配标准设置：分为非生产成本中心费用分配、辅助生产成本中心费用分配及基本生产成本中心费用分配三种类型，费用分配顺序按成本中心的属性所属分配类型从非生产成本中心费用分配>辅助生产成本中心费用分配>基本生产成本中心费用分配依次进行。

二是分类法分配标准设置：指主联副产品或等级品的成本分配标准的设置，支持不同会计政策设置不同分配标准。

三是在产品分配标准设置：指费用在完工与期末在产品成本间分配标准的设置，支持不计算期末在产品成本、按完工数量分配、按约当产量分配三种分配标准。

④分配标准值维护。维护费用分配标准、分类法分配标准、在产品分配标准的权重值，包括实际工时归集、作业数量维护、自定义费用分配标准值维护、约当系数维护、副产品定额成本维护等。

一是实际工时归集：实时从生产汇报归集实际工时数据，也支持手工维护及外部引入。

二是作业数量维护：辅助生产成本中心对其他成本中心提供服务或劳务的数据维护，用来将辅助生产成本中心的费用分配到各受益成本中心。数据来源除了手工采集维护，还支持应用费用分配标准自动生成。

三是自定义费用分配标准值维护：用于用户手工新增费用分配标准的权重值维护，以支持费用分配按自定义费用分配标准值计算费用分配率。

四是约当系数维护：支持按产品综合设置综合约当系数，也可按产品成本项目分项设置分项约当系数，以支持成本计算按约当产量进行完工与期末在产成本的分配。

五是副产品定额成本维护：维护副产品的定额成本，对于涉及主联副产品成本的计算，副产品成本统一按定额处理。

⑤产量归集。按会计期间统计所有产品的投入产出数据，包括投入产量归集、完工入库数量查询、在产品盘点数量录入、投入产出表。

⑥费用归集。成本计算前，要将所有可归属产品成本的费用归集统计，包括直接费用及间接费用。费用整体归为三类：生产费用、材料耗用费用、委外加工费用。

一是费用引入方案：设置取数来源接口，如总账、应收应付、固定资产、薪酬管理，还支持从自定义表单取数。

二是执行费用引入：按生产费用引入方案执行费用统一引入。

三是费用归集：统计非材料费用数据，支持由接口统一引入、外部引入及手工新增。

四是材料耗用成本查询：材料出库单审核时自动归集，进行出库成本核算后才能查询成本数据。其中对于共耗材料提供应用特性，其他出库单表体增加参数：参与费用分配，默认勾选作为共耗材料进行归集并按共耗材料分配，也可以配置不参与共耗材料分配，通过费用归集从总账引入费用科目按费用项目进行分配。

五是委外加工费查询：统计委外加工入库单的加工费用，数据来源标准委外的应付单。



⑦产品成本核算。

一是成本计算：在功能方面，基于业务驱动的成本核算及管理模式，满足简单生产、重复生产、普通生产、委外生产四种业务类型的成本核算；在应用操作方面，将合法性检查、费用分配、产品成本核算整合为一个向导界面，可以按项执行，如只进行费用分配，选择费用分配执行即可，也可以一键执行（成本计算将存货核算及产品成本核算逻辑都有序的整合为一个整体，便于用户操作，一键即可完成所有核算功能）。成本计算流程如图 10.5 所示。



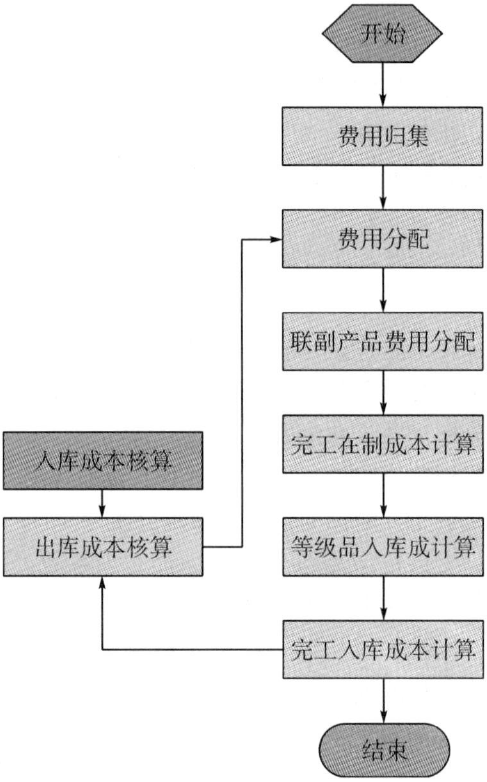


**图 10.5　成本计算流程图**

二是金蝶 K/3Cloud 是按业务类型进行成本核算的。

生产订单生产即普通生产类型，按生产订单核算；委外订单生产即委外生产类型，按委外订单核算，即分步法（订单法）。

简单生产领料简单生产入库，即简单生产类型，若物料维度不影响成本，即品种法。

若生产对象物料维度批号等影响成本，生产编号是必录项，成本按生产编号+产品为成本对象进行核算，即分批法，生产线生产即重复生产类型，成本核算模式与简单生产一样。

⑧成本结转方式。

第一，逐步综合结转法：各生产步骤耗用上一步骤的半成品成本，以其综合成本（不分成本项目）记入下一步骤成本计算单中的“直接材料”项目，或是设立“半成品”项目。如图 10.6 所示。

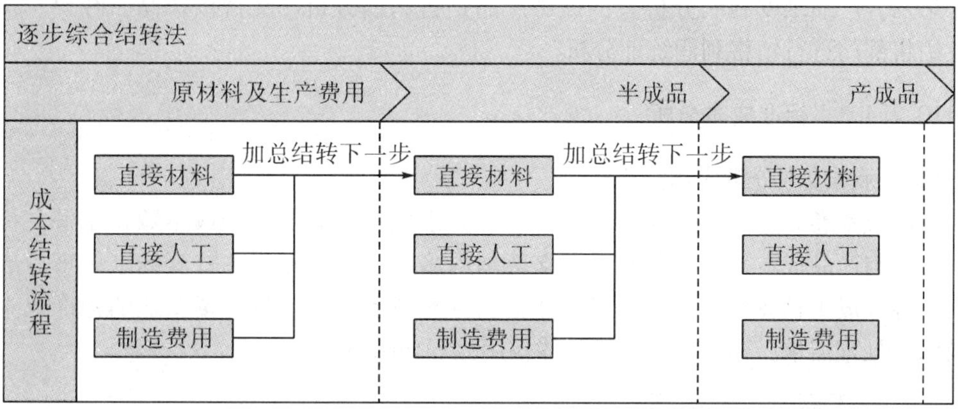


**图 10.6　逐步综合结转法**

第二，逐步分项结转法：将各生产步骤所耗上一步骤的半成品成本，按其成本项目分别记入各生产步骤产品成本计算单中相同的成本项目内，以计算按成本项目反映的各步骤产品成本的方法。如图 10.7 所示。

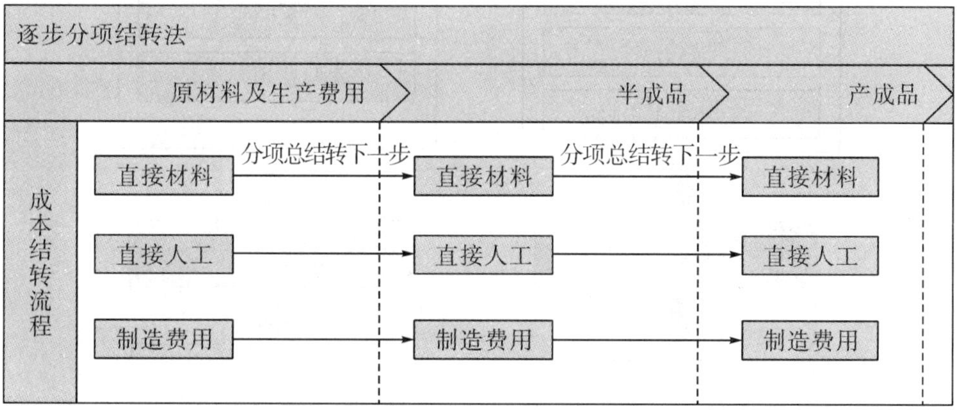


**图 10.7　逐步分项结转法**

第三，合法性检查报告：合法性检查报告包括成本计算前中后整个过程的检查结果，以及包括不合法性检查项的原因分析及操作建议，便于用户准确定位及纠错，确保成本计算的正确性。

⑨报表分析。产品成本核算报表分析已提供必需的成本结果统计表及常用分析报表。

第一，费用分配明细表：针对非材料费用的分配结果查询，如工资、折旧费用、水电费等，支持按成本中心、工单、来源单据汇总查询。

第二，材料费用分配明细表：针对材料费用的分配结果查询，支持按成本中心、工单、来源单据汇总查询。

第三，成本计算单：按工单及产品统计投入、完工及期末在产成本明细数据。

第四，完工入库成本查询：统计生产入库、简单生产入库单的成本数据。

第五，产品成本还原对比分析：提供单个期间或连续期间单位产品实际成本还原后的差异分析。

第六，产品维度利润分析表：提供产品销售利润分析，支持按产品、客户、销售员及销售部门进行销售利润统计分析。

#### 10.2.4.3 标准成本分析

（1）标准成本分析应用流程。

标准成本卷算功能支持标准成本分析和标准成本核算的标准成本数据来源，标准成本分析与产品成本核算配套使用，支持国内多数用户实际成本核算的事中事后成本分析，标准成本核算将物料标准成本数据贯穿至业务，以满足外资企业的标准成本核算及账务处理需求。标准成本分析整体应用流程如图 10.8 所示。

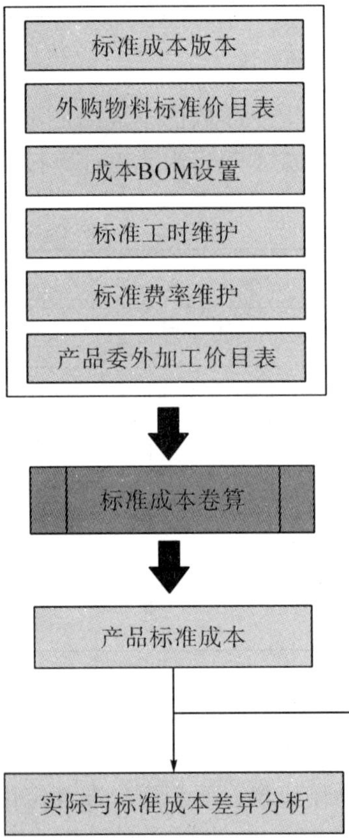


图 10.8 标准成本分析整体应用流程图

（2）标准成本分析主要功能。

①基础数据。

第一，标准成本版本设置标准成本版本是指企业制定标准成本的版本号，每个版本可以从不同角度及影响成本的因素进行设置。支持多个版本同时使用，企业可以从中选择一个版本用来进行成本分析。

第二，外购物料标准价目表。维护外购物料的标准价，支持按物料参考成本、期初结存价、最新入库价、最新采购订单价等批量维护。

第三，成本 BOM 设置。用于设置委外及自主生产产品的成本 BOM，支持从物料清单批量生成成本 BOM。

第四，标准工时维护。维护单位产品的标准工时，如人工准备工时、人工作业工时、机器准备工时、机器作业工时，用于与标准工时费率计算产品标准费用。未来扩展：根据工艺路线制定标准工时。

第五，标准费率维护。维护单位产品作业的标准工时费率，用于与标准工时计算产品标准费用。未来扩展：根据成本中心制定工时费率。

第六，产品委外加工价目表。维护委外加工产品的标准加工单价。

②标准成本卷算。标准成本卷算是指根据产品成本 BOM、标准工时、标准费率等按照 BOM 层级计算出产品标准成本，支持全部物料卷算及部分物料单独卷算；支持自主生产和委外加工产品的标准成本计算；支持联副产品标准成本的计算；提供标准成本卷算合法性检查报告。

③报表分析。标准成本分析提供产品标准成本查询、产品标准成本多级查询及产品成本差异分析。

一是产品标准成本查询：提供产品标准成本查询，支持明细成本结构查询。

二是产品标准成本多级查询：支持产品标准成本按成本 BOM 多级展开查询。

三是产品成本差异分析：支持单一期间或连续几个期间的单位平均实际成本与标准成本的差异分析。

#### 10.2.4.4 成本与运营管理案例应用

(1) 案例背景。

新达集团成立于 2009 年，注册资本 5 000 万元，是一家主要从事机器人研发、制造、服务为一体的公司并且是国内顶尖的机器人制造商之一，自公司成立以来，一直以“打造国内顶尖、世界先进的机器人生产厂商”为目标。目前是全球销量前十的机器人生产厂商。随着社会化大生产和劳动生产率的迅速提高，竞争日趋激烈，买方市场逐步形成，从而要求企业提供更加多样化和更具个性化的产品与服务。在这种制造系统中，生产程序经常根据顾客的需要进行调整，一般按订单适时组织生产，新达集团公司组结构架构如图 10.9 所示。

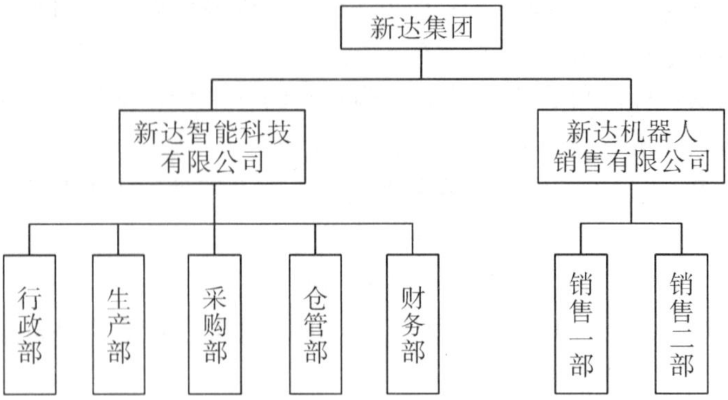


图 10.9　新达集团组织架构图

公司共有三个法人：新达集团、新达智能科技有限公司、新达机器人销售有限公司。新达集团作为总公司，负责资金管理和部分寄售业务，新达智能科技有限公司是其主体，为深交所上市公司，负责机器人生产、配件采购和仓存管理等，下设采购部、仓管部、生产部、财务部、行政部五个部门。新达机器人销售有限公司负责将智能科技公司生产出来的机器人面向全世界销售，直接向新达智能科技有限公司要货，下设销售一部和销售二部处理销售业务。

新达智能科技有限公司有商用机器人、教育机器人、益智娱乐型机器人三种主打产品，其中益智娱乐型机器人是公司产量最高的产品。让总经理纳闷的是，竞争对手益智娱乐型机器人的价格似乎总比本公司的低。整个市场形势让人感到迷惑不解：益智娱乐型机器人产量大，价格却上不去；商用机器人的价格已经很高了，但好像还有提价的空间，新达智能科技有限公司 CEO 和 CFO 展开了以下一番对话。

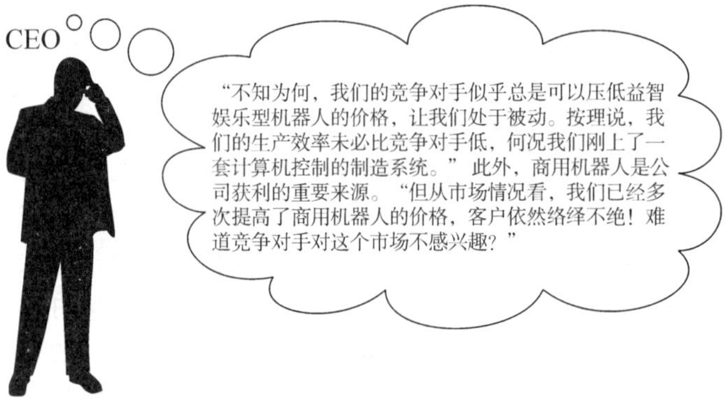


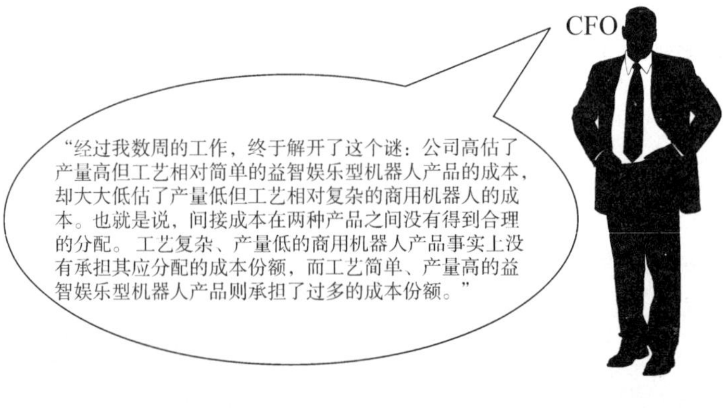

由此可见，新达智能科技有限公司在成本管理方面存在一定的缺陷，对成本计算层面存在一定的误解，导致在制定价格的过程中，依据了错误的成本信息，公司一直采用的成本计算方法竟然产生了巨大的成本偏差，同时也没有采用标准成本分析，导致实际成本计算出来后没有可比对象，无法及时发现问题所在。在这样的背景下，新达智能科技有限公司重新梳理组织机构，并重新对产品成本核算进行规划，通过制定标准成本，在完成实际成本核算后与制定的标准成本进行差异分析，从而使得成本能够准确核算并对价格制定提供可靠参考价值。

（2）实例应用。

①案例描述。

2×18 年 2 月底将在本市举行国际运动会，为缓解航空服务压力，1 月 3 日新科航空集团有限公司特向本集团加急采购商务机器人 5 台，并要求一个月后完成交付。接到订单后，在确保原先生产计划及已有订单正常生产的前提下，集团内部协调相关资源，加开生产线，生产工人实行三班倒工作模式，确保按时交付。1 月 4 日，根据仓库存储情况，还需向供应商永硕公司采购原材料伺服舵机 R 型 35 个、伺服舵机 S 型 100 个、伺服舵机 X 型 30 个，加急隔天送达，需额外支付运费 200 元，隔天物料全部到货，验货无误后，收入原材料仓。次日开始投入生产，根据半成品库存情况，需生产自制半成品左臂总成 5 个、右臂总成 5 个，商用机器人 5 台。为生产该批商用机器人，发生的采购费用（运费）按各车间实际用料量比例进行分配；发生的采购运费按各车间入库数量比例进行分配；发生人员工资费共计 23 500 元，总成生产车间 13 000 元，机器人组装车间 10 500 元，按耗用人员工时进行分配；发生的外购动力费用（水电费）共计 2 500 元，总成生产车间 1 500 元，机器人组装车间 1 000 元，按各车间机器工时进行分配。

完成交付后，针对加急的 5 台商务机器人进行成本核算。

②系统演示。

【存货核算】：关于生产 5 台商用机器人的供应链相关系统处理完成后，在成本计算之前，需要进行存货核算，即采购费用分配、采购入库核算、出库成本核算。

根据案例描述，将采购原材料过程中发生的运费 200 元，按分配标准“数量”分配到采购入库单中计入存货成本，如图 10.10 所示。

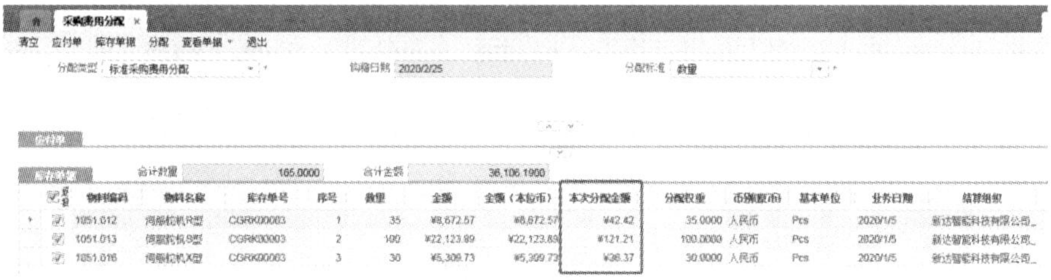


图 10.10　采购费用分配

采购入库后，将采购物料发生的费用，包括购买价款、运费等，按核算规则计入对应物料的入库成本，根据案例数据，各物料的入库成本为购买价款与分配运费之和，采购入库系统核算结果如图 10.11 所示。

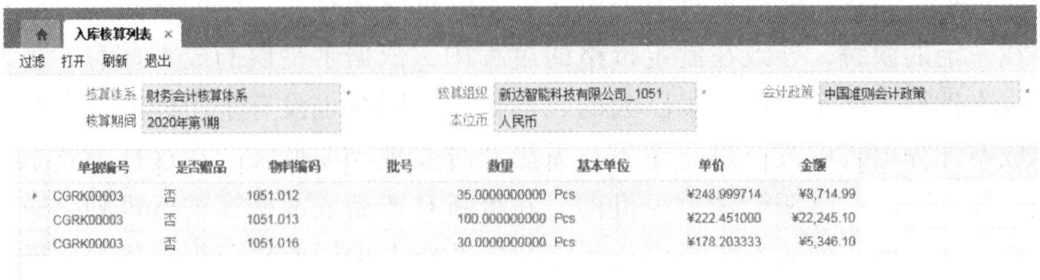

入库核算列表

过滤 打开 刷新 退出

核算体系 财务会计核算体系　核算组织 新达智能科技有限公司_1051　会计政策 中国准则会计政策

核算期间 2020年第1期　本位币 人民币

| 单据编号 | 是否赠品 | 物料编码 | 批号 | 数量 | 基本单位 | 单价 | 金额 |
|---|---|---|---|---|---|---|---|
| CGRK00003 | 否 | 1051.012 | | 35.0000000000 | Pcs | ¥248.999714 | ¥8,714.99 |
| CGRK00003 | 否 | 1051.013 | | 100.000000000 | Pcs | ¥222.451000 | ¥22,245.10 |
| CGRK00003 | 否 | 1051.016 | | 30.0000000000 | Pcs | ¥178.203333 | ¥5,346.10 |

图 10.11　采购入库核算

5 台商用机器人生产完成并销售出库后，根据商用机器人及其耗用物料的入库成本及期初余额按照计价方法（系统支持移动平均法、加权平均法和先进先出法）核算其出库成本，系统核算结果如图 10.12 所示。

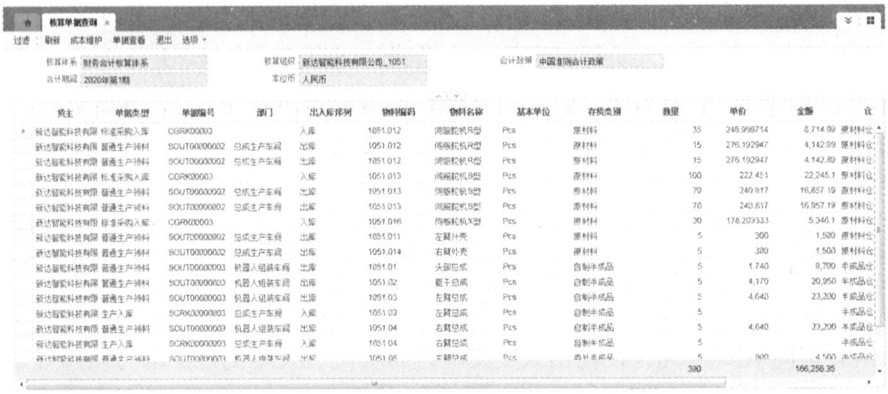

核算单据查询

过滤 刷新 成本维护 单据查看 退出 选项

核算体系 财务会计核算体系　核算组织 新达智能科技有限公司_1051　会计政策 中国准则会计政策

会计期间 2020年第1期　本位币 人民币

| 货主 | 单据类型 | 单据编号 | 部门 | 出入库序列 | 物料编码 | 物料名称 | 基本单位 | 存货类别 | 数量 | 单价 | 金额 | 仓 |
|---|---|---|---|---|---|---|---|---|---|---|---|---|
| 新达智能科技有限 | 标准采购入库 | CGRK00003 | | 入库 | 1051.012 | 伺服舵机R型 | Pcs | 原材料 | 35 | 248.999714 | 8,714.99 | 原材料仓 |
| 新达智能科技有限 | 普通生产领料 | SOUT00000002 | 总成生产车间 | 出库 | 1051.012 | 伺服舵机R型 | Pcs | 原材料 | 15 | 276.192947 | 4,142.89 | 原材料仓 |
| 新达智能科技有限 | 普通生产领料 | SOUT00000002 | 总成生产车间 | 出库 | 1051.012 | 伺服舵机R型 | Pcs | 原材料 | 15 | 276.192947 | 4,142.89 | 原材料仓 |
| 新达智能科技有限 | 标准采购入库 | CGRK00003 | | 入库 | 1051.013 | 伺服舵机S型 | Pcs | 原材料 | 100 | 222.451 | 22,245.1 | 原材料仓 |
| 新达智能科技有限 | 普通生产领料 | SOUT00000002 | 总成生产车间 | 出库 | 1051.013 | 伺服舵机S型 | Pcs | 原材料 | 70 | 240.817 | 16,857.19 | 原材料仓 |
| 新达智能科技有限 | 普通生产领料 | SOUT00000002 | 总成生产车间 | 出库 | 1051.013 | 伺服舵机S型 | Pcs | 原材料 | 70 | 240.817 | 16,957.19 | 原材料仓 |
| 新达智能科技有限 | 标准采购入库 | CGRK00003 | | 入库 | 1051.016 | 伺服舵机X型 | Pcs | 原材料 | 30 | 178.203333 | 5,346.1 | 原材料仓 |
| 新达智能科技有限 | 普通生产领料 | SOUT00000002 | 总成生产车间 | 出库 | 1051.011 | 左臂外壳 | Pcs | 原材料 | 5 | 300 | 1,500 | 原材料仓 |
| 新达智能科技有限 | 普通生产领料 | SOUT00000002 | 总成生产车间 | 出库 | 1051.014 | 右臂外壳 | Pcs | 原材料 | 5 | 300 | 1,500 | 原材料仓 |
| 新达智能科技有限 | 普通生产领料 | SOUT00000003 | 机器人组装车间 | 出库 | 1051.01 | 头部总成 | Pcs | 自制半成品 | 5 | 1,740 | 8,700 | 半成品仓 |
| 新达智能科技有限 | 普通生产领料 | SOUT00000003 | 机器人组装车间 | 出库 | 1051.02 | 躯干总成 | Pcs | 自制半成品 | 5 | 4,170 | 20,850 | 半成品仓 |
| 新达智能科技有限 | 普通生产领料 | SOUT00000003 | 机器人组装车间 | 出库 | 1051.03 | 左臂总成 | Pcs | 自制半成品 | 5 | 4,640 | 23,200 | 半成品仓 |
| 新达智能科技有限 | 生产入库 | SCRK00000003 | 总成生产车间 | 入库 | 1051.03 | 左臂总成 | Pcs | 自制半成品 | 5 | | | 半成品仓 |
| 新达智能科技有限 | 普通生产领料 | SOUT00000003 | 机器人组装车间 | 出库 | 1051.04 | 右臂总成 | Pcs | 自制半成品 | 5 | 4,640 | 23,200 | 半成品仓 |
| 新达智能科技有限 | 生产入库 | SCRK00000003 | 总成生产车间 | 入库 | 1051.04 | 右臂总成 | Pcs | 自制半成品 | 5 | | | 半成品仓 |
| 新达智能科技有限 | 普通生产领料 | SOUT00000003 | 机器人组装车间 | 出库 | 1051.05 | 左腿总成 | Pcs | 委外半成品 | 5 | 900 | 4,500 | 半成品仓 |
| | | | | | | | | | 380 | | 166,256.35 | |

图 10.12　出库成本核算

【产品成本核算】：存货核算结束后，开始核算产品的成本，首先进行费用分配标准设置，规定生产过程中发生的相关费用以何种标准分配到产品成本中；然后归集生产产品的实际工时、投入产量以及相关费用；最后系统根据归集的数据，自动计算产品成本。

根据案例数据，设置生产过程中发生的水电费按机器工时进行分配、生产工人工资按人员工时进行分配，系统设置如图 10.13、10.14 所示。

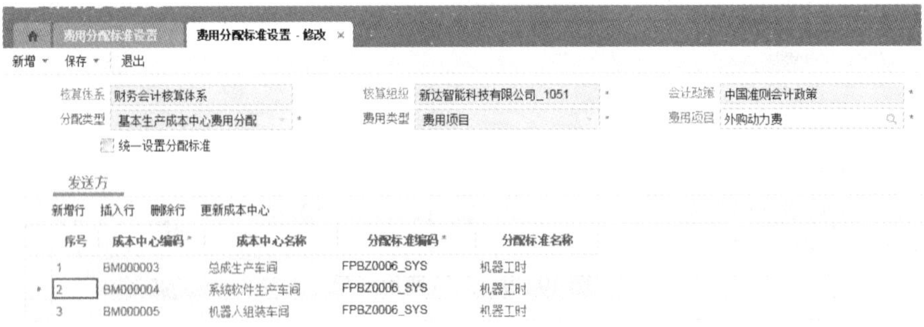

费用分配标准设置　费用分配标准设置 - 修改

新增 保存 退出

核算体系 财务会计核算体系　核算组织 新达智能科技有限公司_1051　会计政策 中国准则会计政策

分配类型 基本生产成本中心费用分配　费用类型 费用项目　费用项目 外购动力费

统一设置分配标准

发送方

新增行 插入行 删除行 更新成本中心

| 序号 | 成本中心编码 | 成本中心名称 | 分配标准编码 | 分配标准名称 |
|---|---|---|---|---|
| 1 | BM000003 | 总成生产车间 | FPBZ0006_SYS | 机器工时 |
| 2 | BM000004 | 系统软件生产车间 | FPBZ0006_SYS | 机器工时 |
| 3 | BM000005 | 机器人组装车间 | FPBZ0006_SYS | 机器工时 |

图 10.13　费用分配标准设置

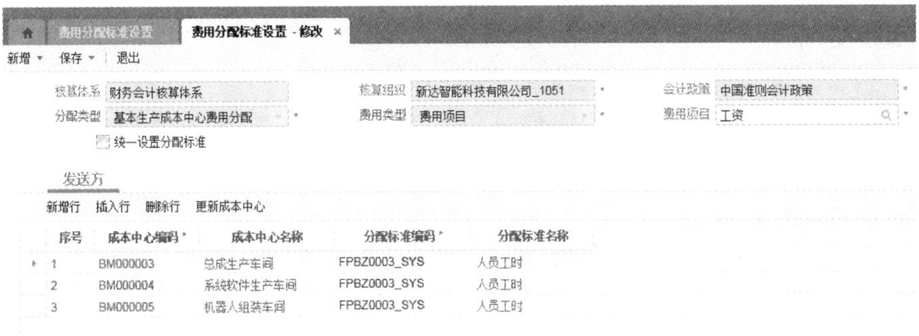
费用分配标准设置 | 费用分配标准设置 - 修改

新增 保存 退出

核算体系：财务会计核算体系　核算组织：新达智能科技有限公司_1051　会计政策：中国准则会计政策

分配类型：基本生产成本中心费用分配　费用类型：费用项目　费用项目：工资

统一设置分配标准

发送方

新增行 插入行 删除行 更新成本中心

| 序号 | 成本中心编码 | 成本中心名称 | 分配标准编码 | 分配标准名称 |
|---|---|---|---|---|
| 1 | BM000003 | 总成生产车间 | FPBZ0003_SYS | 人员工时 |
| 2 | BM000004 | 系统软件生产车间 | FPBZ0003_SYS | 人员工时 |
| 3 | BM000005 | 机器人组装车间 | FPBZ0003_SYS | 人员工时 |

图 10.14　费用分配标准设置

费用分配标准设置完成后，按分配标准系统自动进行费用的归集（实际工时、投入产量据生产汇报数据自动获取），各项归集结果如图 10.15、10.16、10.17 所示。

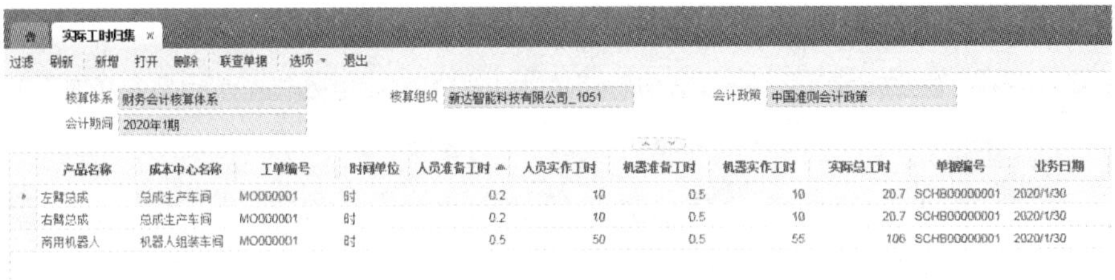
实际工时归集

过滤 刷新 新增 打开 删除 联查单据 选项 退出

核算体系：财务会计核算体系　核算组织：新达智能科技有限公司_1051　会计政策：中国准则会计政策

会计期间：2020年1期

| 产品名称 | 成本中心名称 | 工单编号 | 时间单位 | 人员准备工时 | 人员实作工时 | 机器准备工时 | 机器实作工时 | 实际总工时 | 单据编号 | 业务日期 |
|---|---|---|---|---|---|---|---|---|---|---|
| 左臂总成 | 总成生产车间 | MO000001 | 时 | 0.2 | 10 | 0.5 | 10 | 20.7 | SCHB00000001 | 2020/1/30 |
| 右臂总成 | 总成生产车间 | MO000001 | 时 | 0.2 | 10 | 0.5 | 10 | 20.7 | SCHB00000001 | 2020/1/30 |
| 商用机器人 | 机器人组装车间 | MO000001 | 时 | 0.5 | 50 | 0.5 | 55 | 106 | SCHB00000001 | 2020/1/30 |

图 10.15　费用归集

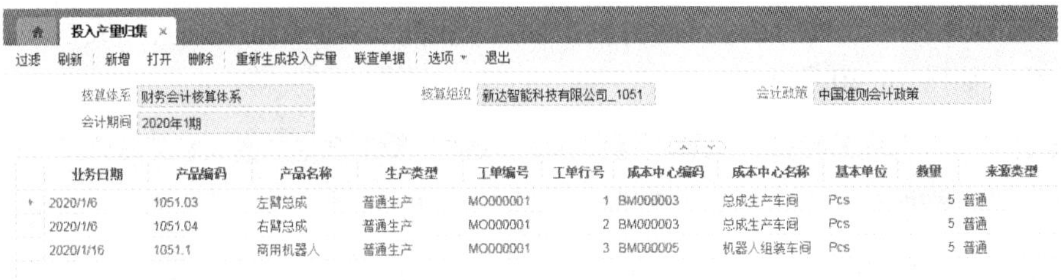
投入产量归集

过滤 刷新 新增 打开 删除 重新生成投入产量 联查单据 选项 退出

核算体系：财务会计核算体系　核算组织：新达智能科技有限公司_1051　会计政策：中国准则会计政策

会计期间：2020年1期

| 业务日期 | 产品编码 | 产品名称 | 生产类型 | 工单编号 | 工单行号 | 成本中心编码 | 成本中心名称 | 基本单位 | 数量 | 来源类型 |
|---|---|---|---|---|---|---|---|---|---|---|
| 2020/1/6 | 1051.03 | 左臂总成 | 普通生产 | MO000001 | 1 | BM000003 | 总成生产车间 | Pcs | 5 | 普通 |
| 2020/1/6 | 1051.04 | 右臂总成 | 普通生产 | MO000001 | 2 | BM000003 | 总成生产车间 | Pcs | 5 | 普通 |
| 2020/1/16 | 1051.1 | 商用机器人 | 普通生产 | MO000001 | 3 | BM000005 | 机器人组装车间 | Pcs | 5 | 普通 |

图 10.16　费用归集

费用归集

过滤 刷新 新增 打开 删除 联查源单明细 联查费用分配 选项 退出

核算体系：财务会计核算体系　核算组织：新达智能科技有限公司_1051　会计政策：中国准则会计政策

会计期间：2020年1期　币别：人民币

| 单据编号 | 业务组织 | 费用项目编码 | 费用项目名称 | 日期 | 成本中心编码 | 成本中心名称 | 金额 | 来源单据类型 |
|---|---|---|---|---|---|---|---|---|
| SCFYGJ000003 | 新达智能科技有限 | FYXM07_SYS | 工资 | 2020/1/31 | BM000003 | 总成生产车间 | 13,000.00 | 应付单 |
| SCFYGJ000003 | 新达智能科技有限 | FYXM07_SYS | 工资 | 2020/1/31 | BM000005 | 机器人组装车间 | 10,500.00 | 应付单 |
| SCFYGJ000003 | 新达智能科技有限 | 1051 | 外购动力费 | 2020/1/31 | BM000003 | 总成生产车间 | 1,500.00 | 应付单 |
| SCFYGJ000003 | 新达智能科技有限 | 1051 | 外购动力费 | 2020/1/31 | BM000005 | 机器人组装车间 | 1,000.00 | 应付单 |

图 10.17　费用归集

费用分配、归集完毕后，根据向导步骤，系统自动计算当期完工品、在产品成本，并出具成本计算合法性检查报告。根据案例描述，系统成本计算结果如图 10.18 所示。

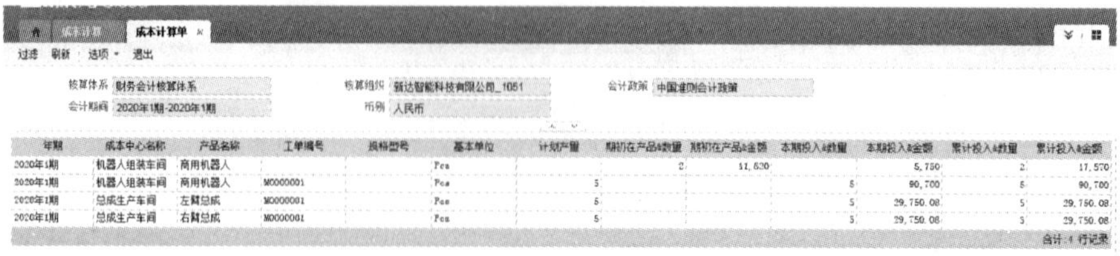

成本计算单

过滤 刷新 选项 退出

核算体系 财务会计核算体系　核算组织 新达智能科技有限公司_1051　会计政策 中国准则会计政策

会计期间 2020年1期-2020年1期　币别 人民币

| 年期 | 成本中心名称 | 产品名称 | 工单编号 | 规格型号 | 基本单位 | 计划产量 | 期初在产品#数量 | 期初在产品#金额 | 本期投入#数量 | 本期投入#金额 | 累计投入#数量 | 累计投入#金额 |
|---|---|---|---|---|---|---|---|---|---|---|---|---|
| 2020年1期 | 机器人组装车间 | 商用机器人 | | | Pcs | | 2 | 11,820 | | 5,750 | 2 | 17,570 |
| 2020年1期 | 机器人组装车间 | 商用机器人 | M0000001 | | Pcs | 5 | | | 5 | 90,700 | 5 | 90,700 |
| 2020年1期 | 总成生产车间 | 左臂总成 | M0000001 | | Pcs | 5 | | | 5 | 29,750.08 | 5 | 29,750.08 |
| 2020年1期 | 总成生产车间 | 右臂总成 | M0000001 | | Pcs | 5 | | | 5 | 29,750.08 | 5 | 29,750.08 |

合计：4 行记录

图 10.18　成本计算

③报表展示。

以上通过 5 台商用机器人的生产销售过程，体现金蝶 K/3Cloud 简单成本计算流程，除成本计算外，金蝶 K/3Cloud 成本与运营管理模块提供必需的成本结果统计表及常用分析报表，以下以一家大型机械制造公司经营数据为例，进行常用报表分析展示。

【产品维度利润分析表】：提供产品销售利润分析，支持按产品、客户、销售员及销售部门进行销售利润统计分析，如图 10.19 所示。

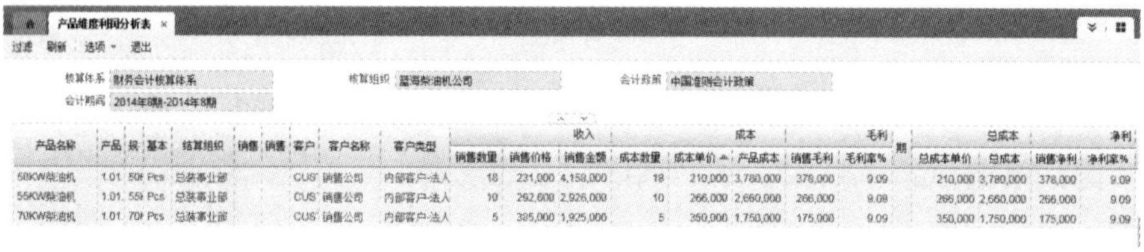

产品维度利润分析表

过滤 刷新 选项 退出

核算体系 财务会计核算体系　核算组织 蓝海柴油机公司　会计政策 中国准则会计政策

会计期间 2014年8期-2014年8期

| 产品名称 | 产品 | 规 | 基本 | 结算组织 | 销售 | 销售 | 客户 | 客户名称 | 客户类型 | 收入 | | | 成本 | | | 毛利 | | 期 | 总成本 | | 净利 | |
|---|---|---|---|---|---|---|---|---|---|---|---|---|---|---|---|---|---|---|---|---|---|---|
| | | | | | | | | | | 销售数量 | 销售价格 | 销售金额 | 成本数量 | 成本单价 | 产品成本 | 销售毛利 | 毛利率% | | 总成本单价 | 总成本 | 销售净利 | 净利率% |
| 58KW柴油机 | 1.01 | 58 | Pcs | 总装事业部 | | | CUS | 销售公司 | 内部客户-法人 | 18 | 231,000 | 4,158,000 | 18 | 210,000 | 3,780,000 | 378,000 | 9.09 | | 210,000 | 3,780,000 | 378,000 | 9.09 |
| 55KW柴油机 | 1.01. | 55 | Pcs | 总装事业部 | | | CUS | 销售公司 | 内部客户-法人 | 10 | 292,600 | 2,926,000 | 10 | 266,000 | 2,660,000 | 266,000 | 9.09 | | 266,000 | 2,660,000 | 266,000 | 9.09 |
| 70KW柴油机 | 1.01. | 70 | Pcs | 总装事业部 | | | CUS | 销售公司 | 内部客户-法人 | 5 | 385,000 | 1,925,000 | 5 | 350,000 | 1,750,000 | 175,000 | 9.09 | | 350,000 | 1,750,000 | 175,000 | 9.09 |

图 10.19　产品维度利润分析表

【产品成本还原对比分析】：提供单个期间或连续期间单位产品实际成本还原后的差异分析，如图 10.20 所示。

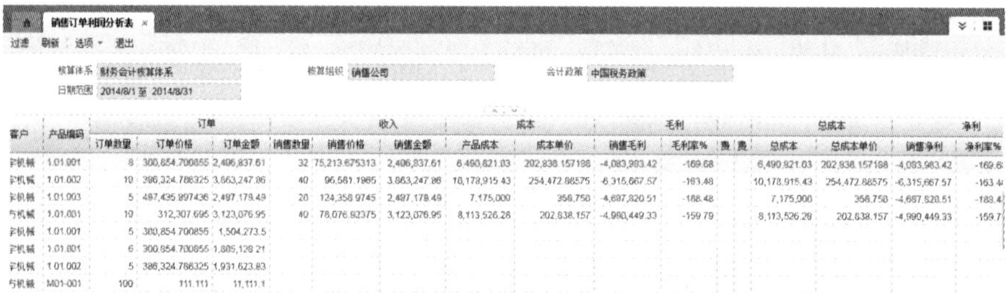

销售订单利润分析表

过滤 刷新 选项 退出

核算体系 财务会计核算体系　核算组织 销售公司　会计政策 中国税务政策

日期范围 2014/8/1 至 2014/8/31

| 客户 | 产品编码 | 订单 | | | 收入 | | | 成本 | | 毛利 | | | | 总成本 | | 净利 | |
|---|---|---|---|---|---|---|---|---|---|---|---|---|---|---|---|---|---|
| | | 订单数量 | 订单价格 | 订单金额 | 销售数量 | 销售价格 | 销售金额 | 产品成本 | 成本单价 | 销售毛利 | 毛利率% | 费 | 费 | 总成本 | 总成本单价 | 销售净利 | 净利率% |
| 宇机械 | 1.01.001 | 8 | 300,854.700855 | 2,406,837.61 | 32 | 75,213.675313 | 2,406,837.61 | 6,490,821.03 | 202,838.157188 | -4,083,983.42 | -169.68 | | | 6,490,821.03 | 202,838.157188 | -4,083,983.42 | -169.6 |
| 宇机械 | 1.01.002 | 10 | 386,324.786325 | 3,863,247.86 | 40 | 96,581.1965 | 3,863,247.86 | 10,178,915.43 | 254,472.88575 | -6,315,667.57 | -163.48 | | | 10,178,915.43 | 254,472.88575 | -6,315,667.57 | -163.4 |
| 宇机械 | 1.01.003 | 5 | 497,435.897436 | 2,497,179.49 | 20 | 124,358.9745 | 2,497,179.49 | 7,175,000 | 358.750 | -4,687,820.51 | -188.48 | | | 7,175,000 | 358.750 | -4,687,820.51 | -188.4 |
| 与机械 | 1.01.001 | 10 | 312,307.695 | 3,123,076.95 | 40 | 78,076.92375 | 3,123,076.95 | 8,113,526.28 | 202,838.157 | -4,990,449.33 | -159.79 | | | 8,113,526.28 | 202,838.157 | -4,990,449.33 | -159.7 |
| 宇机械 | 1.01.001 | 5 | 300,854.700855 | 1,504,273.5 | | | | | | | | | | | | | |
| 宇机械 | 1.01.001 | 6 | 300,854.700855 | 1,805,128.21 | | | | | | | | | | | | | |
| 宇机械 | 1.01.002 | 5 | 386,324.786325 | 1,931,623.83 | | | | | | | | | | | | | |
| 与机械 | M01-001 | 100 | 111.111 | 11,111.1 | | | | | | | | | | | | | |

图 10.20　销售订单利润分析表

【核算单据成本对比分析表】：可查询不同核算体系下核算单据的成本，及其对比分析，并针对每一条分析结果进行数据追踪。

# 10.3　短期运营预测与决策模块

## 10.3.1　短期运营预测与决策模块概述

短期运营预测与决策模块运用自助式图形化分析的报表平台，即金蝶 K/3Cloud 经营分析平台，从资金、利润、成本等方面展示企业近期经营数据，利用企业现有的资源和经营环境，为取得尽可能大的经济效益提供决策依据。该模块从金蝶 K/3Cloud 钻取业务数据，通过经营分析平台的数据分析功能进行短期运营各维度的分析，并且提供经营分析需要的数据抽取、数据建模、数据更新计划等后台管理设计功能，除预置的资金、利润等方面的报表模板，可根据短期运营预测与决策需要，自定义各类报表。

### 10.3.2 短期运营预测与决策模块的关键应用特性

（1）自助式：提供大量的预置分析模型，业务人员自助设计报表。

（2）多数据源：快速将异构系统的数据源，连接在一个平台上进行分析。

（3）智能分析：联动、钻取、多维度智能分析。

（4）可视化：用最简单的方式，传递最准确的信息，让图表自己说话。

### 10.3.3 短期运营预测与决策主要功能模块

短期运营预测与决策模块包括经营分析平台、财务分析及销售分析。金蝶 K/3Cloud短期运营预测与决策主要功能模块如图 10.21 所示。

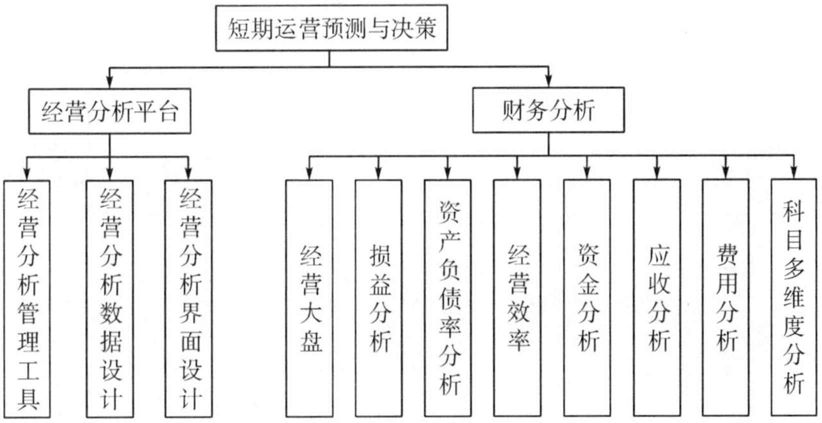


**图 10.21 短期运营预测与决策主要功能模块**

（1）经营分析平台。

金蝶 K/3 Cloud 经营分析平台（以下简称经营分析平台）主要为各业务模块提供一个自助式的图形化分析报表平台，同时也是财务人员简易、快速、低成本进行报表开发定制的工具。经营分析平台仅需简单的拖拉拽控件即可设计出高颜值的图形化报表，并具备数据联动、多维度组合筛选、钻取等强大的交互式数据分析能力；可自适应 PC、平板、手机等多终端；它还预置提供了多个主题分析模型和大量分析报表样例，使用人员可以直接使用或进行个性化修改，满足企业多样、快速变化的需求，是 K/3 Cloud 标准报表开发及个性化报表定制的必备平台。

（2）财务分析。

系统内置 8 张财务分析相关报表，包括经营大盘、资金分析等，是评价企业短期财务状况和经营业绩的重要依据，即使短期运营预测的前提，又是对过去经营活动的总结。相关报表作为企业财务状况和经营成果的信息载体，对系统分析和评价企业的财务状况、经营成果和现金流量状况及变化趋势有着非常重要的作用。通过对这些重要指标的分析，促进企业经营活动按照企业价值最大化目标运行，帮助管理者做出正确的短期运营决策，提高企业竞争力，获取更高的利益。





### 10.3.4 短期运营预测与决策模块的实例应用

我们通过访问经营分析运行平台，查看、筛选、钻取访问图形化的报表界面，以及图形化的报表前端展现设计功能，清晰直观获取短期运营相关数据，并结合其钻取等功能，进行数据追踪，为决策提供依据。作为 K/3 Cloud 标准报表开发及个性化报表定制的必备平台，其功能应用简单易学、美观易用，仅需简单的拖拽即可设计出高颜值的短期运营图形化报表。短期运营预测与决策模块整体应用流程如图 10.22 所示。

（1）资金、收入分析。

①案例描述。

季度末，总经理需要做下季度的短期运营预测并做预计利润等短期决策，要求财务部经理提供相关数据。财务部经理根据系统内新达集团本季度的财务、业务相关数据，运用经营分析平台，展示毛利率、净利率、负债率、净利润增长率、净资产收益率等重要经营指标，以及对应指标的变化趋势，据此预测新达集团下一季度的短期经营情况。

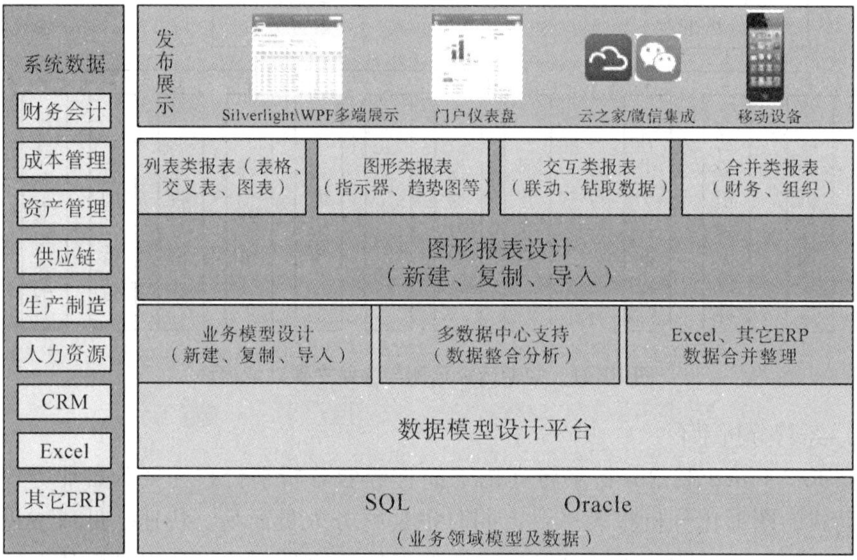


图 10.22 短期运营预测与决策模块整体应用流程

②系统演示。

【新建图表】：如图 10.23 所示，根据系统内已有的财务、业务数据表，快速添加分析字段，选择控件类型，如指示器、饼图、散点图、漏斗、多页签等，运用多样化的控件图表展示，使业务具体化、形象化，能够准确察觉数据问题，从而洞察业务问题。如资产负债率趋势图，反映数据在一定期间内的变化情况，使用折线图较为合适。

图 10.23　新建图表

【设置统计分析函数】：如图 10.24 所示，经营分析平台提供丰富的高级统计分析函数，如求和、增长率、时间差等，有效计算业务中的环比、同比、增值率等复杂指标，准确计算结果。帮助使用者对复杂数据进行快速分析，并获得准确的关键指标结果，提高分析效率和准确度。根据案例描述，财务部经理选取对应字段，设置毛利率、资产负债率等计算取数公式。

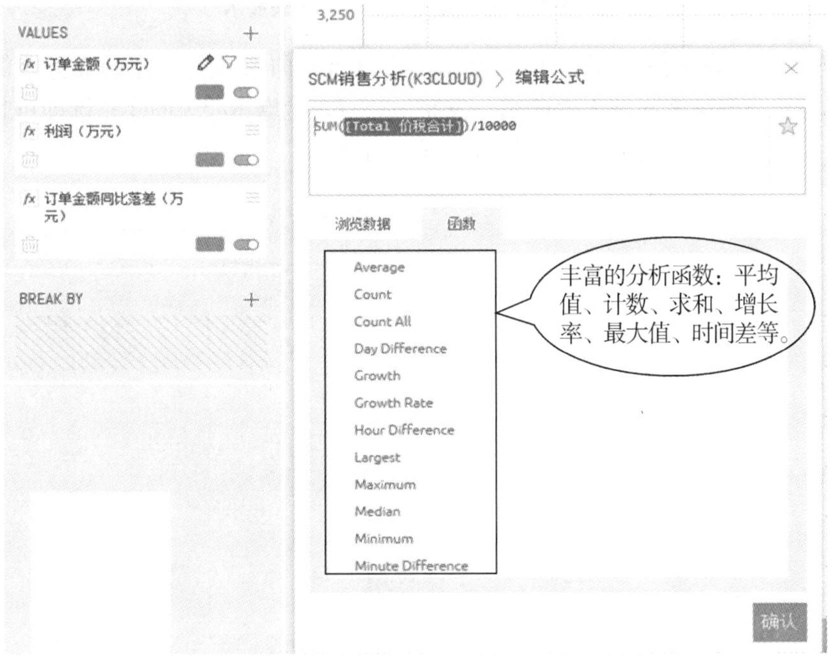


图 10.24　统计分析函数

【多维度分析和设计图表展示方式】：如图 10.25 所示，根据控件类型，将数据进行多个维度的分析，并能选择多种函数公式，有助于呈现业务现象，帮助决策者全面考虑问题，洞察业务漏洞，提高解决问题的效率。例如净利润增长率，系统可以从产品、部门等维度进行净利润的增长情况展示。

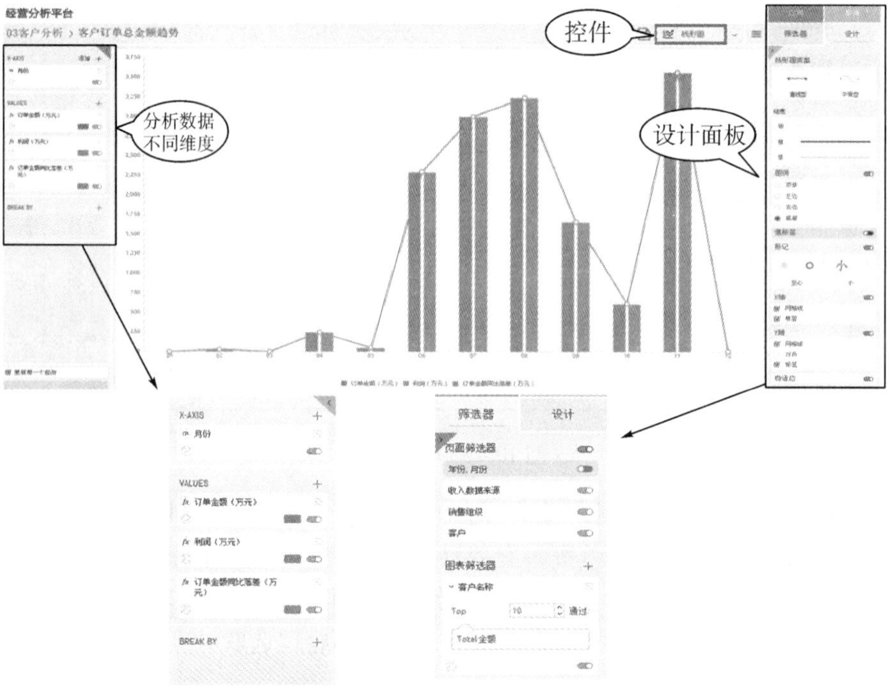


图 10.25　多维度分析和设计图表展示

【发布到业务系统】：如图 10.26 所示，将分析页面发布到指定的业务系统，实现分析页面与业务系统之间的无缝联结。发布后，登录金蝶 K/3 Cloud 系统即可打开创建的分析图表，方便结合业务报表进行多角度分析问题。

图 10.26　业务发布

系统通过展示毛利率、净利率、负债率、净利润增长率、净资产收益率等重要经营指标，洞察企业经营状况与能力，反映企业的成长性，帮助企业判断利润增长的可行性，做出准确地决策，提高企业的经营效率。

③分析页面展示。

【经营分析页面】：以一大型制造业企业当年业务、财务数据为例，利用经营分析平台数据模型，进行损益分析、资产负债率分析、经营效率分析、资金分析、应收分析、费用分析及科目多维度分析。分析结果如图 10.27 所示。

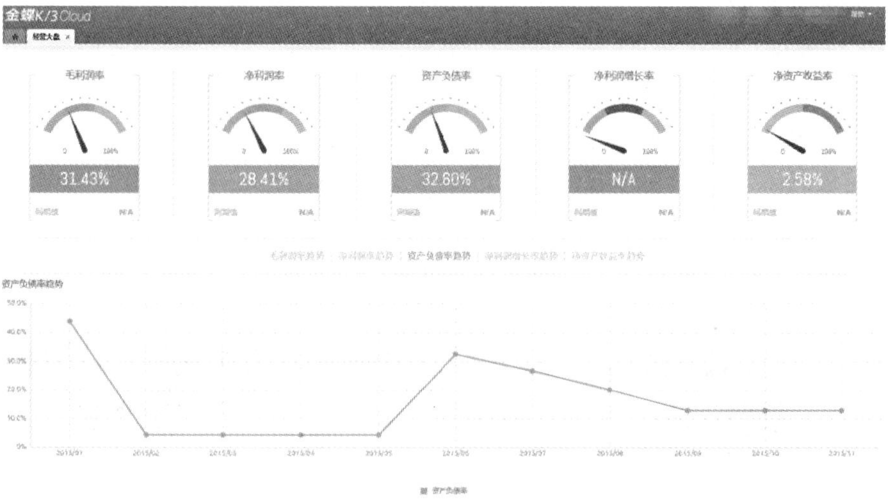


**图 10.27　经营分析**

【损益分析】：本期/本年营业收入、本期/本年营业成本、本期/本年营业利润和本期/本年净利润指标数据，分别用四个指示器展示，直观展示整体的经营状况；组织贡献占比、组织贡献排名和损益项目趋势指标数据采用页签，通过切换页签查看本期或本年的多个组织，在特定的损益项目（筛选器中所选的损益项目）上的贡献比率、排名情况以及项目变化趋势；损益项目明细表主要展现损益分析中各项指标明细，其中对于同比增长率、环比增长率和累计同比增长率使用向上的红色箭头和向下的蓝色箭头预警，如图 10.28 所示。

以上指标的可视化图形对盈利的分析，可以帮助企业洞悉财务状况和经营成果，使企业能够有效运用其经济资源和资本获取更多利润，让企业利润和价值最大化。

【资产负债分析】：总资产、总负债和所有者权益合计指标数据采用指示器直观展示主要指标；资产结构和负债结构采用饼图，直观展示不同期间、组织或项目的资产结构、负债结构组成；月趋势采用折线图，直观展示不同期间、组织或项目的期末数的月趋势；资产明细、负债与所有者权益明细采用页签，通过切换页签来查看资产明细和负债与所有者权益明细，除展示主要指标值以外，使用向上的红色箭头与向下的绿色箭头对同比增长和环比增长进行预警，如图 10.29 所示。

以上指标的可视化图形分析，可以帮助财务人员对财务结构稳健性和清偿债务的实际能力进行分析，揭示企业举债的合理程度与举债经营的效果，协助管理层进一步预测投资后的收益水平和风险程度，以做出正确的决策。

图 10.28　损益分析

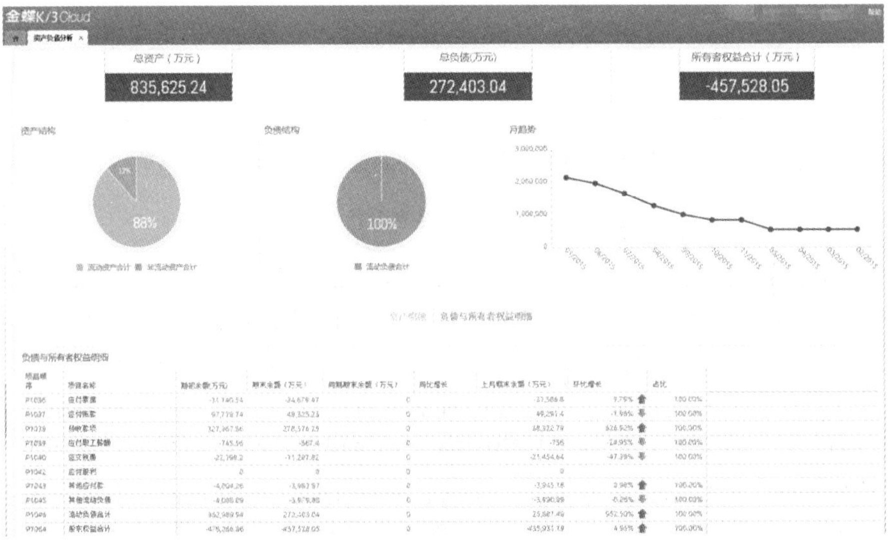


图 10.29　资产负债分析

【经营效率分析】：现金周转天数、存货周转天数、应收账款周转天数、应付款周转天数采用指示器，直观展示指标；现金周转趋势分析、存货周转趋势分析、应收账款周转趋势分析、应付款周转趋势分析以月为单位，用折线图展示每年的周转趋势，突出周转起伏变化，如图 10.30 所示。

以上指标的可视化图形分析，可以帮助财务人员分析企业利用资金效率，为管理者深入认识企业盈利能力和风险水平提供有用的信息，提高管理水平。

【资金分析】：资金余额结构采用饼图展示资金余额的组成，包含现金、票据、银行存款和其他；资金流入流出分析采用组合图，展示每日流入金额、流出金额、净流入金额；资金余额日趋势采用柱状图展示本月每日的资金余额变化，包含本期和同期

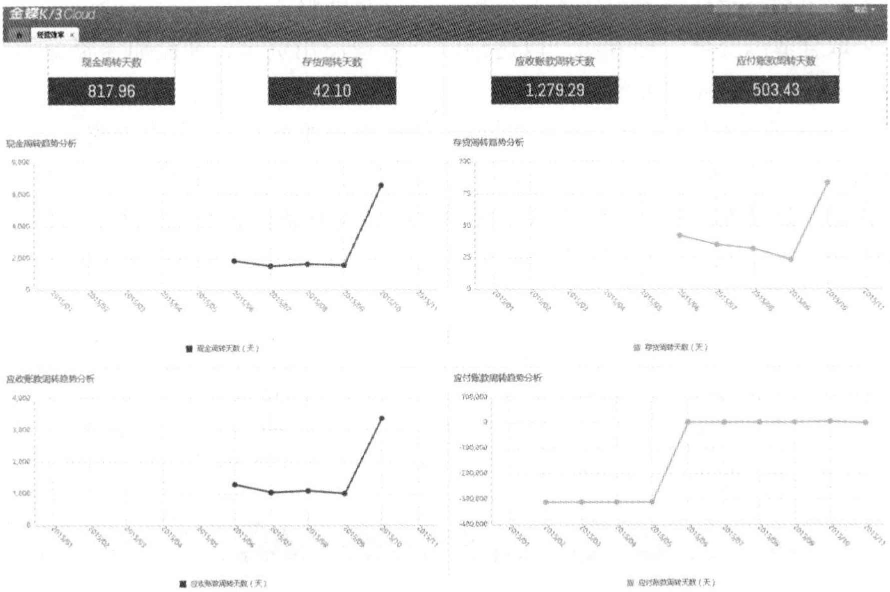


图 10.30　经营效率分析

值；资金日流水明细采用交叉表，展示每日资金流水明细，包含收付组织、资金类型、账号名称、流入金额、流出金额、净流入、当天余额等信息，如图 10.31 所示。

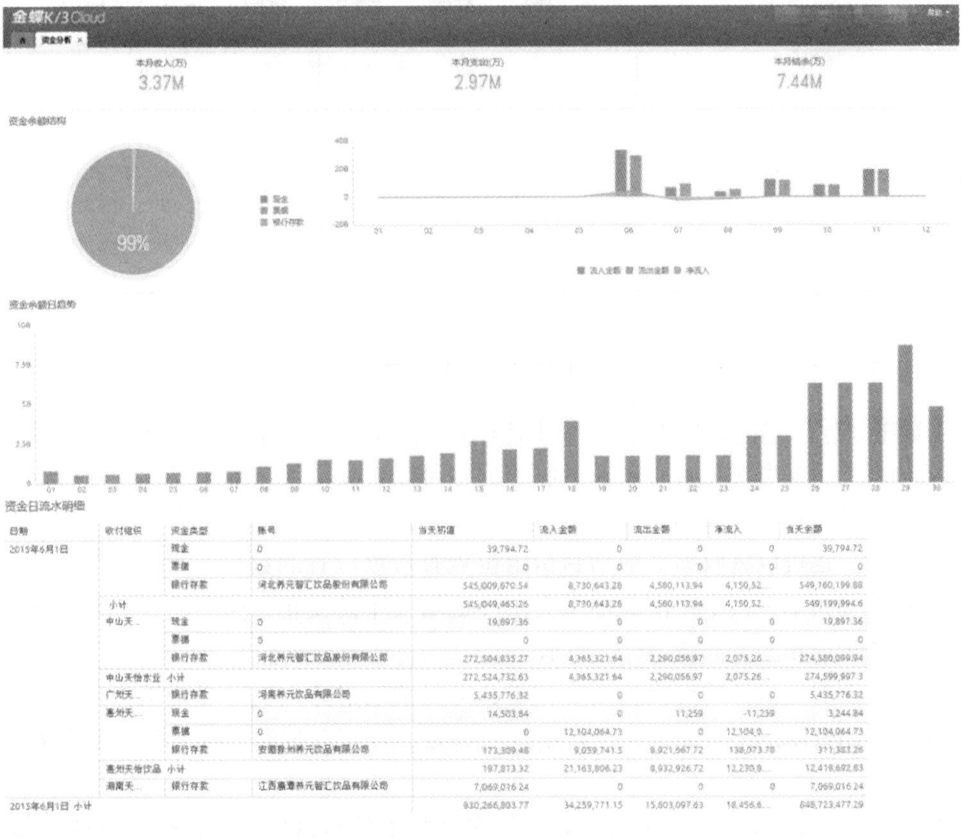


图 10.31　资金分析

以上资金动态指标的可视化图形分析，可以帮助财务人员分析资金的流向，引导管理者采取合适的资金管理方法，以达到既能合理使用资金，又能加速资金周转，提高使用效率，降低企业财务风险的目的。

【应收分析】：本期/本年应收、本期/本年收款、本期/本年应收未收采用指示器，分别展示本期/本年的应收款、已收款和应收未收款情况；账龄分析采用饼图，将应收账款按挂账时间长度划分，展示账龄占比情况；应收余额趋势采用柱状图+折线图的形式，同时展现不同月份的本期应收额和应收余额情况；结算组织应收余额采用交叉表形式，将各个结算组织的应收款明细展示，包含本期应收余额、本期已收、本期未收比例等信息；客户应收余额采用交叉表形式，将各个客户的应收款明细展示，包含本期应收余额、本期已收、本期未收比例等信息，如图 10. 32 所示。

以上指标的可视化图形分析，可以帮助财务人员对实际经营情况和客户信誉情况分析，有助于管理者制定合理的信用政策，促进销售，扩大销售收入，提高竞争力。

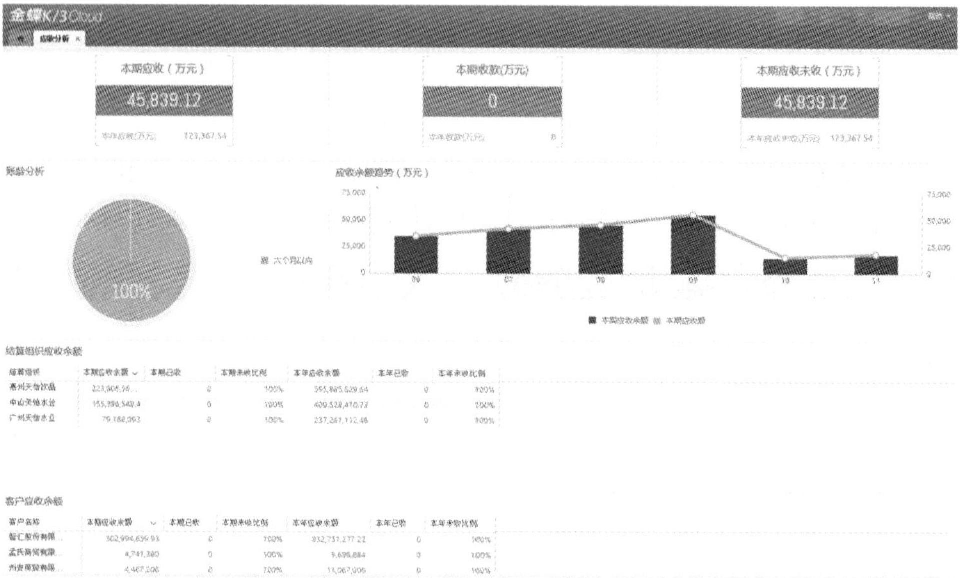


图 10. 32　应收分析

【费用分析】：费用大项的占比采用饼图，展示费用大项的具体占比情况；费用项目排名分析、组织费用项目排名通过收缩框，可以选择放大或缩小费用项目排名分析和组织费用项目排名的展示界面，向左拖动收缩框即为放大图例，向右拖动收缩框即为缩小图例，也可以将收缩框拖动到指定位置查看该位置的数据；费用明细表采用交叉表展示费用明细，其中用箭头标示突出环比增长率的变化，向上的红色箭头和向下的绿色箭头进行预警，如图 10. 33 所示。

财务三大费用指标的可视化图形分析，可以帮助财务人员对费用结构进行全面分析，研究费用升降的形成原因，对费用进行有效、合理的控制，寻求降低成本费用的措施。

【科目多维度分析】：采用明细表展现多个维度的科目所有项，按供应商、部门、客户、员工、费用项目、资产类别、组织机构等核算维度展示科目余额表相应值，为

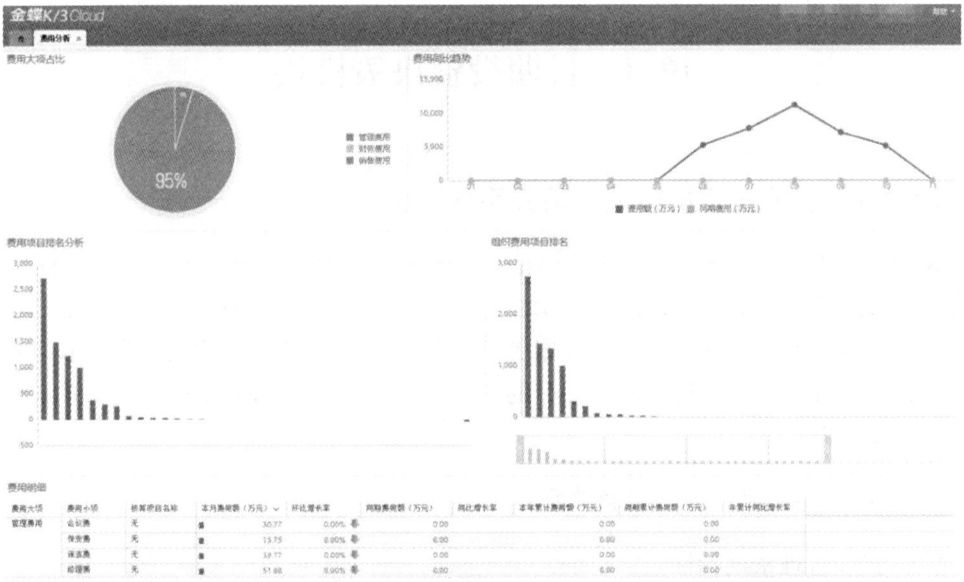


图 10.33　费用分析

管理者提供立体化、多视角的、有渗透力的数据，帮助管理者进行具有预测性的、潜在的业务分析，如图 10.34 所示。

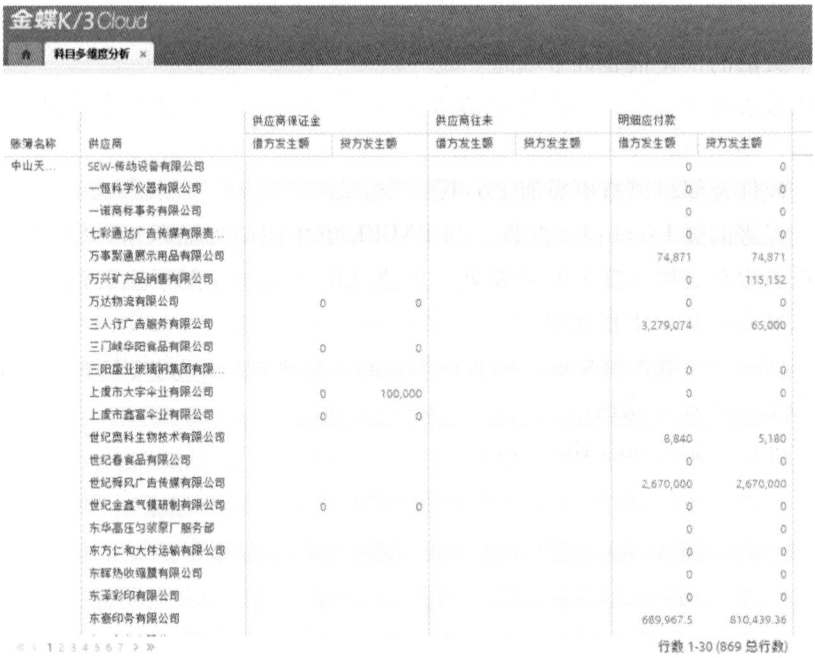


| | | 供应商保证金 | | 供应商往来 | | 明细应付款 | |
|---|---|---|---|---|---|---|---|
| 账簿名称 | 供应商 | 借方发生额 | 贷方发生额 | 借方发生额 | 贷方发生额 | 借方发生额 | 贷方发生额 |
| 中山天… | SEW-传动设备有限公司 | | | | | 0 | 0 |
| | 一恒科学仪器有限公司 | | | | | 0 | 0 |
| | 一诺商标事务有限公司 | | | | | 0 | 0 |
| | 七彩通达广告传媒有限责… | | | | | 0 | 0 |
| | 万事聚通展示用品有限公司 | | | | | 74,871 | 74,871 |
| | 万兴矿产品销售有限公司 | | | | | 0 | 115,152 |
| | 万达物流有限公司 | 0 | 0 | | | 0 | 0 |
| | 三人行广告服务有限公司 | | | | | 3,279,074 | 65,000 |
| | 三门峡华阳食品有限公司 | 0 | 0 | | | | |
| | 三阳盛业玻璃钢集团有限… | | | | | 0 | 0 |
| | 上虞市大宇伞业有限公司 | 0 | 100,000 | | | 0 | 0 |
| | 上虞市鑫富伞业有限公司 | 0 | 0 | | | | |
| | 世纪奥科生物技术有限公司 | | | | | 8,840 | 5,180 |
| | 世纪春食品有限公司 | | | | | 0 | 0 |
| | 世纪舜风广告传媒有限公司 | | | | | 2,670,000 | 2,670,000 |
| | 世纪金鑫气模研制有限公司 | 0 | 0 | | | 0 | 0 |
| | 东华高压匀浆泵厂服务部 | | | | | 0 | 0 |
| | 东方仁和大件运输有限公司 | | | | | 0 | 0 |
| | 东辉热收缩膜有限公司 | | | | | 0 | 0 |
| | 东泽彩印有限公司 | | | | | 0 | 0 |
| | 东燕印务有限公司 | | | | | 689,967.5 | 810,439.36 |

行数 1-30 (869 总行数)

图 10.34　科目多维度分析

利用 8 张财务分析报表，帮助财务人员对企业资金、利润、成本等方面进行多维度的分析，为管理者制定经营目标、制定价格策略、生产经营决策等提供依据。学习者可参照以上分析方法，利用经营分析平台进行自定义报表分析，如相关成本分析、本量利分析等。

# 10.4 长期投资决策模块

## 10.4.1 长期投资决策模块相关系统分析

长期投资决策模块运用自助式图形化分析的报表平台，即金蝶 K/3Cloud 经营分析平台，通过经营分析平台的数据分析功能进行长期运营各维度的分析，并且提供经营分析需要的数据抽取、数据建模、数据更新计划等后台管理设计功能，根据长期决策需要，自定义各类报表。利用企业现有的资源和经营环境，为取得尽可能大的经济效益提供决策依据。

### 10.4.1.1 报表管理子系统整体框架

（1）报表管理系统特性。

①多组织报表管理；

②组织间报表模板的无障碍共享；

③多组织报表或隔离独立编制，或统一编制，或系统自动生成，随需而定；

④结构化报表数据存储；

⑤结构化报表数据存储，多维数据分析的保障；

⑥简单灵活的快速报表批量填充

⑦提供报表批量填充，一次性完成报表项目指标、报表数据取数公式、报表数据项目公式的自动填列，并支持追加填充；

⑧报表控件及编辑风格更类似 Excel；

⑨基于先进的类 Excel 报表控件，与 EXCEL 更相似的界面风格和操作习惯，所见即所得的报表绘制过程。真正的多表页，企业可根据实际需要将整套报表（一组多个报表）定义和存放在一个报表中；

⑩金蝶云财务系统无缝集成，内置取数公式，保证报表数据的及时和准确；

（2）报表管理业务流程。

报表管理业务流程如图 10.35 所示。

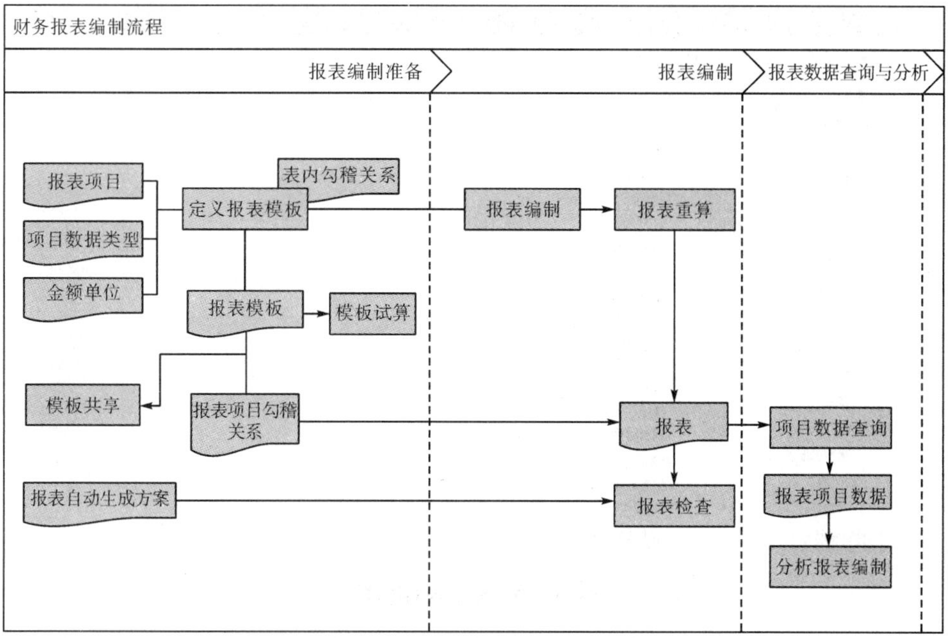


图 10.35　报表管理业务流程

## 10.4.2　K/3 Cloud 长期投资决策系统应用

### 10.4.2.1　长期投资决策应用背景

新达集团旗下子公司新达智能科技公司主生产机器人，并由新达集团下属公司新达销售公司负责将生产出来的机器人销往全世界各地，新达生产的机器人主要为服务机器人，子类为商用机器人、益智机器人和教育机器人，伴随着人工智能发展的热潮，越来越多的机器人开始辅助或替代人类的部分工作，根据中国机器人市场规模及增长预测，新达集团为占领更多的市场份额为长期产能保障进行长期投资决策分析，决定是否进行核心部件升级研发、生产设备更新换代、扩建生产设施和建设更多的仓储空间等，通过掌握经营环境、预估未来发展前景和长期投资决策评价指标的计算，参考资产负债表、现金流量表相关关联数据判断企业未来是否存在资不抵债、经营风险等问题，同时结合经营分析表相关财务指标进行长期投资决策。

本案例旨在通过 K/3 Cloud 信息化系统进行长期投资决策过程所需数据提取和查看，通过打通其他相关业务系统进行取数后查询长期投资决策过程所需参考的财务指标和报表分析，同时通过应用实例结合长期投资决策评价指标计算。

### 10.4.2.2　报表管理基础资料

（1）功能应用介绍。

进行长期投资决策前期数据准备工作时，为了能够实时读取到业务数据，需要在信息化管理系统内定义读取数据过程所需的基础资料，如图 10.36 所示，包括定义报表项目、设置项目数据类型、金额单位、项目勾稽关系、模板样式方案、报告维度。

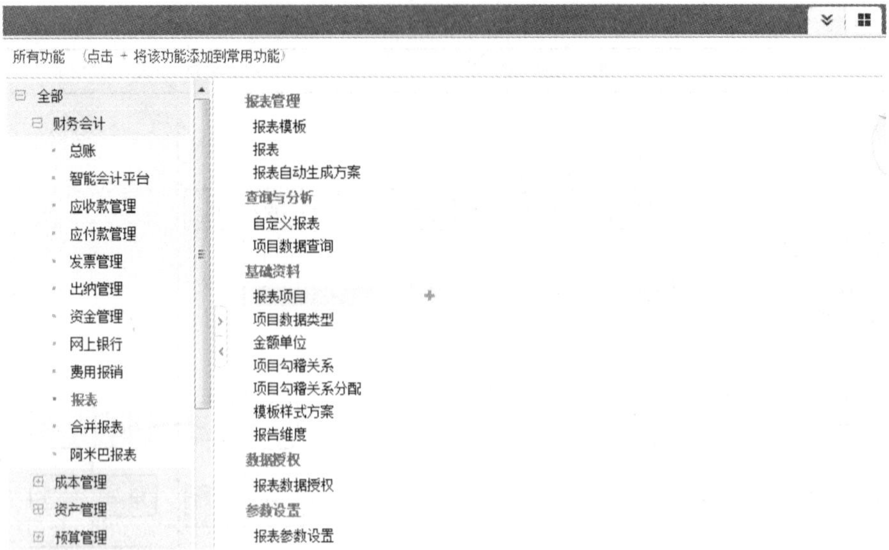


**图 10.36　报表基础资料**

①报表项目。报表项目是报表系统的基础，如同我们日常记账时需要科目一样。报表项目的设置完全依据企业管理与分析的需要而设置，企业需要什么样的报表，就可以将报表上的所有项目指标对应设置为报表项目。

②项目数据类型。对于报表中的同一报表项目可能需要区分多种数据类型，例如"固定资产"项目，就可能有：年初数、期初数、本期增加数、本期减少数、期末数等，因此系统提供"项目数据类型"功能，供用户自定义报表项目的数据类型，从多个角度反映某个报表项目的情况。

③模板样式方案。目前报表系统编制平台仍然采用电子表格编辑器，为逐步弱化电子表格的报表编制场所这一角色，我们将各类报表的定义和取数规则设置都提前到报表模板定义之前，提供独立的模板样式填充方案，在该方案中确定报表样式，填充的内容以及各表项的取数公式。该方案被保存和管理，可方便灵活的用于后期任意报表的定义。

④报告维度。报表中经常需要以客户、供应商为维度来查看一些财务数据。而这些维度往往已经在系统的基础资料中已经维护，所以在报表系统的动态罗列表中如果能够直接引用基础资料，则可以减轻大量基础数据的维护工作。

（2）模拟企业实例应用。

新达智能科技有限公司根据公司长期投资决策过程所需相关的报表项目、投资决策过程参考的时间维度、模板样式方案和所需提取的报告维度，在管理信息系统内增加好基础资料，如图 10.37、10.38、10.39 所示。

图 10.37　报表项目

图 10.38　项目数据类型

图 10.40　报告维度





#### 10.4.2.3　报表管理系统应用

报表管理所需基础资料准备完毕后，即可在信息化系统内进行报表模板管理、报表编制管理和报表自动生成，在一定程度上能够满足企业快速获取业务终端数据的需求，根据时间调度设置自动生成报表提高决策效率，如图 10.40 所示。

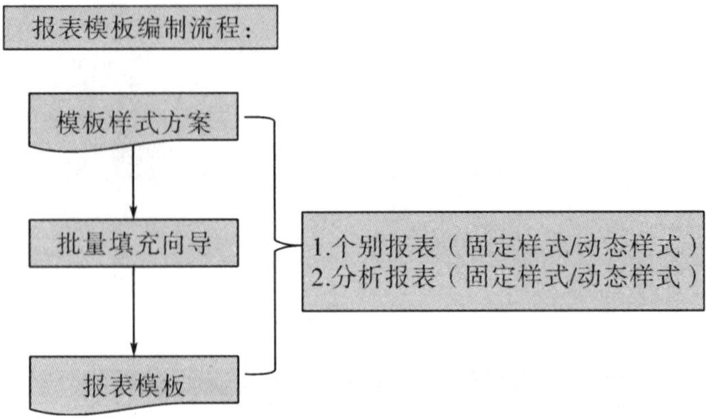


图 10.40 报表模板编制流程





（1）报表模板管理。

企业用于管理和分析的很多报表其格式在一段期间里一般不会发生变化，这就适合制作成模板样式，方便复用。另外对于集团企业来说，为了保证报表数据的规范性，也需要制订统一的报表模板。统一的报表模板体现了集团在财务报告中对其下属企业和组织的各种要求，同时也方便集团在进行长期投资决策时取数规范和及时准确。

（2）报表编制管理。

将企业的报表模板完成管理后，在信息化管理系统内用于管理和分析的报表都需要有完整的数据，根据模板建好的报表是没有数据的，这就需要完成报表的取数过程。

（3）报表自动生成管理。

根据报表模板设置报表自动生成方案，系统自动生成报表，通过新建方案设置报表自动重算时间，方便快速取得实时业务数据，同时提供自动生成记录可供追踪

#### 10.4.2.4 现金流量管理应用

现金流量信息能够表明企业经营状况是否良好，资金是否紧缺，企业偿付能力大小，从而为投资者、债权人、企业管理者提供非常有用的信息。现金流量管理也是企业日常进行长期投资决策管理需要参考的重要数据之一。

（1）多种途径进行现金流量管理。

可通过凭证指定现金流量、项目批量预设、T 型账、附表项目指定、附表项目调整、凭证模板指定现金流量的方式进行现金流量管理。

（2）现金流量表。

通过多种途径指定现金流量后，信息管理系统自动出具现金流量表，供决策者进行数据参考。

#### 10.4.2.5 经营分析-财务主题

系统预置 8 张财务报表（即分析页面）和相关财务数据分析模型，企业可以直接使用或进行个性化修改，快速满足企业不断变化的需求。通过对财务的重要指标进行

分析，帮助投资者做出正确的投资决策。

（1）K/3 Cloud 经营分析平台管理工具。

金蝶 K/3 Cloud 经营分析平台管理工具主要包含 8 大功能模：备份、恢复、数据更新、删除、刷新、导入主题、切换账套和系统服务，帮助我们对数据和模型管理和维护，如图 10.41 所示。

图 10.41　K/3 Cloud 经营分析平台管理工具

（2）经营分析数据设计。

①经营分析数据设计器流程介绍。数据设计器是建立数据模型，定义数据抽取策略的工具。数据模型的设计遵循以下步骤和流程：连接数据源→选取数据表→建立表关联→设置数据抽取计划→抽取数据（如图 10.42）所示。

图 10.42　数据模型的设计

数据设计器遵循极简原则，以上步骤提供向导式的指引，通过简单的拖拽即可完成模型的设计。

②实例应用。新达智能科技有限公司通过对数据模型的搭建和建立信息管理系统的数据关联，从业务数据抽取进行财务多维度指标分析辅助长期投资决策，将数据抽取到数据设计模型后进行预览数据结果，具体结果如图 10. 43、10. 44 所示。

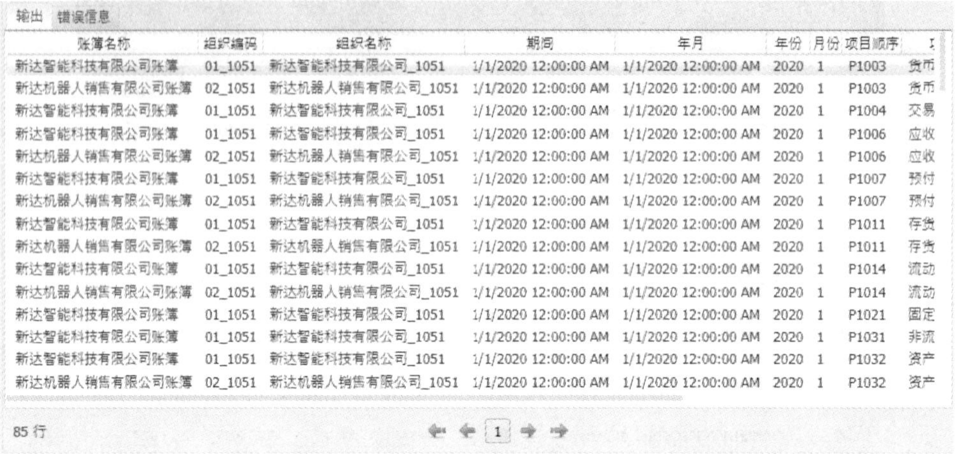

输出 错误信息

| 账簿名称 | 组织编码 | 组织名称 | 期间 | 年月 | 年份 | 月份 | 项目顺序 | [illegible] |
|---|---|---|---|---|---|---|---|---|
| 新达智能科技有限公司账簿 | 01_1051 | 新达智能科技有限公司_1051 | 1/1/2020 12:00:00 AM | 1/1/2020 12:00:00 AM | 2020 | 1 | P1003 | 货币 |
| 新达机器人销售有限公司账簿 | 02_1051 | 新达机器人销售有限公司_1051 | 1/1/2020 12:00:00 AM | 1/1/2020 12:00:00 AM | 2020 | 1 | P1003 | 货币 |
| 新达智能科技有限公司账簿 | 01_1051 | 新达智能科技有限公司_1051 | 1/1/2020 12:00:00 AM | 1/1/2020 12:00:00 AM | 2020 | 1 | P1004 | 交易 |
| 新达智能科技有限公司账簿 | 01_1051 | 新达智能科技有限公司_1051 | 1/1/2020 12:00:00 AM | 1/1/2020 12:00:00 AM | 2020 | 1 | P1006 | 应收 |
| 新达机器人销售有限公司账簿 | 02_1051 | 新达机器人销售有限公司_1051 | 1/1/2020 12:00:00 AM | 1/1/2020 12:00:00 AM | 2020 | 1 | P1006 | 应收 |
| 新达智能科技有限公司账簿 | 01_1051 | 新达智能科技有限公司_1051 | 1/1/2020 12:00:00 AM | 1/1/2020 12:00:00 AM | 2020 | 1 | P1007 | 预付 |
| 新达机器人销售有限公司账簿 | 02_1051 | 新达机器人销售有限公司_1051 | 1/1/2020 12:00:00 AM | 1/1/2020 12:00:00 AM | 2020 | 1 | P1007 | 预付 |
| 新达智能科技有限公司账簿 | 01_1051 | 新达智能科技有限公司_1051 | 1/1/2020 12:00:00 AM | 1/1/2020 12:00:00 AM | 2020 | 1 | P1011 | 存货 |
| 新达机器人销售有限公司账簿 | 02_1051 | 新达机器人销售有限公司_1051 | 1/1/2020 12:00:00 AM | 1/1/2020 12:00:00 AM | 2020 | 1 | P1011 | 存货 |
| 新达智能科技有限公司账簿 | 01_1051 | 新达智能科技有限公司_1051 | 1/1/2020 12:00:00 AM | 1/1/2020 12:00:00 AM | 2020 | 1 | P1014 | 流动 |
| 新达机器人销售有限公司账簿 | 02_1051 | 新达机器人销售有限公司_1051 | 1/1/2020 12:00:00 AM | 1/1/2020 12:00:00 AM | 2020 | 1 | P1014 | 流动 |
| 新达智能科技有限公司账簿 | 01_1051 | 新达智能科技有限公司_1051 | 1/1/2020 12:00:00 AM | 1/1/2020 12:00:00 AM | 2020 | 1 | P1021 | 固定 |
| 新达智能科技有限公司账簿 | 01_1051 | 新达智能科技有限公司_1051 | 1/1/2020 12:00:00 AM | 1/1/2020 12:00:00 AM | 2020 | 1 | P1031 | 非流 |
| 新达智能科技有限公司账簿 | 01_1051 | 新达智能科技有限公司_1051 | 1/1/2020 12:00:00 AM | 1/1/2020 12:00:00 AM | 2020 | 1 | P1032 | 资产 |
| 新达机器人销售有限公司账簿 | 02_1051 | 新达机器人销售有限公司_1051 | 1/1/2020 12:00:00 AM | 1/1/2020 12:00:00 AM | 2020 | 1 | P1032 | 资产 |

85 行

图 10. 43　业务数据抽取

损益表项目中间表 - 表预览

输出 错误信息

| 项目名称 | 本期全额 | 标准项目名称 | 项目编号 |
|---|---|---|---|
| 一、营业收入 | | 营业收入 | P1002 |
| 减:营业成本 | | 营业成本 | P1003 |
| 营业税金及附加 | | 营业税金及附加 | P1004 |
| 销售费用 | | 销售费用 | P1005 |
| 管理费用 | | 管理费用 | P1006 |
| 财务费用 | | 财务费用 | P1007 |
| 资产减值损失 | | 资产减值损失 | P1008 |
| 加:公允价值变动收益(损失以"-"号填列) | | 公允价值变动收益 | P1009 |
| 投资收益(损失以"-"号填列) | | 投资收益 | P1010 |
| 其中:对联营企业和合营企业的投资收益 | | 对联营企业和合营企业的投资收益 | P1011 |
| 二、营业利润（亏损以"-"号填列） | | 营业利润 | P1012 |
| 加：营业外收入 | | 营业外收入 | P1013 |
| 减：营业外支出 | | 营业外支出 | P1014 |
| 其中：非流动资产处置损失 | | 非流动资产处置损失 | P1015 |
| 三、利润总额（亏损总额以"-"号填列） | | 利润总额 | P1016 |
| 减：所得税费用 | | 所得税费用 | P1017 |

20 行

图 10. 44　预览数据

（3）经营分析界面设计。

①经营分析前端功能介绍。如图 10. 45 所示，基于已构建好的数据模型，我们就可以使用报表设计器来进行相应的报表的绘制了。报表设计遵循以下步骤和流程：建立报表页面→创建图表→设置筛选条件→分享报表→浏览报表设计，数据实时从业务端传递到报表端，实现投资者实时查看数据的紧迫需求。报表页面自适应手机、平板、PC 等多终端，方便多渠道查看。

图 10.45　经营分析平台登录

②实例应用介绍。通过创建分析页面和创建图表，设置组织+时间筛选条件，并将分析页面发布到 K/3 Cloud 信息系统中，新达智能科技有限公司能够轻松获取到业务端实时数据，能够对损益、资产负债、资金情况进行分析，如图 10.46、10.47、10.48、10.49 所示。

图 10.46　创建分析页面

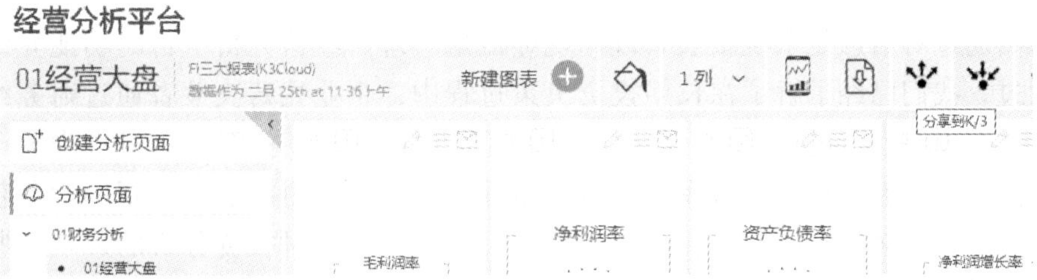


图 10.47　数据分享

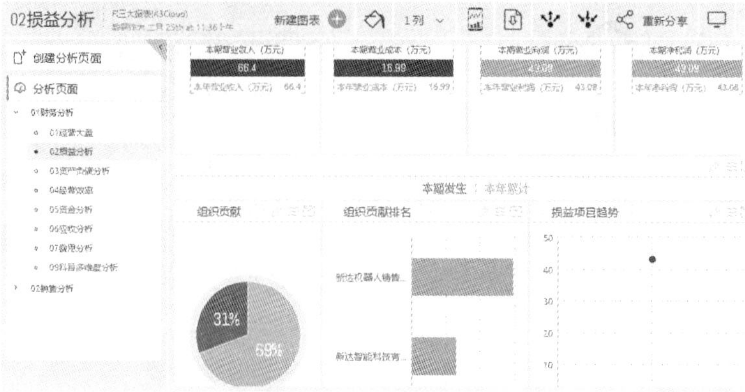


图 10.48 损益分析

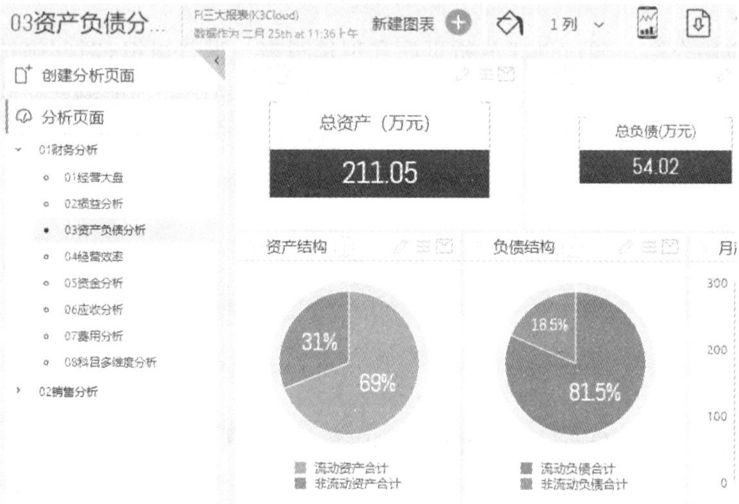


图 10.49 资产负债分析

#### 10.4.2.6 综合案例

前面通过对信息化系统报表管理、现金流量管理、经营分析平台的功能介绍和实例应用过，我们已经了解了在长期投资决策过程中，企业经营决策者通过财务维度提供的数据多方面参考进行决策，除此以外，还可以根据长期投资决策过程中关于税负对现金流量影响的计算、项目投资决策包括固定资产更新更新决策、新旧设备替换最佳时期、资本限额投资决策等和风险投资决策、通货膨胀对投资分析的影响这些内容根据计算模型计算并对比分析同时结合财务维度数据进行投资决策，下面针对固定资产更新决策部分进行更新决策展开练习。

新达智能科技有限公司考虑用更高级的生产设备组装商用机器人来代替目前的组装设备，以减少成本，增加收益，旧设备采用直线法计提折旧，新设备采用年数总和法计提折旧，公司的所得税率为 25%，资本成本率为 10%，不考虑税收的影响，其他情况见表 10.1，试做出该公司是继续使用旧设备还是对其更新的决策。

表 10.1　设备更新的相关数据

| 项目 | 旧设备 | 新设备 |
|---|---|---|
| 原价 | 50 000 | 70 000 |
| 可用年限 | 10 | 4 |
| 已用年限 | 6 | 0 |
| 尚可使用年限 | 4 | 4 |
| 税法规定残值 | 0 | 7 000 |
| 目前变现价值 | 20 000 | 70 000 |
| 每年可获得的收入 | 40 000 | 60 000 |
| 每年付现成本 | 20 000 | 18 000 |
| 每年折旧额 | 直线法 | 年数总和法 |
| 第 1 年 | 50 000 | 25 200 |
| 第 2 年 | 50 000 | 18 900 |
| 第 3 年 | 50 000 | 12 600 |
| 第 4 年 | 50 000 | 6 300 |

# 10.5　全面预算管理模块

## 10.5.1　K/3 Cloud 预算管理系统特性

（1）多维预算建模。

任意基础资料、辅助资料作为预算维度，可编辑多维透视表预算编制体验。

（2）全方位的预算控制。

控制系统中除凭证外，任意单据；一个控制规则，可同时控制多张单据；一张单据可同时受多个预算方案、多个预算控制规则控制；预算执行过程规则随时按需调整；多种币别控制：单据原币、单据本位币、任意第三方本位币；多种汇总控制方式、控制时机、控制强度；多种预算影响类型：申请占用（可释放）、预算执行、预算冲回；全面支持预算申请占用到实际执行的预算占用释放

（3）企业预算业务的统一平台。

无论是费用、资金，还是自定义预算都基于一个平台，关联预算业务类型无障碍编制。

（4）多预算目标并行。

多套预算方案相互独立，进行预算编制、控制。

（5）多角度预算执行监控。

在预算方案下，以预算数据（非预算报表）为基点，查询和控制预算组织各周期各年期的执行进度；以预算组织为基点，查询集团整体执行进度。

## 10.5.2　全面预算管理模块整体功能框架图

全面预算管理模块整体功能框架图如图 10.50 所示，预算管理系统以简单快速、

灵活准确实现企业费用、资金、自定义预算控制为目标，以多维预算为根本，支持任意基础资料、辅助资料作为预算维度，进行预算编制、控制和分析，支持费用预算、资金预算和自定义任何类型的预算。

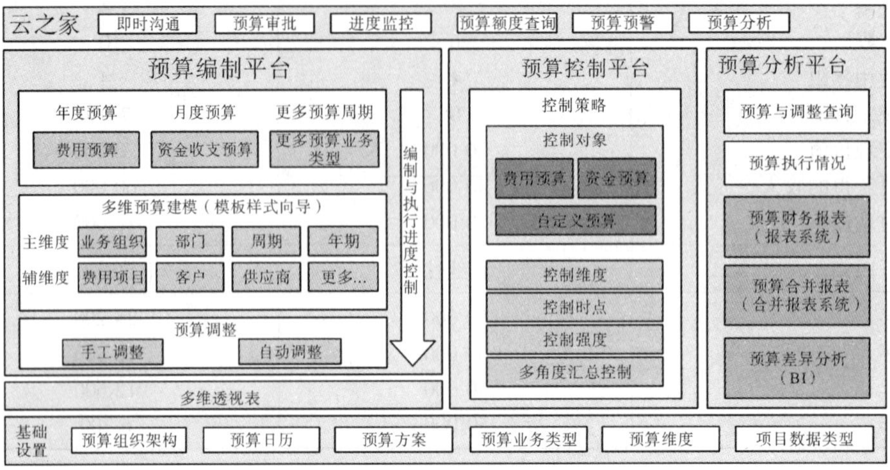


图 10.50　全面预算管理模块整体功能框架图

## 10.5.3　预算管理主要功能模块

预算管理主要功能模块如图 10.51 所示。它从企业整体战略规划出发，制定年度经营计划，确定公司经营和预算目标，制定预算编制办法和原则，召开部门预算会议，编制部门预算草案，汇总各部门预算，制定公司整体预算方案，进而召开公司预算平衡会议，修正预算并下达年度预算，执行预算，并对预算管理过程进行控制和调整，并对预算数和实际数进行差异分析，使用预算考核指标体系进行预算考核的整体过程。

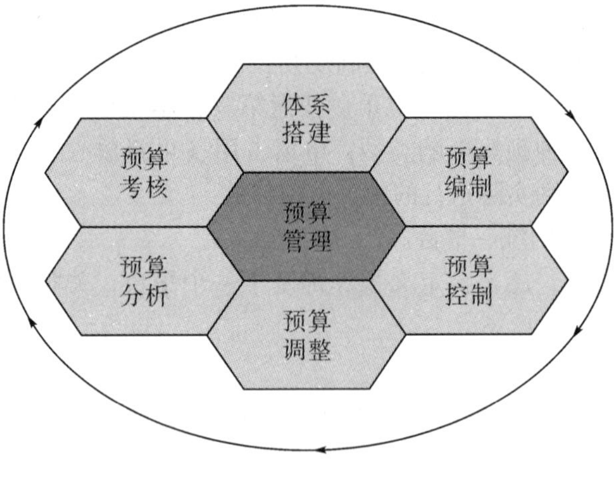


图 10.51　预算管理主要功能模块

## 10.5.4　全面预算管理核心应用流程

全面预算管理核心应用流程如图 10.52 所示。

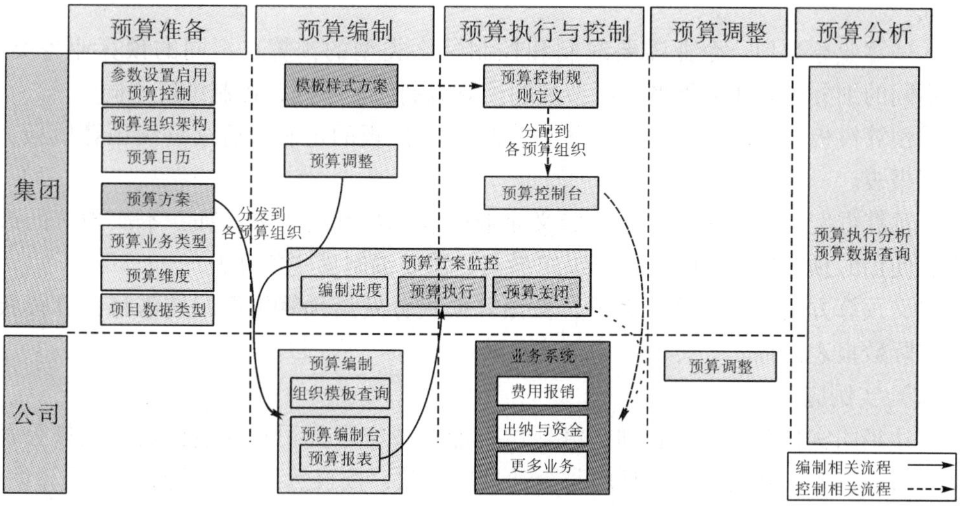


图 10.52 全面预算管理核心应用流程

## 10.5.5 预算管理系统应用

### 10.5.5.1 全面预算管理应用背景

随着业务规模的扩大，新达集团对预算的执行和控制层面心有余而力不足，手工做的预算在准确性、可控性和实效性、统一性各方面都无法得到保障，不止满足不了集团对成员单位目标考核，对成本费用即时管理，对利润指标明确监控的需求，同时也满足不了规范分子公司行为和进行事前事中事后控制的需求，集团必须使用信息化系统来对预算进行管理，使得集团从监管到执行，数据对比分析有更加可靠的保证，更有利于企业的发展。

在这样的背景带动下，新达集团采购了一套可以辅助实现全面预算管理的信息管理系统，在进行全面体系梳理和搭建后，全面利用信息系统推进全面预算管理。

### 10.5.5.2 预算体系搭建应用

（1）功能应用介绍。

预算组织是预算机制运行的基础环境，预算目标的实现必须建立在完善的预算组织的基础上，除了需要建立预算组织，还需要定义预算周期，确保所有预算组织保持主体统一，同时根据企业全面预算管理要求编制所需业务类型如财务预算、费用预算、资金预算等，最后将确定的预算模板在信息系统录入并通过预算方案分发至下级组织，确保各级组织使用对应的模板进行预算编制方便数据统计，因此在进行预算体系搭建时，需要将企业确认的纳入预算体系的组织进行设置预算组织架构并设置预算日历、预算业务类型、预算模板和预算方案。

①预算组织架构。根据预算主体与控制对象，确定预算编制单位（部门）。基于业务组织以及部门，建立预算组织架构。

②预算日历。通过预算周期的定义，保证所有预算在周期维度上，让各预算主体

保持统一。

③预算业务类型。企业需要编制和控制什么类型的预算，不同的预算业务类型，乃至不同的细分预算业务类型，所涉及的预算编制内容不同，控制维度不同。

④预算模板。可由企业预算部统一完成预算模板的定制。后续继续预算模板，编制预算报表。

⑤预算方案。通过预算方案，定义企业预算总括性的计划。如：本次预算的起止年度、使用的预算日历、哪些预算组织参与、需要编制哪些预算表。

定义预算方案，在预算方案下，将预算模板分发给预算组织，按需将预算模板分发为实际数报表模板。

（2）实例应用。

新达集团实行全面预算管理，将新达智能科技有限公司和新达机器人销售公司纳入预算考核体系，并设置预算日历与会计日历一致，按自然年和自然月进行预算编制，目前资金预算和费用预算运用已经十分成熟，通过新达集团编制统一预算模板并下发到分子公司，并启动预算，以下为新达集团2020年1月预算体系搭建部分的信息系统应用成果，如图10.53、10.54、10.55、10.56所示。

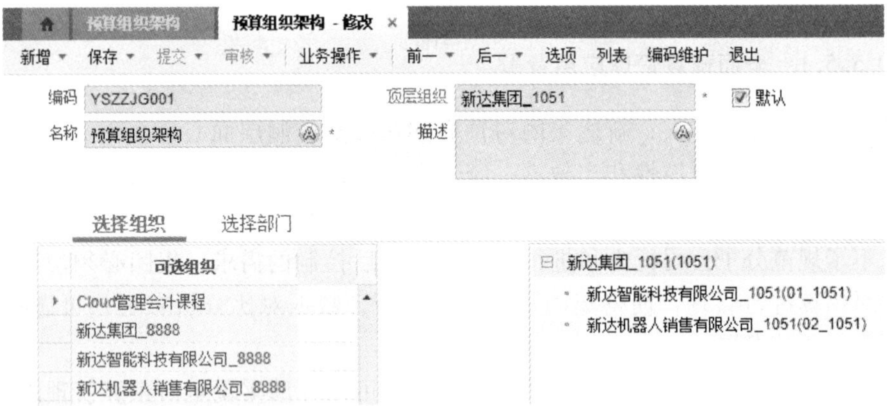


图10.53　信息系统应用1

图10.54　信息系统应用2

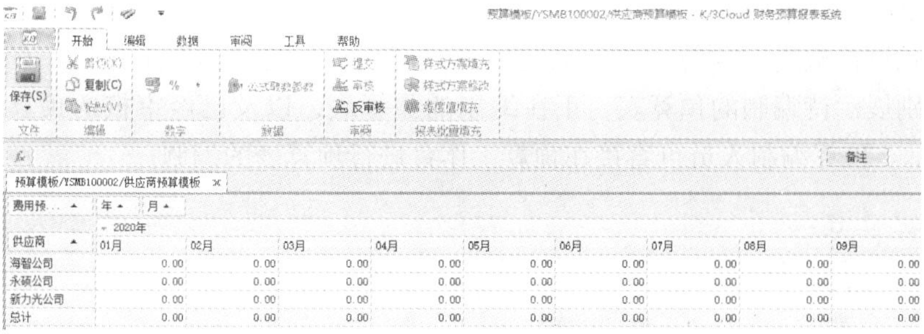

图 10.55　信息系统应用 3

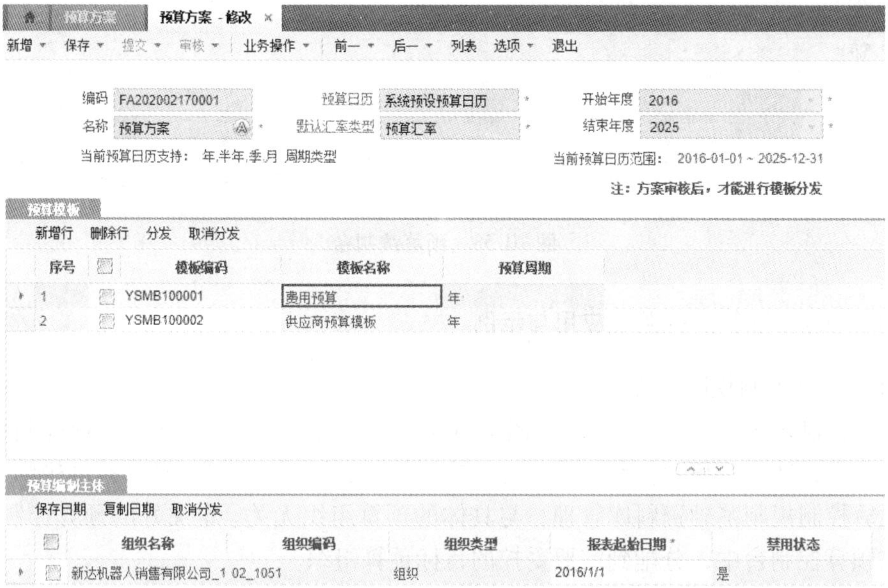

图 10.56　信息系统应用 4

### 10.5.5.3　预算编制管理应用

（1）组织模板查询。

预算体系搭建过程，集团分发的预算模板可在各个组织的组织模板查询处查询集团下发的预算模板，如图 10.57 所示。

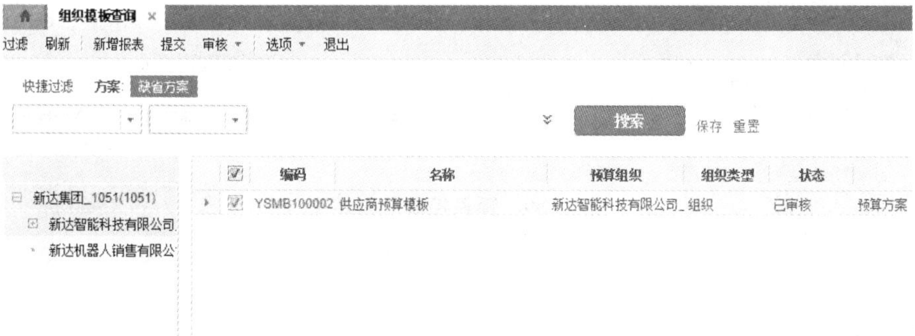

图 10.57　组织模板查询

（2）预算编制台。

根据预算模板进行预算编制，面向预算编制人员，提供预算工作台。在预算工作台中，分别展示待编制的预算表，正在编制的预算表，以及已经审核的预算表，如图10.58所示。预算编制人员可直接在预算工作台进行预算表的编制。

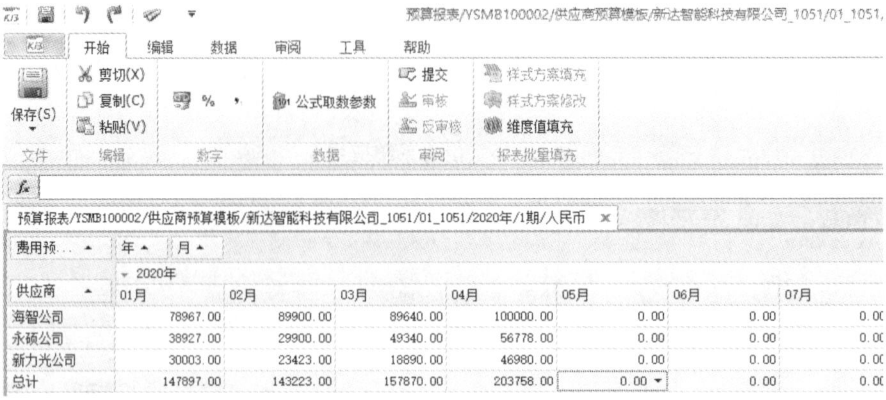


图10.58　预算编制台

### 10.5.5.4　预算执行监控应用与示例

（1）预算控制规则定义。

预算控制规则定义如图10.59、图10.60所示，主要定义用什么预算数控制什么实际执行单据，从哪些角度控制、什么时候控制等控制规则的定义。预算控制规则，作为企业预算控制规则基础资料库管理，与具体的预算组织无关。定义好的预算控制规则，需要在预算控制台中，分配到需要受控的目标预算组织。

图10.59　预算控制规则定义

图 10.60　预算控制规则定义

（2）预算控制台。

如图 10.61 所示，通过预算控制台，将预算控制规则分配给需要受控的预算组织。提供对预算组织分配一个或者多个预算控制规则；同时，提供了批量分配，一次将一批预算控制规则分配给多个组织。

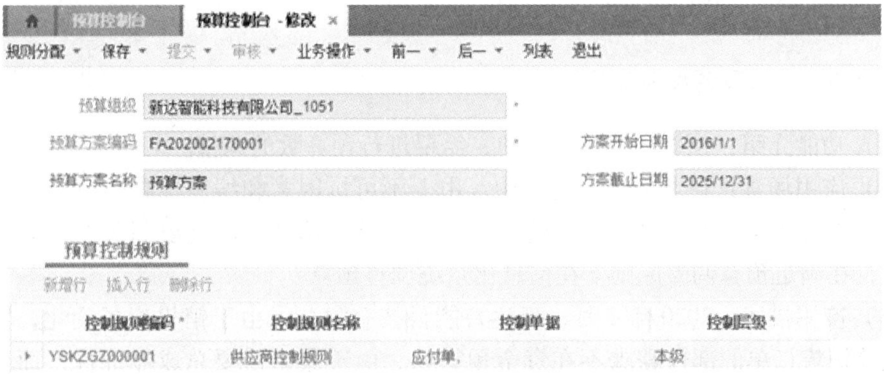


图 10.61　预算控制台

（3）预算控制业务实现应用。

新达智能科技有限公司针对供应商应付金额进行预算控制，主要为了进行资金预算控制，提高资金风险控制，现已经设置了预算控制规则并将规则给新达智能科技有限公司，在业务发生过程中，K/3 Cloud 能够实时对发生的业务进行预算控制，及时控制能够达到管理过程的事中控制，很好地解决了往年因没有进行资金预算和预算控制产生的资金问题，具体应用过程如图 10.62、图 10.63 所示。

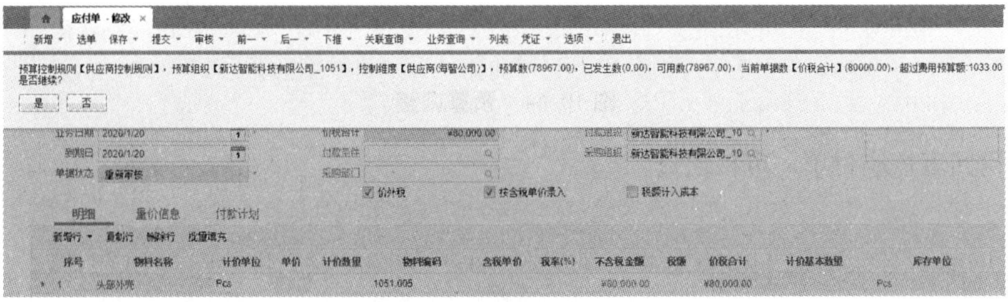


图 10.62　预算控制业务实现

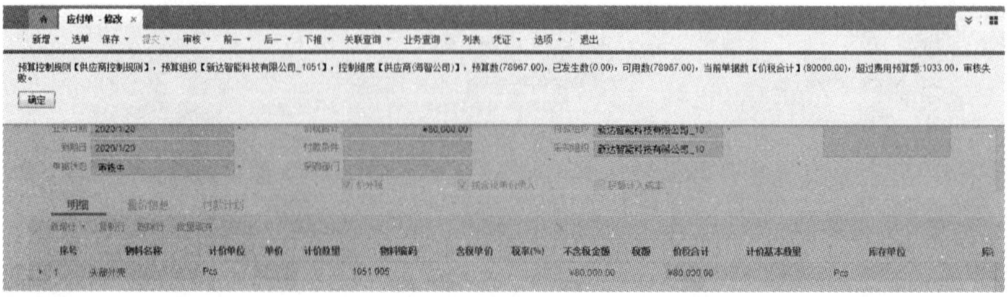

图 10.63　预算控制业务实现

新达智能科技有限公司向供应商海智公司购买零部件，用于总成生产，根据公司采购要求，为保障生产经营正常进行，总成零部件要求向多个供应商采购，故海智公司每个月限定采购金额，超过金额不允许在系统内进行应付确认，另外，海智供应商作为新的供应商公司需要对齐进行考核，为避免采购风险，设定合理的应付预算额显得尤为重要，在 2020 年 1 月海智预算额为 78 967 元，1 月采购费用 80 000 元，系统不予通过。

#### 10.5.5.5　预算调整业务示例

（1）功能介绍：预算已处于执行中，需要进行预算数的调整。

（2）应用场景：在业务发生过程中，由于不可抗因素和编制预算时可能为充分考虑因素及市场变化，需要对已编制的预算数进行预算调整，通过填制预算调整单调整预算数，在满足预算调整原则下在信息化系统调整预算。

（3）应用描述：2020 年 1 月，新达智能科技有限公司由于销售市场变化，紧急接单，此笔销售订单的部件需求不在资金预算内，由于紧急需要总成零部件，而市场上型号符合工厂生产要求的供应商仅有海智公司，故需要调整海智公司的 1 月预算为 80 000元，在 K/3 Cloud 系统应用结果如图 10.64、图 10.65 所示。

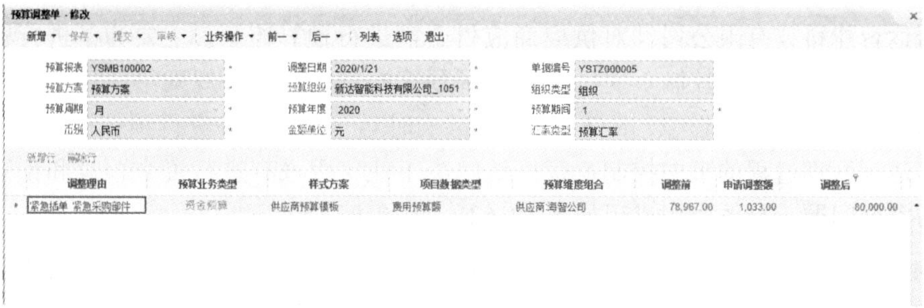


图 10.64　预算调整

返回审核应付单，审核通过。

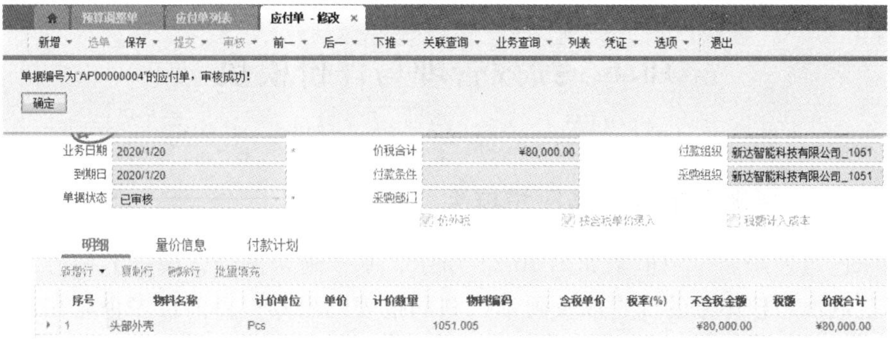


图 10.65　预算调整

#### 10.5.5.6　预算执行分析

（1）预算数据查询。

查询预算数以及预算调整数，通过预算数据查询，可以快速查询预算组织在任意期间的预算维度对应的预算值和调整值记录，如图 10.66 所示。

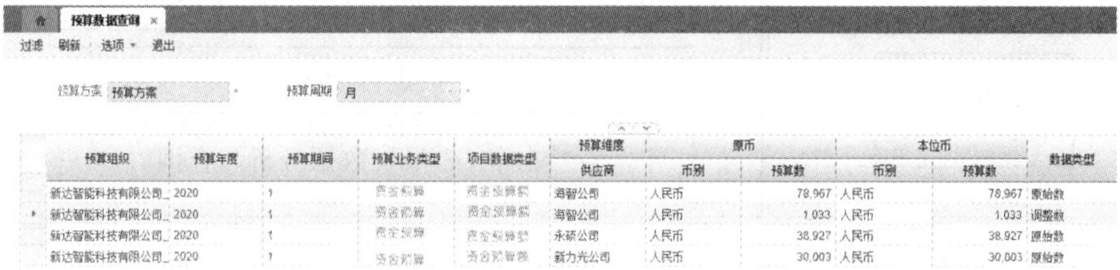


图 10.66　预算数据查询

（2）预算执行分析。

基于预算控制规则的预算执行分析。（预算控制规则可以是用于预算控制，也可以纯粹用于预算执行分析），提供按照组织层级，提供汇总预算执行分析，提供预算执行分析，联查预算执行明细，联查业务单据，如图 10.67 所示。

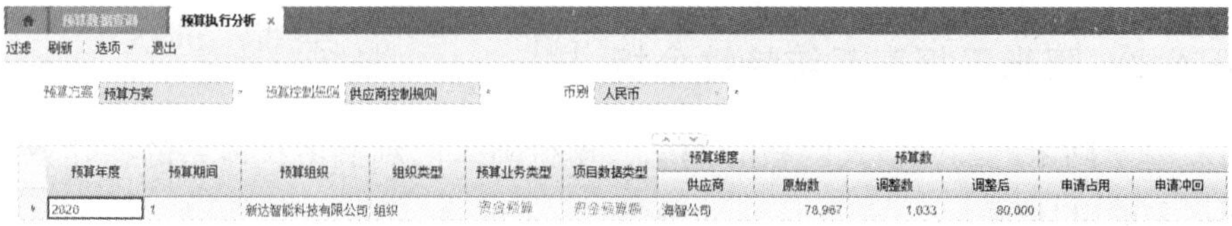


图 10.67　预算执行分析

# 10.6 绩效管理与评价模块

## 10.6.1 阿米巴报表产品应用框架

阿米巴报表产品应用框架如图 10.68 所示，基于阿米巴经营模式的核心理念，支持阿米巴利润考核体系的构建以及阿米巴利润报表的出具；目前很多企业在进行利润考核时不仅仅关注组织级的利润，还关注部门甚至个人为企业创造的利润，通过增加利润中心考核对象，并将所要考核的利润中心与成本中心匹配，通过定义利润中心报表模板，定期编制和出具各期利润中心报表，如部门利润表、收入明细表、成本明细表等。

各利润中心考核数据可以来源于业务系统的单据、基础资料、报表。

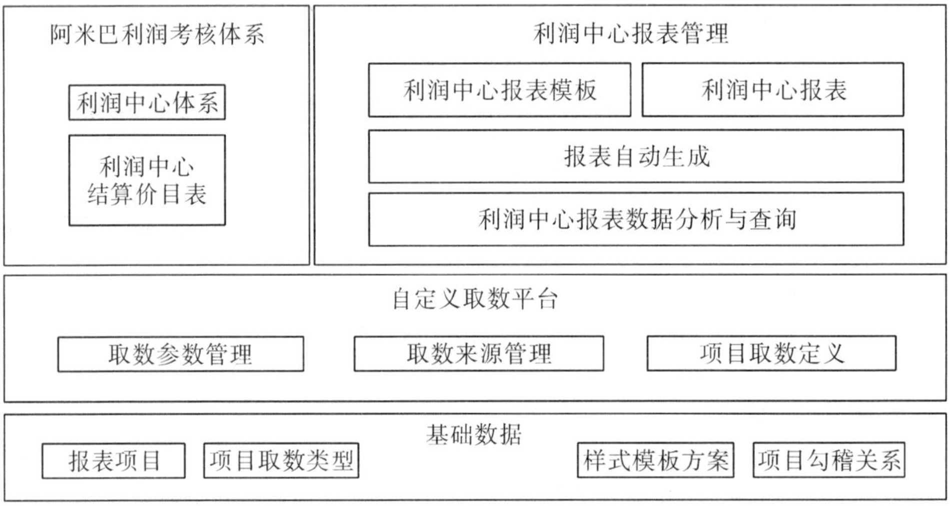


**图 10.68 阿米巴报表产品应用框架**

## 10.6.2 阿米巴报表系统特性分析

（1）基于阿米巴经营模式的核心理念，支持阿米巴利润考核体系的构建以及阿米巴利润报表的出具。

（2）支持从粗粒度核算组织（事业部）级到细粒度部门（成本中心）级的阿米巴利润表；满足企业逐步管理精细化的应用实际。

（3）自定义取数平台，满足企业编制任意多管理角度财务、业务报表的需求；支持任意单据取数，核心业务报表取数。

## 10.6.3 利润中心报表编制流程

目前很多企业在进行利润考核时不仅仅关注组织级的利润，还关注部门甚至个人为企业创造的利润。通过增加利润中心考核对象，并将所要考核的利润中心与成本中心匹配，通过定义利润中心报表模板，定期编制和出具各期利润中心报表，如部门利润表、收入明细表、成本明细表等。各利润中心考核数据可以来源于业务系统的单据、基础资料、报表。利润中心报表编制流程如图 10.69 所示。

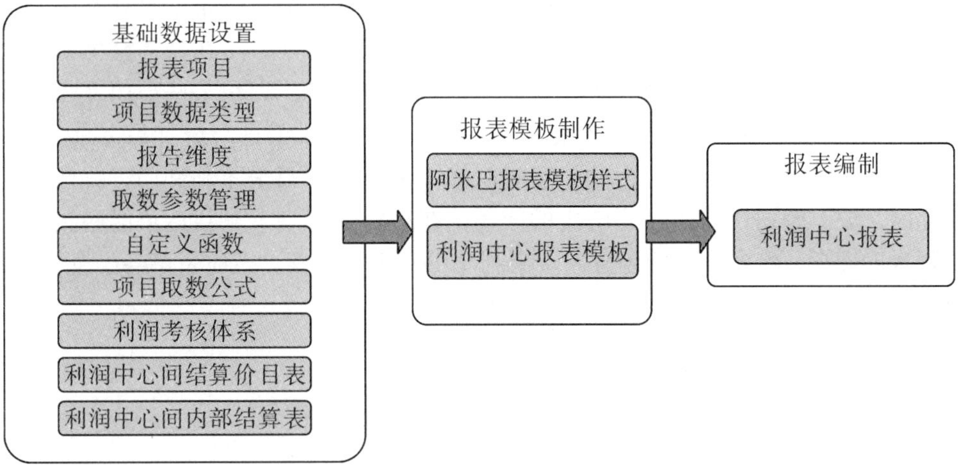


**图 10.69　利润中心报表编制流程**

## 10.6.4　阿米巴报表核心功能介绍

（1）利润中心考核体系。

针对核算体系下的核算组织设置利润中心考核单元，这些利润中心考核单元可以设置上下级关系，只有最明细的利润中心才需设置对应的部门或成本中心（成本中心的业务对象实际是部门），非明细级利润中心的数据来源于属于其下级的最明细的利润中心，利润考核体系目前细化考核到部门。

（2）利润中心价目表。

用于利润中心间进行业务往来时设置内部结算价，按价目对象设置，可以设置为物料类的价目或服务类的价目。可设置多套价目表，各套之间的价目表的数据不判断重复，同一套价目表的物料或服务项目则不允许重复。

（3）利润中心内部结算单。

适用于阿米巴单元之间服务或物料的相互借用，这类情况不需要财务上的账务处理仅需要维护好利润中心内部结算单。

（4）利润中心服务费用移转单。

适用于某一阿米巴单元分摊费用给其他阿米巴单元，这类情况不需要财务上的账务处理。

## 10.6.5　阿米巴报表系统应用

### 10.6.5.1　阿米巴应用背景

新达智能科技有限公司在对员工考核主要分为两个方面：一方面是员工个人行为，另一方面是绩效目标，在进行每年的绩效目标和评价方案设定时包含了财务类指标、业务类指标和客户类指标，部门对公司产生的业绩贡献数据作为员工绩效考核重要的一部分，但是，每年进行绩效评分时，数据依据无法及时提供，数据的延迟提供给绩效管理带来很大的阻碍，领导层在为这个问题头疼时还发现了往年绩效管理过程所提供的部门贡献数据存在不符，绩效管理与评价更多是站在个人的角度自评和领导自评的过程，对员工的绩效管理和评估存在不合理的现象，另外，站在公司整体经营角度看，每年支出的成本不计其数，而收入却基本和成本持平，存在某些部门支出大但收入低的现象，但这些现象的出现必须是在花费了很大的人工进行统计后才能发现的，对于公司管理来讲非常不利，因此，实时能够知道哪些部门是盈利部门，哪些部门为亏损部门，成了公司当前最需要解决的问题，在这样的背景下，新达智能科技公司引入了阿米巴理念，将各个部门划分为多个利润中心进行考核，及时了解各个部门情况，为个人绩效管理与评价提供数据支撑。

#### 10.6.5.2 阿米巴体系搭建

（1）利润考核体系。

①应用场景。

企业可根据其管理需求和考核规范建立考核体系，并设置阿米巴单元与部门的映射关系，方便从业务数据中取数，利润考核体系是使用阿米巴板块的最关键前提，将阿米巴划分好在 K/3 Cloud 系统内设置为一个个利润中心是利润考核体系关键点所在。

②实例应用。

新达智能科技公司对车间进行阿米巴考核，考核为部门级考核，车间包括总成车间、机器人车间和系统模块车间，车间作为成本中心，在出具利润中心报表前，定义好利润考核体系，完成的结果如图 10.70 所示。

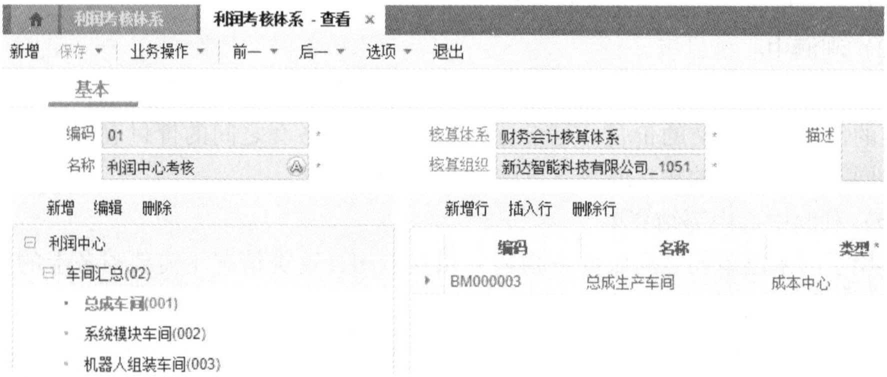


图 10.70 利润考核体系

（2）利润中心结算价目表。

①应用场景。

阿米巴单元的数量从业务单据中取数，价格则从价目表中取数，实时出具阿米巴报表过程涉及价格，需先定义好各阿米巴间结算的价目表，则阿米巴报表上的价格直接取数。

②实例应用。

总成车间与系统模块车间存在调拨半成品进行生产，为考核两个车间的收入和成本，需要定义车间内部结算价目表，则总成车间作为物品提供者需要在系统内定义物料结算价目表，定义效果如图 10.71 所示。

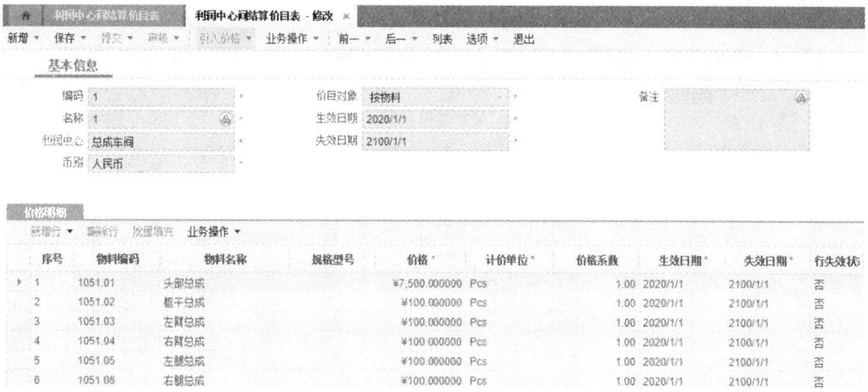


图 10.71　利润中心结算价目表

（3）利润中心间内部结算单。

①应用场景。

在日常业务过程中，存在阿米巴单元之间互相借工的情况，这类应用仅为阿米巴之间内部协调过程，不需在财务账务做处理，但为了进行利润中心考核，必须将借工的情况登记在信息系统内，如 A 单元人员帮 B 单元出工一小时，单价为 10 元/人时，数量在结算单中维护，10 元/人时在价目表中维护。

②实例应用。

系统模块车间工人魏东因临时急事请假 5 小时，需向总成车间借用类似工种操作工人替补 5 小时生产听觉系统，需要在系统内记录总成车间为供货利润中心，系统模块车间为零利润中心，同时为 5 小时，25 元/小时，记录结果如图 10.72 所示。

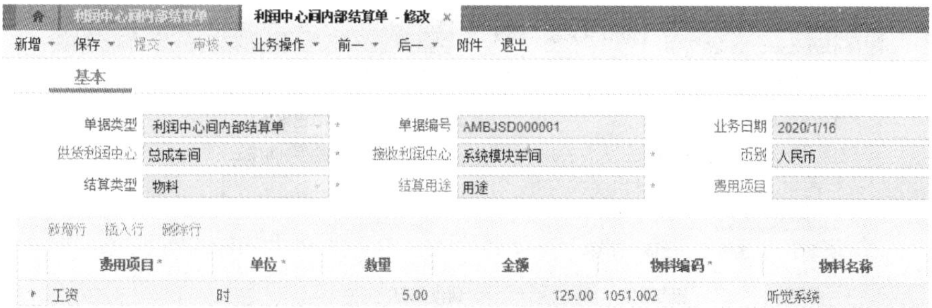


图 10.72　利润中心间内部结算单

（4）报表项目。

①应用场景。

整理所有需要编制的报表包含的报表项目指标，并统一维护到【报表项目】内，模板和报表均会调用到报表项目，报表项目作为利润中心报表展示的重要维度，根据企业利润考核要点设置好对应的报表项目非常必要。

②实例应用。

新达智能科技有限公司对生产车间考核要求主要在于车间产值、直接材料、直接人工、人均产值等，因此需要维护好对应的报表项目和设置好对应的取数公式，设置完成的效果如图 10.73 所示。

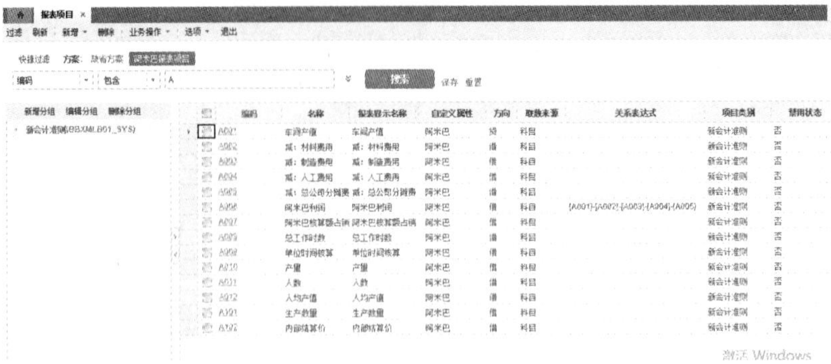

图 10.73　报表项目

（5）模板样式方案。

①应用场景。

将报表模板内容（包括报表项目、数据类型、取数公式、报告维度等）抽象出来作为方案保存，模板填充内容方案化保存后，可以重复利用，且修改方便，一般企业会将考核所需的报表格式定义为模板样式方案，做阿米巴报表模板直接进行样式方案填充并进行维度取值，可以大大提高编制阿米巴报表效率。

②实例应用。

新达智能科技有限公司对阿米巴单元考核分为明细收入和利润考核，将考核的报表定义为模板样式方案，根据要求，明细收入涉及填充产品维度值需定义为动态罗列报表，利润表定义为固定样式报表，定义完成效果如图 10.74、图 10.75、图 10.76 所示。

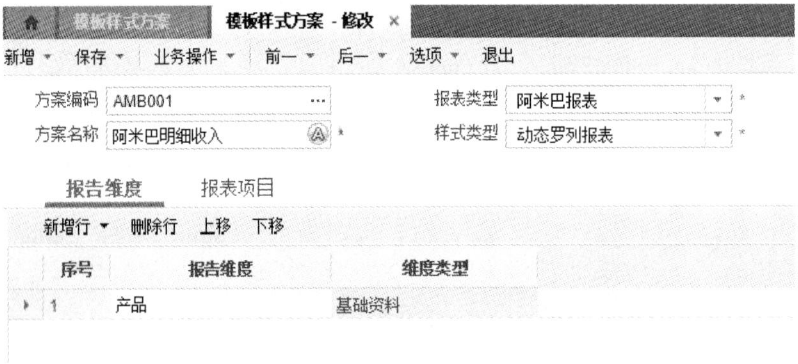


图 10.74　模板样式方案

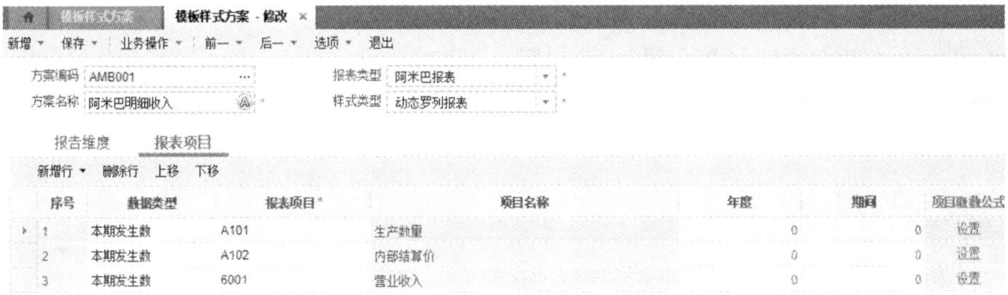


图 10.75 模板样式方案

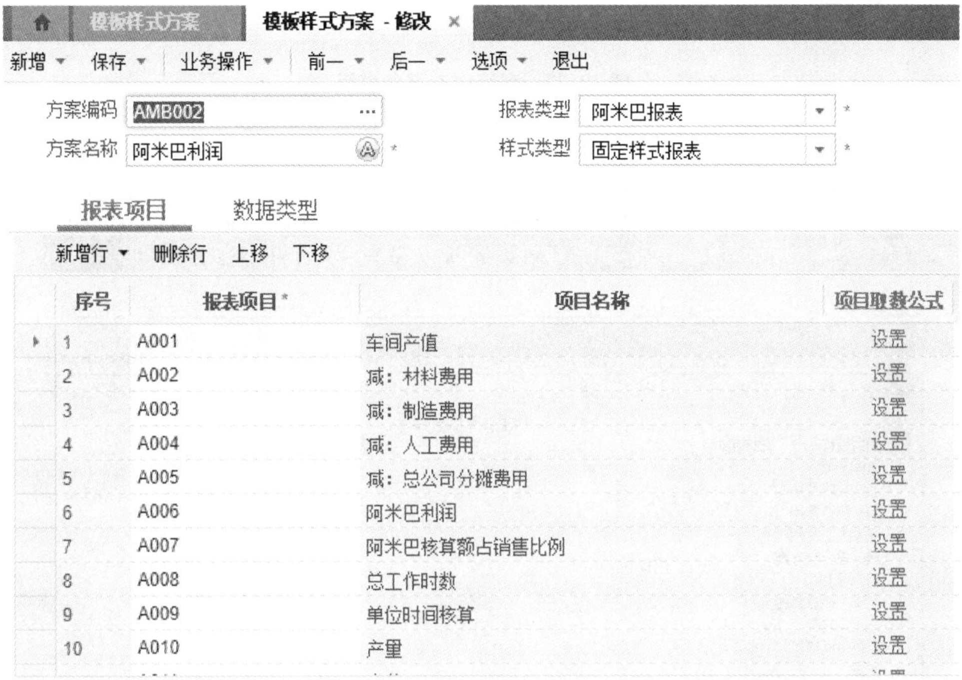


图 10.76 模板样式方案

### 10.6.5.3 利润中心报表管理

（1）利润中心报表模板。

①应用场景。

为满足企业报表编制规范管理要求，统一报表模板，通过报表批量填充快速完成报表模板的编制，进行报表批量填充时只能选择报表类型为阿米巴报表的模板样式方案。

②实例应用。

新达智能科技有限公司根据明细收入和阿米巴利润的模板样式方案进行批量填充，并将产品纬度值填充到明细收入动态罗列表内，以便出具利润中心报表时实时重算即可实时获取需要的数据，应用效果如图 10.77、10.78 所示。

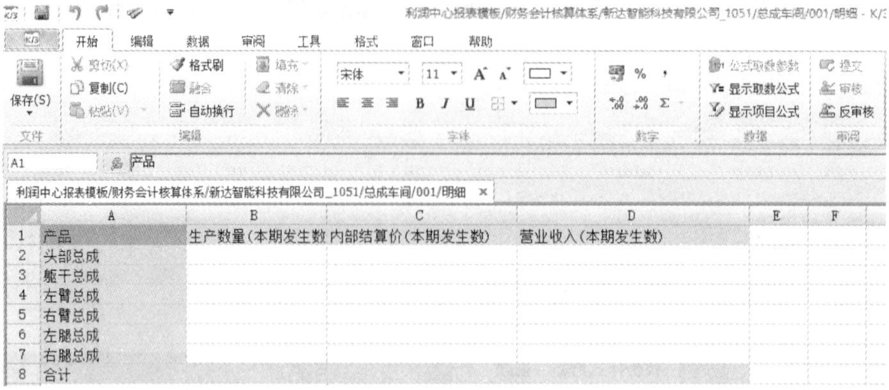


图 10.77　利润中心报表模板

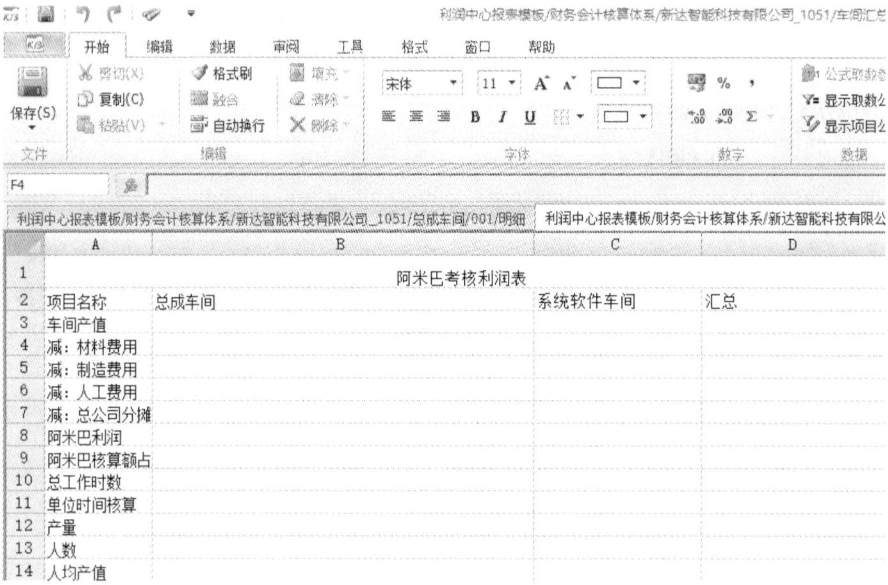


图 10.78　利润中心报表模板

（2）利润中心报表。

①应用场景。

在利润中心报表模板的基础上编制利润中心报表，按利润中心储存报表项目数据。

②实例应用。

新达智能科技公司总成车间根据明细收入和利润考核模板进行利润中心报表编制，具体编制效果如图 10.79、图 10.80 所示。

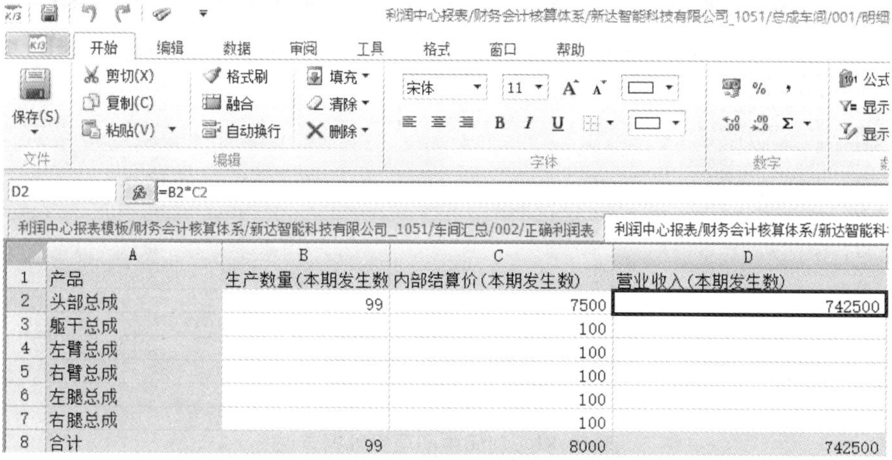

| | A | B | C | D |
|---|---|---|---|---|
| 1 | 产品 | 生产数量(本期发生数 | 内部结算价(本期发生数) | 营业收入(本期发生数) |
| 2 | 头部总成 | 99 | 7500 | 742500 |
| 3 | 躯干总成 | | 100 | |
| 4 | 左臂总成 | | 100 | |
| 5 | 右臂总成 | | 100 | |
| 6 | 左腿总成 | | 100 | |
| 7 | 右腿总成 | | 100 | |
| 8 | 合计 | 99 | 8000 | 742500 |

图 10.79　利润中心报表

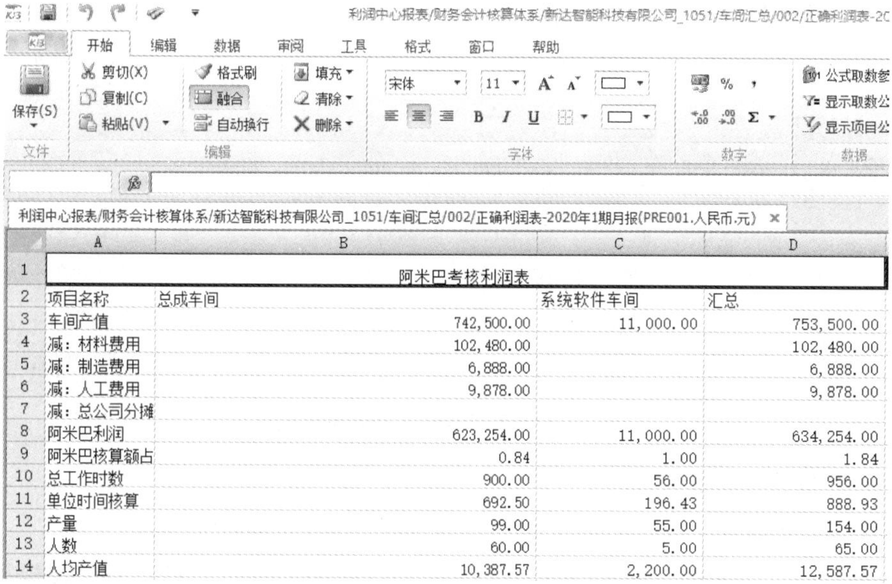

| | A | B | C | D |
|---|---|---|---|---|
| 1 | 阿米巴考核利润表 | | | |
| 2 | 项目名称 | 总成车间 | 系统软件车间 | 汇总 |
| 3 | 车间产值 | 742,500.00 | 11,000.00 | 753,500.00 |
| 4 | 减：材料费用 | 102,480.00 | | 102,480.00 |
| 5 | 减：制造费用 | 6,888.00 | | 6,888.00 |
| 6 | 减：人工费用 | 9,878.00 | | 9,878.00 |
| 7 | 减：总公司分摊 | | | |
| 8 | 阿米巴利润 | 623,254.00 | 11,000.00 | 634,254.00 |
| 9 | 阿米巴核算额占 | 0.84 | 1.00 | 1.84 |
| 10 | 总工作时数 | 900.00 | 56.00 | 956.00 |
| 11 | 单位时间核算 | 692.50 | 196.43 | 888.93 |
| 12 | 产量 | 99.00 | 55.00 | 154.00 |
| 13 | 人数 | 60.00 | 5.00 | 65.00 |
| 14 | 人均产值 | 10,387.57 | 2,200.00 | 12,587.57 |

图 10.80　利润中心报表

（3）利润中心项目数据查询。

①应用场景。

不用打开报表编辑器，可通过利润中心项目数查询和利润中心动态项目数据查询功能查看报表项目数据。

②实例应用。

新达智能科技有限公司管理层现需要统计各利润中心利润情况，需要在系统内直接调取实时数据查看，查看结果如图 10.81、图 10.82 所示。

利润中心项目数据查询 ×

过滤 刷新 选项 退出

| 核算体系名称 | 核算组织名称 | 利润中心名称 | 报表项目名称 | 报表周期 | 年度 | 期间 | 币别名称 | 金额单位 | 项目数据类型 | 金额 |
|---|---|---|---|---|---|---|---|---|---|---|
| 财务会计核算体系 | 新达智能科技有限 | 总成车间 | 车间产值 | 月报 | 2020 | 1 | 人民币 | 元 | 本期发生数 | 742,500 |
| 财务会计核算体系 | 新达智能科技有限 | 系统模块车间 | 车间产值 | 月报 | 2020 | 1 | 人民币 | 元 | 本期发生数 | 11,000 |
| 财务会计核算体系 | 新达智能科技有限 | 车间汇总 | 车间产值 | 月报 | 2020 | 1 | 人民币 | 元 | 本期发生数 | 742,500 |
| 财务会计核算体系 | 新达智能科技有限 | 车间汇总 | 减：材料费用 | 月报 | 2020 | 1 | 人民币 | 元 | 本期发生数 | 102,480 |
| 财务会计核算体系 | 新达智能科技有限 | 系统模块车间 | 减：材料费用 | 月报 | 2020 | 1 | 人民币 | 元 | 本期发生数 | |
| 财务会计核算体系 | 新达智能科技有限 | 总成车间 | 减：材料费用 | 月报 | 2020 | 1 | 人民币 | 元 | 本期发生数 | 102,480 |
| 财务会计核算体系 | 新达智能科技有限 | 总成车间 | 减：制造费用 | 月报 | 2020 | 1 | 人民币 | 元 | 本期发生数 | 6,888 |
| 财务会计核算体系 | 新达智能科技有限 | 系统模块车间 | 减：制造费用 | 月报 | 2020 | 1 | 人民币 | 元 | 本期发生数 | |
| 财务会计核算体系 | 新达智能科技有限 | 车间汇总 | 减：制造费用 | 月报 | 2020 | 1 | 人民币 | 元 | 本期发生数 | 6,888 |
| 财务会计核算体系 | 新达智能科技有限 | 车间汇总 | 减：人工费用 | 月报 | 2020 | 1 | 人民币 | 元 | 本期发生数 | 9,878 |
| 财务会计核算体系 | 新达智能科技有限 | 系统模块车间 | 减：人工费用 | 月报 | 2020 | 1 | 人民币 | 元 | 本期发生数 | |
| 财务会计核算体系 | 新达智能科技有限 | 总成车间 | 减：人工费用 | 月报 | 2020 | 1 | 人民币 | 元 | 本期发生数 | 9,878 |
| 财务会计核算体系 | 新达智能科技有限 | 总成车间 | 减：总公司分摊费 | 月报 | 2020 | 1 | 人民币 | 元 | 本期发生数 | 5,000 |
| 财务会计核算体系 | 新达智能科技有限 | 系统模块车间 | 减：总公司分摊费 | 月报 | 2020 | 1 | 人民币 | 元 | 本期发生数 | |
| 财务会计核算体系 | 新达智能科技有限 | 车间汇总 | 减：总公司分摊费 | 月报 | 2020 | 1 | 人民币 | 元 | 本期发生数 | |
| 财务会计核算体系 | 新达智能科技有限 | 车间汇总 | 阿米巴利润 | 月报 | 2020 | 1 | 人民币 | 元 | 本期发生数 | 623,254 |
| 财务会计核算体系 | 新达智能科技有限 | 系统模块车间 | 阿米巴利润 | 月报 | 2020 | 1 | 人民币 | 元 | 本期发生数 | 11,000 |
| 财务会计核算体系 | 新达智能科技有限 | 总成车间 | 阿米巴利润 | 月报 | 2020 | 1 | 人民币 | 元 | 本期发生数 | 618,254 |
| 财务会计核算体系 | 新达智能科技有限 | 总成车间 | 阿米巴核算额占销 | 月报 | 2020 | 1 | 人民币 | 元 | 本期发生数 | 0.83 |

图 10.81　利润中心项目数据查询

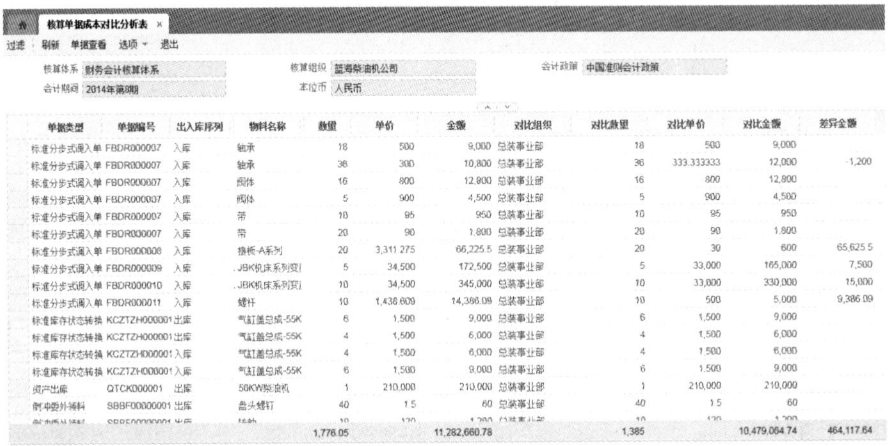

核算单据成本对比分析表 ×

过滤 刷新 单据查看 选项 退出

核算体系 财务会计核算体系　核算组织 蓝海柴油机公司　会计政策 中国准则会计政策

会计期间 2014年第8期　本位币 人民币

| 单据类型 | 单据编号 | 出入库序列 | 物料名称 | 数量 | 单价 | 金额 | 对比组织 | 对比数量 | 对比单价 | 对比金额 | 差异金额 |
|---|---|---|---|---|---|---|---|---|---|---|---|
| 标准分步式调入单 | FBDR000007 | 入库 | 轴承 | 18 | 500 | 9,000 | 总装事业部 | 18 | 500 | 9,000 | |
| 标准分步式调入单 | FBDR000007 | 入库 | 轴承 | 36 | 300 | 10,800 | 总装事业部 | 36 | 333.333333 | 12,000 | -1,200 |
| 标准分步式调入单 | FBDR000007 | 入库 | 阀体 | 16 | 800 | 12,800 | 总装事业部 | 16 | 800 | 12,800 | |
| 标准分步式调入单 | FBDR000007 | 入库 | 阀体 | 5 | 900 | 4,500 | 总装事业部 | 5 | 900 | 4,500 | |
| 标准分步式调入单 | FBDR000007 | 入库 | 带 | 10 | 95 | 950 | 总装事业部 | 10 | 95 | 950 | |
| 标准分步式调入单 | FBDR000007 | 入库 | 带 | 20 | 90 | 1,800 | 总装事业部 | 20 | 90 | 1,800 | |
| 标准分步式调入单 | FBDR000008 | 入库 | 挡板-A系列 | 20 | 3,311.275 | 66,225.5 | 总装事业部 | 20 | 30 | 600 | 65,625.5 |
| 标准分步式调入单 | FBDR000009 | 入库 | JBK机床系列变[ | 5 | 34,500 | 172,500 | 总装事业部 | 5 | 33,000 | 165,000 | 7,500 |
| 标准分步式调入单 | FBDR000010 | 入库 | JBK机床系列变[ | 10 | 34,500 | 345,000 | 总装事业部 | 10 | 33,000 | 330,000 | 15,000 |
| 标准分步式调入单 | FBDR000011 | 入库 | 螺杆 | 10 | 1,438.609 | 14,386.09 | 总装事业部 | 10 | 500 | 5,000 | 9,386.09 |
| 标准库存状态转换 | KCZTZH000001 | 出库 | 气缸盖总成-55K | 6 | 1,500 | 9,000 | 总装事业部 | 6 | 1,500 | 9,000 | |
| 标准库存状态转换 | KCZTZH000001 | 出库 | 气缸盖总成-55K | 4 | 1,500 | 6,000 | 总装事业部 | 4 | 1,500 | 6,000 | |
| 标准库存状态转换 | KCZTZH000001 | 入库 | 气缸盖总成-55K | 4 | 1,500 | 6,000 | 总装事业部 | 4 | 1,500 | 6,000 | |
| 标准库存状态转换 | KCZTZH000001 | 入库 | 气缸盖总成-55K | 6 | 1,500 | 9,000 | 总装事业部 | 6 | 1,500 | 9,000 | |
| 资产出库 | QTCK000001 | 出库 | 50KW柴油机 | 1 | 210,000 | 210,000 | 总装事业部 | 1 | 210,000 | 210,000 | |
| 倒冲委外领料 | SBBF00000001 | 出库 | 盘头螺钉 | 40 | 1.5 | 60 | 总装事业部 | 40 | 1.5 | 60 | |
| [illegible] | [illegible] | [illegible] | [illegible] | 10 | 120 | 1,200 | [illegible] | 10 | 120 | 1,200 | |
| | | | | 1,776.05 | | 11,282,660.78 | | 1,385 | | 10,479,064.74 | 464,117.64 |

图 10.82　利润中心项目数据查询

（4）存货核算明细报告。

如图 10.83 所示，记录存货成本核算的详细计算过程及结果。

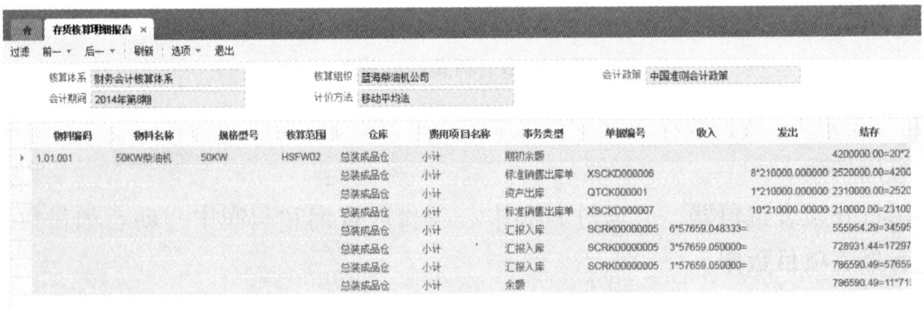

存货核算明细报告 ×

过滤 前一 后一 刷新 选项 退出

核算体系 财务会计核算体系　核算组织 蓝海柴油机公司　会计政策 中国准则会计政策

会计期间 2014年第8期　计价方法 移动平均法

| 物料编码 | 物料名称 | 规格型号 | 核算范围 | 仓库 | 费用项目名称 | 事务类型 | 单据编号 | 收入 | 发出 | 结存 |
|---|---|---|---|---|---|---|---|---|---|---|
| 1.01.001 | 50KW柴油机 | 50KW | HSFW02 | 总装成品仓 | 小计 | 期初余额 | | | | 4200000.00=20*2 |
| | | | | 总装成品仓 | 小计 | 标准销售出库单 | XSCKD000006 | | 8*210000.000000 | 2520000.00=4200 |
| | | | | 总装成品仓 | 小计 | 资产出库 | QTCK000001 | | 1*210000.000000 | 2310000.00=2520 |
| | | | | 总装成品仓 | 小计 | 标准销售出库单 | XSCKD000007 | | 10*210000.00000 | 210000.00=23100 |
| | | | | 总装成品仓 | 小计 | 汇报入库 | SCRK00000005 | 6*57659.048333= | | 555954.29=34595 |
| | | | | 总装成品仓 | 小计 | 汇报入库 | SCRK00000005 | 3*57659.050000= | | 728931.44=17297 |
| | | | | 总装成品仓 | 小计 | 汇报入库 | SCRK00000005 | 1*57659.050000= | | 786590.49=57659 |
| | | | | 总装成品仓 | 小计 | 余额 | | | | 786590.49=11*71 |

图 10.83　存货核算明细报告

（5）产品成本差异分析。

如图 10.84 所示，支持单一期间或连续几个期间的单位平均实际成本与标准成本的差异分析

产品成本差异分析

过滤 刷新 选项 退出

核算体系 财务会计核算体系　核算组织 蓝海柴油机公司　会计政策 中国准则会计政策

版本 0　会计期间 2014年8期-2014年8期　币别 人民币

| 产品编码 | 产品名称 | 规格型号 | 基本单位 | 父项物料单位 | 实际成本 | | | 标准成本 | | | 差异 | | |
|---|---|---|---|---|---|---|---|---|---|---|---|---|---|
| | | | | | 单位耗用量/工时 | 单价/费率 | 实际成本 | 单位耗用量/工时 | 单价/费率 | 标准成本 | 量差 | 价差 | 总差异 |
| 1.01.001 | 50KW柴油机 | 50KW | Pcs | Pcs | | | 57,659.049 | | | 87,368.488 | | | -29,709 |
| 1.01.002 | 55KW柴油机 | 55KW | Pcs | Pcs | | | 46,773.33 | | | 89,623.358 | | | -41,850 |
| 1.01.003 | 70KW柴油机 | 70KW | Pcs | Pcs | | | | | | 73,395.994 | | | -73,395 |
| 1.01.001.0066 | 气缸盖总成-50K | | Pcs | Pcs | | | | | | 5,305.4 | | | -5,3 |
| 1.01.002.0066 | 气缸盖总成-55K | | Pcs | Pcs | | | | | | 5,304 | | | -5 |
| 1.01.003.0066 | 气缸盖总成-70K | | Pcs | Pcs | | | | | | 5,408 | | | -5 |
| 1.01.001.0068 | 制动器-50KW系 | | Pcs | Pcs | | | 12,033.768 | | | 27,055.24 | | | -15,021 |
| 1.01.002.0068 | 制动器-55KW系 | | Pcs | Pcs | | | | | | 27,063.43 | | | -27,06 |
| 1.01.003.0068 | 制动器-70KW系 | | Pcs | Pcs | | | | | | 27,068.15 | | | -27,06 |
| 1.01.001.0070 | 调压阀-A系列 | | Pcs | Pcs | | | 3,702.131 | | | 8,955.218 | | | -5,253 |
| 1.01.002.0070 | 调压阀-B系列 | | Pcs | Pcs | | | | | | 5,920.85 | | | -5,92 |
| 1.01.001.0055 | 搜板-A系列 | | Pcs | Pcs | | | 3,311.275 | | | 4,507.875 | | | -1,1 |
| 1.01.002.0055 | 搜板-B系列 | | Pcs | Pcs | | | | | | 4,509.45 | | | -4,50 |
| 1.01.001.0057 | 钢板-50KW系列 | | Pcs | Pcs | | | | | | 4,515.12 | | | -4,51 |
| 1.01.002.0057 | 钢板-55KW系列 | | Pcs | Pcs | | | | | | 4,517.64 | | | -4,51 |
| 1.01.003.0057 | 钢板-70KW系列 | | Pcs | Pcs | | | | | | 4,520 | | | -4 |
| 1.01.001.0059 | [illegible] | | Pcs | Pcs | | | 3,307.5 | | | 4,504.25 | | | -1,19 |

图 10.84　产品成本差异分析

## 【本章小结】

本章首先介绍了管理会计信息系统的定义、体系结构、建设必要性、建设原则、实施阶段等内容；然后以金蝶 K/3 Cloud ERP 软件为平台，对管理会计信息系统的主要功能模块如成本与运营管理模块、短期运营预测与决策模块、长期投资决策模块、全面预算管理模块，以及绩效管理与评价模块的主要功能进行了介绍，并分别用案例说明其应用场景、应用过程、应用结果。

## 【思考与练习题】

## 【思考与练习题答案】

略。

# 第 11 章 管理会计前沿

**【学习目标】** 了解战略管理会计理论框架；认识到质量管理会计对企业应对激烈竞争环境的重要性；认识到发展环境管理会计的必然性；学习智力资本会计在企业中的应用。

**【学习重点】** 了解战略管理会计理论框架；树立预测和规划质量成本的观念；学习智力资本会计和环境会计在企业中的应用。

**【学习难点】** 理解战略管理会计的理论框架。

## 11.1 战略管理会计

管理会计工作的开展，应以战略规划为导向，以持续创造价值为核心。所以，战略管理会计在整个管理会计体系中处于提纲挈领的作用。

### 11.1.1 战略管理的概念

根据财政部关于《管理会计应用指引第 100 号——战略管理》的规定，战略管理的概念可归纳为：战略管理是指对企业全局的、长远的发展方向、目标、任务和政策，以及资源配置做出决策和管理的过程。

（1）企业进行战略管理时，一般应遵循以下原则：①目标可行原则；②资源匹配原则；③责任落实原则；④协同管理原则。

企业进行战略管理，一般应设置专门机构或部门，牵头负责战略管理工作，并与其他职能部门协同制定战略规划，做好战略落地的跨部门协调，保障战略目标如期实现。

（2）企业应用战略管理的程序，见图 11.1。

①战略分析包括环境分析和可利用资源分析。企业进行环境分析时，可应用态势分析法（简称 SWOT 分析）、波特五力分析和波士顿矩阵分析等方法，分析企业的环境发展机会和竞争力，分析企业各业务流程在价值创造中的优势和劣势，并对每一业务

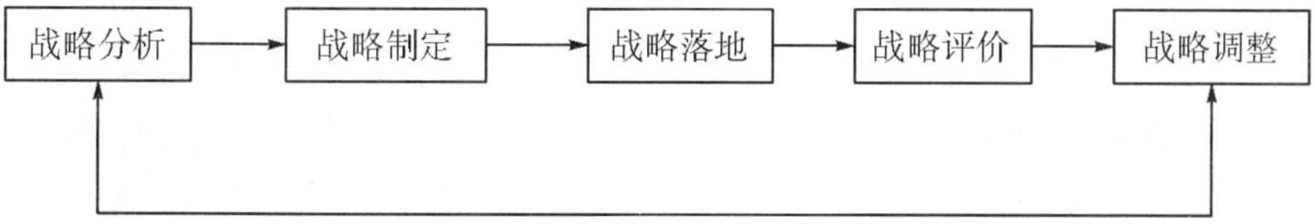


**图 11.1 企业应用战略管理的程序**

流程按照其优势强弱划分等级，为战略目标确定奠定基础。

企业进行可利用资源分析时，可将可利用资源分为有形资源和无形资源，分析这些资源在企业过去发展中发挥的作用，以及今后应如何发挥更大的作用，并绘制出相应资源发挥作用的情况图。

②战略制定也称战略目标设定。企业应根据战略分析结果，合理界定企业的使命和愿景，并将使命和愿景转化为战略目标。

企业设定战略目标时，一方面，各部门都需要设定战略目标，并将其具体化为一套财务关键指标和非财务指标的预测值；另一方面，设定的各关键指标的目标（预测）值，应与本企业的可利用资源相匹配，并有利于执行人更加积极有效地实现既定目标。

③战略落地也称战略实施，是将企业的战略规划蓝图变成现实的管理过程。

战略目标在企业高层达成一致后，应向中、基层层层传达，并在各项工作中得以分解、落实；同时，应加强执行反馈，及时修正战略执行偏差，以确保实现战略目标。

战略管控是指使用战略地图、价值链管理等多种管理会计工具、方法，将战略落地的关键业务流程化，并落实到企业现有的营运流程中，确保企业高效率和高效益地实现战略目标。

④战略评价是指企业通过检测战略实施进展，评价战略执行效果，审视战略的科学性和有效性，不断修正战略举措，以期达到预期目标。

企业一般应从以下方面进行战略评价：战略是否适应企业的内外部环境、是否有效进行资源配置、战略涉及的风险程度是否可以接受、战略实施的时间和进度是否恰当等。

⑤战略调整是与战略评价不可分割的一部分，是指根据企业情况的发展变化和战略评价结果，对所制定的战略及时进行调整，以保证战略对企业管理活动的有效指导。

战略调整一般包括调整企业的愿景、长期发展方向、战略目标及其战略举措等。

## 11.1.2 战略管理会计概述

### 11.1.2.1 战略管理会计的定义

战略管理会计是指为企业战略管理服务的会计信息系统，即服务于战略比较、选择和战略决策的一种新型会计，它是管理会计向战略管理领域的延伸和渗透。具体来说，它是指会计人员运用专门的方法为企业提供自身和外部市场以及竞争者的信息，通过分析、比较和选择，帮助企业管理层制定、实施战略计划以取得竞争优势的手段。

战略管理会计的形成和发展不是对传统管理会计的否定和取代，而是为了适应社会经济环境的变化而对传统会计理论的丰富和发展。

但两者还是有较大的区别：第一，战略管理会计立足于企业的长远目标，以企业的全局为对象。传统管理会计以财务年度占主导，预算总体上根据一年来确定，呈现出与“策略”有更为密切的联系，而并非“战略”；而且传统管理会计体系并不倾向于采纳长期的、面向未来的立场，也不被市场或竞争所左右。第二，战略管理会计将视角更多地投向影响企业经营的外部环境，传统管理会计体系的焦点主要集中于对内的方面，这与战略管理会计强调对市场的认识或评价竞争者行为的目标是不一致的。

#### 11.1.2.2 战略管理会计的特征

传统管理会计把工作的重心放在企业内部管理与运作，在成本控制方面主要是采取降低成本措施来实现成本控制的目的，力求在工作现场不浪费资源、节能降耗、防止事故，以招标方式采购设备和原料，这些都属于降低成本的初级形态。在预测与决策内容上，传统管理会计把模型应用和结果计算放在首位，忽视模型应用的前提分析和取数过程，以致影响了支持预测、决策信息的准确性。在业绩报告内容方面，传统会计所提供的信息更多的是财务信息，忽略了非财务信息对企业的影响。

（1）战略管理会计着眼于长远目标、注重全局利益。

当企业间的竞争已上升到高层次的全局性战略竞争时，抢占市场份额、扩大企业生存空间、追求长远的利益目标已成为企业家最为关注的问题。战略管理会计适应形势的要求，超越了单一会计期间的界限，着重从多种竞争地位的变化中把握企业未来的发展方向，并且以最终利益目标作为企业战略成败的标准，而不在于某一个期间的利润达到最大。

它的信息分析完全基于整体利益，不在乎一城一池的得失，更不会用集团利益去交换某个成员企业的利益，有时甚至会为顾全大局而支持弃车保帅的决策。战略管理会计放眼长期经济利益，在会计主体和会计目标方面进行大胆的开拓，将管理会计带入了一个新境界。

（2）战略管理会计是外向型的信息系统。

战略管理会计站在战略高度，关注企业外部环境的变化，不局限于本企业这一个环节，而是研究在整个产业价值链中企业上家和下家的信息，努力改善企业的经济环境，强调企业发展与环境变化的协调一致，以求得产业的最优效益。

战略管理会计围绕本企业、顾客和竞争对手形成的“战略三角”，收集、整理、比较、分析竞争对手有战略相关性的信息，向管理者提供关于本企业与对手间竞争实力的信息，以保持和加强企业市场上的相对竞争优势。

战略管理会计强调比较优势，从相对成本到相对市场份额，它所关注的是相对指标的计算和分析，向管理者提供的是比较竞争成本和比较竞争优势的信息。战略管理会计通过对企业内外信息的比较分析，了解企业在市场中竞争地位的变动。

战略管理会计拓展了会计对象的范围，是一种外向型的信息系统。

（3）战略管理会计是对各种相关信息的综合收集和全面分析。

战略管理会计为适应企业战略管理需要，将信息的范围扩展到各种与企业战略决策相关的信息，其中包括货币性质的、非货币性质的：数量的、质量的；物质层面的，非物质层面的，以至有关天时、地利、人和等方面的信息。

信息来源除了企业内部的财务部门以外，多样的信息来源和信息种类需要多种信息分析方法，因此，不仅财务指标的计算，而且结合了环境分析法、对手分析法、价值链分析法、生命周期分析法、矩阵地位分析法、预警分析法、动因分析法、综合记分法等，这无疑是对现代管理会计的丰富。

（4）战略管理会计运用的方法更灵活多样。

任何战略决策都不是一成不变的，而要根据企业内外部环境的变化及时进行相应调整，以保持企业战略决策与环境相适应。为了适应这种需要，战略管理会计采用了较为灵活的方法体系，不仅要联系竞争对手进行“相对成本动态分析”“顾客盈利性动态分析”和“产品盈利性动态分析”，而且采取了一些新方法、如产品生命周期法、经验曲线和价值链分析等。

（5）战略管理会计的业绩评价贯穿于战略管理应用过程的每一步中。

传统管理会计绩效评价指标只重“结果”而不重“过程”，其业绩评价指标一般采用投资报酬率指标。

战略管理会计采用战略性绩效评价，将评价指标与企业所实施的战略相结合，根据不同的战略采取不同的评价指标，而且强调业绩评价必须满足管理者的信息需求。

#### 11.1.2.2 战略管理会计的目标

（1）长期、持续地提高整体经济效益是战略管理会计的基本目标。

经济效益从时间角度看有短期效益和长期效益之分，从空间角度看有局部效益和整体效益之分，战略管理会计的基本目标是长期持续提高企业整体经济效益。从概念和性质上，它与会计基本目标是相一致，从内容上，又有别于财务会计、传统管理会计、社会责任会计等分支体系。

（2）提供内外部综合信息是战略管理会计的具体目标。

会计具体目标有如下特征：①直接有用性；②可测性，指信息必须在量上能测度，能够用一定的会计方法加工、制造出来；③相容性，具体目标是基本目标的具体体现，它受制于基本目标，它是基本目标得以实现的基础；④可传输性，指它必须用一定的形式，可以通过一定的途径输给服务对象。

综合战略管理会计的基本目标和会计具体目标的特征，战略管理会计的具体目标可以概述如下：①通过统计的、会计的方法，搜集、整理、分析涉及企业经营的内外部环境数据、资料；②提供尽可能多的有效的内外部信息帮助企业做好战略决策工作。

### 11.1.3 战略管理会计体系

战略管理会计是个新兴研究领域，其完整的理论与方法体系尚未建立。如果从围绕战略管理的角度来展开，应包含四个方面的内容：

（1）企业外部环境分析。

战略管理会计对与企业外部环境因素相关的信息进行搜集、整理，目的在于使企业能够根据环境的变化修改原有发展战略，使企业战略能够建立在科学合理的基础之上。如战略管理会计通过分析、判断经济周期的变化情况来确定最近的投资，又如技术进步既可以创造新市场，产生大量新型的和改进型的产品，也使得现有的产品与服务过时。因此，战略管理会计必须根据企业特点及其所在的行业特点，关注宏观环境的变化，研究与判断宏观环境变化可能带来的机会与威胁，提供相关信息，并对可供采取的管理措施提出建议，使企业战略建立在多方位、多角度、多层次分析的基础之上。





（2）企业价值链分析。

企业产品的生产过程是价值的形成过程，同时也是费用发生过程和产品成本形成过程。企业生产经营活动的有序进行构成了相互联系的生产活动链，生产经营活动链也就是企业的价值链。价值活动是构筑竞争优势的基石，对价值链的分析不仅要分析构成价值链的单个价值活动，而且，重要的是，要从价值活动的相互关系中分析各项活动对企业竞争优势的影响。

价值链分析的任务就是要确定企业的价值链，明确各价值活动之间的联系，提高企业创造价值的效率，增加企业降低成本的可能性，为企业取得成本优势和竞争优势提供条件。

（3）企业成本动因分析。

成本动因是引起成本发生变化的原因，多个成本动因结合起来决定一项既定活动的成本，一项价值活动的相对成本地位取决于它相对于重要成本动因的地位。

对成本动因的细致划分难以穷尽，但从战略高度看，影响成本发生深刻变化的是那些具有普遍意义的、更具有战略意义的成本动因，如规模经济、生产能力利用模式、价值活动之间的联系及其相互关系、时机选择、企业政策、地理位置等，这些成本动因对企业的成本发生持久的影响。

企业特点不同，具有战略意义的成本动因也会有所不同。这些成本动因或多或少能够置于企业的控制之下。识别每种价值活动的成本动因能够明确相对成本地位形成和变化的原因，为改善价值活动和强化成本控制提供有效的途径。由于企业的特点、条件不同，因此在进行成本动因分析时，除了要认识一般的成本动因外，还需要结合企业的实际情况，分析对企业影响重大的成本动因。

（4）企业业绩综合评价。

从战略角度看，企业竞争能力受到外部环境、内部条件和竞争态势的强烈影响。市场增长、顾客需求、产品生命周期、技术更新等因素的极快变化，促使企业认识到如何在激烈竞争中获得优势是必须认真考虑的问题。

面对这些问题，传统的业绩财务计量方法受到挑战，需要在业绩的财务计量基础上，对业绩进行综合评价，以便从更高层次上对企业的业绩进行更为全面的评价。

业绩的综合评价包括业绩的财务计量和非财务计量两个方面。业绩的财务计量在传统上占主导地位，然而，当竞争环境越来越需要经理们重视和进行经营决策时，像市场占有率、革新、顾客满意、服务质量、业务流程、产品质量、市场战略、人力资源等非财务计量指标便被更多地用于衡量企业的业绩，在企业业绩计量方面起着更大的作用。业绩的非财务指标必须结合公司的行业特点、发展目标和发展战略加以确定。不同行业的企业和同一行业的不同企业，其目标、使命和战略各不相同，其业绩衡量指标也不尽相同。

### 11.1.4 几种常见的战略管理会计实务及其应用

战略管理会计实务应满足关注竞争对手、关注市场和关注未来这三个最基本的判断标准。这些判断标准与该实务是否能将企业的战略导向具体化以及具体化的程度密切相关，但并不一定属于某一具体企业负责管理公司战略的经理人员所需要的会计行为。

目前，在实际应用中常见的战略管理会计实务主要包括三大类：战略性成本计算和定价、竞争对手会计和品牌价值会计。下面我们对各项实务的内容和应用分别进行分析和研究。

#### 11.1.4.1 战略管理会计中的成本计算方法

企业成本计算的模式众多，每一种成本核算方法都有其适用的环境和特点，归纳如下：

（1）产品属性成本计算。

产品属性成本化是将吸引顾客的特定产品属性成本化的过程。可以进行成本化的产品属性包括：经营行为的多样性，产品的可靠性，担保的安排、完工和齐备的程度，供应的保障及售后服务等。产品是由大量的属性构成的，正是产品的不同属性造成了产品之间的区别，而产品属性对消费者品位的迎合程度恰恰决定了企业的市场份额。

（2）产品生命周期成本计算。

它是指基于产品或劳务生命中各阶段的长度所进行的成本评估。在此，我们不再以年度为基准评估成本，生命周期成本化的时间框架基于产品生命中各个阶段的长度。这些阶段包括设计、推广、发展、成熟、衰落直至废弃。对这种方法的评述一致认为，该方法能够避免短期行为的管理倾向。在产品设计阶段积累下来的年度亏损用传统财务会计方法加以确认，由此产生的压力会促进产品成熟之前的市场推广。如果管理当局相信生命周期成本化理论，他们就能够认识到，为了产品整个生命周期内的盈利能力，有必要实施一个全面的研究和设计阶段。

（3）质量成本计算。

质量成本是指那些与创新、鉴定；修理和预防残次品有关的成本。这些成本可以划分为三大类：预防成本、评估成本和缺陷成本。出具质量成本报告的目的在于引导管理当局优先注意质量问题。产品或劳务的质量，不论是观察到的还是真实的，均可作为竞争优势的源泉。预防成本、评估成本和缺陷成本之间存在这内在的联系。我们可以通过事实，建议管理当局对质量成本进行监控，以确保企业政策的最佳相关性。总体上讲，预防费用的增加会导致大量的节约，并带来由减少缺陷成本（退货、返工、废品和销售失败等）造成的竞争优势。

（4）战略成本计算。

它是根据战略和市场信息，利用成本指标，开发并确定能够保持相对优势的最佳战略的过程。为了使成本分析有助于追求竞争优势这一目标，企业必须仔细考虑战略结局。最初的研究者曾使用案例分析的方法，集中说明一项由使用传统成本化方法（即由相关成本和短期视角出发开展的分析）带来的次佳战略。对战略结局的考虑，并利用市场学和竞争战略有关文献提供的概念进行分析，可以看到该战略方案产生的过程。

（5）战略定价。

它是指在定价决策中对战略因素的分析。利用竞争导向分析进行战略定价，会带来比较正确的定价决策。这些分析中应予评估的因素包括：竞争对手的价格回应、价格弹性、市场的增长、规模的经济性以及经验。经验证明，在此类分析的过程中，市场营销人员发现了会计信息在与价格决策相联系后，发挥了巨大的潜在作用。

（6）目标成本计算。

这是一种用于产品和程序设计阶段的成本估算方法，具体是通过用估计（或基于市场）的价格减去需要的目标利润，以得到所需要的生产、工程或市场成本。然后，该产品就按满足该成本的方式设计。目标成本化主要应用于制造程序中的开发和设计阶段。与目标成本化密切相关的是 Kaizen 成本化。该方法也应用于产品的制造阶段，因而将目标成本化引导到设计与开发阶段之外。

Kaizen 成本制度作为日本企业文化的精髓，旨在产品制造阶段为降低成本而进行的不断改进，其基本做法是企业不断地设定新的成本降低目标，在生产过程中通过消除不需要的、无效率的作业，并持续改善增值作业来实现目标。

这些理论将成本化从追求精确的监督转化为具有前瞻性的成本化理论，从而与追求竞争优势密切联系起来。

（7）价值链成本计算。

一种作业基础的成本化方法，成本被分配到设计、采购、生产、市场、分配和产品或劳务的服务这些必要的作业当中。这种方法建立在价值链分析基础之上。市场上的竞争优势最终来自以相等的成本提供较高的顾客价值，或来自以较低的成本提供相同的顾客价值。在产品的设计与分配之间发生的一系列活动如同链上的各环节，正是这一思路产生了价值链分析。这一研究鉴定了在企业价值链的各有关部分中，顾客价值可以在哪个环节提高，或者成本可以在哪个环节降低。价值链成本化使传统成本分析得到了有效的延伸。传统管理会计由于仅仅关注于增值，缺乏对包含在企业与供应商和顾客的联系当中潜存的利益和潜在成本节约的探求，因而出现停滞不前的局面。

战略管理会计认为，企业选择什么样的成本核算模式，取决于企业经营活动的特点和战略发展的需要。

#### 11.1.4.2 竞争对手会计

（1）竞争对手成本评估。

竞争对手成本评估是基于对竞争者的设备、技术、经济规模等的评估，定期更新对竞争对手的推测。这是一项广为讨论的战略管理会计实务。当然，通过竞争对手者成本评估得到的具有重大影响的结果有时可能是因追加技术进步投资而引起的，于是，与这种投资相关的长期影响及投资显现出的竞争对手者对提升竞争地位的追求，更助长了企业对竞争对手成本了解的需要。竞争对手成本评估的系统性方法包括：评估竞争对手的制造设施、经济规模、政府关系和技术产品设计。除这些方法之外，还有一些关于竞争对手信息的不直接来源。这些不直接的信息来源包括实地观察、共同的供应商、共同的顾客以及雇员（特别是竞争对的前雇员）。

（2）竞争地位监督。

竞争地位监督是在行业内部通过评价和监督竞争对手的销售收入、市场份额、销售量、单位成本和销售收益率，分析竞争对手的状况。这一信息可为评估竞争对手的市场战略提供基础。竞争地位监督是评估竞争对手的一种更为权威的方法，它将分析扩大到评价主要竞争对手的销售收入、市场份额、销售量、单位销售成本和收入。这些会计计量是具有广度的，因为他们提供了比仅仅简单地基于市场份额所进行的评估更多的关于竞争对手的情况。竞争对手单位成本的增加可能原本是一个好的征兆，然而，如果这种增加是由追加对广告费用的投入以增强品牌知名度，或者是由投资新产品开发造成的，则变动的成本结构更可能恰恰意味着竞争对手正在保持较强势的竞争地位。

（3）基于公开财务报表的竞争对手评价。

是指对竞争对手公开的财务报表进行的数字性分析，作为竞争对手竞争优势评估的一部分。实际上，这是基于对公开财务报表的解释而进行的竞争对手业绩评价。与前面讨论的方法不同，对公开财务报表的解释包含了受传统会计教育的会计师所熟知的一切技术，运用这种分析模式评估竞争对于竞争优势的关键来源，可以获得具有战略意义的结果。分析的内容包括监测销售趋势和利润水平，以及资产和负债的运动。

#### 11.1.4.3 品牌价值会计

（1）品牌价值预算。

这是将品牌价值应用于分配资源的管理决策，旨在支持或提升一个品牌的地位，因而将注意力置于管理当局关于品牌争议的对话上的过程。

（2）品牌价值监控。

是通过评估品牌强度因素而对某一品牌进行的财务估价。这些因素包括：领导能力、稳定性、市场、国际化能力、趋势、支持和与历史品牌利润相结合的品牌保护。品牌价值预算和监控可以统称为品牌估价，它仅能应用于拥有品牌产品或劳务的企业。此项战略管理会计技术出现较晚，也存在较多的争议。但是对于拥有著名品牌的公司来讲，将品牌价值作为衡量市场成就的因素是非常合理的。当然，与其他因素相比较，品牌估价实务的战略影响取决于估价方法的使用。

以上列举的12种战略管理会计实务，并不能代表所谓普遍公认的观点，这是因为人们对战略管理会计实务范围的理解尚存在一些分歧。国外的研究表明，竞争对手会计和战略定价在企业中的应用最为广泛。将各种战略管理会计实务应用于企业战略当中，需要更为具体的、可操作的分析方法。由此得到的信息应用于企业的战略决策和控制，就达到了战略管理会计的目标。战略管理会计在我国的应用尚不够广泛，但随着我国市场经济的发展以及我国进入国际市场的步伐的加快，其应用前景将会十分广阔。我们有必要对相关的理论和方法进行研究和推广，并在应用当中加以丰富和完善。





### 11.1.5 战略管理会计兴起的必然性

时代的变革导致企业经营环境变化，经营环境的变化推动管理科学的发展。顺应这一发展趋势，战略管理应运而生。战略管理一经产生，即以强调外部环境对企业管理的影响、重视内外协调和面向未来等为特点而显示出强大的生命力，企业管理观念和管理技术上的变化，对传统的管理会计产生巨大冲击。以战略管理思想为指导，对管理会计理论与方法加以完善和改进，将其推进到“战略管理会计”的新阶段，是逻辑和历史发展的必然结果。

（1）把战略因素引入管理会计分析体系，发展战略管理会计是现行管理会计理论与方法的一个非常自然和符合逻辑的扩展。

20世纪40年代盛行的成本会计未能把20世纪50年代已经开始流行的决策分析框架纳入其体系中，因而缺乏决策相关性。这导致管理会计取代成本会计成为一种新的决策框架。但随着战略管理的蓬勃发展，使人们开始重新审视现行管理会计的理论与方法，并普遍认为其缺乏战略性。因此，自20世纪80年代以来，人们开始将战略的因素引入管理会计的理论与方法中，从而将其逐步推向战略管理会计的新阶段。

管理理论中出现的战略管理理论、全面质量管理、柔性管理等，经济学中的委托代理理论，行为学派的行为理论和权变理论等，特别是管理会计方法的发展为战略管理会计的产生提供了可能。

（2）信息技术的进步为战略管理会计的发展提供了技术条件。

战略管理会计提供的战略管理信息是多维的。从时间区间上讲，它跨越历史、现在和未来；就会计主体而论，它涉及会计主体及其竞争对手的内外部会计信息；依会计信息的形式来分，它提供的既有财务信息也有非财务信息。

信息技术的发展使管理会计有可能以较低的成本及时提供战略管理所需要的上述信息。另外，成本更低、使用更方便的信息技术将会越来越多地用于解决管理会计问题。在这种情况下，管理会计人员就可以将更多的精力用于解决战略水平上的问题。从这种意义上讲，信息技术把管理会计推向了战略管理会计新阶段。

（3）完善战略管理会计的理论与方法也是我国企业发展的必然要求。

我国目前管理会计研究主要集中在介绍引进国外的最新研究成果上，与我国企业的内外环境面临的实际情况还有一定差距。我国管理会计的研究与发展应当建立在自身的经济、社会环境的基础之上，从实践中得来的，是经验的总结，同时借鉴经济学和统计学，如回归分析、边际成本、经济批量、经济成本等。

现代管理会计的重要历史使命也在于服从企业战略经营和战略管理的需要，其工作重点也应放在配合企业的战略管理措施的实行方面。市场竞争日益加剧使人们认识到传统管理会计不能适应制造和竞争环境的变化，如不能考虑新环境中成本形态的变化，在实务中“从属于”财务会计，扭曲了产品和劳务的真实成本；不能反映质量、可靠性、生产的弹性、顾客的满意程度等一系列与企业战略目标密切相关的指标；缺少重视外部环境的战略观念，不能提供成本、价格、业务量、市场份额、现金流量等方面相对水平和变化趋势的会计信息。而战略管理会计则可以弥补传统管理会计的缺陷，可以为企业从战略的角度审视企业的组织机构设置、市场营销、资源配置。从整体上全方位的迎接管理会计面临的挑战。

## 11.2 质量管理会计

现代企业为了在激烈的竞争环境中立足，都非常重视产品质量问题，全面质量管理已被企业广泛开展。而且国家为保护消费者，也要求企业和单位完善质量管理、强化企业内部控制。无论是在主观需要还是客观要求下，保障产品质量的会计理论和实践，在中国企业中经过40多年的发展，得到了不断的完善。

### 11.2.1 对全面质量管理的认识

质量管理专家朱兰博士（J. M. Julan）曾指出，质量从两个主要方面影响工业公司的经济，一是影响成本，二是影响收益。这说明质量是从成本和收益两个方面影响企业（公司）的经济效益。因此，研究质量管理的经济性应将质量成本和质量收入两方面联系起来。也就是说，对质量管理活动进行核算与管理，单纯依靠成本核算是不够的，还必须核算收入，确定盈亏，才算是完整的。

提高产品质量会使企业增加收入，同时也会增加成本，如果增加的收入大于增加的成本，表明质量管理带来了盈利，反之，如果增加的收入小于增加的成本，表明质量管理活动造成了亏损。我们将由于质量管理活动形成的收入和发生的成本，分别叫作质量收入和质量成本，将核算质量管理活动的经济效益的会计叫作质量会计。

开展全面质量管理，对企业具有积极的作用：

（1）增强服务意识。

全面质量管理的核心思想之一就是“为顾客着想”，顾客是产品或者服务质量的最终评判者，顾客的满意应该是全面质量管理工作的出发点和落脚点。

（2）倡导全员参与。

系统性的管理思想是全面质量管理思想的核心观点，在推行全面质量管理的企业中，每位员工都需要具备系统性的管理思想。产品质量的形成要经历多个部门，包括采购、生产、销售、技术和检验等部门，每一个环节都有可能对产品质量产生影响，因此就需要所有参与的工作人员都要有“质量”意识、“系统性”思维，要从自己的工作岗位出发，对质量严格把关。

（3）注重全过程控制。

产品质量生成的背后涵盖了一系列的活动，是一个包括产品设计、物资采购、产品生产、检验检测、包装运输等完整的过程，其中任何一个环节管理工作存在缺陷，都有可能给产品质量带来影响。

### 11.2.2 质量成本管理

实施质量成本管理，必须使预测、计划、核算、分析、控制和考核等环节相互协调，互为依据。做到核算准确，数据可靠，分析透彻，控制有效，考核真实。

实施质量成本管理，应建立管理体系，负责组织、协调、落实质量成本工作和质量改进计划，应配有专职（兼职）质量成本核算和管理人员，负责质量成本信息的收集、分析和处理。

#### 11.2.2.1 质量成本的概念

国家标准 GB/T 13339-91《质量成本管理导则》对质量成本描述为：将产品质量保持在规定的水平上所需的费用。它包括预防成本、鉴定成本、内部损失成本和外部损失成本，特殊情况下，还需增加外部质量保证成本。

（1）预防成本：用于预防不合格品与故障等所支付的费用。

（2）鉴定成本：评定产品是否满足规定的质量要求所支付的费用。

（3）内部损失成本：产品交货前因不满足规定要求所损失的费用。

（4）外部损失成本：产品交货后因不满足规定的质量要求，导致索赔、修理、更换或信誉损失等所损失的费用。

（5）外部质量保证成本：为提供用户要求的客观证据所支付的费用。它包括特殊的和附加的质量保证措施、程序、数据、证实试验和评定的费用（如由认可的独立试验机构对特殊的安全性能进行试验的费用）。

另外，按质量成本的存在形式不同，可将其划分为显见成本和隐含质量成本。

显见质量成本核算工作由国家有关部门、企业财务部门归口管理，在不违背现行成本核算制度的前提下，采用会计核算为主，统计核算主辅的办法，与现行成本核算制度的规定相互协调配套。

隐性损失成本是指由不良质量形成的机会损失，这里的机会损失与会计上的机会成本不同，它专指那些由于质量的原因造成的机会损失，如因不良质量而失去的市场份额、客户不满成本等，企业并无实际支付。机会损失是一种潜在的未来发生的损失，这项损失最大时可能导致企业无法生存。为完整反映企业的质量损益，企业应该积极寻求机会损失的量化。

#### 11.2.2.2 组织结构和职责

（1）厂长对质量成本管理工作全面负责。

（2）总工程师对质量成本的综合分析和改进负责。

（3）总工程师对质量成本预测、计划、核算、经济分析和质量成本数据的真实性和准确性负责。

（4）总会计师对质量成本指标的下达、控制、考核及其产生的效益负责。

（5）会计部门的职责：①制订年度质量成本计划；②制定质量费用科目；③组织收集质量成本经济分析，并进行统计、核算；④组织质量成本经济分析，定期向领导和质量管理部门提供质量成本经济分析报告和有关资料；⑤编制并提供质量成本数据收集、统计、核算及经济分析所需报表；

（6）质量部门的职责：①组织落实、监督、考核质量；②负责质量成本的综合分析工作，定期向领导提供质量成本报告；③根据质量成本综合分析结果，制订相应的质量改进计划，并协调各部门组织落实；④对有争议的质量成本责任做出仲裁。

（7）其他部门的职责：①组织落实本部门质量成本计划；②收集、核算并提供本部门质量成本数据，按期上报；③提供本部门质量成本分析报告。

#### 11.2.2.3 质量成本预测与计划

（1）确定比较基期和比较基数。

企业应依据实际情况确定比较基期和比较基数。基期一般应选定具有代表性的某一时期。基期一经确定，应保持相对稳定。所选定的比较基数应从不同角度说明企业的经营状况、反映企业的管理水平，并随情况变化对其作出相应调整。比较基数一般有以下几种：

①工时基数，如定额工时等。

②成本基数，如产品成本、质量成本等。

③销售额基数，如商品产品销售额等。

④产量基数，如总产量、工业总产值等。

（2）质量成本指标体系。

①预防成本率=（预防成本/质量成本）×100%　　（11.1）

②鉴定成本率=（鉴定成本/质量成本）×100%　　（11.2）

③内部损失成本率=（内部损失成本/质量成本）×100%　　（11.3）

④外部损失成本率=（外部损失成本/质量成本）×100%　　（11.4）

⑤质量损失率=［（内部损失成本+外部损失成本）/工业总产值］×100%　　（11.5）

⑥产品成本内部质量损失率=（内部质量损失成本/产品产量）×100%　　（11.6）

⑦单位产品质量成本（元/单位产品）=（产品质量成本/产品产量）　　（11.7）

在进行质量成本的预测、计划、分析、与考核时，应结合部门、企业特点以及分析、考核对象和当前的工作重点，使用不同的比较基数构成相应的质量成本指标，对上述指标适当增删，建立适合本部门、本企业的质量成本指标体系。

（3）质量成本预测。

质量成本预测是制定质量成本计划的主要依据，是通过分析各种质量要素与质量成本的依存关系，对一定时期的质量成本目标，做出长期、中期、短期预测。质量成本预测的主要依据：企业的历史资料、企业的方针目标、国内外同行业的质量成本资料、产品生产的技术条件及产品质量要求、用户的特殊要求。

（4）质量成本计划。

制定质量成本计划应与企业综合经营计划、质量计划和产品成本计划相协调。应依据质量成本预测结果，制订质量成本计划。

质量成本计划一般包括：单位产品质量成本计划、总质量成本计划、质量成本构成比例计划、质量改进措施和费用计划。

现在，科学技术日新月异，各种新材料、新工艺、新技术层出不穷，将这些技术革命的成果应用到生产上去无疑对产品的质量产生深远的影响。从实践上看，设备陈旧、工艺落后、原材料质量低劣是无法保证和提高产品质量的，同时这也是造成废次品的主要因素。

### 11.2.3 质量收入的确认

质量收入是指在质量得到保证或较原有水平提高后，企业和社会所得到的或将要得到的更多的价值或使用价值。质量收入分为企业质量收入、用户质量收入和社会质量收入。

### 11.2.3.1 企业质量收入的构成



企业质量收入包括本期实现的质量收入和潜在的质量收入两部分。

（1）本期实现的质量收入是企业全面质量管理在本报告期内创造的直接收入，是已实现了的货币流入量，一般包括：包括降废增产收入、降次增收收入和优质优销收入。



"降废增产收入"可通过以下公式计量和确认：

某产品降废增收收入=该产品本期实际销售数量×（该产品上期废品率-该产品本期废品率）×该产品售价　　(11.8)

降低次品率就意味着增加了合格品，"降次增收收入"也是质量收入。其计算式如下：

降次增收收入=本期产品销售数量×（该产品上期次品率-该产品本期次品率）×（合格品售价-次品售价）　　(11.9)

一般来说次品还存在不同等级，不同等级次品的单价各不相同。因而在"降次增收收入"的计量中必须考虑这一因素。具体方法是对次品单位售价进行加权平均，以各等级的次品占全部次品的份额为权数，求得本期次品的平均单价，然后据此计算"降次增收收入"，其公式如下：

降次增收收入=本期产品销售数量×（该产品上期次品率-该产品本期次品率）×（合格品售价-各级次品平均售价）　　(11.10)

优质优销收入是本期产品质量高于上期所形成的，并通过产品销售而实现的收入。可用下面这个公式加以计算：

优质优销收入=（本期产品销售数量-上期产品销售数量）×（本期产品销售价格-上期产品销售价格）　　(11.11)

（2）企业潜在的质量收入是在持续经营的条件下，企业在未来一定的生产周期内可能得到的质量收入。其具体包括潜在的减废增产收入、潜在的优质商誉收入、潜在的优质广销收入、潜在的工作质量提高收入和其他潜在质量收入。

企业的潜在质量收入是全面质量管理效益在时间上的延伸。质量成本的某些支出如部分预防费用、质量改进费用支出，不可能立竿见影，而只能在未来的经营周期内持续地发挥作用。潜在的质量收入是本期实现的质量收入的递延，只有综合核算这两项质量收入，才能为企业的微观决策提供全面可靠的数据，并有利于企业管理者立足于长远利益，使眼前利益和长远利益得到统一。

### 11.2.3.2 用户质量收入和社会质量收入

用户质量收入和社会质量收入相对企业质量收入来看，是在本企业之外创造的全部质量收入之和。如因使用成本降低给消费者带来的质量收入；由于减少对生态平衡的破坏，减少对环境的污染，提高稀缺资源的利用程度，用代用品取代不可再生资源而给社会带来的质量收入等。相对于企业质量收入，二者属于间接质量收入，具有一定的模糊性。

由于间接质量收入的得益主体是消费者和社会，不易计算，生产企业在测算质量收入时往往忽视。但需要特别指出的是，一个企业的全面质量管理要取得持续的成功，必须取得商品市场的长久支持和信任，而这取决于较高的用户质量收入和社会质量收入。因此，只有跳出企业这个狭隘的天地，立足于用户和社会，把降低产品寿命周期成本，提高用户质量收入、社会质量收入当作质量管理的重要任务来抓，才能使企业保持持续的竞争优势。

### 11.2.4 质量管理会计的核算

建立质量会计，就是要按照费用和收入相配比的原则，合理地确认和计量 旨在保证和提高产品质量的质量成本，合理地确认和计算产品的质量得到保证和提高而实现的质量收入。将具有因果关系的质量成本和质量收入进行配比，即用质量收入去补偿质量成本，补偿后还有余额就作为质量利润加以确认和计量。如不足补偿，形成一个差额，就作为质量亏损加以确认和计量。

质量利润或质量亏损是综合考核质量经济性的指标，质量利润越大，表明质量管理活动越有效，质量亏损越大，表明质量管理工作越差。同时，质量损益信息具有重大的反馈价值。

质量损益=质量收入-质量成本-质量费用 (11.12)

质量会计核算可以结合一些相关指标来进行分析：

（1）百元销售收入的质量成本=质量成本/产品销售收入×100，其数值越小越好。

（2）百元总成本的质量成本=质量成本/产品总成本×100，该指标反映报告期内质量成本小总成本的比重。

（3）百元销售收入的质量收入=质量收入/销售收入×100，这个指标因质量提高而超过产品计划等级品率的收入和其他的质量收入，这个比重越大越好。

（4）分析质量收入中质量成本的比重其公式等于质量成本/质量收入×100%。

（5）质量损益率=质量损益/（质量成本+质量费用）×100%，该指标是“矿中黄金”的价值表现，即由于质量管理给企业带来的经济效益。

## 11.3 环境管理会计

当今环境问题越来越成为一个国家的经济问题和社会问题，环境会计信息已成为企业外部信息使用者对企业会计信息的需求之一。环境管理会计可以促使企业在追求经济效益的同时，增强环保意识，合理的开发利用自然资源，维护生态平衡，实现经济效益和环境效益同时最大化，所以，政府、投资者、债权人、社会公众等对企业提供环境会计信息提出了必然的要求。企业管理者也需要环境会计信息的帮助来实施企业的环境管理计划，为企业各项决策提供更有益、全面的信息。尤其是自政府实施严厉的环保法规以来，利益相关者对企业环境会计信息提出了更高的要求，企业迫切需要通过环境报告来改善社会形象，以确立在行业中的竞争优势。企业披露环境会计信息，还有助于更好地解决受托责任和接受社会环境资源评估机构的考核，解脱环境责任。

随着我国加入世界贸易组织以来，实施环境会计变得势在必行。第一，大量外资企业入驻我国，需要建立健全的环境会计制度来进行约束。第二，我国越来越多的企业向国际化发展，也需要应培养对外披露环境会计信息的意识，以适应国外要求。

### 11.3.1 环境会计理论的发展

环境会计研究起源于美国，从1970年开始，美国提出环境会计研究，并颁布了一系列与环境保护有关的法律和法规，以保护环境不被企业的发展所破坏，并且提出了企业破坏环境所必须付出的成本，致使企业产生环境成本和债务的问题。

#### 11.3.1.1 美国环境会计发展概述

美国财务会计准则委员会（FASB）对应这些法律，在《或有事项会计》准则中规定：只要环境事项具备债务发生或资产损失的可能性，并且金额能够合理估计时就应确认为或有事项——或有负债，并要求企业进行相关信息披露；在《损失金额的合理估计》准则中，对环境负债的计量做了详细的解释；在《EITF90-8 环境污染费用的资本化》准则中，就环境支出应该费用化还是资本化做出了具体规定；《EITF93-5 环境负债会计》准则中，要求将潜在的环境负债项目单独估计并列示，从一般的或有负债中单独列出并加以估计。

1995年，美国环保署颁布《鼓励自我监督：发现、披露、改正和防止违法》，目的在于让企业自觉发现、披露、改正其对环境造成的违法行为，并对自主发现、披露、改正的违法行为给予政策性的优惠——减免法律的处罚；并且发布了《作为经营管理手段的环境会计：基本概念及术语》，定义了环境会计以及其他相关术语。

美国注册会计师协会发布的《环境负债补偿状况报告》，提出了关于企业报告环境补偿责任、确认补偿费用方面的基本原则，提供了解释补偿责任的多种方法。美国证券交易委员会（SEC）的《第92号专门会计公报》，详细列示应在财务报表中单独列示的应收补偿款和环境负债；规定了环境负债计量的基础以及应如何确认可能承担的环境成本、在报表中披露与环境相关的预计负债等。

除此之外，美国国家环境保护局还组织编写了《环境会计导论：作为一种企业管理工具》一书，其中阐述了的环境会计的含义。在环境会计成本计算、成本分配、环境会计信息应用等方面都为企业在信息披露方面提供了实践上具有技术性的指导。由此可见，经历了二十多年发展，美国信息披露法律法规基本发展的比较完善，总结来说，美国信息披露基本形成了一个规范的、有层次的体系，主要能分成环保法律法规、会计准则和其他相关法律法规三个层次。这样的大环境下，企业的信息披露工作能够得到法律强有力的支持。同时，为了更好地实施监管措施，美国证券交易委员会与美国环境管理署（EPA）合作，环境管理署向证券交易委员会提供涉及环境负债和环境纠纷的公司名册以及涉及金额，证券交易委员会对其提供名册上的公司的信息披露进行重点严格的监管，特别对产生了严重的环境问题，但没有适当披露相关信息（如环境负债）的公司进行处罚。

#### 11.3.1.2 国际环境会计发展概述

1998 年，联合国政府间的第十五次会议通过了《环境成本和负债的会计与财务报告》，这是有史以来第一份关于环境会计的报告，也是一份完整且系统的报告。以加拿大为例，1993 年，加拿大特许会计师协会（CICA）发布了《环境成本与责任：会计和财务报告问题》（*Environmental Costs and Liabilities: Accounting and Financial Reporting Issues*），明确要求建立适合于环境会计发展研究的理论框架体系，完善相关环境信息披露指标，提升环境信息披露质量。其中，也突出说明了环境费用的划分和确认条件，并对相关环境信息的会计处理做出了进一步说明。关于环境生态修复的问题，该报告强调企业未来的发展战略需从整体出发，对于由环境原因引发的资产修复必须加以重视。1992 年，CICA 发布的《环境审计与会计职业的作用》（*Environmental Auditing and the Role of the Accounting Profession*）也论述了环境审计以及环境绩效的相关问题。

1990 年，英国完善了本国的环境保护法案，将污染物排放列为环境会计信息披露必不可少的构成部分，同时明确了各种污染物的排放标准，尤其是工业“三废”排放目标的设定。1992 年，欧盟颁布《向可持续发展》（*Toward Sustainable Development*），开始了环境会计信息披露与披露质量方面的研究，扩宽了环境会计的目标规范，使得环境信息能够借助相关载体被利益相关者所参考。

1999 年，日本环境省就发布了《关于环保成本公示指南（1999）》，突出强调了环境成本的重要性，要求企业全方位地披露环境信息。2002 年，该机构修订了《环境会计指南手册（2002）》，将其作为重点的法律参照标准。2005 年，日本政府将以上法案进行系统整理，并结合在实践中运用的成效，推行《环境会计指南手册（2005）》，其中，强调了资源分类、明确了成本核算、明晰了构成内容、强制要求披露环境信息报表，直到现在该手册仍在指导日本环境会计的发展。一系列法律的推行，使得日本在自然资源极度匮乏的情况下也能做到自然与经济相对和谐的发展。

1998 年，联合国国际会计和报告标准政府间专家工作组（United Nations Intergovernmental Working Group of Experts on International Accounting and Reporting Standards）通过了第 15 次决议。其中的两个重要议题对环境成本、环境负债进行了具体阐述，明确规定了核算手段与核算方法，同时强调采用相对规范的统一的报告来具体阐述相关环境会计处理问题。此决议的通过，宣告了世界上第一部关于环境会计处理指南的诞生。1999 年，该组织通过了《环境会计及其报告格式的公告》（*Environmental Accounting and Report Position Announcement*），表明统一的环境会计披露制度与披露报告规范初步形成。

2000 年，全球报告倡议组织（Global Reporting Initiative，GRI）发布了《可持续发展报告指南》。该指南强调经济的发展与生态环境密切相关，其涉及的资源利用、自然环境承载力都要在相关会计核算中加以披露。2001 年，World Bank 对会计核算科目进行了完善，特意将环境账户列为必须披露的要素之一。它强调企业真实业务必须遵循客观性原则，不仅体现在经济收入的增长变化上，也体现在环境资源的利用上。2012 年，联合国颁布了自然资源核算标准 SEEA（2012），标志着生态自然资产的核算开始以相对完善的标准作为参考，也成了标准化的环境会计。2008 年，美国、加拿大与澳大利亚联合颁布了《2008年国民账户体系》，将环境信息科目核算与整体目标发展规划相结合，形成了指标化的财务报表披露体系，环境信息通过报表加以传递表达。随着制度的不断完善，就目前而言，欧美国家俨然形成了一套包括环境会计核算、方法、信息披露以及自然资产核算等的法律规范体系。

#### 11.3.1.3 我国环境会计发展状况概述

根据《中华人民共和国生态环境部》公布的《上市公司环境信息披露指南》：火电、钢铁、水泥、电解铝、煤炭、冶金、化工、石化、建材、造纸、酿造、制药、发酵、纺织、制革和采矿业等16类行业为重污染行业。并要求此类上市公司应当发布年度环境报告，定期披露污染物排放情况、环境守法、环境管理等方面的环境信息。16个重污染行业涉及面非常广，例如，农副食品加工业包括食用植物油加工、制糖、肉制品及副产品加工等；纺织业包括棉、化纤印染精加工、毛和麻纺织、丝印染精加工、无纺布制造等；皮革、毛皮、羽毛（绒）及其制品业；非金属矿物制品业包括水泥制造、建筑陶瓷制品制造、防水建筑材料制造等；饮料制造业包括酒精制造、啤酒制造、葡萄酒制造、果菜汁及果菜汁饮料制造、固体饮料制造等。涉及规模以上行业和规模以下一些污染严重企业。

2011年国家发布《企业环境报告书编制导则》，搭建了环境会计信息披露的具体内容框架；2015年，我国出台新的《中华人民共和国环境保护法》，上交所以此发布了七项指引；2016年，在全国人大常委会第二十五次会议上表决通过了《中华人民共和国环境保护税法》，并且于2018年1月1日起征。这一系列法律法规的出台，都显示出国家对于环境保护的重视。

2017年，习近平主席在十九大报告中指出，我们的目标是要建设人与自然和谐共生的现代化，必须坚持节约优先、保护优先、自然恢复为主的方针，形成节约资源和保护环境的空间格局、产业结构、生产方式、生活方式，提出要推进绿色发展、着力解决突出环境问题、加大生态系统保护力度、改革生态环境监管体制。这些举措都表明了国家对环境保护的大力关注和推动，企业进行全面环境会计信息披露已经是大势所趋。

### 11.3.2 环境会计与财务会计的区别

财务会计注重于企业经济业务中的相关收支问题，在核算过程中不能反映环境因素所产生的影响。因此，环境会计就在财务会计的基础上，完善了相关核算指标，将企业日常经济活动中的相关环境因素加以考虑，如环境资产、环境负债、环境成本等问题。相较于传统的财务会计，环境会计具有明显的三个跃进，具体表现为：

（1）要素来源于传统的财务会计，但又有别于传统的财务会计。

环境会计在科目要素设置上遵循了传统财务会计的相关分类，确认条件、计量手段大致相同，但又增加了环境要素的考量和数据的收集整理。

环境要素包括环境资产、环境负债、环境成本和费用。环境成本和费用包括矿产补偿、环境治理、环保公益、环境税负、公益支出、罚款支出等明细科目，相比于传统意义上的财务会计，这些明细科目的设置更加偏重于对生态环境因素的考虑，使得在核算企业整体业务的收入、成本、费用时，更加客观真实，也能反映企业真实的绿色经营成果。

（2）会计假设和会计原则进一步延伸。

相比于财务会计，环境会计在核算中不会只考虑主体的唯一性，而是根据不同的利益相关者，选择最合适的、综合效益最好的进行考虑，应考虑的因素包括主体的公共属性和生态属性等。

环境会计计量方面也不仅仅局限于传统的方法，还将实物量与价值量分别进行核算。

（3）研究领域及研究对象进一步扩宽。

环境会计的研究理论向各门学科延伸，扩宽了环境会计理论的基本框架。

①将可持续发展理论引入环境会计中，强调了“需要—限制—公平”原则的重要性。因此，环境会计理论也论述了三点要求：一是需要，即要以满足人类需要作为发展的目标；二是限制，环境承载能力制约人类的行为；三是公平，强调代与代之间、代内不同国家和不同地区之间、人类与其他生物种群之间的公平。

直到今天，在强调和谐发展观时，经济与生态的协同发展仍是环境会计研究所要达成的一致目标。公认的可持续发展理论成为研究环境会计发展的最为基础性的理论之一。

②环境经济理论认为，企业利润最大化的目标势必会造成经济活动与生态环境问题之间的矛盾，导致外部性问题的出现。该外部性的显著表现是环境问题的产生。

如果片面注重发展经济而忽视环境问题，就会使环境问题凸显出来，无形中会影响企业实际的经营核算。为了能够更加准确地制定企业经营指标，需要将环境经济中的外部性引入环境成本核算中。因此，外部性理论作为生态经济学和环境经济学的基础理论之一，也被广泛应用于环境会计研究之中。

环境会计的外部性表现有两个方面：一是资源开发利用影响生态环境带来的企业外部成本；二是企业开展生态环境保护活动所产生的外部效益应作为企业环境收益，这也是环境会计核算与财务会计核算的区别所在。在传统的财务会计核算中，环境外部性对企业经营产生的影响是不参与会计业务核算的，但在环境会计核算中，必须考虑环境问题。只有综合考虑所有经济问题与环境生态问题，才能达到真正意义上的帕累托最优。

### 11.3.3 环境管理会计信息披露的原则

环境会计信息的内容可以大体分为两类，一是环境会计财务信息，二是环境绩效信息。

环境会计财务信息主要反映那些与环境因素有关的、企业能够用货币计量的会计信息。环境会计要素可以由传统的会计要素延伸出来，包括环境资产、环境负债、环境权益、环境收入、环境费用和环境利润。

企业环境绩效信息则应包括三个方面：环境相关法律法规的执行情况、环境质量情况、环境治理情况和污染物利用情况。一般用非定量形式表达在财务情况说明书中。

环境会计除了要遵循传统会计的原则，如可靠性原则、相关性原则、可比性原则和可理解性原则外，由于其特殊性，使其具备三个新原则：

（1）法规性原则。

它是指企业根据国家相关环境保护法律法规的规定，特别是政府确定的重点污染源行业，必须在保护环境的过程中所进行环境会计信息的确认、计量和反映。

按照“谁受益，谁负担”的原则，企业应对所耗费的资源和破坏的生态环境付出一定的代价。但“代价”的付出总是带有不情愿性，而唯有法律具有强制性。因而，政府会计管理部门和环境保护部门必须对企业的环境信息披露做出强制性的规定，并鼓励企业披露尽可能多的环境信息。

（2）一致性原则。

环境问题是全社会面临的重大问题，无论企业还是各级政府、各种社会团体和组织，无论外资企业还是内资企业，无论污染严重的企业还是污染较轻的企业，只要是有污染问题的就需要揭示。关于环境会计信息披露的内容，对各主体的要求应该基本一致，不应存在歧视或偏袒，才能正确衡量社会环境信息。

### 11.3.4 对环境会计核算的认识

环境科目设置与相关核算方法一直是环境会计的重点。环境资产、环境成本、环境费用以及或有事项等科目的不断出现，进一步完善了环境会计的科目构成。一系列的共识、原则、核算标准、核算方法的提出，也进一步推动环境会计向整体化、体系化发展。

以美国为例，其环境会计的核算从两个层面出发：宏观上，其落脚点为美国的州联邦等行政主体，从绿色 GDP 角度考虑，对整体收入进行核算；微观上，其落脚点为行业、产业等相关主体，分为企业的环境责任报告以及战略管理报告等涉及环境会计的内容。

我国吸收借鉴国外环境会计理论的成果，也将环境会计的工作方法分为宏观、微观两大方面。但与美国不同的是，我国在环境会计核算方面侧重于微观上的研究，即以企业为主体，通过会计的方法将会计学与环境相结合，对环境污染、环境预防和治理、环境资源的开发和利用的成本、费用进行确认、计量和记录并向信息使用者提供环境信息。环境会计的核算对象主要为自然资源的价值、环境污染带来的影响、环境保护支出、环境收益等。

（1）《企业会计准则——会计科目和主要账务处理》规定：管理费用核算企业为组织和管理企业生产经营所发生的管理费用，包括矿产资源补偿费、研究费用、排污费等。执行《小企业会计准则》的企业，资源税、矿产资源补偿费、排污费等应记入“税金及附加”科目。

（2）《中华人民共和国环境保护税法》中规定，纳税人排放应税大气污染物或者水污染物的浓度值低于规定标准百分之三十的，减按百分之七十五征收环境保护税。现行排污费由税务机关，按照本法和税收征收管理法的规定征收，这较以前由环保部门征收，增加了执法的规范性和刚性。同时，考虑到环境保护税的征收管理专业性较强，本法还强调了环保部门和税务机关的信息共享与工作配合机制。

（3）《企业会计准则第五号——生物资产》，规范了与农业生产相关的生物资产的确认、计量和信息披露；提出了公益性生物资产概念和核算办法，例如规定自行营造的公益性生物资产的成本，应当按照郁闭前发生的造林费、抚育费、森林保护费、营林设施费、良种试验费、调查设计费和应分摊的间接费用等必要支出确定。

（4）《企业会计准则第 13 号——或有事项》，规定了对预计环境负债的处理情况。

（5）《企业会计准则第 27 号——石油天然气开采》规范了开采石油天然气活动的会计处理和信息披露。第二十三条具体规定了企业应承担的矿区废弃处置义务，和固定资产弃置费用的处理。

我国对环境会计处理方法的相关规定主要是由财政部制定的，不像美国，参与机构包括了美国财务会计准则委员会、美国环保署、美国注册会计师协会和美国证券交易委员会。这样就无法从多方面、多角度对环境会计信息的披露进行规定。另外，我国与环境会计信息相关的会计准则分布的十分零散，容易造成企业忽视对环境会计信息的披露，这些问题是我们亟待解决的。

我国有关部门正在结合相关行业的特殊性，制定行业化适应标准，而非从整体上制定笼统的核算指标。同时，正在完善社会环境审计制度，建立独立的第三方环境责任审计，一旦发现问题，立即启动强有力的环境追责机制。

### 11. 3. 5　环境会计信息披露的形式

由于环境问题的特殊性，环境会计信息往往以不同的形式存在，目前，我国企业的环境会计信息披露的形式主要表现为：

（1）我国所披露的环境会计信息中，货币形式占主要部分，其主要集中在环保投资、绿化费、排污费及其他环境支出等相关内容，而这些内容几乎都是出现在报表附注中，作为会计科目的明细科目进行列示。

（2）非货币信息形式主要集中在环境认证、政策影响等难以量化的项目中。

（3）货币与非货币结合披露的信息大部分是董事会报告中有关筹措资金时使用，及下一年度生产、经营计划等方面的内容，另外有关环保拨款与补贴、税收减免，或有事项等也多以货币与非货币结合的形式进行披露。

模式一：对现行会计报告加以改进。第一，在现有会计报告内披露，不单列项目将相关环境会计信息糅合到现有会计报告的相关项目之中予以披露，不单独列示环境会计要素各项目。第二，在现有会计报告内披露，单列项目将相关环境会计信息在现有的会计报告中披露，增列环境会计要素有关项目，并单独列示。

模式二：编制单独的环境会计报告。①单独编制环境资产负债表、环境利润表、环境现金流量表及其附表。环境资产负债表的设计仍分为三大部分：一是环境资产，包括短期环境资产、长期环境资产；二是环境负债，包括环境（资源）借款、应付环保设备款、应交环境资源税、应付环境（资源）款、应付排污款、环境负债合计；三是环境所有者权益（或股东权益），包括环境成本、环境资本公积、环境利润、环境所有者权益合计。环境利润表应根据“直接环境收益-环境成本费用支出=环境利润”进行设计。环境利润表的设计仍采用报告式结构：第一，直接环境收益；第二，环境成本费用支出；第三，环境利润。②将所有环境会计要素信息与综合环境效益信息并入一份报告中予以披露。环境会计报告的设计可采用报告式结构：环境资产，包括短期环境资产、长期环境资产；环境负债；环境所有者权益（或股东权益）；直接环境收益；环境成本费用支出；环境利润；综合环境效益指标。同时分设“财务指标（金额）”和“非财务指标”栏。

模式三：对现行会计报告涵盖不了的部分单独披露。环境会计要素（环境资产、环境负债、环境所有者权益或股东权益、直接环境收益、环境成本费用支出、环境利润）各项目皆能被现行会计报告所涵盖，可直接在现行会计报告内披露或对现行会计报告改进披露。而环境质量情况、环境治理和利用情况、环境法规制度制定与执行情况等综合环境效益指标单独披露。

## 11.4 智力资本管理会计

到了知识经济时代，企业竞争的焦点不再是有形的物质资本的竞争，而是渐渐转向无形的技术、知识与智力之间的竞争，使得智力资本不仅成为企业竞争与发展的稀缺资源，也是企业可持续发展的关键资源。因此逐渐形成了“物质资本与智力资本合作”的生产方式，智力资本也成为知识经济的核心资源。

全球性大公司超出想象的发展速度印证了这一点，微软市值从 1985 年的 8 亿元发展到 2004 年的 2 800 亿元，10 年时间增长了 350 倍。目前，很多高科技企业的市场价值与账面价值差异悬殊，显示出公司的价值状态已不能仅用物质资本来反映，智力资本这一价值驱动因素日益凸现出来。

但作为一个较新的理论体系，各界对智力资本内涵的界定还存在分歧，加上智力资本本身的无形性、增值性等特点，决定了它不能以传统会计的历史成本法来计量，它的计量方法也在探索发展过程中。虽然全世界都认同智力会计的产生，但目前还未形成一个世界公认的智力资本会计体系。

### 11.4.1 智力资本的概述

#### 11.4.1.1 智力资本理论的发展历程

美国学者佩蒂和格思里在 2012 年国际著名期刊 *Journal of Accounting &Economics* 发表文章，认为应将智力资本研究分为两个阶段：第一阶段的主要目的是提出智力资本研究的必要性，“创造一个具体的，可以广泛讨论的研究项目”；第二阶段的目的是“使智力资本研究成为一个正统的研究项目，并不断收集证据去支持其发展”。格思里等认为，智力资本研究的第三阶段已经开始，其标志是 2004 年发表在智力资本杂志上的论文《处于十字路口的智力资本：智力资本的管理、测量和报告》，这一阶段的特点是在实践中对智力资本进行了批判性的研究，专注于如何使用智力资本来管理公司。

第一阶段：认识到重要性。

第一阶段大致从 20 世纪 80 年代末至 20 世纪 90 年代，在这一阶段中，智力资本的研究主要帮助发展了“智力资本框架”。美国财富杂志的托马斯 · 斯图尔特通过他的著作普及了智力资本的概念，推广了平衡计分卡的广泛应用。

这一阶段中，学者们对智力资本的内涵和构成提出了很多见解，被广泛接受的是三元论，即智力资本包含人力资本、结构资本、关系资本的观点。

瑞典 Skandia 公司结合本公司的实践，创建了“斯堪迪亚导航仪”（The Skandia Navigator）。该模型使用了 91 项新的智力资本测量指标与 73 项传统指标来测量模型中的财务、客户、运作过程、人力资本、更新与发展五个方面的核心内容，如图 11.2 所示。

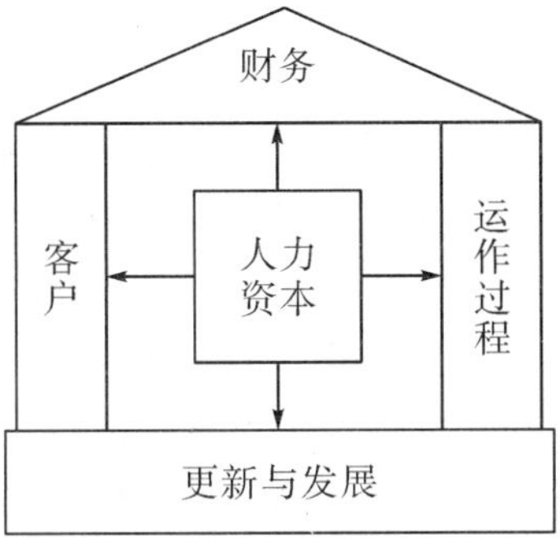


**图 11.2 斯堪迪亚导航仪**

其通过类比等处理方式将一百多项指标最终转化为两类指标：货币金额和百分比率。将货币指标通过事先设定的权重结合起来，就可得到一个组织的货币资本价值（C）；而将百分比指标结合起来就可形成智力资本效率系数（I）。一个组织的智力资本价值就是这二者的乘积，即：

组织智力资本 = I×C　　(11.13)

绝对变量（C）强调一个组织对于未来的承诺，效率变量（I）则突出反映组织“速度、位置与方向”特征。

第二阶段：通过实证研究支持智力资本研究的深入。

在完成了智力资本框架搭建之后，智力资本研究进入第二阶段，该阶段主要致力于通过实证研究评估智力资本对财务结果的影响。在这个阶段中，很多测量、管理和报告智力资本的方法被提出来，这些方法要么将智力资本定义为一个整体，要么在各种智力资本构成观点的基础上定义了智力资本的不同元素。对于智力资本的计量方法，2007 年派克和 Roos 认为，存在 100 余种智力资本价值评估计量方法，但能够被广泛接受且使用的方法似乎并不存在。

2004 年，Ante Public 开发了智力资本增值系数（Value Added Intellectual Capital, VAIC），用来衡量智力资本和财务资本的增值潜力。Ante Public 认为，企业的资本包括财务资本和智力资本，因此企业的绩效取决于财务资本和智力资本的增值效率两部分，模型如下：

VAIC = ICE（智力资本增值系数）+CEE（物质资本增值系数）　　(11.14)

其中：ICE = HCE（人力资本增值系数）+SCE（结构资本增值系数）

而 HCE = VA/HC，SCE = SC/VA，VA = 利润总额+工资+资产减值损失+利息，HC 为全部工资，SC = VA- HC。

这个模型使用财务报表上的数据计算出的价值增加额作为智力资本的数额。Ante

Public 对 1993—1995 年的 24 家奥地利最大的银行和欧洲主要银行进行了实证分析后得出了四条重要结论：①提高智力资本效率是企业获取持续成功的最简单、成本最低且最安全的方式；②智力资本是企业获得成功的最重要的资源；③VAIC 是一个计量智力资本的合适工具；④事实表有理由更加关注智力资本。

随后，大量学者对 VAIC 模型进行了实证研究，例如，扎恩等通过对 2000—2002 年间，每年约 300 家新加坡公司进行了研究，分析了 9 个主要工业部门。分析表明，不同工业部门的价值增加值的创造效率存在很大的不同（例如，房地产业的平均 VAIC 最高，而建筑业最低）。2002 年，VAIC 方法还被用于欧盟国家的比较研究，根据对诸个国家的实证研究发现，欧盟中的小国家的价值增加值的创造是最有效率的（唯一例外就是意大利），但是像英国和德国这样的欧盟大国，在效率方面的甚至极小的改进也会导致价值增加值有很大的增加。卡马特利用 VAIC 模型分析了 2000—2004 年印度银行业的表现，该研究从银行样本的整体平均、分组平均和单一银行 3 个方面计算 VAIC。卡马特通过分析认为，在印度的外资银行关键资源的投资与公共部门银行相比价值较低，但这些资源的使用效率平均来说却很高。卡马特认为公共部门银行为了达到社会雇佣义务，在人力资本方面进行了大量投资，而这方面投资并未给价值创造效率作太多贡献，从而导致其业绩不好。

大量实证研究的结果发现：一方面，智力资本在不同企业的不同时期内涵是动态的，其构成（即使以最为广泛接受的三元论来看）也是动态的，采用一种固定的方法去计量动态的智力资本是不现实的；另一方面，即使是内涵构成一致的企业群中，智力资本是否能够被准确计量本身也存在争议。

总之，该阶段没有形成一个统一的定论，远未达成坚实的科学共识。例如，在《智力资本》2003 年 4 期上同时刊登了两篇论文，著名会计学者（Ahmed Riahi-Belkaoui）通过实证分析发现智力资本与财务业绩之间存在着积极的关系，而 Firer-Blaess S. 研究了智力资本与传统的企业绩效度量（ROA，ROE）之间的关系，却没有发现任何关联。

此外，在这一阶段，智力资本披露的实践也在进行，从欧盟到日本，政府都积极地在企业中推行实施智力资本的报告，并出台了一系列指导企业报告智力资本的条例和制度。

第三阶段：批判与发展

第三阶段部分继承了第二阶段的研究主题，进一步考虑了智力资本的评估方法，但更关注对于公司管理人员实际运用的意义。

例如，部分学者认为 VAIC 模型中各要素的构成内容过于简单，远远没有把智力资本的内容涵盖到位。一般常识认为人力资本主要包括：人的知识、技能、身心素养等，VAIC 模型并未考虑这些因素；结构资本有对内与对外之分，对内主要包括企业文化、组织结构、设施设备、管理方法等，对外而言，结构资本是人能动性的发挥作用建立的与其利益相关者的关系好坏程度，对外主要包括：顾客关系、股东关系、债权人关系、供应商关系、政府关系、社会关系。而这些要素，在会计中如何确认和计量，却是个大难题。

甚至有的学者认为价值增值（VA）中的利润不应包含营业外收入与营业外支出，

也不应包含资产减值损失与公允价值变动损益。原因是这些数据是由于环境等非主观因素的影响来影响企业价值的，与智力资本无关。

所以很多学者对 ICE 的构成内容提出了新的意见，比如提出了加入关系资本的智力资本增值系数法，将关系资本用业务招待费或者用利润表中的销售费用来代替。这些意见细化了原有的结构资本，使得给出的建议更具有可操作性。

但在实践中也存在一些问题：①将利润表中的管理费用来近似代替结构资本。不合理之处在于，我们平时将管理人员的工资计入了管理费用，而管理人员的工资，在智力资本的含义中应列为人力资本的范围内。②将利润表中的销售费用来近似代替关系资本。此处的关系资本应包含企业与利益相关者之间的关系好坏程度。销售费用的投入，仅部分体现在顾客关系这一层面，且销售人员工资也计入销售费用内。销售人员的工资也属于人力资本投入的范围。所以本文不采纳用销售费用近似表示关系资本，用管理费用近似表示结构资本。

从智力资本的发展历程可以看出，现阶段还很难对其下一个明确的定义。如果要勉强给个成文的描述，本教材综合一些学者的观点：智力资本被广泛认为会给企业带来竞争优势的、人的智慧创造的无形资产的总和，包括知识、经验、知识产权、信息、企业文化、顾客关系等。

#### 11.4.1.2 智力资本的特征

（1）无形性。

智力资本不具有实物形态，不像厂房设备、土地资金那样有一个客观的实体存在，能够看得见、摸得着。如员工的知识技能等，存在于人的头脑之中，只有通过具体的劳动作用到其他实体上才能够被我们感知。

智力资本的价值实现过程是无形的，非常隐蔽。比如知识产权虽然是以文本的形式呈现，但是这种文本形式的产权本身是毫无价值的，它的真正价值在于人对它的理解和利用，而对它的使用利用过程是无形的。

（2）高增值性。

物质资本在使用中会不断损耗（在会计上体现为折旧），而且一旦出售则意味着企业放弃其所有权，而智力资本非但不会耗损，还会在使用过程中不断增值。这是因为智力资本的基础是知识，随着使用者不断理解掌握，并且在应用过程中形成的经验还会增值，并且智力资本在为自身所利用的同时还具有共享性，在员工相互交流的过程中使得知识得以放大和深化。

（3）长期积累性。

智力资本在一定程度上可以通过购买获得（如商标、专利技术等），但在绝大多数情况下，还是通过长期的积累而形成，企业通过内部机制积累而逐渐形成的智力资本才是真正可靠的。技能、经验的积累需要劳动者不断创新、吸收知识，企业文化、管理风格的形成也需要在日常经营过程中长期摸索。因此，智力资本是企业在长期的管理过程中所获取的经验和实践的不断积淀的成果，这样也决定了智力资本比物质资本有更高的稀缺性和难以模拟性。

（4）不确定性。

智力资本的无形性决定了其脱离载体而独立存在是毫无意义的，它必须依附于一定的载体，也正因如此才造成了智力资本的不确定性。

企业的品牌声誉依赖于企业的产品和服务，如果某一产品或服务出现问题，则对企业的声誉带来负面影响。智力资本发挥作用很大程度上取决于知识的有效载体- 人的身上，人一旦离开企业，则其承载的知识也会随着人的离开而流失。企业的组织结构、经营领域、销售渠道等都会随着外部环境的变化而变化。因此，智力资本发挥效用隐含着极大的不确定性。

（5）受益长期性。

智力资本的形成是靠知识的不断积累、对规律的把握和经验的吸收，其一旦形成，所有者可以受益终身。智力资本投资收益也许常常不会表现在当期，而是在以后各期不断发挥作用。

#### 11.4.1.3　智力资本的构成要素

学术界已普遍接受了智力资本三元说，认为智力资本是由人力资本、结构资本和关系资本三部分所构成，而其他的划分也只是在此基础上的衍生和划分的粗细程度不同而已。

（1）人力资本。

既然把智力资本定义为建立在知识能力的基础上，而知识又存在于人的头脑之中，那么人力资本就成为智力资本最核心也是最首要的构成要素。人力资本指企业所有员工所拥有的知识、技能、经验、忠诚度以及合作愿望等的集合，包括员工所具有的专业知识、创作能力、领导力、管理技巧和问题的能力等。

（2）结构资本。

人力资本要想发挥作用离不开环境的支持，有效地组织结构设计、适当的集权分权政策、激励员工的奖惩制度以及有正向效应的企业文化等都是结构资本作用的体现。

结构资本又称组织资本，它既包含了架构，又包含了流程的涵义，是指以数据库、系统、文化等方式储存于企业中，并已经制度化和结构化的保证企业运作的技术、方法和过程。包括企业文化、治理结构、业务流程、信息系统和制度规范等。

（3）关系资本。

关系资本常常与顾客资本、外部资本、社会资本相提并论，他们本质上是相同的，只是随着研究的深入对概念上的扩展。它是指企业在长期的经营过程中所形成的所有内部关系与外部关系的集合，它不仅包括与顾客的关系，还包括与其他利益相关者之间的关系，如股东、供应商、销售渠道、合作伙伴、政府社区。

它们之间不是相互独立互不影响的，而是相辅相成、有机结合的。人力资本是智力资本的源泉；结构资本是能够把个人的专有知识转化为集体财富的平台与杠杆；关系资本是企业实现增值的关键，是人力资本和结构资本发挥作用的直接保障。

### 11.4.2　智力资本的计量方法

现代企业的研发投入和智力资产数量都呈明显上升趋势，而且智力资产在形成过程和运营过程都具有波动性及收益不确定性，因此，智力资产研究已经成为管理会计的一个重要的发展方向。探究如何有效对智力资产进行计量和记录，对于加强对其的管理和风险控制，可以提高管理水平和经济效益，已成为各个单位的迫切需求。

通过文献检索可以看出，关于智力资本计量的研究已经有很多，但是，智力资本计量依然处于探索阶段，目前尚没有一个通用的方法或者一致的计量理论。

瑞典的 Sveiby 教授（2007）提出，已有的计量智力资本的方法可以分为四类：

第一，智力资本直接计算法（Direct Intellectual Capital Methods）。这类方法通过确认智力资本的不同组成部分来估计无形资产的货币价值。一旦每个部分得到了确认，它们就可以被单独评估价值或作为一个总计系数得到评估。

第二，市场资本化方法（Market Capitalization Methods）。这类方法计算公司市场价值与股东所有者权益的差值，并将差值作为智力资本或无形资本的价值。

第三，资产收益率方法（Return on Assets Methods）。这类方法是用一个公司一段时间内的平均税前收益除以平均有形资产得到公司的资产收益率。这个资产收益率与行业的平均价资产收益率的差额再乘以公司平均有形资产后，计算得出无形资产平均收益。用超出平均的收益除以公司的平均资本成本或利率，就可以计算出无形资产或智力资本的价值。

第四，平衡计分卡方法（Scorecard Methods）。确认无形资产或智力资本的不同组成部分，在计分卡或在图表中形成并报告指标或指数。计分卡法与直接计算法相似，都没有评估无形资产的货币价值。

这些方法是根据货币与非货币、微观与宏观的不同而提出的。直接计算法源自无形资产的货币价值，通过确认智力资本的不同部分的价值而得。与此相似，平衡积分卡法使用指标通过图表来报告业绩，但无货币价值。相比之下，市场资本化方法与资产收益率法是对组织智力资本从宏观层面的总的计量。

本教材按照整体测量和单项测量方法两类方法进行介绍。

整体测量方法主要以货币计量为基础，包括市场账面价值法、经济增加值法、无形资产评估法、智力增值系数等，单项测量方法包括平衡计分卡、斯堪迪亚导航仪、无形资产监视器等。

#### 11.4.2.1 整体测量方法

（1）市场账面价值法。

该方法认为，市场价值与账面价值的差额即为智力资本. 该方法隐含的假设就是企业的智力资本等同于无形资产，即智力资本是企业所有无形资产的总和。

这种方法简便易行，但缺点众多：首先，该方法的假设前提不合理：企业的智力资本并不等同于无形资产，它只是无形资产的一部分；其次，市场价值容易受到资本市场非经济因数的影响，在这种影响下，极易出现市场价值和账面价值之间畸高的差异，会高估或低估智力资本；再次，常常出现市场价值低于账面价值的情况，这就导致了智力资本为负的可能；第四，账面价值很大程度上依赖于企业会计政策的选择（如折旧政策），有很强的人为主观因素，造成了数据的不准确性和不可比性。

同样用到市场价值来计量智力资本的还有托宾 Q 值法，这种方法在某种程度上弥补了市场账面价值法容易受到会计政策和非经济因素的影响，把账面价值换成有形资产的重置成本，用詹姆斯·托宾设计的Q值来判断企业智力资本的大小：

$$托宾Q值=市场价值/重置成本 \quad (11.15)$$

该指标的意义在于，若Q值大于1，即企业有形资产的重置成本低于市场价值，企业获得超额利润，而智力资本就是超额利润的源泉，这一商数越高，表明企业获得超额利润的能力越强。这种方法的评价结果是用相对数的形式表现，适用于同行业不同企业之间的横向比较。

（2）经济增加值法（Economic Value Added，EVA）。

该方法的提出原本是用来全面测量企业整体绩效的，以帮助企业找出促进绩效提高的最佳路径。其计算公式为：

$$EVA=销售净收入-经营费用-缴纳的税收-资本支出 \quad (11.16)$$

假设前提是：企业的经济增加仅来源于企业知识资产管理的效率，智力资本的有效管理可以增加企业的经济增加值，所以，把EVA作为智力资本评价的替代指标。这一假设显然是有缺陷的，智力资本虽然是企业超额利润的来源，但是，不能排除有形资产对企业绩效的贡献。可以看出，这一方法仍然是从财务角度，使用传统财务指标来反映资本效率，但无法计量智力资本在创造财富过程中的具体价值。

（3）无形资产评估法（Calculated Intangible Value，CIV）。

该方法以行业平均资产报酬率为基础，将超过行业平均资产报酬率的收益认为由智力资本所创造，智力资本的价值是资产超额收益的资本化。其计算公式为：

$$智力资本=（P-T\times R）/K \quad (11.17)$$

其中P表示企业近三年的平均息税前收益，T表示近三年的有形资产的平均余额，R表示行业平均资产报酬率，为了使计量结果可比，K一般使用行业资本成本。

实际上计算公式中还隐含了一个假设前提：智力资本会无限期的给企业带来相同的收益，因为它是采用永续年金现值来计量的。这种方法的优点是信息较为客观，可以用于同行业的比较，但是当企业的资产报酬率低于同行业平均水平时计算结果为负数，CIV方法则失效。这种方法的主要思路是从企业过去或未来的盈利中分离出智力资本的贡献，即智力资本的盈利数额，据此计算智力资本的经济价值。

根据分离智力资本的主张不同，还有另一种方法，即知识资本收益（Knowledge Capital Earning，KCE）。计算过程如下：

$KCE = P - T \times K_1 - F \times K_2$，智力资本 $= KCE/K_3$

其中，P代表过去三年实际盈利和未来三年预测盈利的均值，T代表有形资产，F代表财务资产，$K_1$ 和 $K_2$ 分别为T和F的平均回报率，$K_3$ 为智力资本的预期回报率。KCE法比CIV法适用范围更广，但是对回报率的估计难免主观，是否普遍使用还值得探讨。

（4）智力资本增值系数（Value added intellectual coefficient，VAIC）。

VAIC模型假设对企业价值增加值的计量和开发会影响企业的市场价值。VAIC的子概念——智力资本效率（Intellectual Capital Eficiency ICE）是指公司的智力资本效率。这个方法是建立在这样的条件上，即价值创造来源于两类主要资源：物质资本资源和智力资本资源。VAIC方法依靠两类资源：可使用的资本（capital employed，CE）

和智力资本。可使用的资本是指公司净资产的账面价值。

智力资本包括人力资本和结构资本，VAIC 计算如下：

第一，企业的价值增加值（value added，VA）为企业的产出减去投入，即：

$$VA = OP + EC + D + A \quad (11.18)$$

其中，OP 代表营业利润、EC 代表员工成本（工资和员工社会成本）、D+A 表示资产的折旧和摊销。产出代表销售收入，包括市场上销售的所有产品和服务。投入包括在获得收入过程中所发生的全部费用，人力成本除外。人力所具有的智力潜能并没有被当作成本，而是作为模型中的一个关键因素，被认为是价值创造的实体。因此，价值增加值受人力资本效率和结构资本效率的影响。

人力资本（HC）为公司薪酬总额，结构资本（SC）是价值增加值与人力资本的差额，即 SC=VA-HC。这个公式说明，将劳动力的价值归属转移到企业所属，进而转移为资本所属；另一方面，也说明了智力资本创造了价值增加额，实物资本对 VA 的贡献在于其中介的作用。

结构资本并不像人力资本一样是独立的，取决于价值增加额减去人力资本的部分。这就意味着人力资本占价值增加额的比重越大，结构资本的比重就越小。有些情况下，结构资本不存在，例如在价值增加额小于人力资本投资额的时候。鉴于此，人力资 本效率与结构资本效率的计算方法是不同的。如果结构资本也与人力资本效率的计算方式相同，即 VA/SC，将出现不合理的结果，这意味着组织资本效率将 随着人力资本效率的提高而降低。相反，人力资本与组织资本都会增加智力资本效率。

$$人力资本效率（HCE）= VA/HC \quad (11.19)$$

Public（1998）认为，体力和脑力劳动者领取的全部工资就是人力资本。HCE 也可以进行多企业的比较，也是衡量企业人力资源质量和单位人力资源成本创造价值的能力的指标。

结构资本效率（SCE）= SC/VA，表示结构资本在价值创造中的贡献。

第二，可使用资本的效率（CEE）= VA/CE。

可使用资本的效率表示多少公司价值增加值由可使用资本产生的。CEE 数值越大，实物资本的利用效率就越高，即如果甲公司比乙公司单位物质资产创造值增加值大，则说明甲公司更好地利用了其物质资产，而对物质资产的更好使用则是企业智力资本的一部分。当很多企业在进行比较时，CEE 就成了衡量企业利用物质资本的智力能力的指标。

第三，智力资本效率=人力资本效率+结构资本效率，即 ICE=HCE+SCE。

第四，智力资本价值增值系数（VAIC）= ICE+CEE。

Nazari 等在 Public 的基础上，根据斯堪迪亚模型的具体细分模型，进一步将组织资本分为客户资本系数（Customer Capital Efficiency，CCE）、创新资本系数（Innovation Capital Efficiency，InCE）、流程资本系数（Process Capital Efficiency，PCE），并分别以营销成本代替客户资本、研发费用代替创新资本。

由此可见，VAIC 表示来自公司全部资源的价值创造的全部效率，智力资本效率则是反映了公司利用的智力资本在创造价值中的效率。VAIC 方法就提供了关于企业内有形和无形资产价值创造的效率的信息，也使得企业能够计算价值增加值。

VAIC 模型具有很多优势，例如，第一，VA1C 方法提供了一个标准化的且连贯的计量方法，能够更好地通过利用大样本对不同行业进行国际比较分析。第二，VAIC 方法使用的数据都是经过审计的，由此得到的结果是客观的且能够得到证实的。第三，VAIC 模型比较简单，便于企业内外部利益相关者理解，且易于计算。

同时，人们也发现，用于计量智力资本的 VAIC 模型是基于财务信息，而这些财务信息仅含有智力资本的一小部分，这使得基于 VAIC 模型的有关研究很受争议。例如，2004 年，智力资本的研究学者 Public 和 Andriessen 认为 VAIC 方法的基本假设是有问题的，因此也不会得出令人满意的结果。这些对相关研究的有效性产生了负面影响。

VAIC 模型虽然简单，但也不是没有限制的。不同国家有不同的会计制度，而且各国股票交易所也有不同的披露要求。由于 VAIC 模型使用公开的财务报表数据，因此国家会计准则的任何差异均将会对企业国家的研究产生影响。然而，公开的财务数据的最主要的用处还是限制了文化和社会差异对该模型研究的影响。

不管怎么说，目前尚没有公认的、可以利用的用于计量智力资本价值和效率的完美方案，相比之下，VAIC 模型的简单性成了很大的优势。而且随着很多国家和地区开始采用国际财务报告标准，在很大程度上降低了会计准则的差异，为国际比较研究奠定了基础。

#### 11. 4. 2. 2　单项测量方法

单项测量方法是基于对资产的质量和管理提供有效信息的角度，首先对智力资本各构成要素按照一定的准则进行划分与描述，然后使用一系列的指标，以图表、记分卡的形式对智力资本的各部分分别计量。这种方法包括平衡计分卡、Skandia 模型、无形资产监视器等。

平衡计分卡主要从财务、顾客、内部运作流程、学习和成长四个角度来衡量智力资本，每个角度又下设小项指标来反映与业绩驱动之间的关系。

Skandia 模型是随着瑞典的 Skandia 公司发表了世界上第一份公开的智力资本报告而推出的。报告中对智力资本组成部分进行图解，严格划分种类和指标的选取，分别计量各小项的价值，这样哪些方面存在缺陷就一目了然。该模型从财务（18 项）、顾客（20 项）、过程（19 项）、创新与发展（32 项）、人力资源（22 项）五大方面，采用 111 项指标（绝大部分是非财务指标）来计量智力资本的内容，这些指标最终简化为货币金额和百分比两类，将货币指标与事先设定的权重结合得出智力资本的价值基值 $c$ ，百分比指标得出智力资本效率 $i$ ，这样智力资本价值 = $c \times i$ 。

无形资产监视器分别从内、外部结构和雇员能力三方面，各方面均从增长与创新、稳定性和效率三个角度选取指标，涉及的非财务指标亦较多。

单项测量方法提供了度量智力资本各部分的细化指标，突破了传统仅使用财务指标的视角，但是指标众多，且过于强调量化，另外一些假设前提及指标的选取还有待商榷。

智力资本无形性、不确定性等特征，决定了智力资本的测度是一项难度较大的工作，学者们都是运用各种测度方法进行尝试和检验。整体测度方法虽然满足企业整体把握智力资本的总体变动，但是它未能提供各要素的价值，不便于针对性的分类管理。

单项测度法能弥补这一点，且同时使用财务与非财务数据，测量更加全面，但是它所需的指标太多太杂，计算繁琐，数据不易取得且主观性较大，不易量化，结果不具有可比性。总之两种方法各有优劣。

只有 VAIC 法同时具备既可以对智力资本整体的计量，又可以计算各要素的价值，能为企业有效地管理智力资本提供充分全面的信息。且该方法是以财务数据为基础，反映智力资本的增值潜力，且指标设置简单明了，数据容易取得且可信度较高。但是该方法较多的偏重与人力资本，易导致智力资本总价值的低估。且各增值系数计算是否合理，是否存在重叠计算都有待理清。

所以，如何在整体和单项测量之间找到一个契合点或者如何改进现有的 VAIC 法都是我们未来的研究方向，且是一个很大的挑战。

### 11.4.3 智力资本会计的核算模式

要对智力资本开展完整的评价需要借助部分财务指标来进行。科学核算智力资本，实现利用智力资本变化的结果来分析企业的发展潜力、存在的不足，是实现管理会计职能的必由选择。同时量化智力资本价值，使用货币进行标示，依据这一数量分享企业净权益。

企业开展智力资本会计核算时，应新设“智力资产”和“智力资本”两个专用总分类账户。智力资产与普通资产虽然在所有权特征等方面有所差异，但在对其会计核算时可以拥有大体相同的核算思路。普通的资产对企业而言，有增有减，需要记录这种增减变化，智力资产也是这样，企业所拥有的智力资产会因为人员的变动、员工工作经验的提升、参加了新的培训等带来相应的增减变动，而且这种变动也可能是减少。对于这种价值变化，企业应该及时重新评估，并相应调整智力资产的价值，登记入账。智力资本的增减的差额作为资本公积而登记入账，而有关智力资本增减发生的支出则计入当期损益。

“智力资产”账户设置为按个人核算的科目，用于登记智力资产的增减变动。该科目的期末数即为企业智力资产整体价值。

“智力资本”账户则用于记载企业中智力资本所有者按照企业规定应该享有的股份比例。当智力资本评估增值后，将相应增值额应该享有的股份比例增加部分记贷方。智力资本累计可以看作是智力资本所有者所持有的股份之累加。同时在“资本公积”下增设“智力资本溢价”“智力资本重估增值”。

在实际账务处理上，企业新的智力资本增加时，按对智力资本评估基础上的协议价“借”记“智力资产”，实收智力资本的金额计入“智力资本”，用“资本公积——智力资本溢价”账户记录二者差额。会计分录如下：

借：智力资产——明细账户

　贷：智力资本——明细账户

　　　资本公积——智力资本溢价

当对原有智力资本进行重新评估时，其智力资本评估增值额应追加，计入“智力资产”。会计分录如下：

借：智力资产——明细账户（评估增值额）

贷：智力资本——明细账户（按协议应增加的智力资本额）

资本公积——智力资本重估增值（差额）

当智力资本退出企业或重新对原有智力资本评估出现减值时，其智力资本评估减值额应减少，计入“智力资本”，贷记评估减值额于“智力资产”，“资本公积”用来记录二者之差额。会计分录如下：

借：智力资本——明细账户

资本公积——智力资本溢价

——智力资本重估增值

贷：智力资产——明细账户



### 11.4.4 智力资本会计报告

依据上述智力资本会计核算模式，对会计报表也该进行相应调整。在资产负债表中列示相应智力资产与智力资本等会计信息，与现行财务会计形成融合。对考虑智力资本后的资产负债表修改：增设“智力资产”项目于资产负债表的资产类中，同时增设“实收资本”和“资本公积”项目于所有者权益类中，用于列示“智力资本”和“智力资本溢价（或智力资本重估增值）”。

此外，智力资本其他相关信息通过表外的方式公布，补充未能在表内反映的与智力资本密切相关的一些信息，如企业人数、教育整体水平、企业员工培训方式、次数、培训支出、智力资本计量方式等等，更好地提升智力资本的整体报告质量。

## 【本章小结】

本章概述了当今管理会计学科发展的一些前沿性分支，这些分支随着时代的变迁，预计会成为将来管理会计发展的主要方向，特别是战略管理会计在企业的全面推广，财政部已经有了明确的导向。另外，质量管理会计、环境管理会计和智力资本会计等会计分支，这些年已经在我国企业中被广泛接受和使用，正在逐步建立起一套方法和理论体系，对于会计相关学科的学习者和从业者，追随和探索管理会计的这些发展趋势，也是时代发展的必然要求。

【思考与练习题】

【思考与练习题答案】

# 参考文献


罗胜强，2018. 管理会计指引讲解重点、难点与案例解析（上、下册）[M]. 北京：新华出版社.

中华人民共和国财政部，2018. 管理会计应用指引 [M]. 立信会计出版社.

美国管理会计师协会. 管理会计公告（第 1、2、3 辑）[M]. 刘霄仑，译. 北京：人民邮电出版社，2016.

中国总会计师协会，2018. 中国管理会计案例选辑 [M]. 北京：经济科学出版社.

戴国华，2018. 管理会计实践与案例 [M]. 北京：中国财政经济出版社.

孙茂竹，支晓强，戴璐，2018. 管理会计学 [M]. 北京：中国人民大学出版社.

温素彬，2019. 管理会计 [M]. 北京：机械工业出版社.

吴大军，牛彦秀，2018. 管理会计 [M]. 大连：东北财经大学出版社.

杨公遂，杨若谷，尉可超，2019. 高级管理会计理论与实务 [M]. 大连：东北财经大学出版社.

冯巧根，2019. 高级管理会计理论与实践 [M]. 北京：清华大学出版社.

赵健梅，刑颖，2017. 管理会计学 [M]. 3 版. 北京：清华大学出版社.

孔祥坤，叶楠，2017. 管理会计 [M]. 北京：清华大学出版社.

崔婕，姬昂，2017. 管理会计 [M]. 北京：清华大学出版社.

陈卓珺，王凯风，李兰，2018. 管理会计 [M]. 天津：天津科学技术出版社.

王海林，2018. 管理会计信息化 [M]. 北京：高等教育出版社.

欧阳电平，2019. 管理会计信息化 [M]. 北京：清华大学出版社.

林涛，2019. 管理会计 [M]. 3 版. 厦门：厦门大学出版社.

曹中，2017. 管理会计学 [M]. 3 版. 上海：立信会计出版社.

温素彬，2019. 管理会计理论、模型、案例 [M]. 北京：机械工业出版社.

李守武，2018. 管理会计工具与案例——绩效管理 [M]. 北京：中国财政经济出版社.

刘晓英，2009. EVA 综合平衡计分卡绩效评价体系研究 [J]. 统计与决策 (13)：163-165.

温素彬，刘莎，2017. 基于利益相关者价值取向的企业绩效评价模型——绩效棱镜在 SZGD 公司的应用案例［J］. 财务研究（2）：46-58.

刘阳. 基于业绩三棱镜学习型企业绩效评价体系研究［J］. 求索（1）：233-235.

徐素波，2019. 环境会计：理论综述与研究展望［J］. 财会月刊（3）：78-85.

聂富聪，2018. 上市公司环境会计信息披露框架的战略构建［J］. 现代企业（5）：80-81.

王北军，2004. 质量会计核算体系的构建［J］. 西南农业大学学报（社会科学版）（9）：53-55.

张东廷，2019. 智力资本信息披露：一个国外文献述评［J］. 财会通讯（11）：42-47.

马广奇，魏婷婷，2012. 论智力资本会计计量方法［J］. 财务与金融（6）：37-40.

王磊，韩丹，2019. 智力资源的测度及其对公司盈利能力的影响［J］. 企业经济（6）：107-114.

南星恒，2013. 中国上市公司智力资本的会计度量——兼论智力资本四要素的相关性［J］. 南京审计学院学报（3）：72-81.

# 附录

## 附录 1

### 复利现值系数表

**复利现值系数=(1+i)$^{-n}$**

| 期数 | 1% | 2% | 3% | 4% | 5% | 6% | 7% | 8% | 9% | 10% |
|---|---|---|---|---|---|---|---|---|---|---|
| 1 | 0.9901 | 0.9804 | 0.9709 | 0.9615 | 0.9524 | 0.9434 | 0.9346 | 0.9259 | 0.9174 | 0.9091 |
| 2 | 0.9803 | 0.9612 | 0.9426 | 0.9246 | 0.9070 | 0.8900 | 0.8734 | 0.8573 | 0.8417 | 0.8264 |
| 3 | 0.9706 | 0.9423 | 0.9151 | 0.8890 | 0.8638 | 0.8396 | 0.8163 | 0.7938 | 0.7722 | 0.7513 |
| 4 | 0.9610 | 0.9238 | 0.8885 | 0.8548 | 0.8227 | 0.7921 | 0.7629 | 0.7350 | 0.7084 | 0.6830 |
| 5 | 0.9515 | 0.9057 | 0.8626 | 0.8219 | 0.7835 | 0.7473 | 0.7130 | 0.6806 | 0.6499 | 0.6209 |
| 6 | 0.9420 | 0.8880 | 0.8375 | 0.7903 | 0.7462 | 0.7050 | 0.6663 | 0.6302 | 0.5963 | 0.5645 |
| 7 | 0.9327 | 0.8706 | 0.8131 | 0.7599 | 0.7107 | 0.6651 | 0.6227 | 0.5835 | 0.5470 | 0.5132 |
| 8 | 0.9235 | 0.8535 | 0.7894 | 0.7307 | 0.6768 | 0.6274 | 0.5820 | 0.5403 | 0.5019 | 0.4665 |
| 9 | 0.9143 | 0.8368 | 0.7664 | 0.7026 | 0.6446 | 0.5919 | 0.5439 | 0.5002 | 0.4604 | 0.4241 |
| 10 | 0.9053 | 0.8203 | 0.7441 | 0.6756 | 0.6139 | 0.5584 | 0.5083 | 0.4632 | 0.4224 | 0.3855 |
| 11 | 0.8963 | 0.8043 | 0.7224 | 0.6496 | 0.5847 | 0.5268 | 0.4751 | 0.4289 | 0.3875 | 0.3505 |
| 12 | 0.8874 | 0.7885 | 0.7014 | 0.6246 | 0.5568 | 0.4970 | 0.4440 | 0.3971 | 0.3555 | 0.3186 |
| 13 | 0.8787 | 0.7730 | 0.6810 | 0.6006 | 0.5303 | 0.4688 | 0.4150 | 0.3677 | 0.3262 | 0.2897 |
| 14 | 0.8700 | 0.7579 | 0.6611 | 0.5775 | 0.5051 | 0.4423 | 0.3878 | 0.3405 | 0.2992 | 0.2633 |
| 15 | 0.8613 | 0.7430 | 0.6419 | 0.5553 | 0.4810 | 0.4173 | 0.3624 | 0.3152 | 0.2745 | 0.2394 |
| 16 | 0.8528 | 0.7284 | 0.6232 | 0.5339 | 0.4581 | 0.3936 | 0.3387 | 0.2919 | 0.2519 | 0.2176 |
| 17 | 0.8444 | 0.7142 | 0.6050 | 0.5134 | 0.4363 | 0.3714 | 0.3166 | 0.2703 | 0.2311 | 0.1978 |
| 18 | 0.8360 | 0.7002 | 0.5874 | 0.4936 | 0.4155 | 0.3503 | 0.2959 | 0.2502 | 0.2120 | 0.1799 |
| 19 | 0.8277 | 0.6864 | 0.5703 | 0.4746 | 0.3957 | 0.3305 | 0.2765 | 0.2317 | 0.1945 | 0.1635 |
| 20 | 0.8195 | 0.6730 | 0.5537 | 0.4564 | 0.3769 | 0.3118 | 0.2584 | 0.2145 | 0.1784 | 0.1486 |
| 21 | 0.8114 | 0.6598 | 0.5375 | 0.4388 | 0.3589 | 0.2942 | 0.2415 | 0.1987 | 0.1637 | 0.1351 |
| 22 | 0.8034 | 0.6468 | 0.5219 | 0.4220 | 0.3418 | 0.2775 | 0.2257 | 0.1839 | 0.1502 | 0.1228 |
| 23 | 0.7954 | 0.6342 | 0.5067 | 0.4057 | 0.3256 | 0.2618 | 0.2109 | 0.1703 | 0.1378 | 0.1117 |
| 24 | 0.7876 | 0.6217 | 0.4919 | 0.3901 | 0.3101 | 0.2470 | 0.1971 | 0.1577 | 0.1264 | 0.1015 |
| 25 | 0.7798 | 0.6095 | 0.4776 | 0.3751 | 0.2953 | 0.2330 | 0.1842 | 0.1460 | 0.1160 | 0.0923 |
| 26 | 0.7720 | 0.5976 | 0.4637 | 0.3607 | 0.2812 | 0.2198 | 0.1722 | 0.1352 | 0.1064 | 0.0839 |
| 27 | 0.7644 | 0.5859 | 0.4502 | 0.3468 | 0.2678 | 0.2074 | 0.1609 | 0.1252 | 0.0976 | 0.0763 |
| 28 | 0.7568 | 0.5744 | 0.4371 | 0.3335 | 0.2551 | 0.1956 | 0.1504 | 0.1159 | 0.0895 | 0.0693 |
| 29 | 0.7493 | 0.5631 | 0.4243 | 0.3207 | 0.2429 | 0.1846 | 0.1406 | 0.1073 | 0.0822 | 0.0630 |
| 30 | 0.7419 | 0.5521 | 0.4120 | 0.3083 | 0.2314 | 0.1741 | 0.1314 | 0.0994 | 0.0754 | 0.0573 |
| 35 | 0.7059 | 0.5000 | 0.3554 | 0.2534 | 0.1813 | 0.1301 | 0.0937 | 0.0676 | 0.0490 | 0.0356 |
| 40 | 0.6717 | 0.4529 | 0.3066 | 0.2083 | 0.1420 | 0.0972 | 0.0668 | 0.0460 | 0.0318 | 0.0221 |
| 45 | 0.6391 | 0.4102 | 0.2644 | 0.1712 | 0.1113 | 0.0727 | 0.0476 | 0.0313 | 0.0207 | 0.0137 |
| 50 | 0.6080 | 0.3715 | 0.2281 | 0.1407 | 0.0872 | 0.0543 | 0.0339 | 0.0213 | 0.0134 | 0.0085 |

| 期数 | 11% | 12% | 13% | 14% | 15% | 16% | 17% | 18% | 19% | 20% |
|---|---|---|---|---|---|---|---|---|---|---|
| 1 | 0.9009 | 0.8929 | 0.8850 | 0.8772 | 0.8696 | 0.8621 | 0.8547 | 0.8475 | 0.8403 | 0.8333 |
| 2 | 0.8116 | 0.7972 | 0.7831 | 0.7695 | 0.7561 | 0.7432 | 0.7305 | 0.7182 | 0.7062 | 0.6944 |
| 3 | 0.7312 | 0.7118 | 0.6931 | 0.6750 | 0.6575 | 0.6407 | 0.6244 | 0.6086 | 0.5934 | 0.5787 |
| 4 | 0.6587 | 0.6355 | 0.6133 | 0.5921 | 0.5718 | 0.5523 | 0.5337 | 0.5158 | 0.4987 | 0.4823 |
| 5 | 0.5935 | 0.5674 | 0.5428 | 0.5194 | 0.4972 | 0.4761 | 0.4561 | 0.4371 | 0.4190 | 0.4019 |
| 6 | 0.5346 | 0.5066 | 0.4803 | 0.4556 | 0.4323 | 0.4104 | 0.3898 | 0.3704 | 0.3521 | 0.3349 |
| 7 | 0.4817 | 0.4523 | 0.4251 | 0.3996 | 0.3759 | 0.3538 | 0.3332 | 0.3139 | 0.2959 | 0.2791 |
| 8 | 0.4339 | 0.4039 | 0.3762 | 0.3506 | 0.3269 | 0.3050 | 0.2848 | 0.2660 | 0.2487 | 0.2326 |
| 9 | 0.3909 | 0.3606 | 0.3329 | 0.3075 | 0.2843 | 0.2630 | 0.2434 | 0.2255 | 0.2090 | 0.1938 |
| 10 | 0.3522 | 0.3220 | 0.2946 | 0.2697 | 0.2472 | 0.2267 | 0.2080 | 0.1911 | 0.1756 | 0.1615 |
| 11 | 0.3173 | 0.2875 | 0.2607 | 0.2366 | 0.2149 | 0.1954 | 0.1778 | 0.1619 | 0.1476 | 0.1346 |
| 12 | 0.2858 | 0.2567 | 0.2307 | 0.2076 | 0.1869 | 0.1685 | 0.1520 | 0.1372 | 0.1240 | 0.1122 |
| 13 | 0.2575 | 0.2292 | 0.2042 | 0.1821 | 0.1625 | 0.1452 | 0.1299 | 0.1163 | 0.1042 | 0.0935 |
| 14 | 0.2320 | 0.2046 | 0.1807 | 0.1597 | 0.1413 | 0.1252 | 0.1110 | 0.0985 | 0.0876 | 0.0779 |
| 15 | 0.2090 | 0.1827 | 0.1599 | 0.1401 | 0.1229 | 0.1079 | 0.0949 | 0.0835 | 0.0736 | 0.0649 |
| 16 | 0.1883 | 0.1631 | 0.1415 | 0.1229 | 0.1069 | 0.0930 | 0.0811 | 0.0708 | 0.0618 | 0.0541 |
| 17 | 0.1696 | 0.1456 | 0.1252 | 0.1078 | 0.0929 | 0.0802 | 0.0693 | 0.0600 | 0.0520 | 0.0451 |
| 18 | 0.1528 | 0.1300 | 0.1108 | 0.0946 | 0.0808 | 0.0691 | 0.0592 | 0.0508 | 0.0437 | 0.0376 |
| 19 | 0.1377 | 0.1161 | 0.0981 | 0.0829 | 0.0703 | 0.0596 | 0.0506 | 0.0431 | 0.0367 | 0.0313 |
| 20 | 0.1240 | 0.1037 | 0.0868 | 0.0728 | 0.0611 | 0.0514 | 0.0433 | 0.0365 | 0.0308 | 0.0261 |
| 21 | 0.1117 | 0.0926 | 0.0768 | 0.0638 | 0.0531 | 0.0443 | 0.0370 | 0.0309 | 0.0259 | 0.0217 |
| 22 | 0.1007 | 0.0826 | 0.0680 | 0.0560 | 0.0462 | 0.0382 | 0.0316 | 0.0262 | 0.0218 | 0.0181 |
| 23 | 0.0907 | 0.0738 | 0.0601 | 0.0491 | 0.0402 | 0.0329 | 0.0270 | 0.0222 | 0.0183 | 0.0151 |
| 24 | 0.0817 | 0.0659 | 0.0532 | 0.0431 | 0.0349 | 0.0284 | 0.0231 | 0.0188 | 0.0154 | 0.0126 |
| 25 | 0.0736 | 0.0588 | 0.0471 | 0.0378 | 0.0304 | 0.0245 | 0.0197 | 0.0160 | 0.0129 | 0.0105 |
| 26 | 0.0663 | 0.0525 | 0.0417 | 0.0331 | 0.0264 | 0.0211 | 0.0169 | 0.0135 | 0.0109 | 0.0087 |
| 27 | 0.0597 | 0.0469 | 0.0369 | 0.0291 | 0.0230 | 0.0182 | 0.0144 | 0.0115 | 0.0091 | 0.0073 |
| 28 | 0.0538 | 0.0419 | 0.0326 | 0.0255 | 0.0200 | 0.0157 | 0.0123 | 0.0097 | 0.0077 | 0.0061 |
| 29 | 0.0485 | 0.0374 | 0.0289 | 0.0224 | 0.0174 | 0.0135 | 0.0105 | 0.0082 | 0.0064 | 0.0051 |
| 30 | 0.0437 | 0.0334 | 0.0256 | 0.0196 | 0.0151 | 0.0116 | 0.0090 | 0.0070 | 0.0054 | 0.0042 |
| 35 | 0.0259 | 0.0189 | 0.0139 | 0.0102 | 0.0075 | 0.0055 | 0.0041 | 0.0030 | 0.0023 | 0.0017 |
| 40 | 0.0154 | 0.0107 | 0.0075 | 0.0053 | 0.0037 | 0.0026 | 0.0019 | 0.0013 | 0.0010 | 0.0007 |
| 45 | 0.0091 | 0.0061 | 0.0041 | 0.0027 | 0.0019 | 0.0013 | 0.0009 | 0.0006 | 0.0004 | 0.0003 |
| 50 | 0.00542 | 0.0035 | 0.0022 | 0.0014 | 0.0009 | 0.0006 | 0.0004 | 0.0003 | 0.0002 | 0.0001 |

| 期数 | 21% | 22% | 23% | 24% | 25% | 26% | 27% | 28% | 29% | 30% |
|---|---|---|---|---|---|---|---|---|---|---|
| 1 | 0.8264 | 0.8197 | 0.8130 | 0.8065 | 0.8000 | 0.7937 | 0.7874 | 0.7813 | 0.7752 | 0.7692 |
| 2 | 0.6830 | 0.6719 | 0.6610 | 0.6504 | 0.6400 | 0.6299 | 0.6200 | 0.6104 | 0.6009 | 0.5917 |
| 3 | 0.5645 | 0.5507 | 0.5374 | 0.5245 | 0.5120 | 0.4999 | 0.4882 | 0.4768 | 0.4658 | 0.4552 |
| 4 | 0.4665 | 0.4514 | 0.4369 | 0.4230 | 0.4096 | 0.3968 | 0.3844 | 0.3725 | 0.3611 | 0.3501 |
| 5 | 0.3855 | 0.3700 | 0.3552 | 0.3411 | 0.3277 | 0.3149 | 0.3027 | 0.2910 | 0.2799 | 0.2693 |
| 6 | 0.3186 | 0.3033 | 0.2888 | 0.2751 | 0.2621 | 0.2499 | 0.2383 | 0.2274 | 0.2170 | 0.2072 |
| 7 | 0.2633 | 0.2486 | 0.2348 | 0.2218 | 0.2097 | 0.1983 | 0.1877 | 0.1776 | 0.1682 | 0.1594 |
| 8 | 0.2176 | 0.2038 | 0.1909 | 0.1789 | 0.1678 | 0.1574 | 0.1478 | 0.1388 | 0.1304 | 0.1226 |
| 9 | 0.1799 | 0.1670 | 0.1552 | 0.1443 | 0.1342 | 0.1249 | 0.1164 | 0.1084 | 0.1011 | 0.0943 |
| 10 | 0.1486 | 0.1369 | 0.1262 | 0.1164 | 0.1074 | 0.0992 | 0.0916 | 0.0847 | 0.0784 | 0.0725 |
| 11 | 0.1228 | 0.1122 | 0.1026 | 0.0938 | 0.0859 | 0.0787 | 0.0721 | 0.0662 | 0.0607 | 0.0558 |
| 12 | 0.1015 | 0.0920 | 0.0834 | 0.0757 | 0.0687 | 0.0625 | 0.0568 | 0.0517 | 0.0471 | 0.0429 |
| 13 | 0.0839 | 0.0754 | 0.0678 | 0.0610 | 0.0550 | 0.0496 | 0.0447 | 0.0404 | 0.0365 | 0.0330 |
| 14 | 0.0693 | 0.0618 | 0.0551 | 0.0492 | 0.0440 | 0.0393 | 0.0352 | 0.0316 | 0.0283 | 0.0254 |
| 15 | 0.0573 | 0.0507 | 0.0448 | 0.0397 | 0.0352 | 0.0312 | 0.0277 | 0.0247 | 0.0219 | 0.0195 |
| 16 | 0.0474 | 0.0415 | 0.0364 | 0.0320 | 0.0281 | 0.0248 | 0.0218 | 0.0193 | 0.0170 | 0.0150 |
| 17 | 0.0391 | 0.0340 | 0.0296 | 0.0258 | 0.0225 | 0.0197 | 0.0172 | 0.0150 | 0.0132 | 0.0116 |
| 18 | 0.0323 | 0.0279 | 0.0241 | 0.0208 | 0.0180 | 0.0156 | 0.0135 | 0.0118 | 0.0102 | 0.0089 |
| 19 | 0.0267 | 0.0229 | 0.0196 | 0.0168 | 0.0144 | 0.0124 | 0.0107 | 0.0092 | 0.0079 | 0.0068 |
| 20 | 0.0221 | 0.0187 | 0.0159 | 0.0135 | 0.0115 | 0.0098 | 0.0084 | 0.0072 | 0.0061 | 0.0053 |
| 21 | 0.0183 | 0.0154 | 0.0129 | 0.0109 | 0.0092 | 0.0078 | 0.0066 | 0.0056 | 0.0048 | 0.0040 |
| 22 | 0.0151 | 0.0126 | 0.0105 | 0.0088 | 0.0074 | 0.0062 | 0.0052 | 0.0044 | 0.0037 | 0.0031 |
| 23 | 0.0125 | 0.0103 | 0.0086 | 0.0071 | 0.0059 | 0.0049 | 0.0041 | 0.0034 | 0.0029 | 0.0024 |
| 24 | 0.0103 | 0.0085 | 0.0070 | 0.0057 | 0.0047 | 0.0039 | 0.0032 | 0.0027 | 0.0022 | 0.0018 |
| 25 | 0.0085 | 0.0069 | 0.0057 | 0.0046 | 0.0038 | 0.0031 | 0.0025 | 0.0021 | 0.0017 | 0.0014 |
| 26 | 0.0070 | 0.0057 | 0.0046 | 0.0037 | 0.0030 | 0.0025 | 0.0020 | 0.0016 | 0.0013 | 0.0011 |
| 27 | 0.0058 | 0.0047 | 0.0037 | 0.0030 | 0.0024 | 0.0019 | 0.0016 | 0.0013 | 0.0010 | 0.0008 |
| 28 | 0.0048 | 0.0038 | 0.0030 | 0.0024 | 0.0019 | 0.0015 | 0.0012 | 0.0010 | 0.0008 | 0.0006 |
| 29 | 0.0040 | 0.0031 | 0.0025 | 0.0020 | 0.0015 | 0.0012 | 0.0010 | 0.0008 | 0.0006 | 0.0005 |
| 30 | 0.0033 | 0.0026 | 0.0020 | 0.0016 | 0.0012 | 0.0010 | 0.0008 | 0.0006 | 0.0005 | 0.0004 |
| 35 | 0.0013 | 0.0009 | 0.0007 | 0.0005 | 0.0004 | 0.0003 | 0.0002 | 0.0002 | 0.0001 | 0.0001 |
| 40 | 0.0005 | 0.0004 | 0.0003 | 0.0002 | 0.0001 | 0.0001 | 0.0001 | 0.0001 | 0.0000 | 0.0000 |
| 45 | 0.0002 | 0.0001 | 0.0001 | 0.0001 | 0.0000 | 0.0000 | 0.0000 | 0.0000 | 0.0000 | 0.0000 |
| 50 | 0.0001 | 0.0000 | 0.0000 | 0.0000 | 0.0000 | 0.0000 | 0.0000 | 0.0000 | 0.0000 | 0.0000 |

| 期数 | 31% | 32% | 33% | 34% | 35% | 40% | 45% | 50% |
|---|---|---|---|---|---|---|---|---|
| 1 | 0.9901 | 0.9804 | 0.9709 | 0.9615 | 0.9524 | 0.9434 | 0.9346 | 0.9259 |
| 2 | 0.9803 | 0.9612 | 0.9426 | 0.9246 | 0.9070 | 0.8900 | 0.8734 | 0.8573 |
| 3 | 0.9706 | 0.9423 | 0.9151 | 0.8890 | 0.8638 | 0.8396 | 0.8163 | 0.7938 |
| 4 | 0.9610 | 0.9238 | 0.8885 | 0.8548 | 0.8227 | 0.7921 | 0.7629 | 0.7350 |
| 5 | 0.9515 | 0.9057 | 0.8626 | 0.8219 | 0.7835 | 0.7473 | 0.7130 | 0.6806 |
| 6 | 0.9420 | 0.8880 | 0.8375 | 0.7903 | 0.7462 | 0.7050 | 0.6663 | 0.6302 |
| 7 | 0.9327 | 0.8706 | 0.8131 | 0.7599 | 0.7107 | 0.6651 | 0.6227 | 0.5835 |
| 8 | 0.9235 | 0.8535 | 0.7894 | 0.7307 | 0.6768 | 0.6274 | 0.5820 | 0.5403 |
| 9 | 0.9143 | 0.8368 | 0.7664 | 0.7026 | 0.6446 | 0.5919 | 0.5439 | 0.5002 |
| 10 | 0.9053 | 0.8203 | 0.7441 | 0.6756 | 0.6139 | 0.5584 | 0.5083 | 0.4632 |
| 11 | 0.8963 | 0.8043 | 0.7224 | 0.6496 | 0.5847 | 0.5268 | 0.4751 | 0.4289 |
| 12 | 0.8874 | 0.7885 | 0.7014 | 0.6246 | 0.5568 | 0.4970 | 0.4440 | 0.3971 |
| 13 | 0.8787 | 0.7730 | 0.6810 | 0.6006 | 0.5303 | 0.4688 | 0.4150 | 0.3677 |
| 14 | 0.8700 | 0.7579 | 0.6611 | 0.5775 | 0.5051 | 0.4423 | 0.3878 | 0.3405 |
| 15 | 0.8613 | 0.7430 | 0.6419 | 0.5553 | 0.4810 | 0.4173 | 0.3624 | 0.3152 |
| 16 | 0.8528 | 0.7284 | 0.6232 | 0.5339 | 0.4581 | 0.3936 | 0.3387 | 0.2919 |
| 17 | 0.8444 | 0.7142 | 0.6050 | 0.5134 | 0.4363 | 0.3714 | 0.3166 | 0.2703 |
| 18 | 0.8360 | 0.7002 | 0.5874 | 0.4936 | 0.4155 | 0.3503 | 0.2959 | 0.2502 |
| 19 | 0.8277 | 0.6864 | 0.5703 | 0.4746 | 0.3957 | 0.3305 | 0.2765 | 0.2317 |
| 20 | 0.8195 | 0.6730 | 0.5537 | 0.4564 | 0.3769 | 0.3118 | 0.2584 | 0.2145 |
| 21 | 0.8114 | 0.6598 | 0.5375 | 0.4388 | 0.3589 | 0.2942 | 0.2415 | 0.1987 |
| 22 | 0.8034 | 0.6468 | 0.5219 | 0.4220 | 0.3418 | 0.2775 | 0.2257 | 0.1839 |
| 23 | 0.7954 | 0.6342 | 0.5067 | 0.4057 | 0.3256 | 0.2618 | 0.2109 | 0.1703 |
| 24 | 0.7876 | 0.6217 | 0.4919 | 0.3901 | 0.3101 | 0.2470 | 0.1971 | 0.1577 |
| 25 | 0.7798 | 0.6095 | 0.4776 | 0.3751 | 0.2953 | 0.2330 | 0.1842 | 0.1460 |
| 26 | 0.7720 | 0.5976 | 0.4637 | 0.3607 | 0.2812 | 0.2198 | 0.1722 | 0.1352 |
| 27 | 0.7644 | 0.5859 | 0.4502 | 0.3468 | 0.2678 | 0.2074 | 0.1609 | 0.1252 |
| 28 | 0.7568 | 0.5744 | 0.4371 | 0.3335 | 0.2551 | 0.1956 | 0.1504 | 0.1159 |
| 29 | 0.7493 | 0.5631 | 0.4243 | 0.3207 | 0.2429 | 0.1846 | 0.1406 | 0.1073 |
| 30 | 0.7419 | 0.5521 | 0.4120 | 0.3083 | 0.2314 | 0.1741 | 0.1314 | 0.0994 |
| 35 | 0.7059 | 0.5000 | 0.3554 | 0.2534 | 0.1813 | 0.1301 | 0.0937 | 0.0676 |
| 40 | 0.6717 | 0.4529 | 0.3066 | 0.2083 | 0.1420 | 0.0972 | 0.0668 | 0.0460 |
| 45 | 0.6391 | 0.4102 | 0.2644 | 0.1712 | 0.1113 | 0.0727 | 0.0476 | 0.0313 |
| 50 | 0.6080 | 0.3715 | 0.2281 | 0.1407 | 0.0872 | 0.0543 | 0.0339 | 0.0213 |

# 附录 2

## 复利终值系数表

**复利终值系数=(1+i)$^n$**

| 期数 | 1% | 2% | 3% | 4% | 5% | 6% | 7% | 8% | 9% | 10% |
|---|---|---|---|---|---|---|---|---|---|---|
| 1 | 1.0100 | 1.0200 | 1.0300 | 1.0400 | 1.0500 | 1.0600 | 1.0700 | 1.0800 | 1.0900 | 1.1000 |
| 2 | 1.0201 | 1.0404 | 1.0609 | 1.0816 | 1.1025 | 1.1236 | 1.1449 | 1.1664 | 1.1881 | 1.2100 |
| 3 | 1.0303 | 1.0612 | 1.0927 | 1.1249 | 1.1576 | 1.1910 | 1.2250 | 1.2597 | 1.2950 | 1.3310 |
| 4 | 1.0406 | 1.0824 | 1.1255 | 1.1699 | 1.2155 | 1.2625 | 1.3108 | 1.3605 | 1.4116 | 1.4641 |
| 5 | 1.0510 | 1.1041 | 1.1593 | 1.2167 | 1.2763 | 1.3382 | 1.4026 | 1.4693 | 1.5386 | 1.6105 |
| 6 | 1.0615 | 1.1262 | 1.1941 | 1.2653 | 1.3401 | 1.4185 | 1.5007 | 1.5869 | 1.6771 | 1.7716 |
| 7 | 1.0721 | 1.1487 | 1.2299 | 1.3159 | 1.4071 | 1.5036 | 1.6058 | 1.7138 | 1.8280 | 1.9487 |
| 8 | 1.0829 | 1.1717 | 1.2668 | 1.3686 | 1.4775 | 1.5938 | 1.7182 | 1.8509 | 1.9926 | 2.1436 |
| 9 | 1.0937 | 1.1951 | 1.3048 | 1.4233 | 1.5513 | 1.6895 | 1.8385 | 1.9990 | 2.1719 | 2.3579 |
| 10 | 1.1046 | 1.2190 | 1.3439 | 1.4802 | 1.6289 | 1.7908 | 1.9672 | 2.1589 | 2.3674 | 2.5937 |
| 11 | 1.1157 | 1.2434 | 1.3842 | 1.5395 | 1.7103 | 1.8983 | 2.1049 | 2.3316 | 2.5804 | 2.8531 |
| 12 | 1.1268 | 1.2682 | 1.4258 | 1.6010 | 1.7959 | 2.0122 | 2.2522 | 2.5182 | 2.8127 | 3.1384 |
| 13 | 1.1381 | 1.2936 | 1.4685 | 1.6651 | 1.8856 | 2.1329 | 2.4098 | 2.7196 | 3.0658 | 3.4523 |
| 14 | 1.1495 | 1.3195 | 1.5126 | 1.7317 | 1.9799 | 2.2609 | 2.5785 | 2.9372 | 3.3417 | 3.7975 |
| 15 | 1.1610 | 1.3459 | 1.5580 | 1.8009 | 2.0789 | 2.3966 | 2.7590 | 3.1722 | 3.6425 | 4.1772 |
| 16 | 1.1726 | 1.3728 | 1.6047 | 1.8730 | 2.1829 | 2.5404 | 2.9522 | 3.4259 | 3.9703 | 4.5950 |
| 17 | 1.1843 | 1.4002 | 1.6528 | 1.9479 | 2.2920 | 2.6928 | 3.1588 | 3.7000 | 4.3276 | 5.0545 |
| 18 | 1.1961 | 1.4282 | 1.7024 | 2.0258 | 2.4066 | 2.8543 | 3.3799 | 3.9960 | 4.7171 | 5.5599 |
| 19 | 1.2081 | 1.4568 | 1.7535 | 2.1068 | 2.5270 | 3.0256 | 3.6165 | 4.3157 | 5.1417 | 6.1159 |
| 20 | 1.2202 | 1.4859 | 1.8061 | 2.1911 | 2.6533 | 3.2071 | 3.8697 | 4.6610 | 5.6044 | 6.7275 |
| 21 | 1.2324 | 1.5157 | 1.8603 | 2.2788 | 2.7860 | 3.3996 | 4.1406 | 5.0338 | 6.1088 | 7.4002 |
| 22 | 1.2447 | 1.5460 | 1.9161 | 2.3699 | 2.9253 | 3.6035 | 4.4304 | 5.4365 | 6.6586 | 8.1403 |
| 23 | 1.2572 | 1.5769 | 1.9736 | 2.4647 | 3.0715 | 3.8197 | 4.7405 | 5.8715 | 7.2579 | 8.9543 |
| 24 | 1.2697 | 1.6084 | 2.0328 | 2.5633 | 3.2251 | 4.0489 | 5.0724 | 6.3412 | 7.9111 | 9.8497 |
| 25 | 1.2824 | 1.6406 | 2.0938 | 2.6658 | 3.3864 | 4.2919 | 5.4274 | 6.8485 | 8.6231 | 10.8347 |
| 26 | 1.2953 | 1.6734 | 2.1566 | 2.7725 | 3.5557 | 4.5494 | 5.8074 | 7.3964 | 9.3992 | 11.9182 |
| 27 | 1.3082 | 1.7069 | 2.2213 | 2.8834 | 3.7335 | 4.8223 | 6.2139 | 7.9881 | 10.2451 | 13.1100 |
| 28 | 1.3213 | 1.7410 | 2.2879 | 2.9987 | 3.9201 | 5.1117 | 6.6488 | 8.6271 | 11.1671 | 14.4210 |
| 29 | 1.3345 | 1.7758 | 2.3566 | 3.1187 | 4.1161 | 5.4184 | 7.1143 | 9.3173 | 12.1722 | 15.8631 |
| 30 | 1.3478 | 1.8114 | 2.4273 | 3.2434 | 4.3219 | 5.7435 | 7.6123 | 10.0627 | 13.2677 | 17.4494 |

| 期数 | 11% | 12% | 13% | 14% | 15% | 16% | 17% | 18% | 19% | 20% |
|---|---|---|---|---|---|---|---|---|---|---|
| 1 | 1.1100 | 1.1200 | 1.1300 | 1.1400 | 1.1500 | 1.1600 | 1.1700 | 1.1800 | 1.1900 | 1.2000 |
| 2 | 1.2321 | 1.2544 | 1.2769 | 1.2996 | 1.3225 | 1.3456 | 1.3689 | 1.3924 | 1.4161 | 1.4400 |
| 3 | 1.3676 | 1.4049 | 1.4429 | 1.4815 | 1.5209 | 1.5609 | 1.6016 | 1.6430 | 1.6852 | 1.7280 |
| 4 | 1.5181 | 1.5735 | 1.6305 | 1.6890 | 1.7490 | 1.8106 | 1.8739 | 1.9388 | 2.0053 | 2.0736 |
| 5 | 1.6851 | 1.7623 | 1.8424 | 1.9254 | 2.0114 | 2.1003 | 2.1924 | 2.2878 | 2.3864 | 2.4883 |
| 6 | 1.8704 | 1.9738 | 2.0820 | 2.1950 | 2.3131 | 2.4364 | 2.5652 | 2.6996 | 2.8398 | 2.9860 |
| 7 | 2.0762 | 2.2107 | 2.3526 | 2.5023 | 2.6600 | 2.8262 | 3.0012 | 3.1855 | 3.3793 | 3.5832 |
| 8 | 2.3045 | 2.4760 | 2.6584 | 2.8526 | 3.0590 | 3.2784 | 3.5115 | 3.7589 | 4.0214 | 4.2998 |
| 9 | 2.5580 | 2.7731 | 3.0040 | 3.2519 | 3.5179 | 3.8030 | 4.1084 | 4.4355 | 4.7854 | 5.1598 |
| 10 | 2.8394 | 3.1058 | 3.3946 | 3.7072 | 4.0456 | 4.4114 | 4.8068 | 5.2338 | 5.6947 | 6.1917 |
| 11 | 3.1518 | 3.4786 | 3.8359 | 4.2262 | 4.6524 | 5.1173 | 5.6240 | 6.1759 | 6.7767 | 7.4301 |
| 12 | 3.4985 | 3.8960 | 4.3345 | 4.8179 | 5.3503 | 5.9360 | 6.5801 | 7.2876 | 8.0642 | 8.9161 |
| 13 | 3.8833 | 4.3635 | 4.8980 | 5.4924 | 6.1528 | 6.8858 | 7.6987 | 8.5994 | 9.5964 | 10.6993 |
| 14 | 4.3104 | 4.8871 | 5.5348 | 6.2613 | 7.0757 | 7.9875 | 9.0075 | 10.1472 | 11.4198 | 12.8392 |
| 15 | 4.7846 | 5.4736 | 6.2543 | 7.1379 | 8.1371 | 9.2655 | 10.5387 | 11.9737 | 13.5895 | 15.4070 |
| 16 | 5.3109 | 6.1304 | 7.0673 | 8.1372 | 9.3576 | 10.7480 | 12.3303 | 14.1290 | 16.1715 | 18.4884 |
| 17 | 5.8951 | 6.8660 | 7.9861 | 9.2765 | 10.7613 | 12.4677 | 14.4265 | 16.6722 | 19.2441 | 22.1861 |
| 18 | 6.5436 | 7.6900 | 9.0243 | 10.5752 | 12.3755 | 14.4625 | 16.8790 | 19.6733 | 22.9005 | 26.6233 |
| 19 | 7.2633 | 8.6128 | 10.1974 | 12.0557 | 14.2318 | 16.7765 | 19.7484 | 23.2144 | 27.2516 | 31.9480 |
| 20 | 8.0623 | 9.6463 | 11.5231 | 13.7435 | 16.3665 | 19.4608 | 23.1056 | 27.3930 | 32.4294 | 38.3376 |
| 21 | 8.9492 | 10.8038 | 13.0211 | 15.6676 | 18.8215 | 22.5745 | 27.0336 | 32.3238 | 38.5910 | 46.0051 |
| 22 | 9.9336 | 12.1003 | 14.7138 | 17.8610 | 21.6447 | 26.1864 | 31.6293 | 38.1421 | 45.9233 | 55.2061 |
| 23 | 11.0263 | 13.5523 | 16.6266 | 20.3616 | 24.8915 | 30.3762 | 37.0062 | 45.0076 | 54.6487 | 66.2474 |
| 24 | 12.2392 | 15.1786 | 18.7881 | 23.2122 | 28.6252 | 35.2364 | 43.2973 | 53.1090 | 65.0320 | 79.4968 |
| 25 | 13.5855 | 17.0001 | 21.2305 | 26.4619 | 32.9190 | 40.8742 | 50.6578 | 62.6686 | 77.3881 | 95.3962 |
| 26 | 15.0799 | 19.0401 | 23.9905 | 30.1666 | 37.8568 | 47.4141 | 59.2697 | 73.9490 | 92.0918 | 114.4755 |
| 27 | 16.7387 | 21.3249 | 27.1093 | 34.3899 | 43.5353 | 55.0004 | 69.3455 | 87.2598 | 109.5893 | 137.3706 |
| 28 | 18.5799 | 23.8839 | 30.6335 | 39.2045 | 50.0656 | 63.8004 | 81.1342 | 102.9666 | 130.4112 | 164.8447 |
| 29 | 20.6237 | 26.7499 | 34.6158 | 44.6931 | 57.5755 | 74.0085 | 94.9271 | 121.5005 | 155.1893 | 197.8136 |
| 30 | 22.8923 | 29.9599 | 39.1159 | 50.9502 | 66.2118 | 85.8499 | 111.0647 | 143.3706 | 184.6753 | 237.3763 |

| 期数 | 21% | 22% | 23% | 24% | 25% | 26% | 27% | 28% | 29% | 30% |
|---|---|---|---|---|---|---|---|---|---|---|
| 1 | 1.2100 | 1.2200 | 1.2300 | 1.2400 | 1.2500 | 1.2600 | 1.2700 | 1.2800 | 1.2900 | 1.3000 |
| 2 | 1.4641 | 1.4884 | 1.5129 | 1.5376 | 1.5625 | 1.5876 | 1.6129 | 1.6384 | 1.6641 | 1.6900 |
| 3 | 1.7716 | 1.8158 | 1.8609 | 1.9066 | 1.9531 | 2.0004 | 2.0484 | 2.0972 | 2.1467 | 2.1970 |
| 4 | 2.1436 | 2.2153 | 2.2889 | 2.3642 | 2.4414 | 2.5205 | 2.6014 | 2.6844 | 2.7692 | 2.8561 |
| 5 | 2.5937 | 2.7027 | 2.8153 | 2.9316 | 3.0518 | 3.1758 | 3.3038 | 3.4360 | 3.5723 | 3.7129 |
| 6 | 3.1384 | 3.2973 | 3.4628 | 3.6352 | 3.8147 | 4.0015 | 4.1959 | 4.3980 | 4.6083 | 4.8268 |
| 7 | 3.7975 | 4.0227 | 4.2593 | 4.5077 | 4.7684 | 5.0419 | 5.3288 | 5.6295 | 5.9447 | 6.2749 |
| 8 | 4.5950 | 4.9077 | 5.2389 | 5.5895 | 5.9605 | 6.3528 | 6.7675 | 7.2058 | 7.6686 | 8.1573 |
| 9 | 5.5599 | 5.9874 | 6.4439 | 6.9310 | 7.4506 | 8.0045 | 8.5948 | 9.2234 | 9.8925 | 10.6045 |
| 10 | 6.7275 | 7.3046 | 7.9259 | 8.5944 | 9.3132 | 10.0857 | 10.9153 | 11.8059 | 12.7614 | 13.7858 |
| 11 | 8.1403 | 8.9117 | 9.7489 | 10.6571 | 11.6415 | 12.7080 | 13.8625 | 15.1116 | 16.4622 | 17.9216 |
| 12 | 9.8497 | 10.8722 | 11.9912 | 13.2148 | 14.5519 | 16.0120 | 17.6053 | 19.3428 | 21.2362 | 23.2981 |
| 13 | 11.9182 | 13.2641 | 14.7491 | 16.3863 | 18.1899 | 20.1752 | 22.3588 | 24.7588 | 27.3947 | 30.2875 |
| 14 | 14.4210 | 16.1822 | 18.1414 | 20.3191 | 22.7374 | 25.4207 | 28.3957 | 31.6913 | 35.3391 | 39.3738 |
| 15 | 17.4494 | 19.7423 | 22.3140 | 25.1956 | 28.4217 | 32.0301 | 36.0625 | 40.5648 | 45.5875 | 51.1859 |
| 16 | 21.1138 | 24.0856 | 27.4462 | 31.2426 | 35.5271 | 40.3579 | 45.7994 | 51.9230 | 58.8079 | 66.5417 |
| 17 | 25.5477 | 29.3844 | 33.7588 | 38.7408 | 44.4089 | 50.8510 | 58.1652 | 66.4614 | 75.8621 | 86.5042 |
| 18 | 30.9127 | 35.8490 | 41.5233 | 48.0386 | 55.5112 | 64.0722 | 73.8698 | 85.0706 | 97.8622 | 112.4554 |
| 19 | 37.4043 | 43.7358 | 51.0737 | 59.5679 | 69.3889 | 80.7310 | 93.8147 | 108.8904 | 126.2422 | 146.1920 |
| 20 | 45.2593 | 53.3576 | 62.8206 | 73.8641 | 86.7362 | 101.7211 | 119.1446 | 139.3797 | 162.8524 | 190.0496 |
| 21 | 54.7637 | 65.0963 | 77.2694 | 91.5915 | 108.4202 | 128.1685 | 151.3137 | 178.4060 | 210.0796 | 247.0645 |
| 22 | 66.2641 | 79.4175 | 95.0413 | 113.5735 | 135.5253 | 161.4924 | 192.1683 | 228.3596 | 271.0027 | 321.1839 |
| 23 | 80.1795 | 96.8894 | 116.9008 | 140.8312 | 169.4066 | 203.4804 | 244.0538 | 292.3003 | 349.5935 | 417.5391 |
| 24 | 97.0172 | 118.2050 | 143.7880 | 174.6306 | 211.7582 | 256.3853 | 309.9483 | 374.1444 | 450.9756 | 542.8008 |
| 25 | 117.3909 | 144.2101 | 176.8593 | 216.5420 | 264.6978 | 323.0454 | 393.6344 | 478.9049 | 581.7585 | 705.6410 |
| 26 | 142.0429 | 175.9364 | 217.5369 | 268.5121 | 330.8722 | 407.0373 | 499.9157 | 612.9982 | 750.4685 | 917.3333 |
| 27 | 171.8719 | 214.6424 | 267.5704 | 332.9550 | 413.5903 | 512.8670 | 634.8929 | 784.6377 | 968.1044 | 1192.5333 |
| 28 | 207.9651 | 261.8637 | 329.1115 | 412.8642 | 516.9879 | 646.2124 | 806.3140 | 1004.3363 | 1248.8546 | 1550.2933 |
| 29 | 251.6377 | 319.4737 | 404.8072 | 511.9516 | 646.2349 | 814.2276 | 1024.0187 | 1285.5504 | 1611.0225 | 2015.3813 |
| 30 | 304.4816 | 389.7579 | 497.9129 | 634.8199 | 807.7936 | 1025.9267 | 1300.5038 | 1645.5046 | 2078.2190 | 2619.9956 |

# 附录3

## 年金现值系数表

年金现值系数= $\frac{1-(1+i)^{-n}}{i}$

| 期数 | 1% | 2% | 3% | 4% | 5% | 6% | 7% | 8% | 9% | 10% |
|---|---|---|---|---|---|---|---|---|---|---|
| 1 | 0.9901 | 0.9804 | 0.9709 | 0.9615 | 0.9524 | 0.9434 | 0.9346 | 0.9259 | 0.9174 | 0.9091 |
| 2 | 1.9704 | 1.9416 | 1.9135 | 1.8861 | 1.8594 | 1.8334 | 1.8080 | 1.7833 | 1.7591 | 1.7355 |
| 3 | 2.9410 | 2.8839 | 2.8286 | 2.7751 | 2.7232 | 2.6730 | 2.6243 | 2.5771 | 2.5313 | 2.4869 |
| 4 | 3.9020 | 3.8077 | 3.7171 | 3.6299 | 3.5460 | 3.4651 | 3.3872 | 3.3121 | 3.2397 | 3.1699 |
| 5 | 4.8534 | 4.7135 | 4.5797 | 4.4518 | 4.3295 | 4.2124 | 4.1002 | 3.9927 | 3.8897 | 3.7908 |
| 6 | 5.7955 | 5.6014 | 5.4172 | 5.2421 | 5.0757 | 4.9173 | 4.7665 | 4.6229 | 4.4859 | 4.3553 |
| 7 | 6.7282 | 6.4720 | 6.2303 | 6.0021 | 5.7864 | 5.5824 | 5.3893 | 5.2064 | 5.0330 | 4.8684 |
| 8 | 7.6517 | 7.3255 | 7.0197 | 6.7327 | 6.4632 | 6.2098 | 5.9713 | 5.7466 | 5.5348 | 5.3349 |
| 9 | 8.5660 | 8.1622 | 7.7861 | 7.4353 | 7.1078 | 6.8017 | 6.5152 | 6.2469 | 5.9952 | 5.7590 |
| 10 | 9.4713 | 8.9826 | 8.5302 | 8.1109 | 7.7217 | 7.3601 | 7.0236 | 6.7101 | 6.4177 | 6.1446 |
| 11 | 10.3676 | 9.7868 | 9.2526 | 8.7605 | 8.3064 | 7.8869 | 7.4987 | 7.1390 | 6.8052 | 6.4951 |
| 12 | 11.2551 | 10.5753 | 9.9540 | 9.3851 | 8.8633 | 8.3838 | 7.9427 | 7.5361 | 7.1607 | 6.8137 |
| 13 | 12.1337 | 11.3484 | 10.6350 | 9.9856 | 9.3936 | 8.8527 | 8.3577 | 7.9038 | 7.4869 | 7.1034 |
| 14 | 13.0037 | 12.1062 | 11.2961 | 10.5631 | 9.8986 | 9.2950 | 8.7455 | 8.2442 | 7.7862 | 7.3667 |
| 15 | 13.8651 | 12.8493 | 11.9379 | 11.1184 | 10.3797 | 9.7122 | 9.1079 | 8.5595 | 8.0607 | 7.6061 |
| 16 | 14.7179 | 13.5777 | 12.5611 | 11.6523 | 10.8378 | 10.1059 | 9.4466 | 8.8514 | 8.3126 | 7.8237 |
| 17 | 15.5623 | 14.2919 | 13.1661 | 12.1657 | 11.2741 | 10.4773 | 9.7632 | 9.1216 | 8.5436 | 8.0216 |
| 18 | 16.3983 | 14.9920 | 13.7535 | 12.6593 | 11.6896 | 10.8276 | 10.0591 | 9.3719 | 8.7556 | 8.2014 |
| 19 | 17.2260 | 15.6785 | 14.3238 | 13.1339 | 12.0853 | 11.1581 | 10.3356 | 9.6036 | 8.9501 | 8.3649 |
| 20 | 18.0456 | 16.3514 | 14.8775 | 13.5903 | 12.4622 | 11.4699 | 10.5940 | 9.8181 | 9.1285 | 8.5136 |
| 21 | 18.8570 | 17.0112 | 15.4150 | 14.0292 | 12.8212 | 11.7641 | 10.8355 | 10.0168 | 9.2922 | 8.6487 |
| 22 | 19.6604 | 17.6580 | 15.9369 | 14.4511 | 13.1630 | 12.0416 | 11.0612 | 10.2007 | 9.4424 | 8.7715 |
| 23 | 20.4558 | 18.2922 | 16.4436 | 14.8568 | 13.4886 | 12.3034 | 11.2722 | 10.3711 | 9.5802 | 8.8832 |
| 24 | 21.2434 | 18.9139 | 16.9355 | 15.2470 | 13.7986 | 12.5504 | 11.4693 | 10.5288 | 9.7066 | 8.9847 |
| 25 | 22.0232 | 19.5235 | 17.4131 | 15.6221 | 14.0939 | 12.7834 | 11.6536 | 10.6748 | 9.8226 | 9.0770 |
| 26 | 22.7952 | 20.1210 | 17.8768 | 15.9828 | 14.3752 | 13.0032 | 11.8258 | 10.8100 | 9.9290 | 9.1609 |
| 27 | 23.5596 | 20.7069 | 18.3270 | 16.3296 | 14.6430 | 13.2105 | 11.9867 | 10.9352 | 10.0266 | 9.2372 |
| 28 | 24.3164 | 21.2813 | 18.7641 | 16.6631 | 14.8981 | 13.4062 | 12.1371 | 11.0511 | 10.1161 | 9.3066 |
| 29 | 25.0658 | 21.8444 | 19.1885 | 16.9837 | 15.1411 | 13.5907 | 12.2777 | 11.1584 | 10.1983 | 9.3696 |
| 30 | 25.8077 | 22.3965 | 19.6004 | 17.2920 | 15.3725 | 13.7648 | 12.4090 | 11.2578 | 10.2737 | 9.4269 |
| 35 | 29.4086 | 24.9986 | 21.4872 | 18.6646 | 16.3742 | 14.4982 | 12.9477 | 11.6546 | 10.5668 | 9.6442 |
| 40 | 32.8347 | 27.3555 | 23.1148 | 19.7928 | 17.1591 | 15.0463 | 13.3317 | 11.9246 | 10.7574 | 9.7791 |
| 45 | 36.0945 | 29.4902 | 24.5187 | 20.7200 | 17.7741 | 15.4558 | 13.6055 | 12.1084 | 10.8812 | 9.8628 |
| 50 | 39.1961 | 31.4236 | 25.7298 | 21.4822 | 18.2559 | 15.7619 | 13.8007 | 12.2335 | 10.9617 | 9.9148 |

| 期数 | 11% | 12% | 13% | 14% | 15% | 16% | 17% | 18% | 19% | 20% |
|---|---|---|---|---|---|---|---|---|---|---|
| 1 | 0.9009 | 0.8929 | 0.8850 | 0.8772 | 0.8696 | 0.8621 | 0.8547 | 0.8475 | 0.8403 | 0.8333 |
| 2 | 1.7125 | 1.6901 | 1.6681 | 1.6467 | 1.6257 | 1.6052 | 1.5852 | 1.5656 | 1.5465 | 1.5278 |
| 3 | 2.4437 | 2.4018 | 2.3612 | 2.3216 | 2.2832 | 2.2459 | 2.2096 | 2.1743 | 2.1399 | 2.1065 |
| 4 | 3.1024 | 3.0373 | 2.9745 | 2.9137 | 2.8550 | 2.7982 | 2.7432 | 2.6901 | 2.6386 | 2.5887 |
| 5 | 3.6959 | 3.6048 | 3.5172 | 3.4331 | 3.3522 | 3.2743 | 3.1993 | 3.1272 | 3.0576 | 2.9906 |
| 6 | 4.2305 | 4.1114 | 3.9975 | 3.8887 | 3.7845 | 3.6847 | 3.5892 | 3.4976 | 3.4098 | 3.3255 |
| 7 | 4.7122 | 4.5638 | 4.4226 | 4.2883 | 4.1604 | 4.0386 | 3.9224 | 3.8115 | 3.7057 | 3.6046 |
| 8 | 5.1461 | 4.9676 | 4.7988 | 4.6389 | 4.4873 | 4.3436 | 4.2072 | 4.0776 | 3.9544 | 3.8372 |
| 9 | 5.5370 | 5.3282 | 5.1317 | 4.9464 | 4.7716 | 4.6065 | 4.4506 | 4.3030 | 4.1633 | 4.0310 |
| 10 | 5.8892 | 5.6502 | 5.4262 | 5.2161 | 5.0188 | 4.8332 | 4.6586 | 4.4941 | 4.3389 | 4.1925 |
| 11 | 6.2065 | 5.9377 | 5.6869 | 5.4527 | 5.2337 | 5.0286 | 4.8364 | 4.6560 | 4.4865 | 4.3271 |
| 12 | 6.4924 | 6.1944 | 5.9176 | 5.6603 | 5.4206 | 5.1971 | 4.9884 | 4.7932 | 4.6105 | 4.4392 |
| 13 | 6.7499 | 6.4235 | 6.1218 | 5.8424 | 5.5831 | 5.3423 | 5.1183 | 4.9095 | 4.7147 | 4.5327 |
| 14 | 6.9819 | 6.6282 | 6.3025 | 6.0021 | 5.7245 | 5.4675 | 5.2293 | 5.0081 | 4.8023 | 4.6106 |
| 15 | 7.1909 | 6.8109 | 6.4624 | 6.1422 | 5.8474 | 5.5755 | 5.3242 | 5.0916 | 4.8759 | 4.6755 |
| 16 | 7.3792 | 6.9740 | 6.6039 | 6.2651 | 5.9542 | 5.6685 | 5.4053 | 5.1624 | 4.9377 | 4.7296 |
| 17 | 7.5488 | 7.1196 | 6.7291 | 6.3729 | 6.0472 | 5.7487 | 5.4746 | 5.2223 | 4.9897 | 4.7746 |
| 18 | 7.7016 | 7.2497 | 6.8399 | 6.4674 | 6.1280 | 5.8178 | 5.5339 | 5.2732 | 5.0333 | 4.8122 |
| 19 | 7.8393 | 7.3658 | 6.9380 | 6.5504 | 6.1982 | 5.8775 | 5.5845 | 5.3162 | 5.0700 | 4.8435 |
| 20 | 7.9633 | 7.4694 | 7.0248 | 6.6231 | 6.2593 | 5.9288 | 5.6278 | 5.3527 | 5.1009 | 4.8696 |
| 21 | 8.0751 | 7.5620 | 7.1016 | 6.6870 | 6.3125 | 5.9731 | 5.6648 | 5.3837 | 5.1268 | 4.8913 |
| 22 | 8.1757 | 7.6446 | 7.1695 | 6.7429 | 6.3587 | 6.0113 | 5.6964 | 5.4099 | 5.1486 | 4.9094 |
| 23 | 8.2664 | 7.7184 | 7.2297 | 6.7921 | 6.3988 | 6.0442 | 5.7234 | 5.4321 | 5.1668 | 4.9245 |
| 24 | 8.3481 | 7.7843 | 7.2829 | 6.8351 | 6.4338 | 6.0726 | 5.7465 | 5.4509 | 5.1822 | 4.9371 |
| 25 | 8.4217 | 7.8431 | 7.3300 | 6.8729 | 6.4641 | 6.0971 | 5.7662 | 5.4669 | 5.1951 | 4.9476 |
| 26 | 8.4881 | 7.8957 | 7.3717 | 6.9061 | 6.4906 | 6.1182 | 5.7831 | 5.4804 | 5.2060 | 4.9563 |
| 27 | 8.5478 | 7.9426 | 7.4086 | 6.9352 | 6.5135 | 6.1364 | 5.7975 | 5.4919 | 5.2151 | 4.9636 |
| 28 | 8.6016 | 7.9844 | 7.4412 | 6.9607 | 6.5335 | 6.1520 | 5.8099 | 5.5016 | 5.2228 | 4.9697 |
| 29 | 8.6501 | 8.0218 | 7.4701 | 6.9830 | 6.5509 | 6.1656 | 5.8204 | 5.5098 | 5.2292 | 4.9747 |
| 30 | 8.6938 | 8.0552 | 7.4957 | 7.0027 | 6.5660 | 6.1772 | 5.8294 | 5.5168 | 5.2347 | 4.9789 |
| 35 | 8.8552 | 8.1755 | 7.5856 | 7.0700 | 6.6166 | 6.2153 | 5.8582 | 5.5386 | 5.2512 | 4.9915 |
| 40 | 8.9511 | 8.2438 | 7.6344 | 7.1050 | 6.6418 | 6.2335 | 5.8713 | 5.5482 | 5.2582 | 4.9966 |
| 45 | 9.0079 | 8.2825 | 7.6609 | 7.1232 | 6.6543 | 6.2421 | 5.8773 | 5.5523 | 5.2611 | 4.9986 |
| 50 | 9.0417 | 8.3045 | 7.6752 | 7.1327 | 6.6605 | 6.2463 | 5.8801 | 5.5541 | 5.2623 | 4.9995 |

| 期数 | 21% | 22% | 23% | 24% | 25% | 26% | 27% | 28% | 29% | 30% |
|---|---|---|---|---|---|---|---|---|---|---|
| 1 | 0.8264 | 0.8197 | 0.8130 | 0.8065 | 0.8000 | 0.7937 | 0.7874 | 0.7813 | 0.7752 | 0.7692 |
| 2 | 1.5095 | 1.4915 | 1.4740 | 1.4568 | 1.4400 | 1.4235 | 1.4074 | 1.3916 | 1.3761 | 1.3609 |
| 3 | 2.0739 | 2.0422 | 2.0114 | 1.9813 | 1.9520 | 1.9234 | 1.8956 | 1.8684 | 1.8420 | 1.8161 |
| 4 | 2.5404 | 2.4936 | 2.4483 | 2.4043 | 2.3616 | 2.3202 | 2.2800 | 2.2410 | 2.2031 | 2.1662 |
| 5 | 2.9260 | 2.8636 | 2.8035 | 2.7454 | 2.6893 | 2.6351 | 2.5827 | 2.5320 | 2.4830 | 2.4356 |
| 6 | 3.2446 | 3.1669 | 3.0923 | 3.0205 | 2.9514 | 2.8850 | 2.8210 | 2.7594 | 2.7000 | 2.6427 |
| 7 | 3.5079 | 3.4155 | 3.3270 | 3.2423 | 3.1611 | 3.0833 | 3.0087 | 2.9370 | 2.8682 | 2.8021 |
| 8 | 3.7256 | 3.6193 | 3.5179 | 3.4212 | 3.3289 | 3.2407 | 3.1564 | 3.0758 | 2.9986 | 2.9247 |
| 9 | 3.9054 | 3.7863 | 3.6731 | 3.5655 | 3.4631 | 3.3657 | 3.2728 | 3.1842 | 3.0997 | 3.0190 |
| 10 | 4.0541 | 3.9232 | 3.7993 | 3.6819 | 3.5705 | 3.4648 | 3.3644 | 3.2689 | 3.1781 | 3.0915 |
| 11 | 4.1769 | 4.0354 | 3.9018 | 3.7757 | 3.6564 | 3.5435 | 3.4365 | 3.3351 | 3.2388 | 3.1473 |
| 12 | 4.2784 | 4.1274 | 3.9852 | 3.8514 | 3.7251 | 3.6059 | 3.4933 | 3.3868 | 3.2859 | 3.1903 |
| 13 | 4.3624 | 4.2028 | 4.0530 | 3.9124 | 3.7801 | 3.6555 | 3.5381 | 3.4272 | 3.3224 | 3.2233 |
| 14 | 4.4317 | 4.2646 | 4.1082 | 3.9616 | 3.8241 | 3.6949 | 3.5733 | 3.4587 | 3.3507 | 3.2487 |
| 15 | 4.4890 | 4.3152 | 4.1530 | 4.0013 | 3.8593 | 3.7261 | 3.6010 | 3.4834 | 3.3726 | 3.2682 |
| 16 | 4.5364 | 4.3567 | 4.1894 | 4.0333 | 3.8874 | 3.7509 | 3.6228 | 3.5026 | 3.3896 | 3.2832 |
| 17 | 4.5755 | 4.3908 | 4.2190 | 4.0591 | 3.9099 | 3.7705 | 3.6400 | 3.5177 | 3.4028 | 3.2948 |
| 18 | 4.6079 | 4.4187 | 4.2431 | 4.0799 | 3.9279 | 3.7861 | 3.6536 | 3.5294 | 3.4130 | 3.3037 |
| 19 | 4.6346 | 4.4415 | 4.2627 | 4.0967 | 3.9424 | 3.7985 | 3.6642 | 3.5386 | 3.4210 | 3.3105 |
| 20 | 4.6567 | 4.4603 | 4.2786 | 4.1103 | 3.9539 | 3.8083 | 3.6726 | 3.5458 | 3.4271 | 3.3158 |
| 21 | 4.6750 | 4.4756 | 4.2916 | 4.1212 | 3.9631 | 3.8161 | 3.6792 | 3.5514 | 3.4319 | 3.3198 |
| 22 | 4.6900 | 4.4882 | 4.3021 | 4.1300 | 3.9705 | 3.8223 | 3.6844 | 3.5558 | 3.4356 | 3.3230 |
| 23 | 4.7025 | 4.4985 | 4.3106 | 4.1371 | 3.9764 | 3.8273 | 3.6885 | 3.5592 | 3.4384 | 3.3254 |
| 24 | 4.7128 | 4.5070 | 4.3176 | 4.1428 | 3.9811 | 3.8312 | 3.6918 | 3.5619 | 3.4406 | 3.3272 |
| 25 | 4.7213 | 4.5139 | 4.3232 | 4.1474 | 3.9849 | 3.8342 | 3.6943 | 3.5640 | 3.4423 | 3.3286 |
| 26 | 4.7284 | 4.5196 | 4.3278 | 4.1511 | 3.9879 | 3.8367 | 3.6963 | 3.5656 | 3.4437 | 3.3297 |
| 27 | 4.7342 | 4.5243 | 4.3316 | 4.1542 | 3.9903 | 3.8387 | 3.6979 | 3.5669 | 3.4447 | 3.3305 |
| 28 | 4.7390 | 4.5281 | 4.3346 | 4.1566 | 3.9923 | 3.8402 | 3.6991 | 3.5679 | 3.4455 | 3.3312 |
| 29 | 4.7430 | 4.5312 | 4.3371 | 4.1585 | 3.9938 | 3.8414 | 3.7001 | 3.5687 | 3.4461 | 3.3317 |
| 30 | 4.7463 | 4.5338 | 4.3391 | 4.1601 | 3.9950 | 3.8424 | 3.7009 | 3.5693 | 3.4466 | 3.3321 |
| 35 | 4.7559 | 4.5411 | 4.3447 | 4.1644 | 3.9984 | 3.8450 | 3.7028 | 3.5708 | 3.4478 | 3.3330 |
| 40 | 4.7596 | 4.5439 | 4.3467 | 4.1659 | 3.9995 | 3.8458 | 3.7034 | 3.5712 | 3.4481 | 3.3332 |
| 45 | 4.7610 | 4.5449 | 4.3474 | 4.1664 | 3.9998 | 3.8460 | 3.7036 | 3.5714 | 3.4482 | 3.3333 |
| 50 | 4.7616 | 4.5452 | 4.3477 | 4.1666 | 3.9999 | 3.8461 | 3.7037 | 3.5714 | 3.4483 | 3.3333 |

| 期数 | 31% | 32% | 33% | 34% | 35% | 40% | 45% | 50% |
|---|---|---|---|---|---|---|---|---|
| 1 | 0.7634 | 0.7576 | 0.7519 | 0.7463 | 0.7407 | 0.7143 | 0.6897 | 0.6667 |
| 2 | 1.3461 | 1.3315 | 1.3172 | 1.3032 | 1.2894 | 1.2245 | 1.1653 | 1.1111 |
| 3 | 1.7909 | 1.7663 | 1.7423 | 1.7188 | 1.6959 | 1.5889 | 1.4933 | 1.4074 |
| 4 | 2.1305 | 2.0957 | 2.0618 | 2.0290 | 1.9969 | 1.8492 | 1.7195 | 1.6049 |
| 5 | 2.3897 | 2.3452 | 2.3021 | 2.2604 | 2.2200 | 2.0352 | 1.8755 | 1.7366 |
| 6 | 2.5875 | 2.5342 | 2.4828 | 2.4331 | 2.3852 | 2.1680 | 1.9831 | 1.8244 |
| 7 | 2.7386 | 2.6775 | 2.6187 | 2.5620 | 2.5075 | 2.2628 | 2.0573 | 1.8829 |
| 8 | 2.8539 | 2.7860 | 2.7208 | 2.6582 | 2.5982 | 2.3306 | 2.1085 | 1.9220 |
| 9 | 2.9419 | 2.8681 | 2.7976 | 2.7300 | 2.6653 | 2.3790 | 2.1438 | 1.9480 |
| 10 | 3.0091 | 2.9304 | 2.8553 | 2.7836 | 2.7150 | 2.4136 | 2.1681 | 1.9653 |
| 11 | 3.0604 | 2.9776 | 2.8987 | 2.8236 | 2.7519 | 2.4383 | 2.1849 | 1.9769 |
| 12 | 3.0995 | 3.0133 | 2.9314 | 2.8534 | 2.7792 | 2.4559 | 2.1965 | 1.9846 |
| 13 | 3.1294 | 3.0404 | 2.9559 | 2.8757 | 2.7994 | 2.4685 | 2.2045 | 1.9897 |
| 14 | 3.1522 | 3.0609 | 2.9744 | 2.8923 | 2.8144 | 2.4775 | 2.2100 | 1.9931 |
| 15 | 3.1696 | 3.0764 | 2.9883 | 2.9047 | 2.8255 | 2.4839 | 2.2138 | 1.9954 |
| 16 | 3.1829 | 3.0882 | 2.9987 | 2.9140 | 2.8337 | 2.4885 | 2.2164 | 1.9970 |
| 17 | 3.1931 | 3.0971 | 3.0065 | 2.9209 | 2.8398 | 2.4918 | 2.2182 | 1.9980 |
| 18 | 3.2008 | 3.1039 | 3.0124 | 2.9260 | 2.8443 | 2.4941 | 2.2195 | 1.9986 |
| 19 | 3.2067 | 3.1090 | 3.0169 | 2.9299 | 2.8476 | 2.4958 | 2.2203 | 1.9991 |
| 20 | 3.2112 | 3.1129 | 3.0202 | 2.9327 | 2.8501 | 2.4970 | 2.2209 | 1.9994 |
| 21 | 3.2147 | 3.1158 | 3.0227 | 2.9349 | 2.8519 | 2.4979 | 2.2213 | 1.9996 |
| 22 | 3.2173 | 3.1180 | 3.0246 | 2.9365 | 2.8533 | 2.4985 | 2.2216 | 1.9997 |
| 23 | 3.2193 | 3.1197 | 3.0260 | 2.9377 | 2.8543 | 2.4989 | 2.2218 | 1.9998 |
| 24 | 3.2209 | 3.1210 | 3.0271 | 2.9386 | 2.8550 | 2.4992 | 2.2219 | 1.9999 |
| 25 | 3.2220 | 3.1220 | 3.0279 | 2.9392 | 2.8556 | 2.4994 | 2.2220 | 1.9999 |
| 26 | 3.2229 | 3.1227 | 3.0285 | 2.9397 | 2.8560 | 2.4996 | 2.2221 | 1.9999 |
| 27 | 3.2236 | 3.1233 | 3.0289 | 2.9401 | 2.8563 | 2.4997 | 2.2221 | 2.0000 |
| 28 | 3.2241 | 3.1237 | 3.0293 | 2.9404 | 2.8565 | 2.4998 | 2.2222 | 2.0000 |
| 29 | 3.2245 | 3.1240 | 3.0295 | 2.9406 | 2.8567 | 2.4999 | 2.2222 | 2.0000 |
| 30 | 3.2248 | 3.1242 | 3.0297 | 2.9407 | 2.8568 | 2.4999 | 2.2222 | 2.0000 |
| 35 | 3.2256 | 3.1248 | 3.0302 | 2.9411 | 2.8571 | 2.5000 | 2.2222 | 2.0000 |
| 40 | 3.2257 | 3.1250 | 3.0303 | 2.9412 | 2.8571 | 2.5000 | 2.2222 | 2.0000 |
| 45 | 3.2258 | 3.1250 | 3.0303 | 2.9412 | 2.8571 | 2.5000 | 2.2222 | 2.0000 |
| 50 | 3.2258 | 3.1250 | 3.0303 | 2.9412 | 2.8571 | 2.5000 | 2.2222 | 2.0000 |

# 附录 4





## 年金终值系数表

$$年金终值系数=\frac{(1+i)^n-1}{i}$$

| 期数 | 1% | 2% | 3% | 4% | 5% | 6% | 7% | 8% | 9% | 10% |
|---|---|---|---|---|---|---|---|---|---|---|
| 1 | 1.0000 | 1.0000 | 1.0000 | 1.0000 | 1.0000 | 1.0000 | 1.0000 | 1.0000 | 1.0000 | 1.0000 |
| 2 | 2.0100 | 2.0200 | 2.0300 | 2.0400 | 2.0500 | 2.0600 | 2.0700 | 2.0800 | 2.0900 | 2.1000 |
| 3 | 3.0301 | 3.0604 | 3.0909 | 3.1216 | 3.1525 | 3.1836 | 3.2149 | 3.2464 | 3.2781 | 3.3100 |
| 4 | 4.0604 | 4.1216 | 4.1836 | 4.2465 | 4.3101 | 4.3746 | 4.4399 | 4.5061 | 4.5731 | 4.6410 |
| 5 | 5.1010 | 5.2040 | 5.3091 | 5.4163 | 5.5256 | 5.6371 | 5.7507 | 5.8666 | 5.9847 | 6.1051 |
| 6 | 6.1520 | 6.3081 | 6.4684 | 6.6330 | 6.8019 | 6.9753 | 7.1533 | 7.3359 | 7.5233 | 7.7156 |
| 7 | 7.2135 | 7.4343 | 7.6625 | 7.8983 | 8.1420 | 8.3938 | 8.6540 | 8.9228 | 9.2004 | 9.4872 |
| 8 | 8.2857 | 8.5830 | 8.8923 | 9.2142 | 9.5491 | 9.8975 | 10.2598 | 10.6366 | 11.0285 | 11.4359 |
| 9 | 9.3685 | 9.7546 | 10.1591 | 10.5828 | 11.0266 | 11.4913 | 11.9780 | 12.4876 | 13.0210 | 13.5795 |
| 10 | 10.4622 | 10.9497 | 11.4639 | 12.0061 | 12.5779 | 13.1808 | 13.8164 | 14.4866 | 15.1929 | 15.9374 |
| 11 | 11.5668 | 12.1687 | 12.8078 | 13.4864 | 14.2068 | 14.9716 | 15.7836 | 16.6455 | 17.5603 | 18.5312 |
| 12 | 12.6825 | 13.4121 | 14.1920 | 15.0258 | 15.9171 | 16.8699 | 17.8885 | 18.9771 | 20.1407 | 21.3843 |
| 13 | 13.8093 | 14.6803 | 15.6178 | 16.6268 | 17.7130 | 18.8821 | 20.1406 | 21.4953 | 22.9534 | 24.5227 |
| 14 | 14.9474 | 15.9739 | 17.0863 | 18.2919 | 19.5986 | 21.0151 | 22.5505 | 24.2149 | 26.0192 | 27.9750 |
| 15 | 16.0969 | 17.2934 | 18.5989 | 20.0236 | 21.5786 | 23.2760 | 25.1290 | 27.1521 | 29.3609 | 31.7725 |
| 16 | 17.2579 | 18.6393 | 20.1569 | 21.8245 | 23.6575 | 25.6725 | 27.8881 | 30.3243 | 33.0034 | 35.9497 |
| 17 | 18.4304 | 20.0121 | 21.7616 | 23.6975 | 25.8404 | 28.2129 | 30.8402 | 33.7502 | 36.9737 | 40.5447 |
| 18 | 19.6147 | 21.4123 | 23.4144 | 25.6454 | 28.1324 | 30.9057 | 33.9990 | 37.4502 | 41.3013 | 45.5992 |
| 19 | 20.8109 | 22.8406 | 25.1169 | 27.6712 | 30.5390 | 33.7600 | 37.3790 | 41.4463 | 46.0185 | 51.1591 |
| 20 | 22.0190 | 24.2974 | 26.8704 | 29.7781 | 33.0660 | 36.7856 | 40.9955 | 45.7620 | 51.1601 | 57.2750 |
| 21 | 23.2392 | 25.7833 | 28.6765 | 31.9692 | 35.7193 | 39.9927 | 44.8652 | 50.4229 | 56.7645 | 64.0025 |
| 22 | 24.4716 | 27.2990 | 30.5368 | 34.2480 | 38.5052 | 43.3923 | 49.0057 | 55.4568 | 62.8733 | 71.4027 |
| 23 | 25.7163 | 28.8450 | 32.4529 | 36.6179 | 41.4305 | 46.9958 | 53.4361 | 60.8933 | 69.5319 | 79.5430 |
| 24 | 26.9735 | 30.4219 | 34.4265 | 39.0826 | 44.5020 | 50.8156 | 58.1767 | 66.7648 | 76.7898 | 88.4973 |
| 25 | 28.2432 | 32.0303 | 36.4593 | 41.6459 | 47.7271 | 54.8645 | 63.2490 | 73.1059 | 84.7009 | 98.3471 |
| 26 | 29.5256 | 33.6709 | 38.5530 | 44.3117 | 51.1135 | 59.1564 | 68.6765 | 79.9544 | 93.3240 | 109.1818 |
| 27 | 30.8209 | 35.3443 | 40.7096 | 47.0842 | 54.6691 | 63.7058 | 74.4838 | 87.3508 | 102.7231 | 121.0999 |
| 28 | 32.1291 | 37.0512 | 42.9309 | 49.9676 | 58.4026 | 68.5281 | 80.6977 | 95.3388 | 112.9682 | 134.2099 |
| 29 | 33.4504 | 38.7922 | 45.2189 | 52.9663 | 62.3227 | 73.6398 | 87.3465 | 103.9659 | 124.1354 | 148.6309 |
| 30 | 34.7849 | 40.5681 | 47.5754 | 56.0849 | 66.4388 | 79.0582 | 94.4608 | 113.2832 | 136.3075 | 164.4940 |

| 期数 | 11% | 12% | 13% | 14% | 15% | 16% | 17% | 18% | 19% | 20% |
|---|---|---|---|---|---|---|---|---|---|---|
| 1 | 1.0000 | 1.0000 | 1.0000 | 1.0000 | 1.0000 | 1.0000 | 1.0000 | 1.0000 | 1.0000 | 1.0000 |
| 2 | 2.1100 | 2.1200 | 2.1300 | 2.1400 | 2.1500 | 2.1600 | 2.1700 | 2.1800 | 2.1900 | 2.2000 |
| 3 | 3.3421 | 3.3744 | 3.4069 | 3.4396 | 3.4725 | 3.5056 | 3.5389 | 3.5724 | 3.6061 | 3.6400 |
| 4 | 4.7097 | 4.7793 | 4.8498 | 4.9211 | 4.9934 | 5.0665 | 5.1405 | 5.2154 | 5.2913 | 5.3680 |
| 5 | 6.2278 | 6.3528 | 6.4803 | 6.6101 | 6.7424 | 6.8771 | 7.0144 | 7.1542 | 7.2966 | 7.4416 |
| 6 | 7.9129 | 8.1152 | 8.3227 | 8.5355 | 8.7537 | 8.9775 | 9.2068 | 9.4420 | 9.6830 | 9.9299 |
| 7 | 9.7833 | 10.0890 | 10.4047 | 10.7305 | 11.0668 | 11.4139 | 11.7720 | 12.1415 | 12.5227 | 12.9159 |
| 8 | 11.8594 | 12.2997 | 12.7573 | 13.2328 | 13.7268 | 14.2401 | 14.7733 | 15.3270 | 15.9020 | 16.4991 |
| 9 | 14.1640 | 14.7757 | 15.4157 | 16.0853 | 16.7858 | 17.5185 | 18.2847 | 19.0859 | 19.9234 | 20.7989 |
| 10 | 16.7220 | 17.5487 | 18.4197 | 19.3373 | 20.3037 | 21.3215 | 22.3931 | 23.5213 | 24.7089 | 25.9587 |
| 11 | 19.5614 | 20.6546 | 21.8143 | 23.0445 | 24.3493 | 25.7329 | 27.1999 | 28.7551 | 30.4035 | 32.1504 |
| 12 | 22.7132 | 24.1331 | 25.6502 | 27.2707 | 29.0017 | 30.8502 | 32.8239 | 34.9311 | 37.1802 | 39.5805 |
| 13 | 26.2116 | 28.0291 | 29.9847 | 32.0887 | 34.3519 | 36.7862 | 39.4040 | 42.2187 | 45.2445 | 48.4966 |
| 14 | 30.0949 | 32.3926 | 34.8827 | 37.5811 | 40.5047 | 43.6720 | 47.1027 | 50.8180 | 54.8409 | 59.1959 |
| 15 | 34.4054 | 37.2797 | 40.4175 | 43.8424 | 47.5804 | 51.6595 | 56.1101 | 60.9653 | 66.2607 | 72.0351 |
| 16 | 39.1899 | 42.7533 | 46.6717 | 50.9804 | 55.7175 | 60.9250 | 66.6488 | 72.9390 | 79.8502 | 87.4421 |
| 17 | 44.5008 | 48.8837 | 53.7391 | 59.1176 | 65.0751 | 71.6730 | 78.9792 | 87.0680 | 96.0218 | 105.9306 |
| 18 | 50.3959 | 55.7497 | 61.7251 | 68.3941 | 75.8364 | 84.1407 | 93.4056 | 103.7403 | 115.2659 | 128.1167 |
| 19 | 56.9395 | 63.4397 | 70.7494 | 78.9692 | 88.2118 | 98.6032 | 110.2846 | 123.4135 | 138.1664 | 154.7400 |
| 20 | 64.2028 | 72.0524 | 80.9468 | 91.0249 | 102.4436 | 115.3797 | 130.0329 | 146.6280 | 165.4180 | 186.6880 |
| 21 | 72.2651 | 81.6987 | 92.4699 | 104.7684 | 118.8101 | 134.8405 | 153.1385 | 174.0210 | 197.8474 | 225.0256 |
| 22 | 81.2143 | 92.5026 | 105.4910 | 120.4360 | 137.6316 | 157.4150 | 180.1721 | 206.3448 | 236.4385 | 271.0307 |
| 23 | 91.1479 | 104.6029 | 120.2048 | 138.2970 | 159.2764 | 183.6014 | 211.8013 | 244.4868 | 282.3618 | 326.2369 |
| 24 | 102.1742 | 118.1552 | 136.8315 | 158.6586 | 184.1678 | 213.9776 | 248.8076 | 289.4945 | 337.0105 | 392.4842 |
| 25 | 114.4133 | 133.3339 | 155.6196 | 181.8708 | 212.7930 | 249.2140 | 292.1049 | 342.6035 | 402.0425 | 471.9811 |
| 26 | 127.9988 | 150.3339 | 176.8501 | 208.3327 | 245.7120 | 290.0883 | 342.7627 | 405.2721 | 479.4306 | 567.3773 |
| 27 | 143.0786 | 169.3740 | 200.8406 | 238.4993 | 283.5688 | 337.5024 | 402.0323 | 479.2211 | 571.5224 | 681.8528 |
| 28 | 159.8173 | 190.6989 | 227.9499 | 272.8892 | 327.1041 | 392.5028 | 471.3778 | 566.4809 | 681.1116 | 819.2233 |
| 29 | 178.3972 | 214.5828 | 258.5834 | 312.0937 | 377.1697 | 456.3032 | 552.5121 | 669.4475 | 811.5228 | 984.0680 |
| 30 | 199.0209 | 241.3327 | 293.1992 | 356.7868 | 434.7451 | 530.3117 | 647.4391 | 790.9480 | 966.7122 | 1181.8816 |

| 期数 | 21% | 22% | 23% | 24% | 25% | 26% | 27% | 28% | 29% | 30% |
|---|---|---|---|---|---|---|---|---|---|---|
| 1 | 1.0000 | 1.0000 | 1.0000 | 1.0000 | 1.0000 | 1.0000 | 1.0000 | 1.0000 | 1.0000 | 1.0000 |
| 2 | 2.2100 | 2.2200 | 2.2300 | 2.2400 | 2.2500 | 2.2600 | 2.2700 | 2.2800 | 2.2900 | 2.3000 |
| 3 | 3.6741 | 3.7084 | 3.7429 | 3.7776 | 3.8125 | 3.8476 | 3.8829 | 3.9184 | 3.9541 | 3.9900 |
| 4 | 5.4457 | 5.5242 | 5.6038 | 5.6842 | 5.7656 | 5.8480 | 5.9313 | 6.0156 | 6.1008 | 6.1870 |
| 5 | 7.5892 | 7.7396 | 7.8926 | 8.0484 | 8.2070 | 8.3684 | 8.5327 | 8.6999 | 8.8700 | 9.0431 |
| 6 | 10.1830 | 10.4423 | 10.7079 | 10.9801 | 11.2588 | 11.5442 | 11.8366 | 12.1359 | 12.4423 | 12.7560 |
| 7 | 13.3214 | 13.7396 | 14.1708 | 14.6153 | 15.0735 | 15.5458 | 16.0324 | 16.5339 | 17.0506 | 17.5828 |
| 8 | 17.1189 | 17.7623 | 18.4300 | 19.1229 | 19.8419 | 20.5876 | 21.3612 | 22.1634 | 22.9953 | 23.8577 |
| 9 | 21.7139 | 22.6700 | 23.6690 | 24.7125 | 25.8023 | 26.9404 | 28.1287 | 29.3692 | 30.6639 | 32.0150 |
| 10 | 27.2738 | 28.6574 | 30.1128 | 31.6434 | 33.2529 | 34.9449 | 36.7235 | 38.5926 | 40.5564 | 42.6195 |
| 11 | 34.0013 | 35.9620 | 38.0388 | 40.2379 | 42.5661 | 45.0306 | 47.6388 | 50.3985 | 53.3178 | 56.4053 |
| 12 | 42.1416 | 44.8737 | 47.7877 | 50.8950 | 54.2077 | 57.7386 | 61.5013 | 65.5100 | 69.7800 | 74.3270 |
| 13 | 51.9913 | 55.7459 | 59.7788 | 64.1097 | 68.7596 | 73.7506 | 79.1066 | 84.8529 | 91.0161 | 97.6250 |
| 14 | 63.9095 | 69.0100 | 74.5280 | 80.4961 | 86.9495 | 93.9258 | 101.4654 | 109.6117 | 118.4108 | 127.9125 |
| 15 | 78.3305 | 85.1922 | 92.6694 | 100.8151 | 109.6868 | 119.3465 | 129.8611 | 141.3029 | 153.7500 | 167.2863 |
| 16 | 95.7799 | 104.9345 | 114.9834 | 126.0108 | 138.1085 | 151.3766 | 165.9236 | 181.8677 | 199.3374 | 218.4722 |
| 17 | 116.8937 | 129.0201 | 142.4295 | 157.2534 | 173.6357 | 191.7345 | 211.7230 | 233.7907 | 258.1453 | 285.0139 |
| 18 | 142.4413 | 158.4045 | 176.1883 | 195.9942 | 218.0446 | 242.5855 | 269.8882 | 300.2521 | 334.0074 | 371.5180 |
| 19 | 173.3540 | 194.2535 | 217.7116 | 244.0328 | 273.5558 | 306.6577 | 343.7580 | 385.3227 | 431.8696 | 483.9734 |
| 20 | 210.7584 | 237.9893 | 268.7853 | 303.6006 | 342.9447 | 387.3887 | 437.5726 | 494.2131 | 558.1118 | 630.1655 |
| 21 | 256.0176 | 291.3469 | 331.6059 | 377.4648 | 429.6809 | 489.1098 | 556.7173 | 633.5927 | 720.9642 | 820.2151 |
| 22 | 310.7813 | 356.4432 | 408.8753 | 469.0563 | 538.1011 | 617.2783 | 708.0309 | 811.9987 | 931.0438 | 1067.2796 |
| 23 | 377.0454 | 435.8607 | 503.9166 | 582.6298 | 673.6264 | 778.7707 | 900.1993 | 1040.3583 | 1202.0465 | 1388.4635 |
| 24 | 457.2249 | 532.7501 | 620.8174 | 723.4610 | 843.0329 | 982.2511 | 1144.2531 | 1332.6586 | 1551.6400 | 1806.0026 |
| 25 | 554.2422 | 650.9551 | 764.6054 | 898.0916 | 1054.7912 | 1238.6363 | 1454.2014 | 1706.8031 | 2002.6156 | 2348.8033 |
| 26 | 671.6330 | 795.1653 | 941.4647 | 1114.6336 | 1319.4890 | 1561.6818 | 1847.8358 | 2185.7079 | 2584.3741 | 3054.4443 |
| 27 | 813.6759 | 971.1016 | 1159.0016 | 1383.1457 | 1650.3612 | 1968.7191 | 2347.7515 | 2798.7061 | 3334.8426 | 3971.7776 |
| 28 | 985.5479 | 1185.7440 | 1426.5719 | 1716.1007 | 2063.9515 | 2481.5860 | 2982.6444 | 3583.3438 | 4302.9470 | 5164.3109 |
| 29 | 1193.5129 | 1447.6077 | 1755.6835 | 2128.9648 | 2580.9394 | 3127.7984 | 3788.9583 | 4587.6801 | 5551.8016 | 6714.6042 |
| 30 | 1445.1507 | 1767.0813 | 2160.4907 | 2640.9164 | 3227.1743 | 3942.0260 | 4812.9771 | 5873.2306 | 7162.8241 | 8729.9855 |